文明崩壊

滅亡と存続の命運を分けるもの

上巻

ジャレド・ダイアモンド

楡井浩一＝訳

草思社文庫

COLLAPSE

How Societies Choose to Fail or Succeed

by

Jared Diamond

Japanese translation rights arranged with

Brockman, Inc., New York

Cover painting:

Pieter Brueghel the Elder,

The Tower of Babel, 1560

文明崩壊　滅亡と存続の命運を分けるもの【上巻】◉目次

プロローグ　ふたつの農場の物語

モンタナとグリーンランド――ふたつの農場　17
過去に消滅した数々の社会　20
環境問題をめぐる差別と過去賛美　29
崩壊を招く五つの要因　33
わたしの立場――環境保護とビジネス　42
異なる社会の比較研究法　45
本書の構成　49

第1部　現代のモンタナ――57

第1章　モンタナの大空の下

モンタナのマス釣り　59
〝大空の国〟で過ごした夏　62

大自然と環境被害――モンタナの矛盾　66
狩猟採集から娯楽産業へ　70
鉱業が生み出す有毒廃棄物　75
皆伐方式がもたらす森林破壊　86
塩類による土地被害　98
地球温暖化による水不足　103
外来生物種による被害　112
貧困と富裕の分極化　116
入植初期から続くライフスタイル　132
州議員が語るヴァレーの将来　137
土地開発業者の言い分　141
酪農家の「制御できないリスク」　145
三十年前のままの美しい自然　150
〝世界のモデル〟としてのモンタナ　153

第2部　過去の社会―――157

第2章　イースターに黄昏が訪れるとき

巨石像をめぐる数々の謎　159
イースター島の地理と歴史　168
岩石を使った集約農法　181
民族間抗争から統合へ　188
石像（モアイ）と台座（アフ）の謎　192
モアイはいかにして運ばれたか？　201
かつては亜熱帯性雨林の島　207
食料動物種の絶滅と森林破壊　211
倒されるモアイ――イースター社会の崩壊　217
ヨーロッパによる搾取と虐待　226
森林破壊を促す九つの要素　232

〝孤立した地球〟のメタファー 240

第3章 最後に生き残った人々――ピトケアン島とヘンダーソン島

バウンティ号の叛乱者たちが見たもの 243
条件のまったく違う三島 246
交易によって存続した三島 256
ドラマの終わり――交易を絶たれた二島 265

第4章 古《いにしえ》の人々――アナサジ族とその隣人たち

砂漠の農夫たち 274
年輪年代法が歴史を再現 278
農業戦略――水の確保をめぐって 282
モリネズミとチャコ峡谷の環境問題 288

地域統合——外郭集落と中心地チャコ　297
衰退と終焉　303
遺跡が語るもの——持続可能性の問題　310

第5章　マヤの崩壊

消えた都市の謎　315
マヤの環境——北部と南部の水対策　321
農法と食糧供給　325
「長期暦」で刻まれたマヤの歴史　332
コパンの谷——森林伐採と土地浸食　338
複合崩壊　342
戦争と旱魃　345
南部低地の崩壊　350
マヤ崩壊が語るもの　353

第6章　ヴァイキングの序曲《プレリユード》と遁走曲《フーガ》

大西洋上の実験　357
ヴァイキングの勃興　362
自己触媒作用——略奪・富・勢力拡大　370
農夫としてのヴァイキング　374
鉄器製造のための莫大な樹木　378
首長たちの提携と抗争　379
キリスト教への改宗と自己意識　381
六つの植民地の存続と滅亡　386
火山、氷、水、風——アイスランドの環境　393
土地管理——失敗の歴史　399
アイスランドとほかの入植地の違い　407
ヴィンランド——短期間で滅んだ辺境の国　411

第7章

ノルウェー領グリーンランドの開花

ヨーロッパの辺境　423
グリーンランドの現在の気候　428
一時的な温暖期　433
在来の動植物種　441
ノルウェー人入植地　443
牧畜を糧とする農場運営　445
魚を食べなかった狩猟民　454
複雑に統合された経済　462
暴力的な階層社会　470
ヨーロッパとの交易　480
ヨーロッパ人としての自己認識　486

第8章　ノルウェー領グリーンランドの終焉

終焉への序章　495
鉄不足が招いた森林破壊　496
土壌と芝生へのダメージ　504
イヌイットの先人「ドーセット」　510
極北を生き抜いたイヌイット　514
イヌイットに対する〝悪しき態度〟　522
終焉――入植地の消滅　532
終焉を招いた真の理由　545

地図索引　552

【下巻】 目次

第2部 過去の社会（承前）
第9章 存続への二本の道筋
第3部 現代の社会
第10章 アフリカの人口危機――ルワンダの大量虐殺
第11章 ひとつの島、ふたつの国民、ふたつの歴史――ドミニカ共和国とハイチ
第12章 揺れ動く巨人、中国
第13章 搾取されるオーストラリア
第4部 将来に向けて
第14章 社会が破滅的な決断を下すのはなぜか？
第15章 大企業と環境――異なる条件、異なる結末
第16章 世界はひとつの干拓地
追記 アンコールの興亡

ジャック・ハーシーとアン・ハーシー、
ジル・ハーシー・エリールとジョン・エリール、
ジョイス・ハーシー・マクダウェル、
ディック・ハーシー（一九二九～二〇〇三年）とマージー・ハーシー、
そして、モンタナに住むその同志の皆さん、
すなわち、モンタナの大空を守る人たちへ。

古《いにしえ》の地より帰り来たる旅人の言う。
「巨大なる石柱の脚二本、
砂原に立てり。そのかたわら、
半ば砂に埋もれて、崩れたる顔貌の眉ひそめ、
皺ばみし唇に、冷たく倨傲《きょごう》なる笑み。
彫工の熱き想い、濃《こま》やかに宿りて、
命なき石に脈々と息づく。
精妙なる手さばきと燃え立つ心火《しんか》。
台座に刻まれし文言は、
『わが名はオジマンディアス、王中の王。
わが業《わざ》を見よ、汝全能の神。しかしてうなだれよ！』
他に残りたるものなく、この朽ちゆく巨像の遺骸を
取り巻くは、茫漠たる不毛の野、
彼方まで広がる寂寥の砂ただ砂」と。

パーシー・ビッシュ・シェリー『巨像オジマンディアス』

文明崩壊　滅亡と存続の命運を分けるもの【上巻】

プロローグ

ふたつの農場の物語

モンタナとグリーンランド――ふたつの農場

数年前の夏、わたしは、ハルズ農場とガルザル農場というふたつの酪農場を訪ねた。何千キロも離れていながら、このふたつの農場は驚くほど似通った強みと弱みを持っていた。どちらも、それぞれの地区内で飛び抜けて大きく、飛び抜けて裕福で、技術的にも飛び抜けて進んでいる。特に似ているのは、敷地の中心に、牛舎と搾乳場を兼ねた最先端の立派な納屋がある点だろう。背中合わせになった牛房が整然と列を成すこの建造物は、それぞれの地区にあるほかのすべての納屋を質量両面ではるかにしのぐものだ。どちらの農場も、夏のあいだは豊かな牧草地に牛を放し、夏の終わりに収穫した自前の飼い葉で冬場の牛の食糧をまかない、また農地に灌漑を施すことによって夏の牧草や冬の飼い葉の生産量を増大させている。敷地面積はいずれも数平方キロメートルで相譲らず、納屋の規模もほぼ同等、飼っている牛の数でハルズがやや勝る程度だ（ハルズ二百頭に対し、ガルザル百六十五頭)。どちらの農場の経営者も、それぞれの地区社会でリーダーと見なされている。どちらの経営者も、とても信仰心に厚い。どちらの農場も、遠方からの観光客を引き寄せる壮麗な自然環境に恵まれ、雪を頂く背後の高い山並みから、魚影の濃い渓流が発して、ハルズ農場の場合は名高い川に、ガルザル農場の場合はフィヨルドに注ぎ落ちている。

以上が、ふたつの農場に共通する強みだ。弱みのほうはといえば、どちらも高緯度にあって、牧草や飼い葉の栽培期にあたる夏が短く、地理的に、酪農業で収益をあげるのがむずかしいという点だろう。低緯度にある酪農場と比較すると、順調な年ですら気候条件は最適とは言えず、ハルズ農場の場合は旱魃が、ガルザル農場の場合は冷害が常に大きな懸念となって、どちらも気候変動の影響を受けやすい。また、どちらの地区も、生産物の出荷先である人口密集地に遠いので、輸送の経費やリスクが、都市近郊の地区との競争において不利な材料となる。どちらの農場の収益性も、消費者や近隣住民の懐具合とか嗜好などという移ろいやすい要素、つまり経営者の力では御しきれない動きによって左右される。さらに規模を広げてみると、それぞれの農場が属する国の経済状況は、敵対する遠い国々からの脅威の増減によって栄えたり衰えたりする。

ハルズ農場とガルザル農場のいちばんの違いは、それぞれの現況にある。五人のきょうだいとその配偶者たちが経営するハルズ農場は、アメリカ合衆国西部、モンタナ州ラヴァリ郡のビタールート・ヴァレーにあり、同郡がアメリカでも最大級の人口増加率を示しているおかげで、好調な収益をあげている。わたしが訪ねたとき、ハルズ家のティム、トルーディ、ダンがじきじきに、ハイテク仕様の新しい納屋へ案内してくれ、モンタナの酪農の魅力と変遷について懇切丁寧に説明してくれた。国としてのアメリカ合衆国、私企業としてのハルズ農場が、予見可能な将来に破綻することはまず考えられない。かたや、グリーンランド南西部、ノルウェー領時代（訳註・一二六一年から二百年余りの期間）に司教座が置かれていたガルザル農場は、五百年以上前に廃棄されてしまった。グリーンランドのノルウェー人社会が完全に崩壊したからだ。数千人の住民は、飢え死にするか、内乱もしくは戦争で命を落とすか、よそへ移住するかで、生存者がひとりもいなくなった。頑丈に造られた納屋の石壁や近くに立つ聖堂は現存していて、だから牛房の数を数えることもできるのだが、かつてのガルザル農場の魅力や変遷について説明してくれる経営者はいない。それでも、今日のアメリカやハルズ農場の衰退していく姿が想像しにくいのと同じように、ガルザル農場やノルウェー領グリーンランドが最盛期にあったころには、いずれ滅び去るときが来るなどとは誰も思い及ばなかったことだろう。

ここで明らかにしておきたい。ハルズとガルザルの類似点を描き出すことで、わたしは、ハルズ農場やアメリカ社会が衰えゆく運命にあると主張しているわけではない。現時点では、事実はまったく逆だ。ハルズ農場はなお発展しつつあり、その最先端の新技術は近隣の農場の手本になっていて、アメリカ合衆国も現在、世界随一の国力を誇っている。わたしはまた、農場というもの、あるいはもっと広く社会というものが、必ずいつかは崩壊すると主張しているわけでもない。ガルザルのように崩壊してしまった例もあれば、何千年もとぎれることなく存続している例もある。何千キロも離れたハルズ農場とガルザル農場を同じ年の夏に訪ねた経験から、わたしが痛感したのは、最も豊かな、最も技術的に進んだ社会ですら、今日、環境と経済の両面で数々の軽視しがたい問題をかかえ、それが日増しに大きくなりつつあるということだった。問題の多くは、ガルザル農場及びノルウェー領グリーンランドの衰亡を招いたのとほぼ同質のものであり、また、過去の多くの社会が解決に向けて苦闘してきたものでもある。いくつかの社会（ノルウェー領グリーンランドなど）は解決に失敗し、いくつかの社会（日本やティコピア島など）は成功した。過去が提供してくれるその豊かなデータベースから、わたしたちは多くを学び、今の繁栄を維持していくためにそれを利用することができるかもしれない。

過去に消滅した数々の社会

過去に数多くの社会が崩壊もしくは消滅し、シェリーの詩『巨像オジマンディアス』に描かれたような大規模な古蹟を後代に遺してきた。ノルウェー領グリーンランドは、そのほんの一例に過ぎない。ここでいう崩壊とは、相当広い区域内での居住人口の、及び政治的・経済的・社会的複雑性の、あるいはどちらか一方の長期にわたる激しい凋落を意味する。つまり、崩壊という現象は、いくつかの種類のゆるやかな衰退がきわまった形であり、ある社会の衰退がどの程度激しければ崩壊と呼べるのかという判断は、恣意的なものにならざるを得ない。ゆるやかな衰退のなかには、個別の社会における通常の小幅な資産の増減や政治・経済・社会の小幅な改変、地域全体の人口や複雑性に変化をもたらさない形での、ある社会による隣接社会の征服、あるいは隣接社会の隆盛によるある社会の衰退、社会内のある階層による支配層の更迭もしくは転覆などが含まれる。そういう基準に照らして、以下に挙げる過去の社会は、ささやかな衰退ではなく全面的な崩壊の被害者として、大多数の人が認める有名な事例だと言ってさしつかえないだろう。現在のアメリカ合衆国領内に住んでいたアナサジ族とカホキア族。中央アメリカのマヤ文明の諸都市。南米のモチカ社会とティワナク社会。ヨーロッパのミュケナイ文明ギリシアとミノス文明クレタ。アフリカのグレートジンバブエ、アジアのアンコールワットとインダス文明ハラッパー諸都市。太平洋に浮かぶイースター島（26～27頁の地図を参照）。

これらの社会が遺した大規模な古蹟は、ロマンチックな力でわたしたちを魅了する。わたしたちは子どものころに、絵や写真で初めてそういう古蹟を見て、驚嘆の念を覚える。大人になると、多くの人間が休暇を利用して現地へ出向き、肌で古蹟を感じたいと願う。往々にして壮麗で忘れがたいその美しさが、そして湧きいずる謎の数々が、わたしたちの心を惹きつける。古蹟の大きさは、それを築いた者たちの富と権力を証し立てる――シェリーの言葉を借りるなら、「わが業《わざ》を見よ、汝全能の神。しかしてうなだれよ！」とうそぶいているのだ。なのに、当の施主たちは、はなはだしい労苦の末に築いた偉大なる建造物を打ち捨て、時代の闇に消え去った。ひとたび栄華をきわめた社会が、どうやって崩壊の憂き目を見るに至ったのか？　個々の住民はどういう運命をたどったのか――よその地へ移ったのか、（だとすれば）それはなぜか、あるいは、当地で不本意な最期を迎えたのか？　このロマンチックな謎の背後に、執念深い刺客のようなひとつの問いがひそんでいる。わたしたちの属するこの豊かな社会にも、いずれそういう運命が降りかかるのだろうか？　今日のわたしたちが鬱蒼たる樹林に覆われたマヤ文明諸都市の古蹟を眺めるように、いつか後世の旅人が、ニューヨークの摩天楼の朽ちゆく巨姿に見とれる日が来るのだろうか？

　長いあいだ、そういう謎めいた遺棄の多くが、少なくとも部分的には、生態学的な問題によって引き起こされたのではないかと推測されてきた。すなわち、社会の存続を支える環境資源を、住民みずからが意図せずして破壊したということだ。生態系の巧まざる自殺――生態系自死《エコサイド》――というこの推測を、ここ数十年間の考古学者、気候学者、歴史学者、古生物学者、花粉学（地層堆積物中の花粉や微生物を分析・研究する学問分野）者たちの発見が裏づけている。過去の社会がみずからの環境を害することによって弱体化していくその過程は、大まかに分類して以下の八つの要因から成り、それぞれの要因の相対的な重要度は事例ごとに異なる。森林乱伐と植生破壊、土壌問題（浸食、塩性化、地力《ちりょく》の劣化など）、水資源管理問題、鳥獣の乱獲、魚介類の乱獲、外来種による在来種の駆逐・圧迫、人口増大、ひとり当たり環境侵害量の増加。

これら過去の崩壊の事例は、ひとつの主題の変奏曲のように、おおむねどこか似通った道筋をたどっている。人口が増えると、社会はより多くの構成員の空腹を満たすため、農作物の増産策（灌漑、二毛作、段々畑など）を講じたり、耕作区域をえり抜きの一等地から周縁部へ広げたりすることを強いられる。維持していくことのむずかしいこの営農が、前段落で挙げた八つの要因のひとつ、あるいはふたつ以上を呼び込み、結果的に周縁部の耕地がふたたび打ち捨てられることになる。それが社会に食糧不足や飢饉をもたらし、また、多すぎる人間が少なすぎる資源をめぐって争ったり、支配層が幻滅した民衆に打ち倒されたりする事態を生み出す。やがて、飢餓や戦争や病気によって人口が減少し、絶頂をきわめていた社会の政治的、経済的、文化的な複雑性が損なわれていく。文章家たちはついつい、この人間社会の栄枯盛衰の曲線を個々の人間の生涯――誕生、成長、絶頂、老化、そして死――になぞらえ、わたしたちの大半が経験する絶頂期から臨終までの長い老化の過程を社会にも当てはめたい誘惑に駆られる。しかし、この比喩は、過去の多くの社会（と現代のソヴィエト連邦）の実情に合致しない。これらの社会は、数と力の頂点に達したあと、急速に衰退し、その急落ぶりには住民たちも驚きと衝撃を覚えたに違いないからだ。完全なる崩壊の最悪の事例となると、社会の構成員がひとり残らず域外へ去るか、もしくは死を迎える。ただし、当然のことながら、過去のすべての社会がそういう軌跡をたどって全滅したわけではない。社会によって崩壊の度合はさまざまであり、崩壊のしかたも少しずつ異なっていて、まったく崩壊しなかった社会もたくさんあるのだ。

そういう崩壊が今日起こりうるかどうかが、現在、日増しに深刻な問いとなりつつある。事実、すでにソマリアで、ルワンダで、そして第三世界のいくつかの国で、崩壊が現実化した。今や多くの人が、生態系自死《エコサイド》というものを、核戦争や顕現性の疫病をしのぐ地球文明への脅威と見なすようになってきた。わたしたちが今日直面している環境問題は、過去の社会を衰亡させた前記八つの要因に加えて、新たな四つの要因を含んでいる。人為的に生み出された気候変動、環境に蓄積された有毒化学物質、エネルギー不足、地球の光合成能力の限界。この十二の脅威の大部分が、今後数十年のうちに地球規模で重篤化するだろうと言われている。それまでに問題を解決できなかったら、病弊はソマリアばかりではなく先進社会にまで及ぶだろう。その場合、人類絶滅、資本主義文明の黙示録的な崩壊などの形で〝地球最後の日〟が訪れるという筋書きも考えられなくはないが、それよりずっと蓋然性が高いのは、〝単なる〟住環境の劣化ではないかと思われる。すなわち、今よりかなり低い生活水準、慢性的に高まっていく危険、社会の価値観を支える物質的基盤の衰弱などの要素をかかえた未来だ。そういう崩壊は、世界的な疾病の蔓延、戦争の拡大など、表われかたはさまざまでも、根源をたどれば、環境資源の希少化によって引き起こされるものと考えられる。もしこの論証が正しいとしたら、現在の子どもたちや若者たちの世代が壮年、老後を迎えたときの世界のありかたを決定づけるのは、今日のわたしたちの努力だということになる。

しかし、これら現下の環境問題がどの程度の重みを持つかについては、盛んに議論が戦わされているところだ。リスクが大幅に誇張されてはいないか、あるいは逆に、軽んじられすぎてはいないか？　強大な科学技術を持つ七十億近い現在の世界人口が、石や木の道具しか持たないほんの数百万の人々の引き起こした過去の局地的な損壊をはるかに上回る速さで、全地球的な環境の損壊を引き起こしつつあると考えるのは、理にかなったことなのだろうか？　現代の科学技術はわたしたちのかかえる問題を解決してくれるのか、それとも、古い問題が解決されるより速く新しい問題が生み出されていくのか？　樹木や石油や魚などの資源が枯渇しつつあるなかで、プラスチックや風力・太陽発電や養殖魚などの代替資源がその穴を埋めてくれるのか？　人口増加率の伸びが鈍ってきているのは、世界の人口を維持可能な数に抑えようとする社会的な力がすでに発動

世界地図
有史以前〜歴史上〜現代の社会
アイスランド
ヨーロッパ
ローマ(イタリア)
ギリシア
トルコ
クレタ島
シリア
レバノン
イスラエル
肥沃な三日月地帯
イラク
イラン
インダス川流域
ヨルダン
パキスタン
ハラッパー
モヘンジョダロ
アジア
中国
日本
アンコールワット
(カンボジア)
ニューギニア
アフリカ
ルワンダ
グレート
ジンバブエ
インド洋
オーストラリア
◆ 有史以前〜歴史上の社会
◇ 現代の社会
南極大陸
15°
0°
15°
30°
45°
60°
75°
90°
105°
120°
135°
150°
© 2004 Jeffrey L. Ward

北極海
グリーンランド
北アメリカ
モンタナ州
ニューメキシコ州チャコ峡谷
カホキア(セントルイス)
ロサンゼルス
カリフォルニア州
チャネル諸島
大西洋
イスパニョーラ島
マヤ
太平洋
ティコピア
モチカ(ペルー)
南アメリカ
マンガレヴァ島
ティワナク(ボリビア)
ピトケアン島
イースター島
0 Miles 2000 4000
0 Kilometers 4000
Scale at Equator
75°
60°
45°
30°
15°
0°
15°
30°
45°
60°
165° 180° 165° 150° 135° 120° 105° 90° 75° 60° 45°

していることの表われなのか？

そういう問いのひとつひとつが、過去の有名な文明崩壊の事例には、ロマンチックな謎以上の意味があることを示している。わたしたちは過去の崩壊から、おそらく現実的な教訓を引き出せるだろう。過去には崩壊した社会もあればしなかった社会もあることを、わたしたちは知っている。特定の社会のどういう面が、脆《もろ》さにつながったのか？具体的にどういう過程をたどって、生態系が自死するに至ったのか？過去のいくつかの社会は、なぜ、自分たちの陥りつつある窮地、しかも（振り返ってみれば）明らかであったはずの窮地に目を向けなかったのか？どういう解決策が、過去に成功を収めてきたのか？これらの問いにもし答えが見出せれば、わたしたちはこれ以上ソマリアの崩壊の轍を踏むことなく、現代のどの社会に最も大きな危険がひそんでいるのかを、また何が最善の救済策になりうるのかを、的確に見定めることができるかもしれない。

しかし、現代の世界とその問題点、過去の社会とその問題点のあいだには、違いもある。過去を研究することで、今日の社会にもそのまま適用できる単純な解決策が見つかると考えるのは、楽観的に過ぎるというものだろう。いくつかの面で、わたしたちのかかえるリスクは過去の社会より小さくなっている。たびたび言及されるそのいくつかの面とは、頼もしい科学技術（の有用な部分）、グローバル化、現代医学、過去の社会及び現代の地理的に遠い社会に関する知識の増大などだ。その一方、過去の社会よりリスクが大きくなっている面もある。ここでもまた、強大な科学技術（の意図せざる弊害の部分）、グローバル化（の結果、遠いソマリアの崩壊がアメリカやヨーロッパにまで波及したりすること）、現代医学の力で延命させられている数百万の（それが数億、数十億になる日も遠くない）病人、幾何級数的な人口の増大などが挙げられる。それでもなお、過去から学べることは少なくないが、その教訓の取捨や解釈には慎重を期さなくてはならない。

環境問題をめぐる差別と過去賛美

過去の崩壊を理解しようとする努力は、必ずひとつの大きな論争と四つの錯綜にぶつかる。そして、その論争には、過去の人間たち――なかには現在生きている人間たちの祖先と目される種族もいる――がみずからの衰退につながるような行動をとったという、そのことに対する抵抗感が伴う。わたしたちはほんの二、三十年前の自分たちと比べても、環境被害に対する意識が格段に高くなっている。ホテルの部屋に掲げられた注意書きまでが、環境に優しくすることを呼びかけていて、宿泊客は、新しいタオルを要求したり、お湯を流しっぱなしにしたりすることに罪悪感を覚える。今日、環境を損なう行為は、倫理的に非難されるべきものと見なされているのだ。

これは無理もない話だが、ハワイ先住民やマオリ人は、自分たちの祖先がハワイやニユージーランドで進化してきた鳥類の種の半数を絶滅させたという古生物学者の説を聞かされることを好まないし、アメリカ先住民も、アナサジ族が合衆国南西部の森林の一部を破壊したと考古学者に言われるのをいやがる。この古生物学者たちや考古学者たちの知見は、聞きかたによっては、白人が先住民から土地を取り上げるために作り上げた差別的な建前論のようにも取れる。学説の形を借りて、「あなたがたの祖先は自分たちの土地をうまく管理できなかったのだから、そこから追い出されてもしかたないんですよ」と強弁しているようなものだ。アメリカやオーストラリアの白人の中には、政府がアメリカ先住民やアボリジニに補償金や土地を与えることを快く思わず、今でもその種の強弁を議論の拠りどころにする者たちがいる。近年のそういう学術的知見を、先住民たちだけではなく、先住民を研究し先住民に共感を持つ一部の考古学者や人類学者も、差別主義的な虚言だと見ている。

先住民たちや、先住民を研究し先住民に共感を持つ学者の中には、正反対の極論に走る者たちもいる。彼らは、過去の先住民たちは（そして現代の先住民たちも）温和にして賢明な生態系の管理者であり、大自然を深く知り、かつ敬い、現世のエデンの園で無垢の生活を営んでいたのだから、環境を損なうことなどできたはずがないと主張する。ニューギニアのある猟師が、わたしにこう話したことがある。「ある日、村からあっちの方角へ行って、ハトを仕留めたとしたら、次の狩りまで一週間待って、それから反対の方角へ出かけるね」。環境を敬わずに壊してしまうのは、現代の邪悪な先進国の住人だけだという論法だ。

この論争における両方向の極論──差別主義と過去賛美主義──はどちらも、過去の先住民を（劣っているにしろ優れているにしろ）現代先進国の住人と根本的に異なる人間と見る過ちを犯している。環境資源を損なうことなく維持していくのは、そもそもの初めから、つまり、ホモ・サピエンスが発明の才や能率という概念や狩猟技術を開花させた五万年ほど前から、むずかしい営為だった。約四万六千年前にオーストラリア大陸で行なわれた人類最初の入植と、そのすぐあとに起こった大型有袋動物やその他の大型動物の絶滅に始まって、それまで無人だった陸塊──北米大陸、南米大陸、マダガスカル島、地中海の島々、ハワイ諸島、ニュージーランド、太平洋上の数十の島──に人間が入植するたび、大型動物の絶滅という波が起こった。これらの大型動物は、人間への警戒心を培うことなく進化してきたので、捕殺されやすく、また、人為的な棲息環境の変化、人間が持ち込んだ外来種や疫病などの犠牲にもなった。環境資源の濫用という罠からは、どんな人間も逃れられない。本書でのちに検討していくことになるいくつかの問題が、地球上どこにでも存在するからだ。例えば、当初は、資源が無尽蔵なほど豊富に見えること。枯渇の兆しが表われ始めても、それが一年ごとの、あるいは十年周期ぐらいでの、通常の変動の幅に覆い隠されてしまうこと。共有資源の収穫を制限しようとしても、人々の同意がなかなか得られないこと（いわゆる〝共有地の悲劇〟）。生態系の複雑さのせいで、人為的変化の影響を予測することが、往々にして専門家にすらほぼ不可能なこと……。とりわけ、崩壊した社会の事例研究を読むこともかなわない文字成立以前の時代の人々にとって、生態学的な損傷は、倫理的に非難されるべき無思慮や意識的な利己行為によるものというより、最善の努力の予期せざる、かつ意図せざる悲劇的な結果であることが多い。崩壊の憂き目を見た社会も、愚かで原始的だったというより、（マヤのように）創造性に富み、なおかつ先進的で（ひところは）繁栄を謳歌していた場合が多い。

過去の人々は、絶滅や追放に値するほど無知無能な環境の管理者ではなく、かといって、今日のわたしたちにも解決できない問題をみごと解決した全能で良心的な環境保護主義者でもない。わたしたちと同じような人々、わたしたちが直面しているのとおおむね似通った問題と相対してきた人々なのだ。わたしたちの行動の成否を左右するのと似たような条件に、彼らも成否を左右されてきた。もちろん、わたしたちが今対峙させられている状況と過去の人々が置かれた状況のあいだには違いがあるが、共通点もじゅうぶんに多く、したがって過去から学べることも多い。

何より、わたしには、先住民に対する公正な扱いを正当化するために、彼らの環境保護的な行動を裏づける歴史的仮説を引き合いに出すのが、本末転倒で危険なことに思える。多くの、あるいはほとんどの場合、歴史家と考古学者の手で、この仮説――〝エデンの園〟風環境保護主義――が間違っているという圧倒的な証拠が示されてきた。そういう仮説を使って先住民に対する公正な扱いを正当化することは、仮説が突き崩された場合、先住民が不当に扱われることを認めざるを得ないという含みを持つ。実際には、先住民の扱いは、環境保護的な行動を裏づける仮説に基づいて決められるわけではない。それは、倫理上の原則に基づいて、つまり、ある人々が別の人々を追放したり、隷属させたり、絶滅させたりすることは、倫理的に正しくないという原則に基づいて決められるべきものだ。

崩壊を招く五つの要因

以上が、過去の生態系の崩壊に関する論争だ。錯綜について言うなら、当然ながら、すべての社会が環境の損傷ゆえに崩壊を運命づけられているわけではない。過去に、そういう運命をたどった社会もあれば、たどらなかった社会もある。ほんとうに問題になるのは、なぜ一部の社会だけが脆《もろ》さを露呈したのか、崩壊した社会を他と比べて際立てているものは何かということだ。本書で論じるいくつかの社会、例えばアイスランドやティコピア島などは、きわめてむずかしい環境問題をうまく解決し、長く生き延びて、今日なお栄えている。ノルウェー人が最初にアイスランドに入植したとき、表面的には本国と似ていて、その実、大いに異なる自然環境に遭遇し、深く考えることなく生活を営んでいるうちに、表土の多くと森林の大部分を破壊してしまった。長年にわたって、アイスランドはヨーロッパで最も貧しく、最も生態系の荒廃した国であり続けた。しかし、その経験から学んだアイスランド人は、厳格な環境保護路線を採り、二十世紀後半には世界有数の国民ひとり当たり所得を誇るまでになった。ティコピア島は、ほかのどの陸塊とも遠く離れているため、ほぼすべての面で自給自足を強いられるが、島内の資源を細かく管理し、人口の規模を慎重に規制してきたおかげで、人間が居住を始めてから三千年を経た今も高い生産性を維持している。というわけで、本書には、気の滅入る凋落の物語だけが連綿と綴られているのではなく、範とすべき楽観的な成功譚も含まれる。

さらに付け加えるなら、ひとつの社会の崩壊が環境被害というただひとつの原因からもたらされた例を、わたしは知らない。そこには必ず、別のいくつかの要因が存在する。本書の構想を練り始めた時点で、わたしはそういう錯綜に思いが至らず、単に環境破壊に関する本を書くことになるものと、のんきに考えていた。やがて、想定されうるすべての崩壊について理解を深めるため、潜在的な要因を五つの枠組みにまとめてみた。そのうち四つ——環境被害、気候変動、近隣の敵対集団、友好的な取引相手——は、個々の社会によって重要性が高かったり低かったりする。五つ目——環境問題への社会の対応——は、どの社会においても重大な要素となる。この五つの枠組みについて、これからひとつずつ述べていこう。述べる順序は、単に文脈の都合に従ったまでで、ことの重要度とは関係ない。

ひとつ目の枠組みには、すでに論じたとおり、人々が意図せずして環境に与えた損傷も含まれる。その損傷の程度と修復可能度は、部分的には人々の資産特性——例えば、一年に一エーカー（約四千平方メートル）当たり何本の木を切るか——によって、また、部分的には環境の資産特性——例えば、一エーカー当たり何本の苗木を植えて、それが一年にどれぐらいの速さで生長するか——によって異なる。環境の資産特性は、脆弱性（損傷の受けやすさ）もしくは復元力（損傷からの潜在的回復能力）とも言い換えられ、ある地域の森林、土壌、魚介数など、個々の項目についてそれぞれ脆弱性や復元力を算定することができる。その伝で言えば、特定の社会だけが環境の崩壊に見舞われる理由のなかには、原則的に、住民の並はずれた無思慮か、環境のある側面の並はずれた脆弱性か、あるいはその両方が含まれるものと思われる。

次に述べる枠組みは気候変動で、今日、この用語は人間が引き起こした地球温暖化との関連で使われることが多い。実際には、気候は、人間とはなんの関係もない自然の力の変化によって、月ごとに、年ごとに、暑くなったり寒くなったり、湿ったり乾いたり、さまざまに大きく小さく揺れ動くものだ。そういう自然の力のなかには、太陽熱の変化、大気に塵を撒き散らす火山の噴火、地球の軌道に対する地軸の傾きの変化、地球表面における陸と海の配分の変化などがある。よく論じられる自然気候変動の例として、二百万年以上前に始まった更新世の大陸氷河の移動、一四〇〇年から一八〇〇年ぐらいまでの小氷河時代、一八一五年四月五日に発生したインドネシアのタンボラ山大噴火に続く地球寒冷化が挙げられる。この大噴火によって、大気の上層部に大量の塵が飛散し、それが収まるまでのあいだ、地表に届く太陽光線の量が減ったため、異常低温や一八一六年（〝夏のない年〟と言われた）の凶作が発生して、北米大陸やヨーロッパにまで飢饉が広がった。

気候変動は、人間の寿命が短く、文字や記録というものがなかった過去の社会にとって、さらに深刻な問題だった。世界の多くの地域で、気候は年によって違うばかりでなく、例えば、湿った時期が数十年続いたあとに乾いた半世紀が訪れるというように、何十年単位でも変動するからだ。有史以前の多くの社会では、人間の世代時間——親の誕生時から子の誕生時までの平均年数——の期待値が二、三十年に過ぎなかった。だから、雨の多い数十年の時期の終わりごろに生きている住民のほとんどが、その前の乾期を直接に体験していない。今日ですら、人間は、好適な気候が数十年も続くと、それが恒常的な状態ではないことを忘れて——あるいは、過去の時代なら、そういうことにまったく頓着せず——作物の生産高や人口を増やそうとする傾向がある。やがてその好適な数十年が終わり、社会は、支えきれる以上の人口をかかえていることに、あるいは、新しい気候条件にはふさわしくない生活習慣が定着してしまっていることに気づかされるのだ――今日の乾燥したアメリカ西部で、湿潤な時期に採用された水資源の浪費を伴ういくつかの政策がいまだに施行されていることを考えてみるといい。そういう気候変動の諸問題をかかえていながら、過去の社会の多くは、食糧不足が発生した際、気候の違う地域の余剰食糧を取り寄せるという〝有事救済〟の仕組みを持っていなかった。これらすべての点を考慮に入れると、やはり過去の社会では気候変動のリスクが大きかったと言うことができるだろう。

自然の気候変動は、特定の人間社会にとって好条件になることもあれば悪条件になることもあり、また、ある社会に益をもたらして別の社会に害をもたらすこともある――例えば、あとで検証するように、小氷河時代はノルウェー領グリーンランドに害をもたらし、グリーンランドのイヌイットには益をもたらした。歴史上の多くの事例を見ると、環境資源を使い果たしつつある社会は、気候が好適であれば損失を吸収できるが、暑くなったり、寒くなったり、雨が多くなったり、少なくなったり、不順になったりすると、崩壊の崖っ縁を越えてしまうようだ。だとしたら、その崩壊が人為的な環境被害によるものだと、あるいは気候変動によるものだと断定することができるだろうか？　どちらかを単一の原因と決めるのは、正しくない。その社会がもしすでに環境資源の一部をみずから損なっていなかったら、気候変動による被害で崩壊に立ち至ることはなかっただろう。逆に言うと、気候変動がとどめを刺さなければ、環境被害に歯止めがかかり、修復が可能だったかもしれない。いずれかの要素単独ではなく、環境被害と気候変動が組み合わさったことが致命的だったのだ。

三つめの枠組みは、近隣の敵対集団だ。歴史上の社会のほぼすべてが、地理的に近い他の社会をかかえ、少なくともなんらかの接触を持ってきた。隣接する社会との関係は、ときに、あるいは常に、敵対的なものだったかもしれない。社会に力があるあいだは、敵を退けることができるが、なんらかの理由でその力が弱まれば、敵に屈することになる。なんらかの理由のなかには、環境被害も含まれる。だとすると、崩壊の近因は軍事的制圧になるとしても、究極の原因――崩壊に至る変化の源――は弱体化を招いた要素に求めるべきだろう。つまり、生態学的な、もしくは他の理由による崩壊が、しばしば軍事的敗北の体裁をとるということだ。

そういう偽装の一例として、最もよく論じられるのが西ローマ帝国の滅亡だろう。しだいに激しさを増す蛮族の侵攻に悩まされたローマは、便宜上、四七六年の皇帝の退位をもって滅亡したとされる。しかし、ローマ帝国が興る前から、〝文明化された〟地中海沿岸ヨーロッパの境界外、北ヨーロッパや中央アジアに〝蛮族〟は存在し、たびたび文明ヨーロッパに(また文明中国や文明インドにも)攻撃を仕掛けていた。千年以上のあいだ、ローマはうまくその攻撃を退けてきた。例えば、北イタリアを征服しようとしたキンブリ族とテウトニ族の大合同軍を、紀元前一〇一年のカンピラウディの戦いで壊滅させたように。

ところが、しだいに、蛮族軍のほうが戦闘に勝利を収めることが多くなった。この武運の推移の根本的な理由は何か？　蛮族の側に、兵員が増えたとか、ウマが増えたとか、武器の威力が増したとか、中央アジアの草原地帯の気候変動を味方につけられたとか、何か有利に働く変化があったのだろうか？　だとしたら、蛮族こそがローマの滅亡の根本原因だと特定することができる。それとも、ローマ軍を前線で迎え撃ったのは相も変わらぬ蛮族軍で、彼らはただ、政治、経済、環境、その他の問題でローマが弱体化した恩恵を受けただけなのか？　その場合、ローマの滅亡は帝国自体の咎《とが》であって、蛮族軍はとどめを刺したに過ぎないということになる。この問題については、いまだ議論が続いている。本質的に同じような議論の対象になっているのが、アンコールワットに中心を置くクメール王国の滅亡とタイ王朝の侵攻との関係、ハラッパーを中心とするインダス文明の衰退とアーリア人の侵攻との関係、ギリシアのミュケナイ文明や青銅時代の地中海沿岸社会の滅亡と〝海の人〟の侵攻との関係などだ。

四つ目の枠組みは、三つ目をひっくり返したもの、つまり、近隣の敵対集団からの攻撃の増大とは逆に、近隣の友好集団からの支援が減少するという問題だ。歴史上の社会のほぼすべてが、近くに敵をかかえるのと同様、友好的な交易の相手をかかえている。しばしば、その相手は敵と同一の集団であり、相互の関係は敵対と友好のあいだを揺れ動く。大半の社会は、必需物資の輸入という形――今日のアメリカ合衆国が石油を、日本が石油や木材や海産物を輸入しているように――で、もしくは集団を束ねるための文化的な絆という形――つい最近まで、オーストラリアがイギリスから文化的同一性を輸入していたように――で、近隣の友好的な社会にある程度まで依存している。だから、交易相手がなんらかの理由（環境被害も含む）で弱体化して、必需物資や文化的な絆を供給できなくなると、結果的に当の社会も弱体化しかねないというリスクが生じる。これは今日でもなじみのある問題で、例えば、先進国が生態学的な脆《もろ》さと政治的な危険をはらむ第三世界の原油に依存していたことが、一九七三年の石油危機の原因だった。過去にも、同じような問題が、ノルウェー領グリーンランドやピトケアン島、その他の社会で起こった。

五つの枠組みの最後は、さまざまな問題への社会の対応という遍在的な論点に関わるものだ。環境にまつわる問題ばかりとは限らない。社会が異なれば、同じ問題への対応も異なる。例えば、過去の多くの社会で森林破壊の問題が発生し、高地ニューギニア、日本、ティコピア島、トンガは森林の管理に成功して、繁栄を続けたが、イースター島、マンガレヴァ島、ノルウェー領グリーンランドは有効な管理策を施せず、結果として崩壊した。この結末の違いを、どう理解すればいいのか？　社会の対応は、その政治的、経済的、社会的な制度や、文化的な価値観によって異なる。社会が問題を解決できるかどうか――そもそも解決を図ろうとするかどうか――は、制度や価値観しだいだということだ。本書では、過去の崩壊した社会、もしくは存続した社会の具体例ひとつひとつについて、以上の五つの枠組みから検証していきたいと思う。

付け加えておかなくてはならないが、当然ながら、気候変動や近隣の敵対集団や友好的な取引相手が、個別の社会の崩壊を引き起こした場合も引き起こさなかった場合もあるのと同様、環境被害も崩壊の不可欠の要因とは言えない。環境被害がすべての崩壊の主因であると言い立てるのは不合理だ。現代の反証例として、ソヴィエト連邦の崩壊が、古代の例として、紀元前一四六年のローマによるカルタゴの滅亡が挙げられる。明らかに、軍事的もしくは経済的な要因だけでじゅうぶんだろう。というわけで、本書の題は、厳密には〝環境に関する要素を含み、ときに気候変動や近隣の敵対集団や友好的な交易相手を付随的な要因とする、また常に社会の対応という論点をはらむ崩壊〟とでもするべきところだ。これだけの制限を課してもなお、検討すべき材料は現代にも過去にも豊富に存在する。

わたしの立場——環境保護とビジネス

今日、人間による環境侵害の問題は論争の的になっており、おおかたの意見は対立し合うふたつの立場のあいだに位置する。一方の立場は、ふつう〝環境保護主義〟と呼ばれるもので、現在わたしたちのかかえる環境問題は深刻であり、緊急の取り組みを必要としていて、今のような経済成長と人口増加の率は維持していけないと主張する。もう一方の陣営の主張は、保護主義者たちの懸念は大仰かつ不当で、現在どおりの経済成長と人口増加は可能であるとともに望ましいというものだ。後者の主張をひとくくりにしてレッテルを貼るのはむずかしいので、本書では単に〝非環境保護主義〟と総称することにする。これは特に大企業や経済界の利益を代表する意見ではあるが、〝非環境保護主義＝企業利益優先主義〟という等式は成り立たない。多数の実業家がみずからを環境保護主義者だと見なしているし、環境保護主義に懐疑的な人のなかには、大企業や経済界に属さない人も多いからだ。さて、本書を執筆するに当たり、わたしは両陣営に対してどういう位置に立っているのか？

わたしは七歳のときから、バードウォッチングをやっている。生物学を修めて学者になり、この四十年間、ニューギニアの熱帯雨林の鳥について研究してきた。鳥が大好きで、鳥を観察することと熱帯雨林にいることを楽しんでいる。ニューギニアやほかの多くの地域で、種《しゅ》を存続させ、自然環境を保護するための活動に、積極的に携わってきた。十数年前からは、最大級の国際的な環境保護団体、最もコスモポリタン的な理念を持つ組織である世界自然保護基金のアメリカ支部の理事を務めている。そういう履歴や活動のせいで、わたしは非環境保護主義者たちから、「恐怖をあおる男」「ダイアモンドは憂鬱と破滅の伝道師だ」「リスクに尾ひれをつけて語る」「人間の要求より絶滅危惧種の鳥のほうを優先する」などという批判を浴びてきた。しかし、わたしはニューギニアの鳥たちを愛する一方で、息子たちや妻や友人たちやニューギニア人たちやその他の人々に、それをはるかに上回る愛情を抱いている。わたしが環境問題に関心を持つのは、それが鳥に与える影響より人間に与える影響を顧慮するからだ。

その反面、わたしは、大企業や、環境資源を利用するその他の諸機関の側で働いた経験が豊富で、企業論理にも興味があり、現在も関わりを持ち続けているので、しばしば非環境保護主義者と見られる。十代のころ、モンタナの大きな牧場で働いたことがあって、大人になり父親になった今も、夏休みには妻と息子たちを連れてそこを訪れる。ひと夏だけ、モンタナの銅山で働いたこともある。わたしはモンタナと牧場の友人たちを愛し、その農企業《アグリビジネス》観やライフスタイルを理解し、敬愛し、共感を覚えていて、本書の献辞（上巻13頁）に彼らの名を掲げているほどだ。最近では、鉱山、製材、漁業、石油、天然ガスなどの採掘・採取産業の大手企業と接し、実務に親しむ機会も多くなってきた。

七年前からは、パプアニューギニアで最大の産出量を誇る石油・天然ガス田で環境への影響を測定している。複数の石油会社が世界自然保護基金に独自の環境査定を依頼してきたのだ。採掘作業の現場に招かれることも多い。役員や従業員たちと数多く言葉を交わして、企業側の考えかたや問題点が理解できるようになった。

そういう大企業との関係のおかげで、わたしは彼らがしばしば引き起こす壊滅的な環境被害をつぶさに見ることができ、また一方で、国立公園でさえ及ばないほどきつくきびしい安全基準を自社に課さざるを得ないその状況をも、つぶさに見ることができた。企業によって異なる環境対策がどういう動機から発しているかということに、わたしは興味をそそられる。そういう大企業との、特に石油大手との付き合いは、一部の環境保護主義者から、「ダイアモンドは大企業に身を売った」「経済界とねんごろ」「石油会社の男娼」などと非難された。

実際には、わたしは大企業に雇われているわけではないし、たとえ客として招かれるときでも、その現場で起こっていることを率直に論評している。一部の現場では、石油会社や製材会社が破壊的な活動に携わっているのを見て、そう直言した。別の現場では、慎重にふるまっているのを確かめて、その評価を伝えた。環境主義者たちがもし、現代世界で最も強大な力を持つ大企業と積極的に関わっていかなかったら、世界の環境問題を解決することはとてもかなわないだろう。だから、わたしは本書を、環境問題と企業の現実、その両方に身を置いた経験を踏まえて、中庸の観点から書いていきたいと思う。

異なる社会の比較研究法

どうすれば、社会の崩壊を〝科学的に〟研究することができるのだろう？　科学はしばしば、〝研究室内で管理された実験を反復することによって得られる知識の集合体〟という狭い枠でとらえられる。本来、科学ははるかに広い概念として、世界についての信頼性の高い知識の習得を指すべきものだろう。化学や分子生物学など一部の領域では、研究室内での管理された実験の反復こそが正道であり、知識を得るうえでの飛び抜けて信頼性の高い手法となる。わたしの学生時代の専攻である実験生物学と生化学、博士号を取った生理学も、そういう領域に属していた。一九五五年から二〇〇二年までのあいだ、わたしは最初ハーヴァード大学で、のちにカリフォルニア大学ロサンゼルス校で、生理学の実験にいそしんだ。

一九六四年にニューギニアの熱帯雨林で鳥の研究を始めてすぐ、わたしは、研究室内であれ野外であれ、管理された実験の反復に頼ることなく、信頼性の高い知識を得るにはどうすればいいかという問題に直面した。つまり、ある区域の鳥だけを実験的に絶滅させたり個体数を操作したりすることによって、鳥の生態についての知識を得るという手法は、正道とは言えず、法的にも倫理的にも妥当性を欠いている。別の切り口を見つけなくてはならないということだ。似たような方法論上の問題が、集団生物学の多くの領域で、また天文学、疫学、地質学、古生物学などの分野でも発生する。

多くの場合に有効な解決策は、〝比較研究法〟もしくは〝自然実験〟と呼ばれる方法を用いることだろう。すなわち、研究対象となる項目について異なる条件を持つ複数の自然状況を比較対照する方法だ。例えば、わたしが鳥類学者で、ニューギニアのある特殊なミツスイがほかのミツスイの個体数に及ぼす影響を研究しているとすると、わたしは山中に入って、ほかの条件がほぼ同一でありながら、ミツスイの個体数だけが異なる複数の群集を観察し、比較する。同じように、過去の著書『人間はどこまでチンパンジーか?』(新曜社刊)、『セックスはなぜ楽しいか』(草思社刊)では、異なる種の動物、とりわけ異なる種の霊長類を比較して、なぜ女性が(ほかの大半の動物の雌と違って)閉経を迎え、なおかつ排卵の明白な徴候を持たないのか、なぜ男性が(動物の標準から見て)比較的大きなペニスを備えているのか、なぜ人間が(ほぼすべての動物が公然と行なうのに)内密にセックスを営むのかを推論した。比較研究法の陥りがちな罠について、そしてその罠を避ける最善の方法については、多くの本や論文が書かれている。歴史科学(進化生物学や地史学など)では特に、過去の事例を実験的に操作することが不可能なため、研究室での実験ではなく、自然実験の手法を採らざるを得ない。

本書では、比較研究法を用いて、環境問題を要因とする社会の崩壊について解析していく。前著『銃・病原菌・鉄』（草思社刊）では、正反対の問題を扱うのに比較研究法を用いた。過去一万三千年にわたる人間社会の発展の速度が、大陸によって異なっていたという問題だ。今度は発展ではなく、崩壊に焦点を当て、環境面の脆《もろ》さ、近隣社会との関係、政治制度、その他、社会の安定性に影響を及ぼすとされるいくつかの〝入力〟変数などについて、過去と現在の多くの社会を比較する。検討すべき〝出力〟変数は、崩壊か存続かの二者択一と、崩壊が起こった場合の崩壊の形だ。出力変数を入力変数と結びつけることで、可能な入力変数の崩壊への影響力を導き出す。

太平洋上の島々の森林破壊を誘因とする崩壊に関しては、この研究法を的確に、包括的に、計量的に当てはめることが可能だ。先史時代の太平洋の人々は、自分たちの島の森林を、ほぼ無傷から壊滅状態までのさまざまな段階に破壊し、その結果、自分たちの社会に、長期存続から完全崩壊までのさまざまなシナリオを演じさせた。太平洋上の八十一の島に対して、同僚バリー・ロレットとわたしは、森林破壊の度合を等級化し、さらに、森林破壊に影響を及ぼすとされる九つの入力変数（降雨量、地理的な隔絶度、地力《ちりよく》の復元性など）の数値を等級化した。統計学的な分析によって、われわれは、ひとつひとつの入力変数が森林破壊の結果に占める相対的な威力を算出することができた。もう一カ所、比較実験が可能な地域として、北大西洋が挙げられる。そこでは、中世ノルウェーのヴァイキングが六つの島もしくは陸塊に入植したが、その六つは、農業への適合性、ノルウェーとの交易の利便性、その他の入力変数がそれぞれに異なり、また、たどった結末も（すばやい撤退から、五百年後の全滅、千二百年以上にわたる繁栄まで）異なっている。さらには、世界の異なる地域にある社会同士を比較することも可能だろう。

これらの比較はすべて、考古学者や歴史学者、その他の研究者たちが根気よく積み上げてきた個々の社会についての詳細な情報に基づいている。古代のマヤとアナサジ、現代のルワンダと中国、その他、わたしが比較に用いた過去と現在の社会について書かれた多くの優れた本や論文を、参考文献として下巻の巻末に掲げる。それら個別の研究成果が、本書の必要不可欠なデータベースだと言っていい。しかし、そういう多くの社会を比較することによって得られる付加的な結論というものがあり、それは、単独の社会をつぶさに研究するだけでは導き出せない。例えば、よく知られたマヤの崩壊を理解するためには、マヤの歴史やマヤの環境に関する正確な知識だけでは足りない。マヤをもっと広い文脈の中に置き、崩壊したほかの社会、あるいは崩壊しなかった社会、ある面でマヤと似ていて他の面で異なる社会などと比較することで、洞察が深まるのだ。この深い洞察は、比較研究法によってしか得られない。

わたしは、優れた個別の研究と優れた比較、その両方の必要性を重んじてきた。ひとつの手法を多用しすぎる学者は、別の手法を過小評価してしまいがちだからだ。ある社会の歴史を専門とする人間は、比較研究を表面的な作業のように思う傾向があるし、逆に比較を得意とする人間は、単一の社会についての研究を、どうしようもなく近視眼的で、別の社会を理解するうえで限定的な価値しか持たないものと見なしやすい。しかし、信頼性の高い知識を得ようとするなら、両方のタイプの研究法が必要だ。特に、ひとつの社会の事例を一般化したり、一件の崩壊について説明することで満足したりするのは危険な姿勢だと言える。異なる結末への道を進んだ多数の社会を比較研究することで得られた証拠の土台がなければ、説得力のある結論へ到達することは望めないのだ。

本書の構成

本書の論考がどこへ向かうのかを前もって知りたい読者のために、構成のあらましを示しておこう。全体像は、二頭の非常に大きなヒツジを呑み込んだ王蛇に似ている。つまり、現代世界に関する、そして過去に関するわたしの考察は、どちらも、ひとつの社会についての不釣り合いに長い説明と、ほかの四つの社会についてのそれより短い説明から成る。

一頭目の大きなヒツジから始めよう。第1部は長い単一の章（第1章）から成り、モンタナ南西部の環境問題について述べる。ハルズ農場や、わたしの友人であるハーシー家（献辞〔上巻13頁〕に名を挙げた）の牧場がある土地だ。モンタナを取り上げる利点は、環境問題と人口問題をかかえる現代の先進世界に属しながら、先進世界の大半の地域に比べて、問題の発現が比較的ゆるやかだというところにある。何より、わたしは多くのモンタナ人をよく知っているので、モンタナ社会の建前と、しばしば矛盾をはらむ個々の住民の欲求とを結びつけることができる。この勝手知ったモンタナという視座から、わたしたちは、当初とても異質に見えた遠い過去の社会、個々の住民の欲求を推測でしかたどれない社会での出来事に、もっとたやすく想像を巡らすことができるのだ。

第2部は、崩壊した過去の社会に関するもっと短い四つの章で始まる。この四つは、わたしの五つの枠組みに従って、しだいに複雑さが増すような順序で並べた。わたしがつぶさに論じる過去の社会のほとんどは、規模が小さく、辺境に位置していて、なかには、地理的、社会的に孤絶していたり、脆弱な環境にあったりするものもある。そのせいで読者が、現代の大きな社会のモデルにするには不適当だと決めつけたりしないよう、それらの社会を精査の対象に選んだ理由を説明しておこう。それは、そういう小さな社会では、崩壊の進行が速く、結末もより極端な形になりがちなので、実例としてわかりやすいからだ。過去に、近隣との交易が盛んで環境にも恵まれた大規模な社会が崩壊した例がないから、今日の社会も崩壊するはずがないなどと言っているのではない。本書でつぶさに論じた過去の社会のひとつであるマヤは、数百万から数千万と言われる人口をかかえ、ヨーロッパ人が訪れる前の〝新世界〟で最も文化の発達したふたつの地域のうちひとつ（メソアメリカ）に位置して、同地域内の他の先進社会とも交易や交流があった。その他、マヤと似た運命をたどった過去の多くの有名な社会のうちいくつか――〝肥沃な三日月地帯〟、アンコールワット、インダス文明ハラッパー諸都市など――については、参考文献の第9章の部分で手短に触れる（アンコールワットについては下巻・追記で新たに書き加えた）。これらの社会の衰退は、環境面での要因に負うところが大きかった。

過去の検証の最初に取り上げたイースター島（第2章）の歴史は、〝純然たる〟生態学的な崩壊にいちばん近い事例だろう。この場合は、徹底的な森林破壊が戦争につながり、支配層と有名な石像が打ち倒されて、大量の集団死という結末を迎えた。わたしたちの知るかぎりでは、イースター島のポリネシア人社会は、最初に発見されて以来ずっと孤絶してきたので、滅亡への軌跡は敵対集団にも友好集団にも影響されていない。気候変動の証拠も、今のところ見つかっていないが、これは将来の研究で何かが明らかにされる可能性もある。バリー・ロレットとわたしの比較分析によって、なぜ、太平洋に数ある島のなかで、イースター島があれほど苛烈な崩壊を遂げたのかが、理解しやすくなった。

やはりポリネシア人が住み着いたピトケアン島とヘンダーソン島（第3章）は、五つの枠組みの中の四番目を例証してくれる。近隣の友好集団からの支援の欠如だ。ピトケアン島もヘンダーソン島も、地域的な環境被害を受けたが、致命的な一撃になったのは、主要な交易相手が環境絡みの要因で崩壊したことだった。敵対集団とか気候変動などの副次的な要因は、知られるかぎりでは介在していない。

木の年輪から再構築された、ことさら詳しい気候記録のおかげで、アメリカ合衆国南西部アナサジのアメリカ先住民社会は、環境被害と人口増大に気候変動（この場合は旱魃）が絡んだ崩壊の例であることが明らかになった（第4章）。友好集団もしくは敵対集団の影響も、戦争も（末期を除いては）主要な原因とは見なしにくい。

社会の崩壊を扱った本に、最も先進的なアメリカ先住民社会であり、ジャングルに覆われたロマンチックな謎の都であるマヤの物語（第5章）が書かれていなかったら、手落ちというものだろう。アナサジの場合と同様、マヤも、環境被害と人口増大と気候変動の複合的な効果を例証しており、近隣の友好集団の関与は見られない。アナサジと違うのは、近隣の敵対集団が初期の段階からマヤ諸都市の主要な関心事だったことだ。第2章から第5章までで論じる社会のうちで、マヤだけが解読可能な文字記録を持っている。

ノルウェー領グリーンランド（第6章〜第8章）は、先史時代の崩壊のうちで最も複雑な例であり、（理解しやすいヨーロッパ言語圏の社会であるという理由で）得られる情報の量が最も多く、また最も広範な議論の種を供給する。王蛇の腹に呑まれた二頭目のヒツジだ。五つの枠組みのすべてについて、証拠が出揃っている。環境被害、気候変動、ノルウェーとの友好的な交流の喪失、イヌイットとの敵対関係の発生、そしてノルウェー領グリーンランドという名の政治的、経済的、文化的な舞台。グリーンランドは、実験室内で行なわれた崩壊の実験にいちばん近い実例だと言っていいだろう。同じ島をふたつの社会（ノルウェー人とイヌイット）が分け合っていたのに、互いの文化があまりに違いすぎて、一方が死に絶えて一方が生き残った。つまり、グリーンランドの歴史は、たとえ過酷な環境にあっても、崩壊は必ず訪れるわけではなく、社会の選択しだいだというメッセージを伝えている。このノルウェー領グリーンランドと、同じように北大西洋でノルウェー人入植者が興した他の五つの社会とを比較して、なぜノルウェー領オークニーが栄えてグリーンランドが滅びたのかを検証することも可能だろう。その五つの社会のひとつであるアイスランドは、脆弱な環境を克服して、高度の現代的な繁栄を勝ち得ためずらしい成功例だと言える。

第2部の結び（第9章・以降下巻）には、さらに三つの（アイスランドのように）成功した社会を、失敗について理解するための対照例として挙げた。この三つの社会の場合、アイスランドや大半の崩壊した社会に比べて、環境問題がさほど深刻ではなかったという面はあるものの、成功への道筋が二本あることをわたしたちに指し示してくれている。ティコピア島やニューギニア高地のような〝下から上へ〟の道と、徳川時代の日本のような〝上から下へ〟の道だ。

それから、第3部で現代に戻ってくる。現代のモンタナについては第1章で考察したので、今度は際立った違いを持つ四つの国を取り上げる。最初のふたつは小国で、あとのふたつは超大国と大国だ。第三世界の惨事の地（ルワンダ）、第三世界のとりあえず存続している国（ドミニカ共和国）、先進国に駆け足で追いつこうとしている第三世界の巨人（中国）、そして先進国に属する一社会（オーストラリア）。ルワンダ（第10章）は、わたしたちの目の前で起こったマルサス学説の悲劇であり、過去にマヤがそうだったように、過剰な人口をかかえた国土が血に洗われる形で崩壊した。ルワンダと隣国ブルンジは、フツ族とツチ族の抗争で悪名高いが、わたしたちの見るところでは、人口増大、環境被害、気候変動の三要素がダイナマイトを形成し、民族抗争が導火線となったようだ。

イスパニョーラ島を分け合うドミニカ共和国とハイチ（第11章）は、かつてのグリーンランドのノルウェー人社会とイヌイットのように、陰鬱な対照を成している。数十年に及ぶ同じくらい劣悪な独裁支配のなかで、ハイチは〝新世界〟で最も悲惨な機能停止状態に陥り、ドミニカ共和国には希望の兆しが見える。本書が環境決定論を唱えるものではない証拠に、ドミニカの事例は、ひとりの人間の決断が、とりわけ指導者の決断が、どれほど大きな違いをもたらすかを示している。

中国（第12章）は、現代の十二種類の環境問題すべてを、かなりの程度かかえている。経済規模も人口も面積も巨大な国なので、その環境と経済が受ける衝撃は、中国の国民にとってだけではなく、全世界にとって重大な意味を持つ。

オーストラリア（第13章）は、先進国の中でも、最も脆弱な環境をかかえ、最も重篤な環境問題に直面しているという点で、モンタナの対極にある。結果として、それらの問題を解決するために、現在、最も過激な構造改革を検討しているところだ。

本書の結論部分（第4部）では、今日のわたしたちに向けての実際的な教訓を抽出してみた。第14章は、自滅の道をたどった過去のすべての社会がかきたてる当惑ぎみの疑問、そして、わたしたちがもし同じように自滅したら未来の地球人を当惑させることになるはずの疑問を提示する。つまり、後世の人間の目で見るとあまりにも明らかな危険を、ひとつの社会がどうして見逃すことができたのか？　その社会の終焉は住民自身の落ち度だと言っていいのか、それとも、そうではなくて、住民は解決不能な問題の悲しい犠牲者だったのか？　過去の環境被害のどれほどが無作為かつ無自覚で、どれほどが結末をじゅうぶんに承知した人間による意図的なものだったのか？　例えば、イースター島の住民たちは、島に残った最後の一本の木を切り倒すとき、どういう言葉を吐いたのだろう？　ここで明らかになってくるのは、社会が、問題を予期し損ね、あるいは認識し損ねることに始まって、利害の衝突が生じ、集団の一部が自分たちに有利で他には不利な目標を追求しようとするなど、一連の過程を経て、集団としての意思決定がないがしろにされかねないという事実だ。

第15章では、現代企業の役割を考察する。今日の環境破壊の最大勢力になっている企業もあれば、最も効果的な環境保護措置を講じる企業もある。なぜ（ごく）一部の企業は保護策を企業利益に沿うものと見なすのか、また、ほかの企業がそういう姿勢を見習おうとするにはどういう変化が必要なのかを、わたしたちは検討していく。

最後の第16章では、現代世界の直面する環境の危機の種別、危機の深刻さの訴えに対するごく一般的な反論、今日の危機と過去の社会が直面した危機の違いなどを概説する。ひとつの大きな違いはグローバル化に関するもので、それは、現下の環境問題を解決する能力についての悲観論と楽観論、両方の最大級の論拠の中心に位置する。グローバル化のせいで、現代社会が過去のイースター島やノルウェー領グリーンランドのように孤立して崩壊することは不可能になった。今日、どこかの社会に――例えば、ソマリアやアフガニスタンのように――争乱が起これば、それはほかの大陸の繁栄している社会にも災厄をもたらすことがあり、またそういう社会からの（援護であれ圧迫であれ）関与を呼び込むこともある。歴史上で初めて、わたしたちはグローバルな衰退のリスクと向き合っているのだ。しかし、一方では、やはり歴史上で初めて、現代世界のどの社会における進展からも、過去のどの時点における史実からも、すばやく学ぶ機会を享受してもいる。それこそ、わたしが本書をしたためた理由だ。

第1部

現代のモンタナ

第1章

モンタナの大空の下

モンタナのマス釣り

わたしの友人、七十歳になるスタン・フォーコウは、サンフランシスコ近くのスタンフォード大学で微生物学の教授を務めている。モンタナ州ビタールート・ヴァレーに別邸を購入した動機を尋ねてみると、それがいかに自分の人生の流れに沿ったことだったかを話してくれた。

「わたしはニューヨーク州で生まれ、その後、ロードアイランド州に移った。だから、子どものころは、山というものをまったく知らなかった。大学を卒業したばかりの二十代前半に、二年ほど研究を休んで、ある病院の剖検室で夜勤の仕事に就いた。わたしみたいに若くて、それまで死と向き合った経験のない者にとっては、精神的にひどくきつい仕事だった。朝鮮戦争で散々きつい目に遭って復員したある友人が、わたしの顔をひと目見て、『スタン、かなりまいってるみたいだな。心を軽くしないと。フライフィッシングをやってみろよ』と言うんだ。

そこで、わたしはバス釣りを始めた。自分で毛鉤《フライ》を巻けるようになると、もうすっかり夢中になって、毎日仕事が終わると釣りに出かけていたよ。友人に言われたとおりだった。ほんとうに心が軽くなったんだ。そんなとき、ロードアイランドにある大学院に入って、また心が重くなるような仕事に就くことになった。同級のある院生が、毛鉤で釣れるのはバスだけじゃないと教えてくれた。すぐそばのマサチューセッツ州でマス釣りができる、と。だから、今度はマス釣りを始めた。わたしの指導教官は魚が大好物で、釣りを奨励してくれた。釣りのときだけは、研究室の仕事を休んでもいやな顔をされなかったな。

五十歳になるころ、また心が重くなるような時期がやってきた。厄介な離婚やら何やらがあってね。そのころまでには、釣りも年に三回しか行けなくなっていた。五十回目の誕生日を迎えると、おおぜいの人間が、残された人生をどう使おうかと考えるものだ。わたしは父の人生について考え、父が五十八で亡くなったことを思い出した。愕然としたね。父と同じ寿命しか与えられていないとしたら、死ぬまでに二十四回しか釣りに行けないことになる。大好きなことに費やす時間としては、ひどく少ないように思えた。そう実感したおかげで、この先、釣りも含めて、ほんとうにやりたいことにもっと多く時間を割くにはどうすればいいかと、思案し始めたんだ。

そんなとき、たまたま、モンタナ州南西部のビタールート・ヴァレーにある研究所の監査を頼まれた。モンタナには行ったことがなかった。じつを言うと、四十になるまで、ミシシッピ川から西に足を踏み入れたことがなかったんだ。わたしはミズーラ空港に飛び、レンタカーを借りて、研究所のあるハミルトンの街をめざして南に向かった。ミズーラから南へは、数十キロの一本道が続いている。農地の広がる平坦な谷底を走っていると、西には雪を頂くビタールート山脈が、東には谷間から唐突に顔を出すサファイア山脈が見える。その美しさと雄大さに圧倒されてしまった。それまで見たことがないものだった。心の中が安らぎで満たされ、自分の存在をはるか遠方から眺めているような感覚があふれ出してきたんだ。

研究所に着くと、昔の教え子にばったり出くわした。そこの研究員で、わたしの釣り好きを知っていたので、こう言ってくれた。ビタールート・ヴァレーはマス釣りの名所だから、来年もう一度こちらに来て、実験のかたわら、マス釣りを楽しんだらどうですか、とね。そこで翌年の夏、二週間滞在するつもりでまたモンタナを訪ねたら、結局一カ月過ごすことになった。その次の夏には、一カ月の滞在予定がひと夏になって、その夏の終わりには、妻といっしょに家を買っていた。それからはふたりで何度も行って、毎年かなりの時間をモンタナで過ごしている。ビタールートを訪れるたびに、ミズーラから南にまっすぐ伸びたあの道に車を乗り入れる。そうすると、いつでも、あの地を初めて目にしたときと同じ、平穏と雄大さを感じて、あのときと同じ、自分と宇宙とのつながりを自覚できたような気になる。あの感覚を忘れずにいるには、ほかのどこより、モンタナにいるのがいちばんなんだ」

〝大空の国〟で過ごした夏

これこそ、モンタナの美しさが人の心に及ぼす効果だ。スタン・フォーコウやわたしのように、モンタナとはまったく違う場所で育った人間にも、また、別の友人ジョン・クックのように、アメリカ西部のほかの山間地帯に育ちながら、なおモンタナに魅了されてしまう人間たちにも、さらにほかの友人たち、例えばハーシー家の人々のように、モンタナで育ち、そこにとどまることを選んだ人間たちにも、同じ効きめがある。

わたしもスタン・フォーコウと同じく、アメリカ北東部（ボストン）で生まれ、ミシシッピ以西に足を踏み入れたことがなかったが、十五歳の夏に、両親に連れられて初めてビタールート・ヴァレーのすぐ南にあるビッグホール盆地（65頁の地図参照）で数週間を過ごすことになった。わたしの父は小児科医で、モンタナのある農場主の子どもを治療したことがあった。患児の名はジョニー・エリールといい、めずらしい病気にかかっていて、地元のかかりつけの小児科医から、ボストンで専門的な治療を受けるよう勧められたのだ。このジョニーの曽祖父にあたるスイス系の移民、フレッド・ハーシー・シニアは、一八九〇年代にビッグホールを開拓した農場主のひとりだった。その息子フレッド・ジュニアは、わたしが訪ねたときには六十九歳で、それでも、成人した息子のディックとジャック、娘のジル・ハーシー・エリール（ジョニーの母親）とジョイス・ハーシー・マクダウェルとともに、一族の牧場経営に采配を振るっていた。ジョニーが父の治療で快方に向かったので、ジョニーの両親と祖父母がわたしたち一家を招待してくれたのだ。

スタン・フォーコウと同じく、わたしもまた、ビッグホールの景観にたちまち圧倒されてしまった。草地と小川に恵まれた平坦な谷底がどこまでも広がっていながら、四方の地平線からは、季節によって姿を変える雪山がふと現われる。モンタナは、みずから〝大空の州〟を名乗っている。まさに言いえて妙だ。これまでわたしが暮らしてきたほかの場所のほとんどは、都市であれば、地平線近くで空が建物に阻まれ、ニューギニアやアルプス地方のような場所であれば、山があっても地勢が険しくて谷間が狭いので、切れ端ほどの空しか望めず、アイオワやネブラスカの草原のような場所であれば、大空が広がっていても、周囲の地平線に連なる山々がなくて趣きに欠ける、という具合だった。初めての訪問から三年後の夏、大学生になっていたわたしは、級友ふたりと姉とともにふたたびディック・ハーシーの牧場を訪ねて、全員でハーシー家の干し草の収穫を手伝った。わたしが拡散レーキを、姉が集草レーキを運転し、ふたりの友人は干し草を山にする作業をした。

一九五六年のその夏以来、長いあいだモンタナを訪れることはなかった。ニューギニアやアンデスなど、それなりにすばらしい場所で夏を過ごしていたからだが、モンタナやハーシー家の人々のことは常に頭にあった。それがようやく一九九八年に、たまたまビタールート・ヴァレーにある〈テラー野生動物保護協会〉という民間の非営利財団から招聘を受けた。それがきっかけで、双子の息子たち――わたしが初めてモンタナを訪れたときの年齢より、やや年少のふたり――をかの地に連れていき、マス釣りの手ほどきをすることになった。フライフィッシングは好評を博し、今では双子の片割れが、フィッシングガイドの資格取得をめざしている。ふたたびモンタナとの縁ができて、わたしは、牧場主だったディック・ハーシーとその兄弟姉妹に再会した。彼らはもう七十代、八十代になりながら、四十五年前に初めて出会ったときとまったく同じように、一年じゅう骨身を惜しまず働いていた。この再訪を果たして以来、わたしは妻と息子たちとともに毎年モンタナを訪れている。やはり、わが友人たちを引き寄せたり、引き留めたりしたのと同じ、モンタナの大空の忘れがたい美しさ（67頁写真1・2・89頁写真3参照）に引き寄せられたのだ。

その大空の魅力は、わたしの中で少しずつ増していった。あまりに長くほかの場所で過ごしてきたせいで、何度かモンタナを訪ねたあとでないと、頭上に広がる空、ぐるり

現在のモンタナ

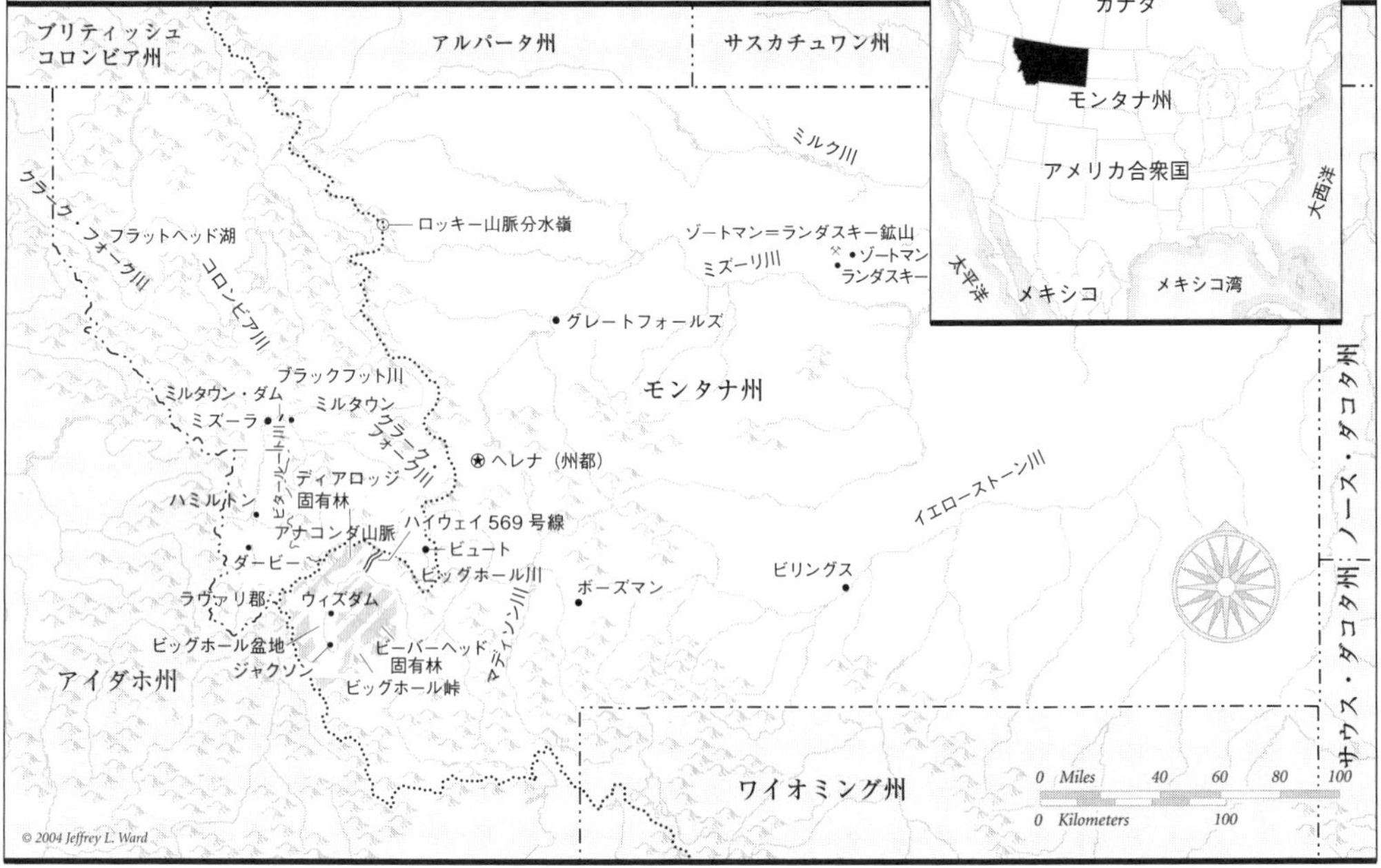
カナダ
モンタナ州
アメリカ合衆国
大西洋
太平洋
メキシコ
メキシコ湾
ブリティッシュコロンビア州
アルバータ州
サスカチュワン州
ミルク川
ロッキー山脈分水嶺
クラーク・フォーク川
フラットヘッド湖
コロンビア川
ゾートマン＝ランダスキー鉱山
ゾートマン
ランダスキー
ミズーリ川
グレートフォールズ
ブラックフット川
ミルタウン・ダム
ミルタウン
ミズーラ
ビタールート川
クラーク・フォーク川
モンタナ州
ヘレナ（州都）
ディアロッジ
固有林
ハミルトン
アナコンダ山脈
ハイウェイ 569 号線
ビュート
ダービー
ビッグホール川
ラヴァリ郡
ウィズダム
ボーズマン
ビリングス
イエローストーン川
マディソン川
ビッグホール盆地
ジャクソン
ビーバーヘッド
固有林
ビッグホール峠
アイダホ州
ワイオミング州
ノース・ダコタ州
サウス・ダコタ州
0 Miles 40 60 80 100
0 Kilometers 100
© 2004 Jeffrey L. Ward

に連なる山々、下方に広がる谷底という眺望になじむことができなかったからだ。それだけの回数を重ねて初めて、その眺望を、生活の一部、日常的な風景として心から楽しめることの価値を知り、モンタナに心を預けることも、そこから離れてみることもできると気づいた。いつでもそこへ帰れることがわかっているからだ。わたしたち家族にとって、ロサンゼルスの街は、仕事、学校、住居と、年間を通じての拠点としてそれなりの実利がある場所だが、モンタナはロサンゼルスよりはるかに美しく、（スタン・フォーコウの言葉どおり）はるかに安らぎに満ちている。わたしにとって世界一美しい風景とは、牧場にあるジルとジョン・エリールの家から、ビッグホールの草原を見下ろしたときの眺めと、雪を頂くロッキー山脈の大分水嶺を見上げたときの眺めなのだ。

大自然と環境被害――モンタナの矛盾

モンタナは総体的に、そしてビタールート・ヴァレーはその南西部に、矛盾をはらんでいる。モンタナはアメリカ本土四十八州のうち、面積は三番目に広いが、人口は下から数えて六番目で、人口密度が二番目に低い。現在のビタールート・ヴァレーは、元来この地の自然植生がヤマヨモギだけだったという事実とは相容れず、緑豊かに見える。この谷《ヴァレー》があるラヴァリ郡は、たいへん美しく魅力的な土地であり、アメリカのほかの場所から（モンタナのほかの場所からさえ）移住してくる人々が非常に多く、人口増加

写真１　モンタナ州ビタールート川

写真２　ビタールート・ヴァレーの灌漑を施した牧草地

率はアメリカでも上位に入るが、地元のハイスクールの卒業生のうち、七〇パーセントがビタールートを、そしてその大部分がモンタナを出ていく。ビタールートの人口は増加しているが、モンタナ東部は減少しているので、モンタナ州全体では人口の増減が見られない。この十年、ラヴァリ郡の五十歳代の居住者数は徐々に増えているものの、三十歳代の数は減少している。最近ビタールートに自宅を構えた人々の中には、証券会社の創設者であるチャールズ・シュワッブ、インテル社社長のクレイグ・バレットなど、桁違いの財産家がいるというのに、ラヴァリ郡はモンタナ州で最も貧しい郡のひとつに数えられ、そのモンタナ州はアメリカで最も貧しい州の地位をうかがうという状況で、郡民の多くが、ふたつ、あるいは三つの職に就かなければ、アメリカの公式貧困線にさえ達しないことを自覚している。

モンタナと聞けば、わたしたちは自然の美しさを思い浮かべる。確かに、本土四十八州のうち、モンタナは最も環境が損なわれていない州かもしれない。つまるところ、ラヴァリ郡にかくもおおぜいの人々が移住するのも、それがいちばんの理由だろう。連邦政府は、州内の土地の四分の一以上を、そしてラヴァリ郡の土地の四分の三以上を、おもに国有林という名のもとに所有している。にもかかわらず、ビタールート・ヴァレーは、アメリカの他州を悩ます環境問題の縮図ともいうべき様相を呈しているのだ。例えば、人口増加、移住問題、水不足の増大と水質の低下、季節によって局地的に起こる大気の質の低下、有毒廃棄物、野火《のび》による危険度の上昇、森林の荒廃、土壌あるいはその養分の劣化、生物多様性の低下、有害な外来種による被害、気候の変動が及ぼす影響などが挙げられる。

過去と現在の環境問題を取り上げる本書において、モンタナは、巻頭を飾るにふさわしい研究事例と言える。これから論じようとしている過去の社会——ポリネシア、アナサジ、マヤ、ノルウェー領グリーンランドなどの社会——の事例では、環境管理に関する住民たちの決断がどんな結末をもたらしたかはわかっているものの、ほとんどの場合、その人々の名前や個々の素性は不明であって、実際の行動のもととなった動機についても、推測の域を出ない。それとは逆に、現代のモンタナであれば、人々の名前も来歴も、動機についても詳細にわかる。なかには、わたしの五十年来の友人も何人かいるからだ。モンタナの人々の動機を熟知することで、過去の人々を駆り立てた動機も想像しやすくなるだろう。本章では、ともすれば抽象的に見えがちな主題に、個々の具体的な色づけを施してみたいと思う。

さらに加えるなら、モンタナの事例に触れることで、第2章以下に取り上げる、脆弱な環境下にあった過去の社会——辺境の恵まれない小社会——に関する議論とのバランスを、健全に保つことができる。わたしは意図的にこれらの社会を選んだ。なぜなら、これらはまさに、環境被害がもたらす最悪の経緯に苦しんだ社会であり、だからこそ、本書の主題となるそのような顚末を効果的に例示してくれるからだ。しかし、深刻な環境問題にさらされるのがこうした社会だけでないことを、モンタナという逆の事例が示してくれるだろう。モンタナは現代社会における最も裕福な国の一部であり、その国のなかで最も未開発で最も人口の少ない州のひとつなので、アメリカの他州に比べ、環境問題と人口問題も軽微なものだと想像できる。実際、モンタナの問題は、わたしが住むロサンゼルスをはじめ、アメリカ人の大多数が住む都市部がかかえる人口超過、交通量、スモッグ、水質と水量、有毒廃棄物などの問題に比べ、深刻さの度合がはるかに軽い。しかしながら、そのモンタナでさえ環境問題と人口問題に悩んでいるのだと知れば、それを上回るアメリカの他州の問題がいかに重大なものか、理解も深まろうというものだ。本書の主要な五つの課題、すなわち、環境侵害、気候変動、近隣の友好的な社会との関係（モンタナの場合は、モンタナ以外の州との関係）、潜在的な敵意を持つ他社会の動向が及ぼす影響（今日の外国人テロリスト、石油産出国）、諸問題への社会の対応が持つ重要性を、モンタナの事例から読み取ることができるだろう。

狩猟採集から娯楽産業へ

アメリカの西部山岳地帯には、その全体を通じて、食糧生産の足枷《あしかせ》となる不利な環境条件があり、同じ条件下にあるモンタナもまた、作物栽培と家畜飼育への適性という点で制約を受けている。すなわち、比較的少ない降雨量によって植物の生長率が低下すること、高緯度と高海抜が原因で作物の生長期が短縮され、夏季の長い地方なら年に二回は可能な収穫が、年一回に限られること、人口密度のより高い、生産物の購買力を備えた市場から遠距離にあること、などだ。すなわち、モンタナのあらゆる農作物に関して、モンタナ以外の州はもっと安価に、もっと高い生産性で栽培でき、人口の密集地へも、より速く、より安価に搬送できることになる。ゆえに、モンタナの歴史は、景観は美しくとも農業の競争力に劣る土地でどう生計を立てていくか、この根本的な問題への解答を探る試みによって織りなされているのだ。

人間がモンタナに居住してきた歴史は、いくつかの経済的段階に分類される。第一段階は、少なくとも一万三千年前にこの地に到達したアメリカ先住民によるもので、北米大陸の東部と南部で農耕社会を発展させた民族の仲間である彼らは、モンタナではそれと対照的に、現在農業や牧畜が行なわれている区域でも、ヨーロッパ人が渡来するまでは狩猟採集による生活を続けていた。これはなぜかというと、ひとつには、北米大陸東部やメキシコの状況とは異なり、モンタナには、栽培化や家畜化に適した自生植物や野生動物の種《しゅ》がなく、それゆえ、この土地独自の農業の起源が存在しなかったからだ。もうひとつの理由は、モンタナの位置が、前述したアメリカ先住民独自の農業の起源となったふたつの拠点から遠く離れていたせいで、その地を原産とする作物が、ヨーロッパ人到着以前はモンタナまで伝播しなかったからだ。現在、モンタナにとどまっているアメリカ先住民のおよそ四分の三が、七カ所の特別保留地で暮らしている。その保留地のほとんどが、牧草以外の天然資源には恵まれていない。

最初にモンタナを訪れたヨーロッパ人として記録されているのは、一八〇四年から一八〇六年にかけて大陸横断を敢行したルイスとクラークの調査隊で、隊員たちは、のちにモンタナ州となる場所について、ほかのどの州よりも時間をかけて調査を行なった。これに続いてモンタナ経済の第二段階が訪れる。この時期に活躍したのは〝山の人々〟と呼ばれる、罠を使う猟師で、カナダ、そしてアメリカ国内からもモンタナにやってきて、獲物から得た毛皮を商っていた。次の段階は一八六〇年代に始まり、（重要性は低くなったが）現在までモンタナ経済を支え続けてきた三つの産業が基盤となった。すなわち、銅鉱と金鉱の採掘を中心とする鉱業、木材伐採搬出業、そして、ウシとヒツジの飼育及び穀物と果実と野菜の栽培から成る食料生産業だ。モンタナの大銅鉱ビュートに鉱夫が殺到したことが刺激となって、経済の他分野でも、州内市場の需要を満たそうとする動きが活発化した。採掘坑に動力を供給し、鉱夫用の住居を建て、坑道を強化するため、近隣のビタールート・ヴァレーで大量の木材が伐採されることになった。また、谷間では、鉱夫のための食糧が大量に栽培された。この谷間は州南部に位置し、（モンタナの基準からすると）穏やかな気候に恵まれているので、「モンタナの温暖地帯《バナナベルト》」と呼ばれる。雨量が少なく（年間三百三十ミリ）、自生植物は（不毛の代名詞である）ヤマヨモギという土地だったが、一八六〇年代に初めて入植したヨーロッパ人たちは、すでにこの不利な条件を克服しつつあった。谷間の西側のビタールート山脈から流れ出す小川を利用して、まず小型の灌漑用水路を造り、その後、費用をかけて大規模な灌漑施設をふた組敷設したのだ。そのひとつが、谷間の西側にあるコモ湖から水を引くために、一九〇八年から一九一〇年にかけて敷設されたもの（通称「大水路《ビッグ・ディッチ》」）で、もうひとつが、ビタールート川から直接引いた太い灌漑用運河を統合したものだった。とりわけ灌漑技術の恩恵にあずかったのはリンゴ園で、一八八〇年代に急速に発展し始め、今世紀前半には数十年にわたる最盛期を迎えたが、現在では、営利を目的として運営されているものはほとんどない。

　モンタナ経済の初期段階における基盤、狩猟と漁労は、生活手段としての行為からやがて娯楽へと転じた。毛皮の売買は廃《すた》れ、鉱業と伐採と農業の重要性は衰えていった。その経済的な要因と環境的な要因については、後述したいと思う。取って代わって、現在伸びを見せている経済分野は、観光業、娯楽産業、養老産業、保健医療産業だ。一九九六年には、近年のビタールート・ヴァレーの経済の移り変わりを象徴する大きな出来事が起こった。かつてモンタナの銅山王マーカス・ダリーの地所であった〈ビタールート・ストック・ファーム〉と呼ばれる二千六百エーカー（約千五十ヘクタール）の牧場が、証券会社の社主である財産家チャールズ・シュワッブによって買収されたのだ。シュワッブはこの地所を州外の富豪向けに開発し始めた。つまり、この美しい谷間に第二の（場合によっては第三、第四の）家を建て、毎年二回ほど訪れては釣りと狩りと乗馬とゴルフを楽しみたいと思っている人々に向けて売り出したのだ。〈ストック・ファーム〉には十八ホールのゴルフコースが広がり、百二十五カ所の敷地に、家あるいは〝小屋《キャビン》〟と呼ばれる施設がある。〝小屋〟というのは一種の婉曲表現であって、この施設は、最大で六部屋の寝室を擁し、約五百六十平方メートルの広さを持ち、八十万ドル以上の価格で売られている。この牧場の分譲地を買う人間は、純資産と収入が高水準にあることを間違いなく証明できるだろう。少なく見積もっても、クラブへの入会金十二万五千ドルを支払う余裕があるということで、これはラヴァリ郡民の平均年収の七倍を超える金額だ。〈ストック・ファーム〉は全体が塀で囲まれ、入口には「会員とゲスト以外の入場を禁ず」との看板が掲げてある。会員の多くは自家用ジェット機でやってきて、めったなことではハミルトンに足を踏み入れたり買い物をしたりせず、〈ストック・ファーム〉内のクラブで食事をするか、さもなければ、クラブの従業員にハミルトンまで買い物に行かせることを選ぶ。ハミルトンのある住人が、苦い顔で話してくれた。「上流階級のご一行は〝スラム見物〟しようと決めると、外国人の観光客みたいに膨らませた荷物を持ってやってくるから、ひと目でわかるよ」

古くからのビタールート・ヴァレーの住人の中には〈ストック・ファーム〉開発計画の告知を聞いて、激しい動揺を見せた人々もいる。その人たちの見通しは、谷間の土地にそんな大金を払う者はおらず、分譲地は絶対に売れない、というものだった。結局、それは見込み違いだったことがわかった。すでに以前から州外の金持ちたちが個々にビタールート・ヴァレーを訪れ、土地を買っていたというのに、この〈ファーム〉の売り出しが象徴的な一大事となったのは、あまりにおおぜいの大金持ちたちが、いっせいにビタールートの土地を購入したからだ。何より、この〈ファーム〉が、ウシやリンゴを育てるという伝統的な利用に比べて、娯楽目的の利用のほうがどれほど土地の価値を跳ね上げるものか、実証してみせたことが大きかった。

鉱業が生み出す有毒廃棄物

現在のモンタナの環境問題は、産業化以前の過去の社会を蝕《むしば》んだ問題や、今も同じように世界じゅうの社会を脅かしている問題など、多種多様な問題のほぼすべてを含んでいる。特にモンタナで目立つのは、有毒廃棄物、森林、土壌、水資源(そしてときに大気)、気候変動、生物多様性の低下、そして有害な外来種の問題だ。このうち最もわかりやすいと思われる有毒廃棄物の問題から始めよう。

モンタナでは、化学肥料、有機肥料、浄化槽内容物、除草剤などの流失に対する不安が高まっているが、なかでも有毒廃棄物に関して最大の論点となるのは、鉱業残留物を発生源とするものだ。このなかには、前世紀からの遺物もあれば、最近、もしくは現在進行中のものもある。銅を筆頭に、鉛、モリブデン、パラジウム、プラチナ、亜鉛、金、銀など、金属鉱物の採掘は古くからモンタナ経済を支えた柱の一本にあたる。場所や方法はともかく、鉱業が不可欠であるという事実は誰もが認めるだろう。現代文明は、そして科学、建設、電気の各産業は、金属なくしては成立しない。問題は、どこで、どんな方法で原鉱を採掘するのが最善か、ということだ。

金属を抽出するためモンタナの鉱山から運び出される精鉱（訳註・製錬の材料となる品質の高い鉱粒）は、残念ながら、掘り返された土のほんの一部を占めるに過ぎない。残りは岩屑、そして銅、砒素、カドミウム、亜鉛を含んだままの選鉱屑など、人間――同様に、魚類、野生動物、家畜――にとって有害な物質なので、これが地下水や河川や土壌に流れ込むと、非常に厄介な事態を招く。しかも、モンタナ産の原鉱は硫化鉄を豊富に含んでいるので、硫酸の発生源となる。モンタナにはおよそ二万の廃鉱があり、なかには最近閉鎖されたものもあるが、一世紀以上を経たものが多く、そこからは半永久的に硫酸と有毒金属が流出し続けることになる。これらの鉱山の大多数には、金銭的な責務を負う経営者が残っていない。あるいは、経営者が確認されたとしても、鉱山を再生して永続的に酸の流出を防止するだけの財力を持っていない。

鉱業に伴う有毒性の問題では、すでに一世紀前に、ビュートの巨大な銅山と、その隣の精錬所で発生したものが確認されている。当時、近隣の牧場主たちは、畜牛が死んでいくのを見て、鉱山を経営するアナコンダ社を相手取り、訴訟を起こした。アナコンダ側は自社の責任を否認して勝訴したが、一九〇七年、有毒物質を封じ込める沈殿池の第一号を設置した。つまり、問題を最小限に抑えるために、鉱業廃棄物の封鎖という選択肢があることはすでにわかっていたのだ。世界的に見ると、最新の技術をもってこれを実践している新鉱山もあれば、問題を黙殺し続けている鉱山もある。現在アメリカでは、新たに鉱山を開設する企業に、法定債券の購入を義務づけている。これは、特定の鉱業会社が倒産した場合に備え、債券を持つ各企業に、鉱山の浄化費用を負担させる保証となっている。しかし（最終的な浄化費用が債券の額面を超えることが判明するなどの理由で）支払いが留保されたままの鉱山が多く、また、既存の鉱山には、このような債券購入の義務がいっさい課されなかった。

ほかの場所と同じく、モンタナでも、既存の鉱山を接収した企業は、浄化費用の支払い責任に二者択一の対応をとる。中小企業の経営者であれば、みずから破産を申告するか、場合によっては資産を隠し、自社の業績を、古い鉱山の浄化責任のない別会社か新会社に移すかもしれない。浄化費用の支払いによる破産が認められないほどの――以下に述べるアルコ社（ＡＲＣＯ）のような――大企業であれば、責任を否認するか、費用を最小限に抑えようとする。いずれの場合も、鉱区とその下流地域が汚染されたままで人々が危険にさらされるか、あるいは、アメリカ連邦政府とモンタナ州政府（つまりは納税者全員）が、それぞれ有毒廃棄物除去基金《スーパーファンド》とモンタナ州基金によって浄化費を支払うことになる。

　このような鉱業会社による二者択一の対応を見ていると、ある疑問が浮かぶ。この疑問は、これから本書の中で繰り返し提示されることになるだろう。どの社会のどの個人や集団であれ、社会全体に有害なことを、そうと知りながら行なうのはなぜか、わたしたちはその理由を解明しようとしているからだ。責任を回避したり最小限に抑えたりする行為は、短期で考えれば鉱業会社に財務上の利益をもたらすかもしれないが、社会全体にとっては有害なことであり、長期的に考えれば、当の企業や鉱業界にも害を及ぼしかねない。モンタナの人々は、自分たちの州の拠りどころとなる伝統的価値として、鉱業を長いあいだ信奉してきたが、最近では、鉱業に対する失望を隠そうとしなくなり、この産業が州内で瀕死の状態を迎えるのに加担している。例えば、一九九八年には、鉱業界、そして業界と持ちつ持たれつの関係にある政治家たちを震撼させる出来事が起こった。かねて問題視されていたシアン化物による堆積浸出《ヒープリーチング》という金鉱採掘法を禁止する州民発案が、モンタナの有権者による投票で可決されたのだ（この採掘法の詳細は後述する）。モンタナに住むわたしの友人には、こんなことを言う者もいる。今われわれ納税者が数十億ドルもの鉱山の浄化費用を負担していること、かつて鉱山が生み出した利益のうち、モンタナ人にはわずかな実入りしかなく、そのほとんどがアメリカ東部やヨーロッパにいる株主たちに渡ってしまったこと、ふたつを考え合わせると、そもそも初めから銅など掘らずにチリから輸入して、その結果生ずる問題もチリの人々に任せておいたほうが、結局はモンタナにとって得だったのではないか、と。

鉱業に携わっていないわたしたちが、鉱業会社に義憤を覚え、その行為を道義に外れていると断ずるのはたやすい。有害だと知りながら実行に移したのではないか？　今になって責任逃れをしようというのか？　モンタナに住むわたしの友人宅のトイレには、こんな言葉が掲げてある。「水を流すな。鉱業界を見習って、自分の汚物は他人に浄化してもらおう」

実のところ、道義上の問題はもっと複雑なものだ。最近出版された本から引用してみよう。「アサルコ社（ASARCO＝アメリカン・スメルティング〔溶解〕・アンド・リファイニング〔精錬〕・カンパニー。巨大な鉱業会社）を（有毒性の著しい自社鉱山を浄化しないという理由で）一概に非難するわけにはいかないだろう。アメリカの企業は、事業主を儲けさせるために存在するのであり、それがアメリカ資本主義の原理なのだ。金儲けの手順に沿えば、無駄金を使う意味はない……このような損得ずくの考えかたは、なにも鉱業界だけに限られたものではない。成功を収めた企業は、業界で生き残るのに必要な経費と、より消極的に位置づけした〝道義上の責任〟としての出費とを分けて考えている。この区分を理解、容認することに手間取ったり難色を示したりしていると、環境計画の全面委任を求める人々と実業界との溝はますます深まることになる。財界の指導者は、聖職者たるより、会計士や法務家たる人間のほうが多いのだ」。こう語るのは、アサルコ社のCEO（最高経営責任者）ではなく、環境コンサルタントのデイヴィッド・スティラーだ。スティラーは、自著『傷ついた西部――モンタナ、鉱業、そして環境』において、鉱業による有毒廃棄物問題がモンタナで発生した経緯と、その問題解決に向けて人類社会が現実に何をすべきかを追及している。

古い鉱山を浄化するにあたって、簡単で安上がりな方法がないという事実は動かしがたい。初期の鉱業会社の実際の対応を決定づけたのは、政府からほとんど何も要求されなかったことと、経営者たちがディヴィッド・スティラーの説く原則に従う商売人だったことだろう。モンタナ州政府は、鉱業会社が鉱山を閉鎖した際の浄化義務法案を一九七一年まで通過させなかった。浄化に賛同しそうな（アルコやアサルコのような）余裕のある企業でさえ、ここでなびいたら無茶な要求を突きつけられるかもしれないとか、法外な費用がかかることになるとか、達成可能な範囲の成果では大衆の期待に応えられそうにないなどという思惑から、浄化の実践に二の足を踏む。鉱業会社の経営者が費用を出せない、あるいは出そうとしないからといって、納税者たちは、何十億ドルもの費用を進んで肩代わりしようなどとは考えないだろう。むしろ、長きにわたる有毒廃棄物の問題が、これまでは目に入らず、差し迫ってもいなかったのだから、今後も耐えられるはずだと考える。大半の納税者は、切迫した危機感がなければ金を使いたがらない。有毒廃棄物に苦情を申し立てたり、高い税負担に応じたりする納税者の数はまだまだ不足している。この意味で言えば、アメリカの大衆も、鉱業会社や政府と同じく、みずからの怠慢に責任がある。究極の責任を負うのは、わたしたちなのだ。世論の圧力が政治家を動かし、鉱業会社の態度を改めさせるような法案を通過させて初めて、企業側の対応も変わる見込みが出てくる。そういう圧力がなければ、企業にとって廃棄物の処理は慈善事業であり、それは株主に対する責任の放棄を意味するのだ。このジレンマが生み出したさまざまな結果の一部を、以下の三つの事例で示してみよう。クラーク・フォーク川の例、ミルタウン・ダムの例、そしてペガサス・ゾートマン＝ランダスキー鉱業の例だ。

一八八二年、のちにアナコンダ社となる鉱業会社が、コロンビア水系クラーク・フォーク川の水源近くにあるビュートで操業を始めた。一九〇〇年までには、ビュートにおける銅の生産量が、アメリカの全生産量の半分を占めるようになった。ビュートでは、大半の採掘所が一九五五年まで地下隧道を利用していたが、同年、アナコンダ社が露天採掘を開始。この採掘所はバークリー・ピットと呼ばれ、今は直径一・六キロ、深さ五百五十メートルを超える巨大な穴となっている。ここから、有毒金属と酸性汚染物質とを含む鉱滓が大量にクラーク・フォーク川に流れ込んだ。しかし、当時、アナコンダ社の業績は振るわなかった。原因は、外国の競合会社が安価な鉱石を売ったこと、チリにある自社鉱山が接収されたこと、アメリカ国内で環境への関心が高まったことなどだった。一九七六年、アナコンダ社は石油会社の大手アルコ社に買収される——のちに、今度は同じ石油会社で、もっと大手のBP（ブリティッシュ・ペトロリアム）社がアルコ社を買収した。アルコ社は一九八〇年に精錬所を閉鎖、次いで一九八三年には採掘所本体も閉鎖したので、何千もの雇用と、ビュート一帯の経済基盤の四分の三が失われることになった。

バークリー・ピットも含め、クラーク・フォーク川は、今や規模においても、有毒廃棄物除去基金の支出先としても、アメリカ最大の浄化現場となっている。アルコ社から見れば、基金法が存在すらしなかった時代の、それも前経営者の尻拭いをさせられるのは不公平であり、連邦政府と州政府から見れば、アルコ社はアナコンダ社の資産と同時に、その責任をも手に入れたということになる。いずれにせよ、アルコ社もBP社も、破産の申告はしていない。環境問題専門家のある友人はこう言う。「アルコは最小限の支払いですませる気だろうね。でも、もっと手ごわい企業はいくつもあるよ」バークリー・ピットに漏れ出した酸性汚染水は、これからも永遠に汲み上げられ、処理されることになっている。すでにアルコ社は、クラーク・フォーク川復旧の費用として数百万ドルをモンタナ州に支払っており、その最終的な支出は試算で十億ドルとされているが、この見積もりも確かなものではない。浄化作業にはとてつもない労力がかかるからだ。今から四十年後にその労力の対価がどれだけのものになるか、いったい誰にわかるだろう?

次はミルタウン・ダムだ。このダムは、一九〇七年、近隣の製材所に動力を供給する施設として、ビュートのクラーク・フォーク川下流に敷設された。以来、ビュートにある数々の採掘所から、砒素、カドミウム、銅、鉛、亜鉛に汚染された五百五十万キロリットルもの沈殿物が流れ出し、ダムの貯水池に蓄積した。結果として生じた〝小さな問題〟は、ダムの敷設により、魚がクラーク・フォーク川とブラックフット川を回遊できなくなったことだ――ブラックフットは、ノーマン・マクリーン原作、ロバート・レッドフォード監督による映画『リバー・ランズ・スルー・イット』で有名になった、マスの棲む川。大きなほうの問題は、一九八一年、地元の住民たちが井戸水の味に異変を感じたのが発端だった。くだんの貯水池から放射状に拡散した大量の地下水から、連邦政府が定めた基準値の四十二倍にあたる砒素が検出されたのだ。このダムは、老朽化が進んで補修の必要があり、構造もお粗末なうえ、地震地帯に位置し、一九九六年にはアイスジャム（訳註・詰まり氷。河川の狭い部分に砕氷が詰まって流れを止め、氾濫に至る）が原因で決壊しかけたこともあって、早晩崩れるものと目されている。今ならこれほど脆《もろ》いダムを建設しようと考える者はいない。ダムが決壊して有害な沈殿物が放出されれば、ダムからわずか十キロほど下流、モンタナ南西部最大の都市ミズーラの水道水は飲めなくなり、クラーク・フォーク川下流は、とても釣りなど楽しめない状態になるだろう。

アルコ社は、アナコンダ社を買収した時点で、同社が生み出したこのダムの有毒沈殿物に対し、責任を負うことになった。惨事寸前だった一九九六年のアイスジャムに加えて、同年と一九九八年の二度にわたり、ダムから有害な銅含有率の水が放流されて魚が死んだことから、このダムにはなんらかの処置が必要だという認識が高まる。連邦政府と州政府から相談を受けた科学者たちは、アルコ社に一億ドルを負担させ、ダム及び有毒沈殿物の撤去を行なうよう勧告した。アルコ社は以前から、くだんの有毒沈殿物が魚の死因であることを認めず、ミルタウンの地下水に含まれる砒素や、ミルタウン一帯の住民たちの悪性腫瘍に関しても自社の責任を否定し、さらに、撤去費用よりはるかに安上がりな二千万ドルの資金を近隣のボナー町民に提供して、ダム撤去反対の〝草の根〟運動を組織させ、逆にダムの強化案を提示した。ところが、当初はダム撤去に批判的だったミズーラの政治家、実業家、住民たちが、こぞって撤去案を強力に支持し始めた。二〇〇三年、連邦環境保護局が撤去案を採択し、ダムの撤去はほぼ確実になりつつある。

最後に、ペガサス・ゴールド社が経営するゾートマン＝ランダスキー採掘所の事例を挙げる。同社は、ほかの鉱業会社数社から集まった社員が設立した小さな企業で、シアン化物による堆積浸出《ヒープリーチング》として知られる抽出法を採用。これは、三十グラム弱の金の抽出に五十トンもの鉱石を必要とする、ごく低品位の金鉱石を処理するために開発されたものだ。露天採掘された金鉱石を、裏打ちされたリーチパッド（保護板）の内側に（ほぼ小さな山ほど）大量に積み上げて、シアン化溶液を散布する。この溶液は、ナチのガス室、そしてアメリカの刑務所のガス室で使用される青酸ガスの原料として名高い劇薬だが、金と化合するという効用がある。よって、シアン化溶液は、積み上げた鉱石のあいだに浸透しながら金を拾い出し、近くにある溜池に流れ出したのち、そこから、金の抽出処理を行なう工場へと送り込まれる。有毒金属を含む残留シアン化溶液は、近隣の山林か放牧地に散布するか、さもなければ、さらにシアンを加えて濃度を高め、積み上げた鉱石にふたたび散布される。

この堆積浸出《ヒープリーチング》の工程上、いくつかの過誤が発生しうることは明らかで、現に、ゾートマン＝ランダスキー採掘所（89頁写真4）では、そのすべてが発生した。まず、リーチパッドの裏打ちには五セント玉ほどの厚みしかなく、何百万トンもの鉱石を重機で粗っぽく扱ううちに漏出が起こることは避けられない。次に、溜池から有害な混合液があふれ出すこともあり、実際にゾートマン＝ランダスキーでは、暴風雨の際にその種の事故が起こっている。そして最後に、シアン自体の危険性が挙げられる。洪水という非常事態が発生したとき、同採掘所の経営者には、リーチパッドの破損防止策として、過剰分の溶液を近隣に散布処理する許可が与えられた。このとき、散布処理を誤ったことから青酸ガスが発生し、作業員が何名か命を落としかけたのだ。結局、親会社のペガサスは破産を申告し、巨大な露天採掘所、積み上げた鉱石、酸性薬剤とシアンとを永久に漏らし続ける溜池を廃棄することになった。ペガサスの債券で浄化費をまかなえないことがわかると、概算で四千万ドル以上とされる残債は、納税者に託されることになった。

以上、有毒鉱業廃棄物に関わる三事例を挙げた。これに加えて、ほかの何千という例を見れば、ドイツ、南アフリカ、モンゴルなど、鉱業への資本投下を予定している国の人々が、最近モンタナを訪れ、自分の目で鉱業の悪しき実践とその結末を確かめようとしている理由がわかるだろう。

皆伐方式がもたらす森林破壊

モンタナにおけるふたつ目の環境問題は、伐採と森林火災に関わるものだ。どこで行ない、どう行なうにしても、鉱業が人間の生活に不可欠であるのと同様、林業もまた、製材と製紙の原料調達に必須であることは誰も否定できないだろう。伐採を支持するモンタナの友人たちは、こんな疑問を口にする。モンタナで伐採するのがいけないというなら、どこで木を調達すればいいのか？　リック・レイブルは、最近物議を醸しているモンタナの林業振興策を擁護してこう言う。「熱帯雨林を切り倒すよりはましですよ」。ジャック・ウォード・トマスの擁護論も、これに似ている。「自国の木を切らずにむだ死にさせて、代わりに生きてる木をカナダから輸入することで、われわれは、伐採が環境に及ぼす影響だけでなく、伐採による経済上の利益もカナダに輸出してきたんです」。ディック・ハーシーは、皮肉っぽい口調で言った。「〝伐採で大地をレイプするな〟っていう標語がある。だから、ぼくらは、ここじゃなくてカナダをレイプしてるんだ」

ビタールート・ヴァレーにおける営利目的の伐採は、一八八六年、ビュートにあった鉱山町にポンデローサマツを供給することから始まった。アメリカでは、第二次大戦後、住宅建築がにわかに盛んになり、木材の需要が急激に高まって、一九七二年ごろの最盛期には、国有林の木材の売上高が一九四五年の六倍を上回った。木に棲む害虫の駆除には、飛行機から森林に向けてＤＤＴが散布された。選定品種の樹齢を均一に戻すため、そして、木材の出来高を最大にし、伐採の効率を上げるため、個々の木に印をつける選択式の伐採ではなく、すべての樹木をいっせいに切り出す皆伐方式が採用された。この皆伐という方法は、大きな利益をもたらすが、逆に損害をももたらす。小川を覆う木陰がなくなるので、水温が魚の産卵と生存に最適な値を上回ってしまう。また、樹木が茂っていれば、固まった雪がゆっくり解け出して水になるから、夏のあいだじゅう牧場を潤してくれるが、樹木のないむき出しの地面に積もった雪は、春になると急激に解け出してしまう。場合によっては、皆伐が原因で堆積物の流出が増加し、水質が低下することもある。けれど、土地の美しさこそモンタナの最も貴重な資源だと考える州民たちにとって、皆伐がもたらす最も明らかな災いは、いっせいに伐採された丘の中腹が、どうしようもなく醜くなることだった。

このことから生じた議論が、やがて「皆伐論争」として知られるようになる。憤慨したモンタナの牧場主、地主、一般大衆が、皆伐に異議を申し立てたのだ。アメリカ林野庁の責任者たちの過ちは、伐採に精通した専門家を自称して、無知な一般人は黙るべきだと断じたことだった。一九七〇年、林野庁外部の森林専門家たちによって作成された〈ボール報告書〉は、林野庁の措置を批判し、ウェストヴァージニア国有林における同様の討論を追い風にして、皆伐の制限と、（林野庁が設立された一九〇五年の時点ですでに予見されていたように）木材生産以外の多目的な森林管理を重視する方向への回帰も含め、国家規模の改善に至る手引書となった。

この皆伐論争以来、数十年のうちに、林野庁の木材の年間売上高は八〇パーセントを超える落ち込みを見せた。これは、ひとつには、絶滅危惧種関連法に謳われた環境条例、水質汚濁防止法、国有林にあらゆる種の棲処《すみか》を保持する規定ができたからであり、またひとつには、伐採自体が原因となって、入手しやすい大木が減少したからだ。現在は林野庁が木材の販売推進案を掲げ、環境団体は催告と上訴の手続きを行なっている。これ

写真３　ビタールート・ヴァレーの山々と森林

写真４　現在は廃棄された、モンタナ州のゾートマン＝ランダスキー採掘所。米国で初めて、低品位の金鉱石をシアン化物で処理する堆積浸出（ヒープリーチング）を導入した採掘所だった

は解決までに最長十年かかるので、最終的に棄却されたとしても、伐採は採算のとれないものになる。モンタナに住むわたしの友人たちは、熱心な環境保護論者を自認する人々でさえ、ほぼ全員が、伐採という本題から話が大きくそれてしまったと考えている。彼らは、自分たちの目には、いたってまともに見える伐採計画（森林火災の燃料を減らすため、などの理由から。これについては後述）が、長丁場の裁判に持ち込まれたことに不満を募らせているのだ。しかし、催告手続きを行なっているくだんの環境団体の判断によれば、一見理にかなっているようでも、政府の伐採計画の裏には常に伐採推進の思惑が隠されていることを疑うべきだという。現在、ビタールート・ヴァレーにある製材所がすべて休業しているのは、モンタナの公有林地からは木材がほとんど入手できず、私有林地ではすでに二度の伐採が終わってしまったからだ。製材所の休業は、組合のある、高収入の雇用が失われたことだけでなく、伝統的なモンタナ人の自己認識が失われたことをも意味する。

モンタナには、ビタールート・ヴァレー以外の場所に広大な私有林地が残っている。そのほとんどは、一八六〇年代、大陸横断鉄道誘致のために造成された国有地の、グレート・ノーザン鉄道への払い下げに由来する。一九八九年、その土地が、同鉄道会社から、シアトルに拠点を置く事業体プラム・クリーク・ティンバー社に分割譲渡された。プラム・クリーク社は、税金対策上（利益を資本利得《キャピタルゲイン》扱いにして税率を低くするため）、不動産投資信託会社として組織され、今やモンタナ最大、アメリカで二番目に広い私有林地を所有している。わたしは、同社の刊行物を読んで、総務部長のボブ・ジルサと話をした。ジルサは、自社の環境対策及び持続可能《サステイナブル》な森林管理の正当性を主張した。一方で、わたしは、何人ものモンタナの友人が口々に漏らす同社への批判も耳にしていた。代表的なものを挙げると、「プラム・クリークは損得勘定しか頭にない」「あの会社は持続可能な森林管理に関心がない」「あの会社には社風があって、そのめざすところが、『もっと丸太を引っこ抜け！』なんだ」「手段を選ばずに土地を利用して金を儲けている」「文句を言われたときしか雑草の防除をしない」などだ。

こういう極端な意見に触れると、読者の皆さんは、わたしがすでに鉱業会社のくだりで持ち出した言葉を思い出すはずだ。そのとおり。プラム・クリーク社は、営利目的の組織であって慈善団体ではない。モンタナ州民が同社に対し、自社の利益を減じるような行動を求めるのなら、政治家に働きかけて、そういう行動を取らせる法律を可決・執行させたり、該当する土地を買い取って、それなりに管理したりする必要がある。この議論の背後からは、ある動かしがたい基本的な事実が浮かび上がってくる。モンタナは、寒冷で乾燥した気候と高海抜のせいで、大半の場所が、森林管理には比較的不利な条件下に置かれているのだ。樹木の生長速度についていうと、アメリカ南東部と北東部のほうが、モンタナの数倍は速い。また、五州に散在するプラム・クリークの所有地のなかでは、モンタナ州内にあるものが最大だが、他の四州（アーカンソー、ジョージア、メイン、ミシシッピ）の所有地では、それぞれが、モンタナにある同社の地所の六〇ないし六四パーセントの広さしかないのに、もっと多量の木材を産出している。同社は、モンタナでの伐採業務では高収益を見込めない。というのも、アメリカ南東部では、樹木が三十年で収穫可能な大きさに育つのに対して、モンタナでは、収穫できるまで六十年ないし八十年のあいだ、山林を所有したまま税金や防火費用を支払わねばならないからだ。経済の実態を直視したプラム・クリークが、木材ではなく不動産を売りものとし、モンタナの土地開発、特に川辺と湖畔の土地開発により高い価値を見出すのは、自然の成り行きだろう。美しい水辺の地所を求める同社の見込み客も、同じ見解を持っている。その見込み客の中には、政府を含め、自然保護管理団体の代表者も多い。以上に挙げたすべての理由から、鉱業と同じように、モンタナにおける伐採業の前途は、アメリカ国内のどこよりも不確実なものとなっている。

こうした森林伐採の問題に関連して、森林火災の問題がある。最近、モンタナとアメリカ西部全体を通じて、ある種の森林における火災の規模が増大し、その範囲も広がってきている。特に一九八八年、一九九六年、二〇〇〇年、二〇〇二年の夏の火災は深刻なものだった。二〇〇〇年の夏には、ビタールート・ヴァレーにある森林区域の五分の一が焼失した。このところ、わたしがビタールート・ヴァレーに飛行機で向かい、窓から機外を見るときに、いつも真っ先に頭に浮かぶのが、火の数を数えることと煙の量を目測することだ――二〇〇三年八月十九日、ミズーラ空港に向かう機内で、わたしは十カ所ほどの火災を確認した。煙のせいで視界は数キロメートル程度に落ちていた。二〇〇〇年に、ジョン・クックは、わたしの息子たちをフライフィッシングに連れていくとき、当日どこで火災が起きたかも考えに入れて釣り場を選んでいた。ビタールートに住むわたしの友人の中には、自宅に火が迫って何度も避難した者がいる。

このように森林火災が最近になって増加したのは、ひとつには気候変動――最近の傾向では、夏の気温が高く、湿度が低くなっている――のせいで、ひとつには人間の行動のせいだ。人為的なものについては複雑な原因があり、林業界には約三十年も前から理解が広まっていながら、その重要性はいまだ議論の的となっている。一因として、伐採の直接的な影響がある。伐採そのものが、しばしば森を巨大な燃料の山に変えてしまうのだ。伐採後の森林の地表は、商品となる幹の部分が運び出されたあと、切り払われた枝や梢に覆われたままのことがある。そこに新たな植生が出現し繁茂すれば、森林内の可燃材料はさらに増える。そのうえ、当然のことながら、最も大ぶりで耐火性のある樹木が伐採、搬出されるので、伐採後はより小ぶりで燃えやすいものが残されてしまう。また、もうひとつの要因として、アメリカ林野庁が二十世紀初頭に（森林火災を減らすつもりで）鎮火政策を採ったことがある。これはもちろん、商品価値のある木材が焼失したり、住民の家屋と生命が危険にさらされたりするのを防ぐための政策だ。林野庁が公示した目標は、「第一報があった翌朝十時までにすべての森林火災を鎮火する」だった。第二次大戦後になると、消防飛行機の利用、消防車派遣のための道路網の拡張、消防技術の改善により、消防隊は達成目標を大きく上回る成功を収めた。大戦後の二、三十年間で、被災面積は八〇パーセントも減少した。

この良好な状況も、一九八〇年代に入ると変化し始める。それは、降雨と弱風の相乗効果なしには消し止められない大規模な火災の頻度が高まったせいだった。人々は、こういう大規模な火災の一因が連邦政府の鎮火政策にあること、雷による自然火災が、かつて森林の構造維持に重要な役割を果たしていたことを認識し始めた。自然火災の役割は、標高、樹木の種類、森林の形態によってさまざまに異なる。標高の低いビタールートのポンデローサマツの森を例にとって、過去の記録、木の年輪数、年代測定が可能な切り株の焦げ痕の数を調べてみると、（一九一〇年ごろ始まって一九四五年以降に功を奏すようになった鎮火政策施行以前の）自然状態にあるポンデローサマツの森は、概算で十年に一度、落雷による火災に見舞われていた。成熟したポンデローサマツは、厚さ約五センチの樹皮に覆われているので、かなりの耐火性があるが、前回の火災のあとに生長したアメリカトガサワラは火に弱く、その若木の低木層は、落雷による火災で燃え尽きる。しかし、樹齢わずか十年の若木はまだ低すぎるので、炎は森の樹冠部まで燃え広がらない。よって、火災は地表と低木層の範囲にとどまる。その結果、自然状態のポンデローサマツの森の多くは、可燃材料が少なく、大木が適度に離れ、低木層が比較的まばらな状態になって、公園のような外観を呈する。

しかし、伐採者たちはもちろん、商品価値と耐火性を持ち、樹齢を重ねた大木であるポンデローサマツをもっぱら切り出した。その一方で、いずれ成熟すれば商品価値がでるはずのアメリカトガサワラの若木が、数十年に及ぶ鎮火政策の効果で、低木層をびっしりと埋め尽くした。一エーカー（約四・五アール／四千五十平方メートル）あたりの樹木数が三十本から二百本に、すなわち森の中の可燃材料が六倍に増えたが、議会は再三にわたって、その若木の間引き費用を捻出することに失敗した。もうひとつ、人的要因として、自然林でヒツジの放牧が行なわれたために、低木層にある牧草が食べ尽くされ、その牧草を燃料とする小規模な火災が発生しにくくなったことが挙げられる。その樹木密度の高い森で、落雷もしくは人間の過失もしくは放火（残念ながらめずらしくはない）によって火災が起こった場合、密集した高い若木が、樹冠に火を運ぶ梯子《はしご》となり、ときには、それが手の施しようのない大火事に発展する。炎が百メートル以上の高さまで燃え上がり、遠くにある樹冠にも飛び火して、千度を超す熱が土中の樹木の種子を焼き尽くしたうえに、二次災害として泥流や大規模な侵食を引き起こしかねないのだ。

今では林業者たちも、西部の森林管理における最大の問題をはっきりと認識している。

それは、鎮火政策の効用により、前半世紀にわたって大量に積み上げられた可燃材料を、どう扱っていくかという問題だ。湿度の高いアメリカ東部では、湿度の低い西部に比べ、倒木が速く朽ち果てる。西部では、多くの倒木が長いあいだ残存し、巨大なマッチ棒のような状態になる。ここが理想の世界なら、林野庁が森林を管理、復元し、間引きもしたうえ、刈り取りや小規模な火災の操作により、低木層に密生した草を除去してくれるだろう。しかし、そういう処理を行なうには、アメリカ西部の一億エーカーにも及ぶ森林地帯に対し、一エーカー当たり千ドル以上、つまり総額で一千億ドルもの費用がかかる。それだけの出費を望む者は、政治家にも有権者にもいない。たとえ経費の額がもっと低くても、大衆の多くは、そんな案は自分たちの美しい森で伐採を再開するための言い訳に過ぎないと見て、警戒心を抱くだろう。連邦政府は、西部の森林を大規模火災から守るための定期的な支出を予算に組み込むことなく、森林の燃えやすさを黙認し続け、その結果、大火事が発生するたびに、予想外の出費を強いられてきた。例えば、二〇〇〇年の夏に約二万六千平方キロメートルを焼いた森林火災には、十六億ドルが注ぎ込まれた。

モンタナ州民も、森林管理と森林火災については多様な見解を持っていて、それが自己矛盾を呈することも少なくない。一方では、消火を試みるのが危険もしくは不可能と目される大火に対し、林野庁がやむなく採っている〝燃やしっぱなし〟策に不安を感じ、本能的に反感を抱いている。イエローストーン国立公園の大半が焼かれた一九八八年の火災時、州民は、雨や雪を天に乞うほか対策がないという事実を了解できず、声高に異議を申し立てた。その一方で、森林火災を減少させるための間引き策にも反感を抱いている。大衆は一般に、木深《こぶか》い森の美しさを好み、自然に対する〝不自然な〟干渉を厭《いと》い、森を〝自然な〟状態にしておきたがり、増税という形で間引き費用を負担することをけっして望まない。彼らもまた（つい最近までの、ほとんどの林業者と同じく）、一世紀に及ぶ鎮火政策、伐採、ヒツジの放牧によって、西部の森林がすでにきわめて不自然な状態になっていることを理解できずにいるのだ。

ビタールートの住民たちは、都市と荒野を隔てる場所、つまり、燃えやすい森林の近辺や森林の中にこれ見よがしの家を建てておいて、政府が火災から自宅を守ってくれるものと当て込んでいる。二〇〇一年七月に、妻とわたしがハイキングに出かけ、ハミルトンの町の西、かつてブロジェットの森があった場所を通り抜けたとき、ふと気づくと、周囲に黒く焦げた枯れ木が並んでいた。これは当地でも最大級の森林火災によるもので、その煙は、二〇〇〇年の夏、わたしたちの滞在中に、絶えずビタールート・ヴァレーに充満していた。以前は林野庁の間引き案に横槍を入れたブロジェット一帯の住民たちが、この火災のときには、林野庁に要求して、大型の消火ヘリコプターを一時間につき二千ドルの賃料で十二機借り受けさせ、空中から散水させて、民家を守らせたのだ。一方、林野庁側は、政府から課された〝一に生命、二に住民の財産、最後に森を守れ〟という指針に従い、民家よりはるかに価値のある広々とした公有森林地が燃えるに任せた。そしてその直後、もうこれからは、私的財産を守るためだけに、多額の費用をかけたり、消防士の生命を危険にさらしたりするわけにはいかないと宣言した。多くの住宅所有者は、森林火災や大きな火災の延焼防止に放った向かい火でもし自宅が燃えたら、あるいは、家が燃えなくても自宅のテラスの借景となっている森がもし燃えたら、林野庁を訴えるだろう。しかし、モンタナに家を持つ人々の中には、偏狭なまでに反政府的な心性に侵されて、消防費に回される分の税金を払いたがらなかったり、公務員が防火処置を施すため私有地に立ち入るのを許さなかったりする者もいる。

塩類による土地被害

モンタナにおける次の環境問題は、土壌に関わるものだ。〝些細〟かつ特殊な土壌問題がひとつある。リンゴ園の経営がビタールート・ヴァレーで盛んにもてはやされ、当初、非常に利潤の高い商売となったのち、リンゴの木が土中の窒素を使い切って枯渇させ、それが一因で果樹園そのものが崩壊したという問題だ。もっと広範囲にわたる土壌問題としては、浸食に関するものがある。常態にあれば土壌を保護している植生が、さまざまな変動によって排除され、その状態が浸食を誘発する。変動の種類としては、過度の放牧、侵害性を持つ雑草の蔓延、伐採、あるいは、地表を不毛にしてしまう高熱の森林火災などがある。牧場経営に長年携わってきた人々は、過度の放牧で牧草地を食い荒らさせるような愚は犯さない。ディック・ハーシーと弟のジャックが言うように、「自分たちの土地の面倒はきちんと見てやらないと、身の破滅だから」ということだ。とはいえ、ハーシー家の隣人のなかにも、例外にあたる人物がいる。自分の所有地に、牧場経営では先々支えきれないほどの投資をして、その分を回収するという視野の狭い期待をかけ、過剰な頭数の家畜を放牧しているという。ほかにも、所有地の放牧権を借地人に貸すという過ちを犯した隣人もいる。この手の借地人は、三年の賃貸期間で手早く利益をあげるために過度の放牧を行ない、結果として生じる長期的な損害には頓着しない。土壌浸食の要因として先に挙げた多様な変動によって、ビタールートは、流域の約三分の一が良好な状態で浸食もなく、三分の一が浸食の危機にさらされ、残りの三分の一がすでに浸食に見舞われていて要復旧の状態になっている。

モンタナで取り沙汰されている土壌問題には、窒素の枯渇と浸食のほかに、塩分が土壌と地下水に集積していく現象、すなわち塩性化の問題がある。これまでにも、自然な状態でこのような集積が常に起こっていた区域はあるが、最近になって関心の的となったのは、人間の営農（このことについては、次の数段落及び第13章で述べる）が塩性化を引き起こし、その結果、広範囲にわたって耕地に被害が出ている例で、特に自生植物の除去と灌漑がその原因となっている。モンタナには、土壌水分中の塩類の濃度が海水の二倍に達した場所もある。

ある種の塩類が作物に特定の害を及ぼすことに加えて、塩類の濃度が上がると土壌水分の浸透圧が上がり、浸透による作物の根の水分吸収が困難になるので、旱魃と同じように、作物に全般的な悪影響が及ぶ。塩類を含む地下水は、最終的に井戸や小川に流れ込むこともあれば、地表で蒸発して、塩の塊の層を残すこともある。海水の倍もしょっぱい〝水〟を飲むことを想像していただければ、それがぞっとするような味であること、作物の栽培を妨げることだけでなく、水分中に含まれるホウ素やセレンなどの有毒物質が、あなたの（そして野生動物と家畜の）健康を害しそうなことが認識できるだろう。現在塩性化が問題となっている国は、アメリカ以外にも、インド、トルコ、オーストラリア（第13章・下巻）など、世界に数多くある。歴史を振り返れば、塩性化は、世界最古のメソポタミア文明が衰退する一因ともなった。かつて世界の農業と文化の中心地だったイラクとシリアを指して〝肥沃な三日月地帯〟と呼ぶことが、なぜ痛烈な皮肉となりうるか、その理由のほとんどは塩性化に求めることができる。

モンタナにおいて塩性化が最も顕著に現われたのは、モンタナ北部、東部、中部の数万エーカーを含め、グレートプレーンズ北部全体の農耕好適地に被害が出た例だ。これは、海抜の高い区域の地中に集積した塩水が土壌を透過し、最大で一キロほど離れた低い区域に滲出して溜まるので、〝塩溜まり〟と呼ばれる。高い区域で行なわれた農業が原因で、低い区域にあるよその地所に塩溜まりができ、近所付き合いにひびが生じることも多い。

塩溜まりが発生する経緯を説明しておこう。東部モンタナには、水溶性の塩類（特にナトリウム、カルシウム、硫酸マグネシウム）が多い。岩石や土壌自体の成分になっているものもあれば、（この地域の大部分はかつて海だったので）海成層に取り込まれているものもある。土壌帯の下には、透水性の低い岩盤層（泥板岩、砂岩、あるいは石炭）がある。乾燥した気候下にあって、自生植物に囲まれた東部モンタナでは、降雨のほぼ全量が、ただちに自生植物の根に吸い上げられて大気中に蒸散されるので、根のある層より下の土壌は乾燥した状態になる。しかし、収穫と休閑を繰り返す農法、つまり、一年間はムギのような一年生の作物を栽培し、次の一年は耕地を休ませるという農法を行なう目的で自生植物を一掃すると、休閑期に降った雨水を吸い上げる植物の根がまったくなくなる。雨水は地中に集積され、根のある層より下の土壌を水浸しにする。そこに、地下水位の上昇につれて、根のある層にまで届いた塩類が溶け出す。その下の岩盤層は透過性が低いので、塩類を含んだ水は地中深くには排水されず、近くにある低い区域のどこかに、塩溜まりとなって現われる。その結果、問題の発生源である高い区域でも、塩溜まりが現われた低い区域でも、作物の出来が悪くなったり、まったく育たなくなったりする。

一九四〇年以降、農業技術の推移につれて、モンタナの大部分で塩溜まりが広く見られるようになった。特に、トラクターをはじめ、より効率のいい耕作機械や、休閑期に雑草を駆除する除草剤などの使用率が高まったこと、年々休閑地が増加していったことから、塩溜まりが増えていった。この問題と戦っていくには、さまざまな形で集約型の農業管理を行なう必要がある。例えば、塩溜まりのある低い区域に耐塩性の植物の種を蒔いて土地の再利用に取りかかる。海抜の高い区域では、適期作付けとして知られる作付け計画によって、休閑期を短縮する。アルファルファなど、水を好み、深く根を張る多年生植物を植えて、地中の過剰な水分を吸い上げることなどが挙げられる。

モンタナ州内でも、農業が降雨そのものに頼っている場所では、塩類による土地の被害はおもに塩溜まりという形で発生する。しかし、塩類が土地を損なう形態はそれだけではない。わたしが夏に滞在するビタールート・ヴァレーとビッグホール盆地を含め、水源を降雨より灌漑に頼っている農地は州全体のそこかしこにあり、総計で数百万エーカーに及ぶ。灌漑用水に塩類が含まれている区域には、すでに塩性化の発生が観察されている場所もある。もうひとつ別の形態では、ある産業技術が原因となっている。その技術とは、天然ガスの主成分となるメタンを抽出するため、石炭層に穴をあけて水を注入し、メタンを地表に流し出すというものだ。あいにく、水はメタンだけでなく塩類も溶かす。モンタナとほぼ同程度に貧しい州、近隣のワイオミングでは、この技術に基づいて、一九八八年からメタン抽出の大規模な計画に着手し、経済の活性化を図ってきた。ここで生じた塩類を含む水が、ワイオミングからモンタナ南東部のパウダーリバー盆地に流れ込むことになった。

地球温暖化による水不足

モンタナばかりでなく、アメリカ西部の他の乾燥地でも、水に関する問題は明らかに厄介事で、人々の悩みの種となっている。この問題を理解するために、まず、ビタールート・ヴァレーについて考えてみよう。ビタールート・ヴァレーの給水路は大きくふたつに分けられる。山地の小川、湖、あるいはビタールート川から灌漑によって農地に給水するものと、地下の帯水層を掘削した井戸からおもに家庭向けに給水を行なうものだ。ヴァレーでも大きな町では公共の水道で給水が行なわれているが、そういう数少ない町以外の場所では、家庭への給水はすべて私設の井戸が頼りとされる。灌漑による給水も井戸による給水も、その根本に関わる共通のジレンマ、すなわち、増え続ける利用者と減り続ける水量のジレンマにあえいでいる。ビタールートの水道局長であるヴァーン・ウルシーは、言葉少なにこう語った。「水源がひとつで利用者が三人以上いれば、必ず問題は起こります。でも、なぜ水をめぐって争うんでしょうね？　争っても水が増えるわけではないのに」

水が減少している根源的な理由は、気候の変動だ。モンタナの気温は上がり、湿度は下がってきている。地球温暖化によって、世界じゅうのさまざまな場所に勝ち組と負け組が生じるとしたら、モンタナは、大敗の組に入るだろう。なぜなら、すでにモンタナの降雨量は、かろうじて農業が営める限界まで来ているからだ。今やモンタナ東部でも、近隣のアルバータとサスカチュワンでも、旱魃のせいで、広い農地がやむを得ず遺棄されている。わたしが夏に滞在するモンタナ西部でも、目に見えて地球温暖化の影響が出始めているのだ。山々の冠雪の範囲が、海抜の高いほうへとせばまっていき、もはやビッグホール盆地を囲む山々には、わたしが一九五三年に初めて訪れたときとは違って、ひと夏を通じて残雪が望めることはほとんどない。

モンタナで、ことによると世界じゅうでいちばん明確な形で地球温暖化の影響を被ったのは、グレーシャー国立公園かもしれない。現在、世界各地で――キリマンジャロ、アンデスやアルプス、ニューギニアの山々、エベレスト周辺で――氷河《グレーシャー》が後退しつつあるが、この現象については、とりわけモンタナで、仔細な研究が行なわれてきた。これは、モンタナの氷河が、気候学者と観光客にとって非常に利用しやすい場所にあるからだろう。十九世紀後半、自然科学の専門家たちが初めてグレーシャー国立公園近辺に足を踏み入れたときには、百五十の氷河が確認されたが、現在残っているのはわずか三十五に過ぎず、そのほとんどが、当初報告された大きさに比べると、小さな破片としか言えない規模まで縮小している。現在の融解速度から計算すると、二〇三〇年までにはグレーシャー国立公園の全氷河が消えることになる。山地に堆積した雪がこのように減少すれば、夏の水源を山頂の雪解け水に頼っている灌漑系は痛手を被る。また、ビタールート川の帯水層から水を引いている井戸の系統にも悪影響が出るだろう。川の水量が、最近の旱魃によってすでに減少しているからだ。

アメリカ西部のほかの乾燥地と同じく、ビタールート・ヴァレーでも、灌漑なしで農業を営むことは不可能だ。なにしろ、ヴァレーの谷床における年間降雨量はわずか三百三十ミリに過ぎない。灌漑がなければ、谷の植生はヤマヨモギに姿を変える。これは、ルイスとクラークが一八〇五年から一八〇六年にかけて訪問した際の報告にもあり、また現在でも、谷の東端にある用水路を越えると同時に、その状態が目に入ってくる。谷の西側に連なる高峰の雪解け水を源とする灌漑系は、すでに十九世紀後半に敷設が始まり、一九〇八年から一九一〇年にかけて最盛期を迎えた。おのおのの灌漑系内や地区内では、おのおのの地主、あるいは地主たちの団体が、その灌漑系から所有地に指定量の水を取り込む権利を持っている。

ビタールートの灌漑地区の大部分は〝過剰配分〟という状態に陥っている。わたしのように単純な部外者には信じられないことだが、全地主に配分された水利権の総和が、ほとんどの時期、特に雪解け水の減少する晩夏には、給水可能な水量を上回ってしまう。これはなぜかというと、ひとつには、配分に際して一定の給水量が想定されていながら、実際の給水が気候によって年ごとに異なるから、また、想定された給水量が、比較的降雨量の多い年をもとに算出されているからだ。この解決策として採用された方法が、水利権を申請した日付の順にしたがって地主に優先順位をつけ、用水路の水量が減少するのに合わせ、最も新参の利権者から始めて、新しい順に配水を断っていくというやりかただ。これがすでに諍《いさか》いを生み出している。昔から水利権を申請していた古参の農場は低地にあることが多く、優先順位の低い高地の農場経営者にしてみれば、切望の的である水が自分の所有地をのんびりと通過していくのを目にしながら、その水の使用を禁じられるのは、耐えがたいことだろう。だからといって、もし水を使えば、いつ低地の隣人から訴えられるかわからない。

土地の分割がもとで、さらなる問題が発生する。大きな区画をひとりの地主が所有していた場合、当然その地主は、用水路の水を区画内の各農地に順次使っていき、一度にすべての農地に水を使って水不足を招くような愚は犯さなかったはずだ。しかし、もともと百六十エーカーあった区画地が四十分割されて、各四エーカーの宅地となった場合、各宅地の所有者が、三十九人の隣人のことを顧みず自宅の庭に水遣りをしようとしたら、じゅうぶんな水量は確保できない。さらに別の問題がある。水利権の適用範囲が、その権利の該当する分割地に〝利益をもたらす〟使用のみに限られる、ということだ。魚のため、あるいは筏で川下りをする観光客のために川に放水しておくことは、〝利益をもたらす〟使用とは見なされない。実際、ビッグホール川では、最近何度か夏に雨量が少なかったとき、干上がった場所がある。以上のようなビタールート・ヴァレーの諍いの芽も、二〇〇三年までの数十年間は、その多くが、名士と目される八十二歳のヴァーン・ウルシー水道局長によって平穏に摘み取られてきたが、そのヴァーンがついに引退した今、ビタールートに住むわたしの友人たちは、いつ諍いが起こるかわからないと危惧している。

ビタールートの灌漑系を構成しているのは、春の雪解け水を貯めて夏に農地へ放出するための、山間の小川に敷設された二十八基の小さな私設ダムだ。これらのダムは、実質上、カチカチと音をたてている時限爆弾に等しい。すべてのダムが、今では原始的で危険とされるお粗末な設計に基づいて一世紀前に造られている。これまでまともに修繕されてこなかったか、まったく修繕されてこなかったというのが現状だ。その多くには決壊の不安がささやかれていて、それが現実となれば、下方の土地や家屋が浸水の被害を受ける。数十年前にふたつのダムの破損が原因で壊滅的な洪水が発生したことを受け、林野庁は、ダムの所有者及びダムの建設に関わった全業者に、破損から生じた被害に対する責任を負わせる方針を打ち出した。ダムの所有者には修繕及び移築を義務づける、と。この方針は理にかなっているように思えるかもしれないが、往々にしてその実現を阻む金銭がらみの事情が三点ある。第一に、この責任を負う現所有者たちの大半が、所有するダムからほとんど金銭上の利益を得ていないので、今以上の修繕をしたがらない——土地が宅地に分割されたことにより、現所有者が、農場主として生計を立てるためではなく、ただ芝生に水をやることにしかダムを利用しなくなった場合など。第二に、連邦政府も州政府も、ダムの修繕には共同負担金を用意するが、移築の場合はこの限りではない。第三に、現在、ダムの半数が自然保護区域の指定を受けているので、道路の敷設が禁止されており、修繕用の機器を搬入するには、高い費用をかけてヘリコプターをチャーターしなければならない。

この手の〝時限爆弾型〟ダムの一例、ティンカップ・ダムが決壊すれば、ビタールート・ヴァレー南部で最大の町ダービーが浸水することになる。漏水と、このダムのお粗末な状態とが引き金になって、ダムの所有者、林野庁、環境保護団体のあいだで、誰がどのようにダムの修復を行なうかに関し、長い議論と訴訟が繰り返されて、一九九八年、深刻な漏水という緊急事態が発覚したことから、その激しさは極限に達した。運の悪いことに、ダムの所有者たちが貯水池を排水するために雇った工事業者は、ほどなく厚い岩に行き当たる。その岩を除去するには、大型の掘削機をヘリコプターで搬入する必要があった。この時点で、ダムの所有者たちは資金不足を表明し、モンタナ州もラヴァリ郡も、ダムに出費しないことを決めたが、ダービーの町からすれば、致命的な緊急事態が起こりうる状況に変わりはなかった。そこで、林野庁がみずからヘリコプターを借り上げて掘削機を稼働させたあと、ダムの所有者に請求書を送ったが、費用の回収はできなかった。現在、アメリカ司法省において、出費ぶんの支払いをダムの所有者たちに求める訴訟の準備が進められている。

ビタールートの給水体制には、雪解け水による灌漑のほか、家庭用として、地下の帯水層を水源とする井戸がある。こちらもまた、水量の減少に対する需要の増加という問題に悩まされている。山地の雪塊と地下の帯水層は、別個のものに思えるかもしれないが、実際には、ふたつでひとつと言っていいだろう。使用済みの灌漑用水が部分的に流出し、地下に浸透して帯水層に達することもあるだろうし、突き詰めれば、帯水層の水源が雪解け水ということもありうる。ゆえに、モンタナの雪塊が減少し続けていることは、同時に、帯水層の減少の前触れでもあるのだ。

帯水層への需要が高まっていることに疑いの余地はない。ビタールートの人口が激増し続けているということは、よりおおぜいの人間が、より大量の水を飲み、より大量にトイレの水を流しているということだ。地元〈ビタールートの水に関する討論会〉の責任者ロクサ・フレンチは、住民に対し、家を新築して深い井戸を掘るよう勧めている。なぜなら、人々が「一定量のミルクシェイクに、さらにストローを突っ込もうとしているから」だという。つまり、同一の帯水層に、さらに井戸をつなげて水位を下げようとしているということだ。家庭用水に関しては、モンタナの州法も郡の条例も、今のところ効力を発揮していない。新たな家の所有者が掘った井戸は、隣人の井戸の水位を下げるかもしれないというのに、後者が損害ぶんを取り戻すのは容易ではない。ある帯水層が維持できる家庭用水の量を算出するには、その帯水層を測量し、そこにどの程度の速さで水が流入するかを測らなくてはならないはずだが、あきれたことに、ビタールート・ヴァレーのどの帯水層についても、このふたつの初歩的な措置は取られていない。開発業者からの住宅新築申請を審査するのは郡だというのに、その郡が、地元の帯水層を監査する資金に事欠き、水の利用に関わる可能性について、自主的な査定をしていないのだ。

ここまでわたしが述べてきたのは、すべて水の量に関することだった。一方、水質に関する問題もある。モンタナの水質は、州西部で最も価値ある自然資源として、その景観に勝るとも劣らない。モンタナ西部の川と灌漑系が、よそと比べて不純物の少ない雪解け水を水源としているからだ。そんな長所があるにもかかわらず、いくつかの理由から、すでにビタールート川は州から〝不良河川〟の烙印を押されている。この理由のうち、最も重要視されているのは、浸食、道路の敷設、森林火災、伐採、灌漑に伴う用水路と小川の水位低下などで生じた沈殿物が集積していることだ。ビタールート川流域のほとんどは、もうすでに浸食されているか、浸食の危機にさらされている。二番目に問題となるのが肥料の流出で、干し草を育てている農場主なら誰でも、農地一エーカー当たり、少なくとも九十キログラムの肥料を施すが、最終的にどのくらいの量の肥料が川に流入しているかはわかっていない。さらに、浄化槽から流れ出す廃棄養液も、水質の危機を増大させている。そして最後に、ビタールートではないが、モンタナ州のいくつかの場所では、前述したように、鉱山から排出される有毒金属が最も深刻な水質低下を招いている。

　大気の質にも簡単に触れておかなくてはならないだろう。大気についてはアメリカ最悪の都市（ロサンゼルス）に住むわたしのような人間が、モンタナの大気の質をとやかく言うのは、一見、厚かましい態度と映るかもしれない。だが実際は、モンタナにも季節によって大気汚染にひどく悩まされている場所がある。なかでもミズーラは最悪で（一九八〇年代以降は改善されているが）、ロサンゼルスと同じくらい大気の質が低下することがあるのだ。ミズーラの大気汚染は、年間を通じての自動車の排気、冬の薪ストーブの使用、夏の森林火災や伐採などから生じ、冬の気温逆転と、谷間にあって空気が澱《よど》むという地理的条件によって悪化した。

外来生物種による被害

モンタナにおける主要な環境問題のうち、残るのは、有害な外来種の流入と、貴重な在来種の減損とにつながるものだ。これらの問題は、特に魚類、シカ、ヘラジカ、雑草類との関わりが深い。

元来モンタナは、在来のノドアカマス（モンタナの州魚）、ブルトラウト、キタカワヒメマス、シロマスを中心とする貴重な漁場をかかえていた。現在では、シロマスを除くこれら全種の魚が、諸々の原因の複合作用によって減少しつつあるが、それぞれの原因が相互にどれだけ影響し合っているかは魚の種によって異なる。個別の原因としては、灌漑によって魚の産卵と成長の場となる山地の小川の水が減少したこと、伐採による小川の水温の低下と堆積物の増加、乱獲、外来魚であるニジマス、カワマス、ブラウントラウトなどとの生存競争、ときとしてそれら外来魚との交雑、外来魚であるカワカマスとレイクトラウトによる捕食、外来寄生虫の媒介によって感染する〝旋回病〟などが挙げられる。例えば、モンタナ西部の湖及び河川では、貪欲な捕食者であるカワカマスが、この魚を好む釣り人によって不法に持ち込まれ、被食者となるブルトラウトとノドアカマスをほぼ全滅にまで追いやった。同じように、かつては数種の在来魚から成る豊かな漁場であったフラットヘッド湖が、外来のレイクトラウトによって壊滅状態となった。

旋回病は、発生地であるヨーロッパから誤って持ち込まれた。一九五八年にデンマークからペンシルヴェニア州のある養殖場に輸入された魚が、後日、この病気に感染していたと判明したのだ。現在、この病気はアメリカ西部のほぼ全域に広がっている。鳥を媒介とする感染経路もあるが、感染した魚が（公共機関、私設の養殖場を含め）人間の手で湖や河川に放流されたことが大きい。この寄生虫は、いったん水域に入り込んでしまうと根絶が不可能になる。この病気が原因で、モンタナで最も有名なマスの棲処《すみか》マディソン川では、一九九四年までにニジマスの個体数の減少率が九〇パーセントを超えてしまった。

ともあれ、旋回病は人間には感染しない。釣り目当ての旅行に差し支えるだけだ。別の外来性の病気で、シカとヘラジカに感染する慢性消耗性疾患（ＣＷＤ）のほうが、人間にとっても不治の病となりかねないという点で、事態はもっと切実だと言える。ＣＷＤは、シカとヘラジカ以外の動物でいうプリオン病に等しい。プリオン病で最も悪名高いのが、人間のクロイツフェルト・ヤコブ病、家畜の（人間にも感染しうる）狂牛病すなわち牛海綿状脳症（ＢＳＥ）、そしてヒツジの海綿状脳症（スクレイピー）だ。これらの病気に感染すると、神経系に治療不能な変性が起こる。クロイツフェルト・ヤコブ病にかかった人間が治癒した症例はひとつもない。ＣＷＤが北米大陸西部のシカとヘラジカから初めて発見されたのは、一九七〇年代のことだった。（何人かの説により）感染源と目されたのが、西部のある大学で飼われていた研究用のシカだった。このシカは、スクレイピーにかかったヒツジと畜舎を並べていて、研究終了後、野に放された（現在、動物をこのように解放することは違法行為と見なされる）。さらに、娯楽施設型の牧場同士が不用意にシカとヘラジカを輸送し合ったことで、州をまたいだ感染に拍車がかかった。CWDが狂牛病のようにシカやヘラジカから人間に感染しうるかどうかはまだ不明だが、シカ狩りをする人間が最近何人かクロイツフェルト・ヤコブ病で死亡しているという事実を、警鐘と受け止める向きもある。ウィスコンシン州では、年間十億ドルの売り上げをもたらすシカ狩り産業に支障が出ることを憂慮して、感染区域での蔓延を防ぐべく、（関係者全員が嫌悪する最終的手段として）当区域に棲む二万五千頭のシカを処分する計画を進めている。

モンタナでは、外来性の有害生物を元凶とする問題のうち、CWDが今後最大の脅威となりそうだが、一方で、この手の問題ではすでに外来の雑草対策に最大の費用をかけている。モンタナには、おもにユーラシア大陸を原産とする約三十種の有害な雑草が定着している。原因となったのは、個体が偶然干し草に紛れ込んだり、種子が風に運ばれたりしたことであり、また、見栄えのいい観賞用植物として、その危険性が認知されないまま他国から故意に持ち込まれた例もある。これらの植物が害を及ぼす経緯はさまざまで、例えば、家畜にとっても野生動物にとってもまず食用にならない外来植物が、食用になる在来植物を追い出し、飼い葉の量を最大で九〇パーセントも減らす場合がある。動物に毒をもたらす植物もある。また、根を土壌に食い込ませる力が在来植物より弱いものは、浸食の発生率を三倍に増やす危険がある。

経済的な面でいうと、これらの雑草のうち最も甚大な被害を及ぼすのがスポッテド・ナップウィードとハギクソウの二種で、双方ともモンタナ全土に広く分布している。スポッテド・ナップウィードは、毒素を分泌して在来の野草をすばやく殺し、大量の種子を産出して在来種に取って代わる。限られた狭い場所なら手作業による除草も可能だが、今ではビタールート・ヴァレーだけでも二十三万ヘクタール、モンタナ州全体では二百万ヘクタールの広さに群生しているので、とうてい手作業では間に合わない。除草剤を使って蔓延を防ぐこともできるが、安価な除草剤は、スポッテド・ナップウィードと同時にほかの数多くの植物も殺してしまう。この植物専用の除草剤となると、非常に値がかさむ（一ガロン〔約三・八リットル〕当たり八百ドル）。さらには、これらの除草剤の分解生成物が最終的に流入する場所がビタールート川なのか飲料水の水源である帯水層なのかは不明であり、その分解生成物自体が有害なものかどうかもわかっていない。スポッテド・ナップウィードは、牧草地はもとより国有林地でも広い範囲に定着し、家畜の飼い葉だけでなく、森に棲む野生の草食動物の食料の生産量まで減らしてしまうので、食糧不足に陥ったシカとヘラジカがやむなく森から草地に降りてくることになる。ハギクソウは今のところスポッテド・ナップウィードほど広範囲に分布していないが、蔓延の防止はスポッテド・ナップウィードよりさらにむずかしく、地中六メートルにまで根を張るので、手作業による除草はかなわない。

これらの雑草と他の雑草とがモンタナにもたらした経済的被害は、単純に金額に置き換えられるもので年間一億ドルにも及ぶ。このような雑草の存在は、不動産の価値も農業の生産性も低下させる。なんといっても、農業を営む者にとって、その害は計り知れない。なぜなら、どんな方法であれ、単一の対処法ではこれらの雑草の蔓延を防ぐことはできず、多種多様な要素を統合した管理体制が必要とされるからだ。それを実践するとなると、農業経営者は、多くの業務をいっせいに変更せざるを得なくなる。雑草を抜き、除草剤を散布し、肥料の使用法を変え、雑草の天敵になる昆虫と菌類を放ち、向かい火を起こし、芝刈りの日程を変更し、輪作の周期と年間の放牧計画とを見直す。すべての元凶となったのが、当初はほとんど危険性も認知されず、気づかぬうちに侵入してきた種子から芽生えた、わずかな数の小さな植物なのだ。

貧困と富裕の分極化

以上のように、一見無垢の大地と映るモンタナも、現実には、有毒廃棄物、森林、水資源、気候変動、生物多様性の低下、外来種の侵入などに関わるさまざまな環境問題に悩まされている。これらの問題は、すべて経済的な問題としてとらえ直すことができる。環境面から見ていくことで、なぜモンタナの経済がこの数十年間に下降線をたどり、かつて屈指の豊かさを誇った州が、今は最も貧しい州のひとつに数えられるほど衰退したのか、その理由の多くを知ることができるだろう。

これらの問題を解決できるか否か、どう解決していくのかは、モンタナの人々の取り組みかたと価値観にかかってくる。しかも、個々のモンタナ州民はこれまで以上に多様化してきて、州の環境や前途についても一致した見解を見出せずにいる。わたしの友人の中にも、意見の分極化が進んでいることに触れる者が少なくなかった。例えば、銀行家のエミル・エアハートはこんなふうに言う。「議論百出という状態ですね。一九五〇年代の〝好況〟というのは、当時のアメリカ人全員が貧しかった、あるいは、全員が貧しいと感じていたことを表わしているんです。富に限度はありません。少なくとも、目に見えるものではない。今、われわれの州は、なんとかしようと底辺であがいている低収入の家族たちと、頂点にいる裕福な新参者、つまり、世間と隔絶できるほどの地所を買える人々と、両極端の二層で構成されています。要するにわたしたちは、土地の利用法ではなく、お金によって分けられているんですよ」

わたしの友人たちが口にする分極化には、数多くの尺度がある。金がある者とない者、在住者と新来者、旧習に沿ったライフスタイルに固執する者と変化を歓迎する者、開発賛成者と開発反対者、政府の計画に賛同する者と反対する者、学齢期の子どもがいる者といない者。こうした意見の不一致をさらに悪化させるのが、本章の冒頭近くで述べた、モンタナに宿る矛盾だろう。モンタナは、貧しい州民をかかえながらも、裕福な新来者を引きつける。しかもその一方で、州民の子どもたちは、ハイスクールを卒業すると同時にモンタナを見捨てていく。

モンタナの環境問題や分極化は、個人の身勝手な行動が招いたものではないか。わたしは当初そう疑っていた。モンタナという社会の中で、他に害が及ぶのを百も承知で私利を図った人々に原因があるのではないか、と。この考えが当を得ている例も、たぶん、いくつかあるだろう。例えば、いずれ有毒物質問題が生じるという証拠がごまんとあるのに、鉱業会社の重役連がシアン化推積浸出《ヒープリーチング》による金の抽出作業を進めたこと。CWD蔓延の危険性を承知しながら、娯楽施設型の牧場同士がシカやヘラジカを移送し合ったこと。よそで数多くの漁場が破壊された前例があるにもかかわらず、釣り人たちが単なる娯楽目的で湖や河川へカワカマスを不法に放流したこと。ただ、以上のような事例であっても、わたしが個々の当事者と面談をしたわけではないのでわからないが、そういう人々は、自分たちは適切な行動をとってきたと胸を張って断言するかもしれない。実際にモンタナの人々と話ができたときに気づいたのは、相手の行動が、わたしやほかのモンタナ住民の価値観とは異なるにせよ、必ず自分自身の価値観に沿う、筋の通ったものだということだった。つまり、モンタナがかかえる難題の多くは、その原因をただ単純に、身勝手な悪人たち——他者を犠牲にすると知りながら、臆面もなく私利を図る人々——に帰して終わらせるわけにはいかないのだ。むしろ、これらの問題を招いているのは、ある特定の経歴と価値観に基づいて言動を決める人々と、それとは異なる経歴と価値観に基づいて言動を決める人々との衝突だといえる。目下モンタナの未来を方向づけるべく競り合っている見解のうち、いくつかを取り上げてみよう。

一例としては、〝在住者〟と〝新来者〟とのあいだの衝突がある。数世代にわたってモンタナに住んできた一家に生まれ、鉱業と林業と農業という三本柱に支えられた伝統的なライフスタイルと経済活動とを尊重する人々と、反対に、最近モンタナにやってきた人々や、ある季節にだけこの州を訪れる人々だ。現在モンタナでは、この経済の三本柱が急激な落ち込みを見せている。モンタナの鉱山は、有毒廃棄物問題、そして外国産の安価な鉱物との競合が原因で、ほんの数社を残し、すべて閉鎖された。木材の売り上げは、最盛期と比べると八〇パーセント減という状態で、特定の工場（丸太小屋《ログキャビン》を造る住宅業者）を除くと、諸要因の複合作用によって、ほとんどの製材所と林産業者が廃業した。個別の要因としては、手つかずの森林をそのまま維持するのが好まれるようになってきたこと、森林管理と防火に莫大な費用がかかること、高温多湿の地方での伐採事業と競合した場合、より寒冷で乾燥したモンタナの伐採業にはそもそも勝ち目がないことなどが挙げられるだろう。三本目の柱である農業も、規模の縮小が続いている。例えば、ビタールート・ヴァレーについて言うと、一九六四年には四百軒あった乳製品製造所が、現在は九軒を残すのみとなってしまった。モンタナの農業が衰退に追い込まれた背後には、鉱業や林業の場合より複雑な事情があるが、やはりそこには、ウシや作物を育てるには気温が低すぎるという根本的な競合上の弱点が浮かび上がってくる。

今日のモンタナの農業経営者たちが老齢まで農業を続けている理由は、ひとつには、そのライフスタイルに愛着があり、そこに大いなる誇りを抱いているからだ。ティム・ハルズは、「夜明け前に目を覚まして、陽が昇るのを眺め、鷹が頭上を舞うのを見つめて、シカが農具をよけながら干し草畑で飛び跳ねる姿を目にする。すばらしい暮らしだよ」と言う。一九五〇年にわたしが会ったとき二十九歳だったジャック・ハーシーは、八十三歳になった今も自分の牧場で働いており、その父親のフレッドは、九十一回めの誕生日にウマに乗ってみせた。しかし、ジャックの牧場で働く妹のジルは、「牧場と農業の経営というのは、危険と隣り合わせのきつい仕事なのよ」と言う。ジャックは七十七歳のときにトラクターの事故に遭って、内傷と肋骨の骨折で苦しむことになり、父のフレッドは五十八歳のときに木から落ちて危うく死ぬところだった。ティム・ハルズは、〝すばらしい暮らし〟を自負する言葉のあとに、こう付け加えた。「ときには、午前三時に起きて午後十時まで働くこともある。九時から五時まで、っていう仕事とは違うんだ。

毎日午前三時から午後十時まで働くとなったら、うちの子どもたちは、誰も農業をやろうなんて思わんだろうな」

ティムのこの言葉には、モンタナにおける農業の盛衰の一因が示されている。年かさの人々は農業中心のライフスタイルに大きな価値を見出しているが、現在、農家の子どもたちの多くは、別の価値観を持っている。干し草の束を担ぐより、室内でコンピューターの前に座るような仕事をしたがり、退社時刻も週末もないウシの乳搾りと干し草の収穫をするよりは、退社時刻には家に帰り、週末には休みをとりたがっている。文字どおり、〝骨の折れる〟肉体労働を八十代まで強いられるような生活、つまり、ハーシー家の三兄弟全員がいまだに現役で続けているような生活を望んではいないのだ。

スティーヴ・パウエルによると、「昔の人たちは、自分が食べる以上のものを農場で生産しようとは思っていませんでした。今の人たちは、ただ食べるだけではなく、それ以上のものを人生に求めています。子どもたちを大学にやるだけのお金を稼ぎたがっているんです」ということになる。ジョン・クックが両親のもとで農家に育ったころは、「母は夕食の時間に畑に行ってアスパラガスを採ってくる生活に満足していましたし、ぼくが子どものころは、狩りや釣りをして遊べればそれでじゅうぶんでした。今の子どもたちは、ファストフードとケーブルテレビがあって当然だと思っている。それが与えられないと、友だちより自分の家のほうが貧乏だと感じるんです。ぼくらの時代、成人したての連中は、その先二十年は貧乏でいるのがあたりまえだと思ってました。そういう前提で、もし運が向いたらいずれはもっと快適な暮らしがしたい、と考えたものです。今の成人したての連中は、早い時期に快適な暮らしを手に入れるのを当然だと思ってますよ。職に関して真っ先にする質問が、『給料と勤務時間と休暇はどうなってますか?』ですからね」だという。わたしが知っているモンタナの農業経営者たちは、全員が農業を営むことに愛着を持っていて、自分の息子や娘たちのうち、誰が一族の農場を継ぐかをとても気にかけているか、あるいは、子どもたちにその意思がないことをすでに知っている。

収益性からいえば、今は、農業経営者が農業で生計を立てることがむずかしくなっている。農場を維持する経費が、農場の収益よりずっと速く上昇してきているからだ。現在の牛乳と牛肉の売り値は二十年前とほぼ同じなのに、燃料、機械設備、肥料、そのほか農場に必要なものにかかる経費は高くなっている。リック・レイブルが実例を挙げてくれた。「五十年前は、新しいトラックが欲しければ、雌ウシ二頭を売った金で買うことができました。今は新しいトラックが一万五千ドルくらいするのに、雌ウシは相変わらず一頭六百ドル。だから、トラックを買うには雌ウシを二十五頭売らなければならないでしょうね」。こんな道理だからこそ、次のようなジョークもできる。あるモンタナの農業経営者が教えてくれたものだ。問い「百万ドルもらえたらどうする?」。答え

「おれは農業が大好きだから、百万ドルを使い切るまでうちの〝金食い農場〟で暮らすだろうな」

このように、利幅が狭くなり、競争がきびしくなることで、以前は採算がとれていた小さな農場が何百となく財政難に陥った。農場主たちは、まず、生き残るためには副業で別口の収入を得るしかないと気づき、それから、農業をあきらめざるを得なくなった。副業を始めると、農業には欠かせない夕刻と週末の労働をこなすのに無理が来るからだ。例えば、六十年前、キャシー・ヴォーンの祖父母は四十エーカー（約十六ヘクタール）の農場経営で生計を立てていた。そこで、キャシーと夫パットも、一九七七年に四十エーカーの農場を購入した。六頭の雌ウシ、六頭のヒツジ、数匹のブタ、干し草とともに、キャシーが教師として働き、パットが灌漑関連の建設業に携わりながら、農場で三人の子どもを養い育てたが、いざというときの保証や、引退後の収入はなかった。八年後、ふたりは農場を売り払って町に引っ越した。今、子どもたちは全員モンタナを離れている。

アメリカ全土で、小農場は大農場に追い立てられている。狭い利幅でも生き残ることができるのは、規模の経済（訳註・生産規模の拡大により、生産物の単位当たりの原価を低下させること）を実践する大農場だけだ。それなのに、モンタナ南西部では、小さな農場が農地を買い足して規模を拡大することができなくなっている。その理由をアレン・ビエルゴが簡単に説明してくれた。「アメリカの農業の場は、アイオワやネブラスカのような区域に移りつつあります。モンタナほど美しい場所じゃありませんから、住む楽しみなどというものとは無縁です。モンタナには、住む楽しみを求める人が集まってきて、法外な値段で土地を買うもんだから、地価が釣り上がって、農業じゃとても採算がとれない。ビタールートは〝馬の谷〟になり始めていますね。農産物の価格というのは、その物自体の価値で決まるので、上限がありますが、ウマの場合は、なんの経済的利益も生み出さないのに、大枚はたいて買う人が多いので、いい商売になるんです」

現在、ビタールートの土地の価格は、二、三十年前の十倍ないし二十倍になっている。この価格だと、ローンの返済額が、購入地を農業に利用して返済できる範囲をはるかに上回ってしまう。このことは、なぜビタールートの小さな農場が規模を拡大して生き残ることができないのか、なぜその農地が最終的に農業以外の利用地として売られることになるのか、その理由を端的に示している。年老いた農場主が、農場で生計を立てているうちに亡くなった場合、相続人たちは、ほかの農場主に売るときの見込み価格を大幅に上回る値でその土地を不動産業者に売るしかない。故人の存命中に高騰した地価に基づいて遺産税を支払わないといけないからだ。これよりもっと多いのは、年老いた農場主本人が農場を売り払う例だろう。自分が六十年にわたって慈しみ、農業を営んできた土地が、郊外に節度なく広がる五エーカー（約二万平方メートル）の宅地に分割されるのは見るに忍びないが、地価の上昇のせいでやむなく、かつて生計を支えた小さな農場を不動産業者に百万ドルで売ることになる。それ以外に、引退後の必要経費を得る手立てはない。なぜなら、それまでの農場暮らしでは貯蓄をする余裕もなかったからであり、また、子どもたちにも農業を続ける気がないからだ。リック・レイブルはこう言う。
「農業主たちにとっては、自分の土地が唯一の年金なんです」

どういうわけで地価がこうも激しく跳ね上がったのか？　基本的には、壮大で美しいビタールートの環境が裕福な新来者を引きつけたからだろう。古参の農場主から土地を買うのは、そういう裕福な新来者か、あるいは土地を投機の対象とする人々で、この手の投機家は、農地を宅地に分譲し、新来者、あるいはすでにヴァレーの居住者である裕福な人々に売るつもりでいる。最近、ヴァレーの人口増加率は年間四パーセントを記録している。そのほぼ全部を州外からの転入者が占めていて、ヴァレー内の出生数が死亡数を上回ったわけではない。州外からフライフィッシングやゴルフや狩猟目当てで訪れる人々（例えばスタン・フォーコウ、ルーシー・トンプキンズ、わたしの息子たち）もいるので、特定の季節の非居住人口も増加傾向にある。ラヴァリ郡委託の経済分析によれば、「ビタールート・ヴァレーにこれほど数多くの居住者が集まることには、なんの不思議もない。簡単に言うと、山や森林、小川、野生動物、風景と眺望、比較的温和な気候に恵まれていて、暮らすには非常に魅力的な場所だからである」ということになる。

移住者の中で最も数が多いのは、四十五歳から五十九歳までの〝半隠居〟、つまり早期引退者から成るグループで、モンタナ州外で売却した住宅の不動産収益に加えて、州外で継続している事業、あるいはインターネット事業の収入で生計を立てている人が多い。つまり、彼らの収入源は、モンタナの環境に関わる経済的な問題からはなんら影響を受けないのだ。例えば、あるカリフォルニア出身の人間が同州の小さな家を五十万ドルで売るとする。それだけの金額があれば、モンタナに五エーカー（約二万平方メートル）の土地付きの大きな家と数頭のウマを買い、釣りに行き、なおかつ、貯蓄と住宅売却益の残金で、じゅうぶんに早期引退後の暮らしを維持していける。最近ビタールートへ移住してきた人々のほぼ半数がカリフォルニア出身者なのも、そんな理由からだろう。彼らは、美しさゆえにビタールートの土地を買っているのであって、この地が育む雌ウシやリンゴに価値を見出したわけではない。したがって、そういう人たちが喜んで支払うその地価は、ビタールートの土地を農業に利用した場合の価値とはまったく相関性がないのだ。

しかし、生計を立てるうえで不労所得を当てにできないビタールートの住民たちは、地価の急激な高騰による住宅問題に頭を悩ませることになった。住民の多くが、結局は家を買う余裕を持てなくなり、トレーラーハウスやキャンピングカーや両親の家に住まなくてはならず、その質素な生活を維持するのにさえ複数の職を兼業せざるを得ないという状況に追い込まれている。

そういう過酷な経済状態から自然の成り行きとして、古くからの居住者と、州外出身の移住者――ことに、裕福で、（サンフランシスコ、パームスプリングズ、フロリダにある持ち家に加え）モンタナに二軒目か三軒目、ときには四軒目の家を構え、釣りや狩りやゴルフやスキーのために、毎年ごくわずかな期間だけ滞在するような人々――とのあいだに反目が生まれる。古い住民たちは、裕福な訪問者たちを乗せた自家用ジェット機の騒音に不満を漏らす。これらのジェット機の乗客は、サンフランシスコの自宅からハミルトン空港に着き、〈ストック・ファーム〉にある四番目の家で数時間だけゴルフを楽しんで、その日のうちに帰っていくのだ。古い住民たちは、元は農地だった広い土地が、州外の人間によって買い占められていることにも憤慨している。そういう土地は、地元の住民たちにとっては、買いたいと思っても手が届かなくなった土地で、しかも、かつてはそこで狩りや釣りをすることもできたのに、今では新しい地主が、自分と裕福な友人たちだけで狩りや釣りを楽しみ、地元住民を締め出している。価値観の食い違いと思惑の食い違いから生じる誤解もある。例えば、新来者たちは、ヘラジカが山間《やまあい》から牧場のあるあたりまで下りてくるのを望んでいる。その美しい姿を見たり、狩りをしたりできるからだ。しかし、古い住民たちは、山から下りてきたヘラジカに干し草を食い荒らされては困ると思っている。

モンタナに家を持つ州外の裕福な人々は、モンタナでの滞在日数が年間百八十日に達しないよう気をつけている。これは、モンタナで所得税を払わずにすませるためで、したがって、彼らは地元の政府と学校にかかる諸経費を負担しないということになる。地元のある住民はこう言った。「州外の人たちは、地元のわれわれとは優先するものが違う。あの人たちが望むのは、プライバシーと贅沢な孤独ってやつで、地域との関わりは必要ない。ただし、州外の友だちを地元の酒場に連れてきて、田舎の暮らしと、〝めずらしいモンタナ人〟を見物させるときだけは別だけどね」。エミル・エアハートは言う。「州外の人間の態度から読み取れるのは、『われわれがここに来たのは、ウマに乗り、山々を楽しみ、釣りに行くためだ。忘れようとしている現実を思い出させるのはやめてくれ』という気持ちです」

しかし、州外の裕福な人々については、別の一面もある。エミル・エアハートはこう付け加えた。「〈ストック・ファーム〉は、高給の就職口を提供し、ビタールート・ヴァレー全体から見ても高額の固定資産税を払い、自分のところの保安要員には自分で金を出していて、地元の住民団体や自治体にはたいした要求をしない。地元の保安官が酒場の喧嘩を止めに〈ストック・ファーム〉に呼ばれることはないし、あそこの所有者の子どもたちは、地元の学校には通っていないんです」。ジョン・クックは、こう認める。「裕福な〈ファーム〉の所有者たちがいてよかった面もありますよ。もしチャールズ・

シュワッブがあの土地を丸ごと買い占めていなかったら、複数の開発業者が分割していたはずだから、今ごろ野生動物の棲息地も見通しのいい緑地もなくなってしまっていたでしょう」

州外の裕福な人々がモンタナに惹きつけられるのは、その美しい環境ゆえのことなので、彼らの中には、自分の不動産をきちんと管理し、率先して環境の保護と土地計画の実施に取り組む人々もいる。例えば、この六年間、わたしが夏に滞在しているのは、ハミルトン南部にあるビタールート川に面した借家で、〈テラー野生動物保護協会〉という民間団体の所有物だ。オットー・テラーは裕福なカリフォルニア人で、モンタナを訪れてマスを釣るのが趣味だった。ある日、ギャラティン川でいつも釣り場にしている淵に向かったところ、大型の土木機械がそこに土を捨てているのが目に入り、オットーは激怒した。さらに、一九五〇年代に伐採業者の手で行なわれたはなはだしい皆伐のせいで、愛着あるマスの棲む川がどれだけ荒らされたか、水質がどれだけ損なわれたかを知り、その怒りはさらに激しさを増した。一九八四年になると、オットーはビタールート川沿いのおもな土地を買い始め、それらの土地を合わせて私設の野生動物保護区にしたが、地元の人々に対しては、以前と同じように狩りや釣りをしにその区域に入ることを許可していた。そして最終的には、自分の土地の保全地役権を〈モンタナ・ランド・リライアンス〉という非営利団体に寄贈して、土地が間違いなく永続的に管理され、その環境の質が保持されるよう手はずを整えた。この千六百エーカー（約六百五十ヘクタール）の土地は、裕福なカリフォルニア人オットー・テラーが買い上げなければ、宅地として細かく分譲されていただろう。

新来者の流入、その結果としての地価高騰と固定資産税の上昇、モンタナに古くから住む人々の貧しさ、その自治体と税制に対する保守的な態度（後述参照）。これらがすべて、モンタナの学校制度を窮地に陥らせる原因となる。モンタナの学校は資金の多くを固定資産税に頼っている。ラヴァリ郡には工業用地と商業用地が非常に少ないので、固定資産税源の中心となるのは宅地にかかる税金であり、その金額は地価の高騰に伴って上昇し続けている。古い住民とあまり余裕のない新来者たちは、すでにやりくりに窮しているので、額にかかわらず、固定資産税の上昇に神経をとがらせている。いきおい、学校債の発行案、学校のための補塡分として固定資産税を追徴する案には反対票を投じることが多くなる。

その結果、ラヴァリ郡では、公立学校への出費が地方自治体の支出の三分の二を占める一方、同郡に類似した条件下にあるアメリカ西部二十四の地方郡のなかで、個人所得に対する地方自治体の支出の割合が最も低く、しかも、そもそも個人所得自体が低水準にある。また、学校運営費の水準が低いモンタナ州のなかでさえ、ラヴァリ郡の学校運営費は並はずれて低い。同郡の大半の学区では、モンタナ州法に定められた最低限度額にまで出費が抑えられている状態だ。モンタナ州の教師の平均収入はアメリカ全土でも最低の部類に入り、特にラヴァリ郡では、この収入の低さに加え、地価が急上昇しているため、教師が家を建てることはむずかしくなっている。

モンタナ生まれの子どもたちはモンタナを離れていく。それは、子どもたちの多くがモンタナ風ではないライフスタイルに憧れているからであり、また、たとえモンタナのライフスタイルをめざしても、州内では職を見つけられないからだ。例えば、スティーヴ・パウエルがハミルトン・ハイスクールを卒業して数年のうちに、同級生の七〇パーセントがビタールート・ヴァレーを出ていった。モンタナに住むことを選んだわたしの友人たちはみんな、ひとりの例外もなく、自分の子どもが州内に残るかどうか、出てもいずれ帰ってくるかどうかという話題を、沈痛な面持ちで口にする。ビエルゴ夫妻（アレンとジャッキー）の子どもは八人全員が、そしてエリール夫妻（ジルとジョン）の子どもは八人のうち六人が、今はモンタナ以外の場所で暮らしている。

ここでまた、エミル・エアハートの言葉を引用しよう。「ビタールート・ヴァレーに住むわれわれは、子どもたちを輸出しているようなものです。外部からテレビなどの情報が入ってきますから、ヴァレーの外で何が手に入るのか、ヴァレーの中では何が手に入らないのか、もう子どもたちも気づいています。よその人たちは、子どもに野外活動をさせたい、子どもを育てるにはもってこいの場所だと言って、ここに連れてきますが、子どもたちのほうは野外活動なんて望んでいないんです」。わたしも、うちの息子たちのことを思い出す。ふたりは、夏に二週間モンタナで釣りをして過ごすのが大好きだが、それ以外のときはロサンゼルスで都会の生活を送るのに慣れている。ハミルトンにあるファストフード店から出てきたとき、ふたりは、店で働いていた十代の子どもたちから、都会らしい娯楽に触れる機会がいかに少ないかを聞かされたばかりで、呆然としていた。ハミルトンには二軒しか映画館がなく、最寄りのミズーラにあるショッピングセンターまでは約八十キロの距離があるのだ。ハミルトンに住む十代の子どもたちの中にも、州外への旅行中、帰宅すると何を失うかに気づいて、うちの息子たちと同じように呆然とし始める子どもが多い。

入植初期から続くライフスタイル

アメリカ西部の田舎に住む人々の全体的な傾向にたがわず、モンタナの住民もまた、保守的な考えに流れやすく、政府の条例には懐疑的になりがちだ。そういう姿勢は、歴史的に育まれたものだろう。初期の開拓者たちは、政治の中枢から遠く離れ、人口密度の低い辺境で自給自足の生活を送らなければならず、それゆえ、自分たちに課せられた問題について、政府の解決を当てにはできなかった。モンタナの人々は、地理的にも心理的にも隔たりのある首都ワシントンの連邦政府から指図されると、ことさら神経に障るらしい——とはいえ、連邦政府の金についてはこの限りではない。モンタナからワシントンに移動する一ドルに対して、連邦政府からモンタナへは一ドル五十セントが入る計算になる。モンタナ側は、これをありがたく頂戴している。モンタナの人々に言わせると、連邦政府を動かしているのは都市に住むアメリカ国民の多数派で、モンタナの状況をまったく把握していないということになり、連邦政府の担当者に言わせると、モンタナの環境はアメリカ全国民の財産であり、モンタナに住む人々にのみ恩恵をもたらすものではない、ということになる。

モンタナ州全体の基準に照らしても、ビタールート・ヴァレーは特に保守的で、政府に対して懐疑的だ。これは初期にビタールートに定住した人々が旧南部連合国に属する州の出身だったことに加え、ロサンゼルスで起こった例の人種暴動以来、さらに多くの極右勢力が流入してきたことと無関係ではないだろう。クリス・ミラーが言う。「ここに住む自由主義者と民主党員は、選挙が終わるたびに、その結果があまりに保守的なのを見て嘆いています」。ビタールートでは、極右を熱狂的に支持する地主たちが、いわゆる〝義勇軍〟を結成して、ひそかに武器を手もとに集め、税金の支払いを拒否して、自分たちの不動産に他人をいっさい近づけないようにしている。ヴァレーの住民たちは、この集団をいろいろな面で黙認するか、さもなければ、被害妄想に取り憑かれた集団と見なしている。

政治に対するそういう姿勢から、ビタールートでは、政府による区画設定や都市開発計画への抵抗感が根強く、また、土地の所有者には私有財産を随意に扱う権利があるはずだという意識が浸透している。ラヴァリ郡には、郡独自の建築法規も、郡全体を通じての区画設定も存在しない。ふたつの町、それと、地元の有権者たちが自発的に区画設定を行なった郊外の一帯を除くと、まったく土地の用途別規制が設けられていないのだ。例えば、わたしが息子のジョシュアを連れてビタールートを訪れた年のある晩、新聞を読んでいた息子が、観たかった映画がハミルトンの映画館で上映されていると言った。わたしは映画館までの道順をきき、息子を車で送ってやった。驚いたことに、その映画館は、以前は農場だけがあった区域——それも、隣に大規模なバイオテクノロジーの研究所がある区域——に最近建てられたものだった。農地をこのように用途変更することに関して、ビタールートにはなんの規制もない。これとは対照的に、アメリカの他州の多くでは、農場が減少することへの懸念が強く、農地の商業施設への転用は法的に制限されたり禁止されたりすることになる。また、他州の有権者なら、一大事を誘発しかねないバイオテクノロジー関連の施設と、人の出入りが多い映画館が並んで建つなどと言われたら、その風景を思い描いて身震いするだろう。

モンタナの人々は、自分たちが常に忘れずに保ち続けてきたもの、つまり、個人の権利を重んじて政府の規制に反対することと、自分たちの生活の質（クオリティ・オブ・ライフ）に誇りを持つこと、このふたつの姿勢が、互いに対極にあることを認識し始めている。この〝生活の質〟という言葉は、わたしとモンタナの人たちが同州の未来について語るとき、必ずと言っていいほど口にのぼった。この言葉は、モンタナの人々が日常の風景としてその美しい環境を楽しめること、つまり、わたしのような州外の人間にとっては、年に一週間か二週間味わえれば恩典とも思える状況を指している。また、この言葉は、初期の入植者から受け継いだライフスタイル、つまり、人口密度の低い人里離れた場所で平等な集団として暮らすことへの誇りをも示している。エミル・エアハートはこう語った。「ビタールートの人々は、平穏で小さな田舎の共同体の本質的な部分を守ろうとしているんです。住民全員が、同じ条件の下でつましく暮らし、そのことを誇りに思っているという生活ですね」。スタン・フォーコウはこう言う。「以前は、ビタールートの道を車で走っていると、すれちがう車には必ず手を振ることになった。なにしろ全員と知り合いだから」

皮肉なことに、土地の用途に制限を設けず、そのせいで新たな居住者の流入を招いたことにより、政府の規制に長年反対し続けたモンタナの人々は、かけがえのない美しい自然環境と生活の質をみずから劣化させている。これについては、スティーヴ・パウエルが最も的確な説明をしてくれた。「わたしは、知り合いの不動産業者と開発業者に、『風景の美しさ、野生動物、農地、この三つを保護してもらわなければ困る』と伝えました。この条件があってこそ、不動産に価値が生まれるんですから。わたしたちが計画を先延ばしにすればするだけ、風景の美しさは失われていくでしょう。未開発の土地は、共同体すべてにとって貴重なものなんです。人々を引きつける〝生活の質〟には欠かせない部分ですよ。人口増加が無視できない状況になってくると、以前は反政府の立場にいた当の本人たちが、人口が増えることに不安を抱き始めました。お気に入りの娯楽の場が混雑するようになったと言って、規則を設ける必要性を認め始めたんです」。スティーヴは、ラヴァリ郡の郡政委員を務めていた一九九三年に、土地の使用計画に関する話し合いを開始するため、また、この問題に関する一般の意識を高めるため、何度か住民集会を開いた。会場には、集会を中止させるべく〝義勇軍〟の強面《こわもて》のメンバーたちが乗り込んできて、これ見よがしに腰に帯びた銃で人々を威圧した。スティーヴは再選をめざしたが、落選してしまった。

政府の計画に対する抵抗と、政府の計画の必要性。彼此《ひし》の食い違いがこの先どう解消されていくかは、いまだ不透明なままだ。ふたたびスティーヴ・パウエルの言葉を引こう。「住民は、田舎の共同体としてのビタールートを保護したがっているくせに、経済的に生き残っていけるような保護の方法を見つけ出せずにいるんです」。ランド・リンドバーグとハンク・ゲッツも、実質的には同じ点を指摘する。「根本的な問題は、避けられない変化に対処しながら、同時に、人々をモンタナに引き寄せる魅力を維持していくにはどうすればいいかということです」

州議員が語るヴァレーの将来

以上、わたし自身の経験や主観を絡める形でモンタナについて語ってきたが、この章を締めくくるにあたり、今度は同州に住む友人四人に、モンタナに住むことになったいきさつと、モンタナの未来に寄せる思いを語ってもらおうと思う。リック・レイブルは新しい住人で、現在、州議会議員を務めている。チップ・ピグマンは古くからの住人で、土地開発業者。ティム・ハルズも古くからの住人で、酪農業に携わっている。ジョン・クックは新しい住人で、フィッシングガイドを生業にしている。

まずは、リック・レイブルの話だ。「わたしは、カリフォルニア州バークレーの近くで生まれ、育ちました。そこで木製店舗什器の製造会社を経営していたんです。妻のフランキーもわたしも、とにかくよく働きました。ある日、フランキーがわたしをじっと見て、こう言うんです。『あなたは週に七日、一日に十時間から十二時間も働いてるわ』。そこでわたしたちは、半ば引退し、非常勤でやっていくことにしました。住む場所を見つけるため、車で西部を七千キロも走り回った末に、一九九三年、ビタールートの辺鄙《へんぴ》な地区に初めて家を買い、そのあと、一九九四年に、ヴィクターの町の近くの牧場を買って、引っ越しました。妻はエジプトアラブ種のウマを育て、わたしは、引き続き経営している会社に出勤するため、月に一回、カリフォルニアに戻っています。子どもは五人。前からモンタナに引っ越したがっていた長男が、うちの牧場を管理しています。あとの四人には、モンタナの〝生活の質〟も、モンタナの人たちがとても親切だということも、われわれ夫婦がモンタナに引っ越した理由も、わかっていないようです。

このごろわたしは、毎月四日間のカリフォルニア滞在中に、あそこから逃げ出したくなるんです。『ここの人たちは檻の中のネズミみたいだ』と感じてしまってね。フランキーは年に二度しか、カリフォルニアには戻りません。孫たちに会いに行くだけです。妻にとっては、それ以上は必要ないんですね。わたしがカリフォルニアのどこがいやかというと、例えば、最近会議をするために戻ったとき、ちょっと時間が空いたので街を散歩していたら、向こうから歩いてくる人たちが、視線を下げたままで、わたしと目を合わせないようにしているんですよ。カリフォルニアでは、知らない人に『おはようございます』とあいさつすると、びっくりされてしまいます。ビタールートでは、知らない人に会ったときは目を合わせるのが決まりです。

政治に関わるようになったのは、それまでずっと、政治的な意見をいろいろと貯め込んでいたからです。ビタールートのわたしの選挙区から選出された州議会議員が立候補を取りやめて、代わりにわたしに出馬するよう勧めたんです。その人物とフランキーの両方から説得されました。なぜ出馬を決意したか？　〝恩返し〟みたいなものですね。

自分が恵まれた生活を送ってきたお返しに、地元の人たちの暮らしをよりよいものにしたいと思ったんです。

立法上の論点で特に関心があるのは、森林管理です。わたしの選挙区は森林が多く、有権者の多くが木材関連の職業に就いています。わが選挙区ダービーは、かつて製材で栄えた豊かな町でしたし、森林管理を行なえば、ヴァレーの雇用創出にもつながるでしょう。もともとヴァレーには七つの製材所がありましたが、今はひとつも残っていません。それで雇用と経済基盤が失われてしまったんです。今のところ、ここの森林管理に関しては、環境保護団体と連邦政府に決定権があって、郡と州は締め出されている状態です。わたしは今、州の枠内における主要な三団体、つまり、連邦と州と郡、この三当局が協力し合えるような森林管理立法に取り組んでいます。

数十年前、モンタナのひとり当たり個人所得は合衆国の十傑に入っていました。今は五十州のうち四十九位。原因は、採取産業（林業、石炭、鉱業、石油、ガス）の衰退です。実入りがよくて組合も完備した雇用が失われてしまいました。もちろん、かつて一部で行なわれていたような過剰採取をふたたび繰り返すべきだとは思いませんがね。ここビタールートでは、家計に穴をあけないためには夫婦ともども働かねばならず、それぞれがふたつの仕事をかかえる例も多いんです。それと、過剰な可燃材料をかかえた森林に囲まれているという問題もあります。環境保護論者もそうでない人も、ここに住む誰もが、可燃材料をある程度森林から減らす必要性を認めています。計画的な伐採を行なえば、この過剰な状態、特に低木層の過密状態を一掃できるでしょう。この問題の解決に向けては、今のところ、単に焼き払うという方法しか採られていません。連邦政府の全国防火計画なら、可燃材料のバイオマス、つまり、燃料に転化できる量そのものを減らすべく、機械で樹木を採取するでしょう。アメリカにある材木のほとんどはカナダ産なんですよ。そもそも国有林に課せられた役割というのは、木材の安定した流通と流域保護のはずだったのに。かつては、国有林からの歳入の二五パーセントは学校関連の支出に充てられていましたが、最近はこの歳入が大幅に減ってきています。伐採が増えれば、学校の予算も増えることになるんです。

現時点で、人口増加に関する政策はラヴァリ郡のどこにもありません。ヴァレーの人口はこの十年で四〇パーセント増加していますから、これからの十年でまた四〇パーセント増加するかもしれません。そのとき、その四〇パーセントに当たる人たちは、どこに行けばいいんです？　これ以上人が入ってこられないように扉を閉ざすことができますか？　そんな〝権利〟が、われわれにあるでしょうか？　農場経営者は、自分の不動産を分譲することも開発することも禁じられ、農業という終身刑に服さなければいけないんでしょうか？　農場経営者の退職金は、農地の中にしかないんです。開発のために農地を売ることも、家を建てることも禁じられたら、彼らはどうなるでしょう？

長期にわたる人口増加の影響に関しては、過去にあったような周期が今後も何度か訪れて、その過程で新来の人々が故郷に戻ることもあるはずです。モンタナが過度に開発されることはないでしょうが、ラヴァリ郡は開発され続けるでしょうね。当郡には政府の所有地がごまんとあります。ここの地価は、上昇を続けて、やがて過剰な高値に達する。そうなると、土地を探している買い手は、どこかもっと地価の安いところで地価を高騰させ始めるはずです。ヴァレーの農地も、最終的にはすべて開発されることになるでしょうね」

土地開発業者の言い分

今度は、チップ・ピグマンの話だ。「一九二五年ごろ、わたしの母の祖父がオクラホマからここに移ってきて、リンゴ園を始めましてね。母は酪農と牧羊業を営む家で育ち、今は町で不動産屋を経営しています。父は子どものころここにやってきて、鉱山と甜菜畑で働きながら、副業として建設業に就きました。で、わたしも建設業界に入ったわけです。わたしはここで生まれ、学校に通い、すぐ近くのミズーラにあるモンタナ大学で会計学の学士号を取りました。

三年間デンヴァーに住んだことがありますが、都会の生活は好きになれなくて、ここに戻ることにしたんです。帰ってきた理由のひとつは、ビタールートが子どもを育てるのに絶好の場所だということですね。デンヴァーでは、住み始めて二週間と経たないうちに自転車を盗まれました。あそこの交通量と人ごみも、好きになれませんでした。わたしにとっては、ここにいて足りないものはありません。〝文化〟なんて知らずに育ちましたから、自分には必要ないと思っています。デンヴァーで勤めていた会社の株がもらえるまで待ってから、すぐこちらに戻ってきました。諸手当て付きの年収三万五千ドルの仕事を辞めて、なんの手当てもない年収一万七千ドルを稼ぎにね。ヴァレーで暮らし、山歩きができるように、自分からデンヴァーでの安定した職を捨てたわけです。妻はそういう不安定な暮らしを送ったことがありませんでしたが、わたしは、ビタールートにいたときはその〝不安定な〟状態でずっと暮らしてきたんです。ここでは、共稼ぎでなければやっていけません。うちの両親も、いつもあれこれと臨時の仕事をこなしていたものです。家族のために必要なら、わたしだって、夜勤で食料品店の棚の補充をして稼ぐつもりでいます。こちらに戻ってきてから、デンヴァーでの収入に達するまで五年かかりました。健康保険に加入するまでには、さらに一年か二年かかりましたね。

住宅建設の仕事が中心です。それに、低価格の未開墾の土地を開発すること。値の張る土地を買って開発するほどの余裕はありません。これまでおもに開発してきたのは牧場だった場所ですが、わたしが買い上げた時点では、そのほとんどがもう牧場として機能していませんでした。だいぶ前に売られ、転売され、おそらく、最後に耕作されて以来何度となく分譲されてきたんでしょう。すでに生産が休止されて、牧草よりもヤグルマギクが多い土地ばかりです。

例外は、最近手がけた〈ハミルトン・ハイツ〉の計画ですね。以前は四十エーカー（約十六ヘクタール）の牧場だった場所を買い上げて、初の分譲をしようと思ったんです。州に申請した詳細な開発計画には、三種類の認可が必要でした。初めのふたつについてはうまく認可が取れましたが、最後の三つ目の手続きは、公聴会を開くことでした。公聴会には近隣の住民が八十人出席して、分譲は農地を減らすという理由で計画に反対したんです。たしかにその土地はよく肥えていて、昔はいい農地だったんですが、わたしが購入したときはもう何も農産物は作られていませんでした。四十エーカーで二十二万五千ドル。この高い仕入れ値に対して、農業で採算をとるのは無理でしょう。でも、収益性のことは一般の意見には反映されません。近隣の人たちはこう言うんです。『われわれは、農場や森林に囲まれて、その広々とした空間を眺めていたいんだ』。しかし、その敷地の売主が、六十代を迎えて、老後の資金を必要としている人間だとしたら、どんな方法でその広々とした空間を維持していけばいいんですか？　その敷地を広々とさせておきたかったなら、自分たちでそこを買うべきだったんです。買うチャンスがあったにもかかわらず、買わなかった。所有者でもないのに、その土地を自分たちの管理下に置きたがっているということです。

その公聴会で、わたしの計画は却下されました。郡の開発計画担当者が、選挙直前に八十人の有権者を敵に回すのをいやがったからです。わたしは、計画の申請前に近隣の人々と交渉したりしませんでした。融通が利かないたちでして、自分にやる権利があると信じていることはやりたいし、指図されるのも嫌いなんです。それと、なかなかわかってもらえませんが、今回のように小規模な計画で事前の話し合いをするのは、わたしにとっては時間と金の浪費なんですよ。今度似たような計画を立てるときは、まず近隣の人たちに話をするつもりですが、公聴会にはうちの社員や作業員を五十人連れていこうと思っています。そうすれば、郡のお役人たちも、その計画を望む住民がいることを認めるでしょうから。この論争のあいだ、わたしには、その敷地の維持費が常について回りました。近隣の人たちは、あの土地が手つかずのままずっとあの場所にあることを願っているんです。

人は、ここは開発されすぎている、ヴァレーはしまいには人口過剰になってしまうと言って、わたしを責めようとする。こちらは、うちの売り物には需要があるし、わたしがその需要を作り出しているわけじゃない、と応えます。ヴァレーでは毎年、建物も交通量も増えています。でも、わたしが趣味のハイキングをしたり、飛行機に乗ったりしたときに上方からヴァレーを見ると、空き地がたくさんあるのが見えます。報道では、この十年でヴァレーの人口が四四パーセント増加したと言ってますが、それは単に二万五千人の人口がまだ三万五千人にしか増えていないという意味です。若い人たちはヴァレーから出ていっています。わたしは三十人の従業員をかかえていますから、わが社では、それだけの雇用を創り、退職年金、健康保険、有給休暇、利益分配制も提供していることになる。そこまでの便宜を図っている競合相手はいないので、うちは離職率が低いんですよ。環境保護論者に言わせると、わたしはヴァレーの諸悪の根源ということになりますが、わたしが需要を作り出せるわけではないんです。わたしがやらなくても、きっとほかの誰かが建物を建てるでしょう。

わたしはこのヴァレーに骨を埋《うず》めるつもりです。ここの共同体の一員ですし、支援している共同体の事業もたくさんあって、例えば、地元の野球、水泳、フットボールのチームに援助金を出しています。それは、自分がここの出身で、ここにとどまりたいと思っているからで、〝ひと稼ぎして逃げる〟つもりはありません。二十年後に、自分が昔開発した地区を車で通りかかる場面を思い描いています。そのとき、あたりを見渡して、『やっぱりあの計画はまずかった』なんて認めるのはいやですよ」

酪農家の「制御できないリスク」

由緒ある一族の出身であるティム・ハルズは、酪農を生業としている。「一九一二年にわたしの曽祖父母がここにやってきたのがハルズ家の始まりでね。ふたりは、まだ値段がただみたいな時分に土地を四十エーカー（約十六ヘクタール）買って、十二頭の乳牛を飼い、毎朝二時間、手で乳搾りをして、夕方になるとまた二時間乳搾りをしていた。祖父母の代には、一エーカー（約四千平方メートル）当たりたったの数セントで百十エーカー（約四十四ヘクタール）の土地を買い足し、採れた牛乳でクリームを作り、チーズの原料用に売って、ほかにもリンゴや干し草を栽培した。口で言うのは簡単だが、骨身を削るような仕事だよ。きびしい時代をなんとか食いつないだんだ。そこを乗り切れない農夫もいた。わたしの父は、いっときは大学に行く気でいたんだが、考え直して農場に残ることにした。先見の明があったんだな。事業上の一大決心をして、それまでにない酪農業を立ち上げることに賭け、土地をできるだけ有効に利用する手段のひとつとして、百五十頭収容の搾乳場付きの納屋を建てたんだ。

わたしたち兄弟は、両親から農地を買った。ただではもらえなかった。子どもに農地を与えず、あえて売ったのは、身銭を切ってまで農業をやりたいのかどうか、息子たちに決めさせたかったんだろう。うちは、それぞれの兄弟夫婦が自分の土地を持って、一族で経営してる会社に貸してるんだ。農場の経営は、兄弟とその家族とでほとんどまかなってる。家族以外の従業員は、ほんのわずかしかいない。うちみたいな同族会社はめったにないだろうな。うちがうまくいってるのは、ひとつには、共通の信仰があるからだ。家族の大部分が、コーヴァリスにある同じ地域教会に通ってる。確かに、家族のあいだでも争いごとはあるさ。だが、とことんやり合っても、夜になれば最高の仲間に戻れる。うちの両親も喧嘩はしたが、争いの種になるような話をするのは、決まって日が沈む前のことだった。夕食のテーブルを囲むころには、もう決着はついてるんだ。

そんな一族の気風を、いつのまにか、うちの息子ふたりも受け継いでる。もう小さいころから、力を合わせることを覚えてたよ。下の子がまだ七つのころに、ふたりでアルミのスプリンクラーを移動し始めた。一本十二メートルの部品が十六本並んでるところに行って、ひとりが片方の端に、もうひとりが反対側について、ちゃんと運んでた。家を出たときはふたりで部屋を借りてたし、今はいちばんの友人同士で、隣人同士でもある。よその家でも、うちの子みたいに、家族の絆を大事にする子どもに育てようとするが、うちと同じことをしてるように見えても、よその子どもたちは、いっしょに住むこともしないんだよな。

このビタールートでいちばん高く評価されるのは宅地と開発用地だから、採算の面でいうと、農業はきびしい状況にある。うちの近所で農場をやってる連中は、農業を続けるべきか、地所を宅地として売って引退するか、決断を迫られてる。住宅開発地としての評価額と張り合えるような作物はどこを探したってないから、土地を買い足す余裕はない。だから、今持ってる、あるいは今借りてる七百六十エーカー（約三百ヘクタール）の土地で最大限の効率をあげられるかどうか、そこにわたしたちの将来がかかってくる。

ピックアップ・トラックの価格をはじめ、経費は増えていくのに、牛乳の売り値はいまだに二十年前と同じだ。利幅が狭くなってるのに、どうやって利益を出せるんだ？　わたしたちは、投資をして新しい技術を採り入れなくてはならないし、その技術を自分たちの環境に合わせる方法を、この先も学んでいかねばならん。みずから古いやりかたを捨てないといけないんだ。

例えば、今年うちではかなりの資本を投入して、乳牛二百頭を収容できるコンピュータ制御の搾乳場を新設した。自動の厩肥収集装置と可動フェンスもつける予定だ。このフェンスが、牛たちを自動搾乳機のところに追い立て、その中を自動的に移動させる。牛一頭一頭のデータがコンピュータに登録されてて、牛房にある専用コンピュータが搾乳の指示を出す。汚染を早期発見できるように、牛乳の伝導率が即座に計測されるし、それぞれの健康状態と必要な栄養素を観測するため、牛乳の重量も一頭ごとに吟味される。それから、コンピュータの判断にしたがって乳牛をグループ別にまとめ、それぞれを別々の牛舎に入れる。今、うちの農場はモンタナ州全体の手本になってるんだ。よその農場は、うちの設備がうまくいくかどうか、ようす見をしてるところだよ。

うまくいくかどうか、わたしたち自身にも危ぶむ気持ちはある。制御しきれないリスクがふたつあるからな。だが、農業を続けることに少しでも希望を持つには、こうした近代化は避けられなかった。さもなければ、開発業者になるしか道はなかっただろう。

ここで自分の土地を利用するには、ウシか家か、どちらかを大きくするしかないんだ。制御できないリスクというのは、まず、農場に必要な機械と設備の価格変動と、牛乳の売り値の変動だ。牛乳の値段については、酪農家には何もできない。牛乳は生ものだ。いったん搾乳したら、牧場から市場に出すまで二日間しか猶予はない。だから、こちらには交渉する力がない。われわれが牛乳を売ると、買い手が値段を〝教えて〟くれるというわけさ。

もうひとつ、制御できないリスクというのは、環境に対する大衆の関心だ。そこには、農場での動物の扱い、動物の排泄物、その悪臭の問題も入る。こちらとしては、そういう悪影響をできるかぎり抑えるようにはしてるが、おそらく、そういう努力も万人に気に入られるとは限らないだろう。新しい住民たちは、眺めがいいからこそビタールートにやってくる。初めのうちは、遠くから牧草地のウシたちをうれしそうに眺めてるんだが、そういうものがすべて、農業、それも酪農と切り離せないものだという事実を忘れてしまうことがある。よその区域、つまり、酪農と開発が共存してる場所なら、酪農場への苦情というのは、悪臭とか、深夜に機械を動かす音とか、〝静かな田舎道〟を行き来するトラックの騒音とかだ。それが、わたしたちのところでは、白いジョギングシューズに牛糞がついた、なんて文句を言われることがある。わたしたちの心配事のひとつは、動物がらみの農業に理解のない連中が、この区域の酪農を規制したり禁止したりする発議をしかねない、ということだ。例えば、二年前に、娯楽施設型農場での狩猟を禁じた発議がもとで、ビタールートのあるヘラジカ牧場が廃業に追い込まれた。そんなことが起こるとは夢にも思ってなかった。それからは、どうしても、油断してるとあすはわが身だと考えてしまうんだ。心の広さが求められる時代だというのに、動物がらみの農業と、食糧生産の〝副産物〟に対して、そこまで心の狭い人間がいるなんて、まったく驚いてしまうよ」

三十年前のままの美しい自然

四篇の半生記の最後を飾るのは、ジョン・クック。十歳当時のわが息子たちを相手に、じつに忍耐強くフライフィッシングの手ほどきをしてくれ、過去七回の夏、ふたりをビタールート川に連れ出してくれた人物だ。「ぼくはワシントン州ウェナチー・ヴァレーのリンゴ園で育ちました。ハイスクールを終えたころ、ヒッピーに憧れた時期があって、インド目ざしてバイク旅行に出かけたんです。結局、アメリカの東海岸までしか行けなかったけど、そこに着くまでにはアメリカ全土を走破してました。妻のパットに出会ってからは、ふたりでワシントン州のオリンピック半島に住んで、そのあと、アラスカのコディアック島に移り、野生動物と漁場の保護官として十六年働きました。その次に、パットが祖父母の看病をすることになって、ポートランドに引っ越したんです。まもなくお祖母さんが亡くなって、のちにお祖父さんが亡くなると、その一週間後にふたりでポートランドを離れ、モンタナにやってきました。

　ぼくが初めてモンタナに来たのは一九七〇年代のことで、当時、モンタナの州境をアイダホ側に越したところにあるセルウェイ＝ビタールート自然保護区で、パットの父親がガイドを務めてたんです。その父親の下で、パットが賄《まかな》いのアルバイト、ぼくがガイドのアルバイトをしてました。もうそのころから、パットはビタールート川をすごく気に入ってて、あの川のそばに住みたがってたんですが、そこの土地はすでに一エーカー（約四千平方メートル）で千ドルはしたから、農業をやってローンの支払いをしていくには高すぎました。その後、一九九四年にポートランドを離れようとしていたとき、ビタールートのそばに手ごろな価格で十エーカー（約四ヘクタール）の農場が売りに出たんです。農場の家屋を少し手直しする必要があったので、ふたりで何年かかけて修繕をし、それから、ぼくが保護官とフィッシングガイドの資格を取りました。

　ぼくが心から離れがたいと感じる場所は、この世に二カ所しかありません。一カ所はオレゴンの海岸で、もう一カ所がここ、ビタールート・ヴァレーです。この家を買ったとき、ぼくらはここを〝終《つい》の住処《すみか》〟と考えました。つまり、残された人生をこの家で過ごしたいと思ったんです。ぼくらのこの土地には、オオミミズク、キジ、ウズラ、アメリカオシがいて、ぼくらの二頭のウマにはじゅうぶんな広さの牧草地もあります。

人は、自分が生まれた時代なら生きていけると感じ、ほかの時代を生きたいとは思わないのかもしれません。ぼくらが大好きなのは、三十年前のままのヴァレーです。そのころを境に、ここには人があふれるようになってきました。ミズーラとダービーをつなぐ谷底に百万もの人が住み、ヴァレーが小さな繁華街になってしまったら、もうここに住みたいとは思わないでしょうね。ぼくにとっては、広々とした空間の眺めが何より大事なんです。うちの向かいには、間口が一キロ弱で奥行が三キロほどの古い農場があります。建物といえば小屋が二軒あるだけで、あとは一面の牧草地が広がってます。持ち主は州外の人間で、ロック歌手兼俳優のヒューイ・ルイス。毎年狩りと釣りをしにひと月かふた月滞在する程度で、本人が留守のときは、管理人がウシを放し、干し草を育て、土地の一部を農業用に貸してます。もしあそこが宅地に分譲されたら、ぼくはきっと、毎日目に入る眺めに耐えられなくなって引っ越すでしょう。

ぼくはときどき、どんなふうに死ぬのがいいかを考えます。最近、肺を長く患っていた父が亡くなりました。自分の体が思いどおりにならず、晩年はひどく辛い思いをしてました。ぼくはあんなふうに死にたくありません。冷たい言いかたかもしれませんけど。ぼくには、選べるものならこう死にたいという夢があるんです。その夢想では、ぼくよりも先にパットが死ぬことになります。あとに残されれば、結婚したときの誓い、つまり、愛し、敬い、慈しむという誓いを守ったと納得できるからです。それに、ぼくはパットが暮らしていけるだけの生命保険をかけてないので、パットがぼくより長生きすると、苦労をかけることになりますから。パットが死んだら——夢の話ですよ、家の不動産証書を息子のコディに譲っておいてから、体力が続くかぎり毎日マス釣りに出かけます。もう釣りができない体になったら、大量のモルヒネを持って森のずっと奥へ行くんです。死体が見つからないようなどこか遠い場所で、格別に眺めの美しい場所を選びます。その風景を眺めながら横たわって……モルヒネを飲む。これが最高の死にかたですね。記憶にとどめておきたいモンタナの風景を最期に眺めながら、自分で選んだ方法であの世に向かうんです」

〝世界のモデル〟としてのモンタナ

この四人のモンタナ住民の半生記と、その前に述べたわたしの話が示しているのは、つまるところ、モンタナの人々のあいだにも価値観や願望に違いがあるということだ。モンタナ住民の中には、人口増加、政府による規制、農地の開発と分譲、土地の農業利用の維持、鉱業、アウトドアを主眼とした観光旅行、これらのものが今より増大することを望む人もいれば、減少することを望む人もいる。そういう願望のなかに、ほかの願望と相容れないものがあるのは言うまでもない。

すでに本章では、モンタナが、経済問題に換算可能な多くの環境問題から、どのような影響を受けているかを概観してきた。右に示したような価値観と願望とを個別に追求していけば、そういう問題への個別の対応のしかたに行き着き、おそらくは、問題を解決できるか否かについての個別の可能性へとつながっていくだろう。今のところ、解決への最善策を巡る見解には、掛け値なしの大きな食い違いがある。モンタナ州の人々が最終的にどの道を選ぶかはわからず、そして、モンタナの環境と経済の問題が好転するのか悪化するのかも、われわれにはわからない。

社会の崩壊に関する書物の第1章にモンタナを取り上げるのは、当初、稚気に類する試みかとも思えた。モンタナに限らずアメリカ全体を見ても、差し迫った崩壊の危機にさらされているわけではない。しかし、どうかよく考えてみてほしい。モンタナ住民の収入の半分が、モンタナ州内の仕事から生み出されるのではなく、州外からモンタナに流入してくる金なのだ。例えば、連邦政府による移転給付（社会保障、高齢者医療保険、低所得者医療扶助、貧困対策など）や、州外での私的な蓄え（州外の年金、不動産利権からの収入、事業所得）など……。つまり、モンタナ自体の経済が、すでにモンタナのライフスタイルを支えるにはほど遠いところまで落ち込んでいるということだ。むしろモンタナのライフスタイルは、モンタナ以外のアメリカに支えられ、左右されている。もしモンタナが太平洋に浮かぶイースター島、それもヨーロッパ人到達以前、先住ポリネシア人時代のイースターのような孤島だったとしたら、現在ある先進国型の経済はすでに崩壊していただろうし、そもそも、そこまでの経済を発展させることもできなかっただろう。

次によく考えてほしいのは、ここまで論じてきたモンタナの環境問題が深刻な状況にあるとはいえ、アメリカの他州の大半に比べれば、まだ切迫感が小さいということだ。他州はほぼ例外なくモンタナより人口密度が高く、人間による環境侵害も大きく、また、多くの州が、モンタナより脆弱な環境に囲まれている。アメリカ全体についていえば、不可欠な資源を他国からの輸入に頼り、経済、政治、軍備の各面でも他国と密接に関わっている。そんな国々の中には、アメリカよりもっと深刻な環境問題に悩む国々、アメリカよりさらに急激な衰退に向かっている国々もあるのだ。

第２章以降では、さまざまな過去の社会、さまざまな現代の社会を例に、モンタナの環境問題と似通った問題について考察していこうと思う。題材とする過去の社会の半分は文字を持たないので、個々人の価値観や願望に関する情報は、モンタナの場合よりははるかに少なくなる。現代の社会に関していうと、価値観と願望に関する情報はもちろん入手可能だが、わたし個人の直接経験の量でもモンタナに及ぶ場所はない。したがって、読者の皆さんが本書を読むにあたっては、そして、おおむね非個人的な言葉で提起された環境問題を考察するにあたっては、どうか、題材となる社会の問題を、個々人の目が──スタン・フォーコウ、リック・レイブル、チップ・ピグマン、ティム・ハルズ、ジヨン・クック、そしてハーシー兄弟姉妹たちのような目が――とらえたものとして受け止めるように心がけていただきたい。均質的な社会と思えるイースター島を次章で検討するに際して、モンタナのわたしの友人たちと同様に、イースター島の首長、農夫、石像の彫り手、ネズミイルカを捕らえる漁師、それぞれを各個人の人生、価値観、願望と結びつけて思い描いてもらいたいのだ。

第2部

過去の社会

第２章

イースターに黄昏が訪れるとき

巨石像をめぐる数々の謎

これまでにわたしが訪ねたなかで、ラノ・ララクほど不気味な印象を受けた場所はない。ラノ・ララクとは、イースター島の名高い巨大石像が切り出された採石場のことだ（163頁写真５）。イースター島の地理的な特徴として、まず、人の住める場所としては世界一辺鄙《へんぴ》な場所にある小島だということが挙げられる。最も近い陸地は、東方向に約三千六百キロ離れたチリの海岸か、西方向に約二千百キロ離れたポリネシアのピトケアン諸島（170〜171頁の地図を参照）だ。二〇〇二年、わたしがチリからジェット機でイースター島に向かったときは、到着までに五時間以上かかり、そのあいだ眼下には海面のほか何も見えず、ただ果てしなく広がる太平洋だけを眺めて過ごすことになった。日没が迫り、ようやくめざす島が小さな点となって前方にぼんやりと現われるころには、はたして暗くなる前にイースター島を確認できるのか、もし見逃して通過してしまった場合、チリに戻るだけの燃料はあるのか、と気が気でなくなっていた。こんな島に、近代ヨーロッパから機能的な大型帆船が渡来する前から入植者がいたとは、信じがたいことだ。

ラノ・ララクは、直径約五百五十メートルの円形に近い噴火口で、その内部に至る細い通路が、外周の低地から急勾配で火口縁に上り、ふたたび急勾配で火口床の湿原沼へ下りている。現在、この付近に住む者はいない。噴火口の内外の壁には、三百九十七体の石像が散在している。耳が長く足のない男性の上半身を一様の手法で表わしたこの石像は、そのほとんどが約四・五メートルないし六メートルの高さを持つが、最大のものは（一般的な五階建てのビルより高い）二十メートルを超え、重量は十トンから最高二百七十トンにも及ぶ。石像が運搬された経路をたどってみると、噴火口からは火口縁の低い部分に切り込まれた溝を通過して下降するようになっていて、その先は幅八メートル弱の道路が北と南と西の三方へ放射状に伸び、最も長いものは島の岸まで約十五キロメートル続いている。この道路沿いにはさらに九十七体の石像が散在し、その姿は、まるで採石場から運搬される途中で投げ出されたかのように見える。また、沿岸を始め内陸にもいくつか設置された台座（アフ）が総数にして三百基あり、かつてはその三分の一に、石像が立てられたり並べられたりしていた。そういう石像が合計三百九十三体あって、数十年前までは、そのすべてが、おもに首を折ることを狙って故意に倒され、放り出されていた。

ラノ・ララクの火口縁からは、最も近くにある最大の（アフ・トンガリキと呼ばれる）台座が見える。一九九四年、そこに倒れていた十五体の石像を、考古学者のクラウディオ・クリスティーノが、五十五トンの重量に耐えるクレーンを使って立て直した。本人の話によると、現代の起重機を利用してもなお、その作業は思うようにはかどらなかったという。それもそのはずで、アフ・トンガリキの石像は、最大のもので八十八トンの重量がある。それにもかかわらず、先史時代、イースター島のポリネシア先住民たちは、クレーンも使わず、車輪も、機械も、金属器も、荷役用の動物も、つまり人間の筋力以外はいっさい使わずに、これらの石像を運搬し、台座に据えたのだ。

ラノ・ララクの採石場には、完成前のあらゆる段階にとどまった石像が残されている。材料となる岩盤からいまだ切り離されず、粗く仕上げてはあるが、耳や手などの細部がないもの。また、完成して岩盤から切り離されたあと、切り出された窪みの下の斜面に横たえられたもの。さらに、噴火口の内部に立っている像もある。わたしが不気味な印象を受けたのは、どこかの工場にいるような感覚にとらわれたせいだった。そこの作業員全員が、どういうわけか突然作業を中断し、石像をおのおのの製作段階のままにして、道具をほうり投げ、足音も高く一斉に出て行ってしまったように見えたのだ。今でも採石場の地面には、石像を彫る道具、すなわち石製の鑿《のみ》、錐《きり》、槌《つち》が散乱している。岩から切り離されていない石像の周囲を、彫り手の足場となったへこみが取り巻き、岩壁には、水筒代わりの瓢簞《ひょうたん》の置き場所なのか、ところどころに切り込みが入っている。噴火口内にある石像の中には、故意に破壊されたり顔面を傷つけられたりしたとおぼしきものもある。敵対する彫り手の集団同士が、互いの製作物を破壊し合ったかのようだ。ある石像の下からは、人間の指の骨が発見されている。おそらくは、石像の運び手の不注意によるものだろう。誰が、なぜ、そこまでの労力をかけてこれらの石像を彫り、どうやって、かくも巨大な石の塊を運び、台座に据えたのか？　そしてなぜ、最後にはその石像を倒してしまったのだろう？

イースター島に数多くの謎があることは、すでにヨーロッパから訪れたこの島の発見者ヤコブ・ロッヘフェーンも気づいていた。オランダの探検家であるロッヘフェーンは、復活祭日《イースター・デー》（一七二二年四月五日）にこの島を見つけ、今なお残るその呼び名を、発見日に因《ちな》んでつけたのだ。到着時のロッヘフェーンは、大型船三隻でチリを出発して以来、まったく陸地を見ずに、十七日間かけて太平洋を突っ切ってきたところだったので、船乗りとして当然の疑問を抱いた。イースターの岸辺で出迎えてくれたポリネシア人たちは、いったいどうやって、これほど辺鄙な島にたどり着いたのか？　今では、西方向にあるポリネシアの最寄りの島から出航してイースター島に着くまで、少なくとも同じ日数を要しただろうということがわかっている。ロッヘフェーンと後続の訪問者たちは、島民たちの水上移動の手段が水漏れのする粗末な小型のカヌーだけだと知って驚いた。長さ

写真５　石の台座（アフ）の上に再建された、イースター島の代名詞的存在、巨大石像（モアイ）

はわずか三メートルで、ひとり、もしくはせいぜいふたりしか乗れないものだったからだ。ロッヘフェーンの記録によると、「島民たちの船舶は、扱いづらく、造りも華奢《きやしや》である。その小舟は、雑多な小型の厚板と内装用の軽い木材を組み合わせ、野生植物から採った非常に細い撚糸で器用に縫い合わせてある。しかしながら、島民は知識不足で、ことに、水漏れ防止用の材料と、船体の至るところにある縫い目を閉じる材料を持っていないので、この舟は非常に水漏れを起こしやすく、漕ぎ手は乗船時間の半分を水の掻い出しに費やさねばならない」という。こんな状態の船しかないのに、作物とニワトリと飲み水を携えた入植者たちは、どうやって二週間半にわたる海の旅を無事に乗り切ったのだろうか？

わたしも含めた後続の訪問者全員と同じように、ロッヘフェーンもまた、島民たちが石像を立てた手段について、不思議の念にとらわれた。ふたたび日誌から引用してみよう。「初めてその石像を見たとき、われわれは驚異に目を瞠《みは》った。乗り物の材料となる頑丈な木材も強靱な縄も持たない島民たちが、高さおよそ十メートル、それに見合った体積の石像を、どうやって立てることができたのか、まったく理解できなかったからだ」。精確な方法はともかく、ロッヘフェーンも気づいたように、大木を原料とする頑丈な木材と強靱な縄がなければ、石像を台座に据えることはできない。それなのに、ロッヘフェーンの目に映ったイースター島は、三メートルを超す樹木も、茂みすらもまったくない荒地だったのだ（167頁写真６・７参照）。「初めに遠くから見たとき、われわれはイースター島を砂地の島だと思った。それというのも、荒れ果てた外観から、並はずれて痩せた不毛の地という印象しか受けなかったがゆえに、その枯れた草地、牧草、その他の陽焼けして萎びた植生が、砂地に見えたせいだった」。島に生えていたはずのすべての樹木は、どうなったのだろうか？

石像を彫り、運搬し、台座に据えるという作業を組織化するためには、人口の多い複雑な社会が、それを維持できるだけの豊かな環境下で運営されていることが要件となる。石像の数と規模だけから判断しても、十八世紀及び十九世紀初頭、ヨーロッパからの訪問者たちが出会ったわずか二、三千人という人口から推定される数値より、はるかに多くの人間が居住していたことがうかがえる。かつておおぜいいた島民たちの身に、何が起こったのか？　石像を彫り、運搬し、台座に据えるには、専属の作業員が多数必要だったはずだ。ロッヘフェーンが目にしたイースター島には、昆虫より大きな陸生動物も、ニワトリ以外の家畜もまったくいなかったというのに、その作業員たちはどうやって食糧を調達したのか？　複雑な社会が存在していたことは、イースター島の資源が分散していることからもうかがえる。採石場は島の東端に、道具作りに最適な石材は南西に、漁に出るのに最適な岸辺は北西に、農業に最適な土地は南にあるのだ。島の経済を統合する力を持つなんらかの機構がなかったら、これほど多様な生産物を採取し、再分配することはできなかっただろう。この瘦せた不毛の土地に、どうやってそんな機構が生まれたのか？　そして、その機構に何があったのか？

そういう多くの謎がもとになり、ほぼ三世紀にわたって、数々の仮説が生み出された。多くのヨーロッパ人たちは、〝単なる未開人に過ぎない〟ポリネシア人たちがこのような石像や見事な台座を建造したという可能性を疑った。ノルウェーの探検家トール・ヘイエルダールは、アジアから西太平洋を渡って広く進出していったポリネシア人にそういう能力があると認めることをよしとせず、インディオ（南米先住民）から成る進歩的な集団が東太平洋を渡ってイースター島に入植したのだと論じた。インディオなら、より進歩的な旧世界の集団の文明を大西洋越しに享受していたはずだ、と。ヘイエルダールがかの名高きコン・ティキ号での探検旅行を始め、筏舟を使ってさまざまな航海に出たのは、先史時代にそういう海上経由の交流が可能だったかどうかを証明するためであり、また、古代エジプトのピラミッド、南米のインカ帝国の巨大な石造建築、イースター島の巨大な石像、この三者に関連があることを裏付けるためだった。わたし自身、イースター島に関する興味をかきたてられたのは、四十年以上前にヘイエルダールの筆になるコン・ティキ号の物語を読んで、イースター島の歴史に関するそのロマンチックな謎解きに触れたのがきっかけだった。当時のわたしは、興奮のあまり、ヘイエルダールの謎解きに勝るものはないと思っていた。謎の解明をさらに追究した例としては、地球

写真6　イースター島の、伐採で破壊され尽くした森林と、かつては緑に覆われていた噴石丘。大きな噴火口は、採石の中心地だったラノ・ララク。平地部分にある小さな四角形の林は、近年、外来種の植樹を行なったもの

写真7　伐採された森林の跡と噴石丘を別の角度から見たところ

外生物の宇宙飛行士が地球を訪れたと信じるスイスの著述家、エーリッヒ・フォン・デニケンの説がある。デニケンは、高い知能と最先端の工作機械を持つ宇宙人がイースターの石像を造ったと主張している。島に不時着した宇宙人は、最終的に同胞に救助されたのだという。

これまで世に出た謎解きを並べてみると、石像を彫る手段については、推測に基づく宇宙人の工作機械説よりも、ラノ・ララクに散乱している明白な証拠、すなわち石鑿などの道具説のほうが優勢で、石像の彫り手については、インカ人やエジプト人説よりも、イースターの居住者として実証ずみのポリネシア人説のほうが優勢だ。このような証拠に基づいた史実は、コン・ティキ号型の筏《いかだ》による訪問、あるいは地球外生物による訪問という仮説に勝るとも劣らずロマンチックかつ刺激的であり、また、これらの仮説よりも、現代社会の出来事とずっと深い関わりを持っている。そして、この史実は、本章以降で取り上げる一連の過去の事例の筆頭を飾るのに、じつにふさわしい。なぜなら、この史実こそ、完全な孤絶状態で発生する生態学上の災厄としては、手もとにあるうちで最も真実に近いものだという確証があるからだ。

イースター島の地理と歴史

イースター島は、いわば三つの火山を頂点とする三角形の島だ。この三火山は非常に接近した位置関係にあり、過去百万年ないし数百万年の範囲で、それぞれ違う時代に海底から姿を現わした。人間が居住するようになって以来、火山活動は一度も起こっていない。最古の火山であるポイケは、およそ六十万年前に（おそらく三百万年前にも）噴火し、今は三角形の南東の角を成している。次いで噴火したラノ・カウ火山は、南西の角にあたる。三角形の北の角近くに位置するテレヴァカは最も新しく、およそ二十万年前の噴火時に流出したその溶岩が、現在、島の地表の九五パーセントを覆っている。

イースター島の面積約百七十平方キロメートル、海抜約五百十メートルという数値は、ポリネシアの基準からすると、さほど大きいものではない。地形は概して緩やかであり、ハワイ諸島でおなじみの深い谷もない。わたしが気づいたのは、噴火口と噴石丘の急斜面を除けば、ほぼどこであろうと、近場までなら問題なく一直線に歩いていけるということだ。ハワイやマルケサスでそんなふうに歩いていたら、たちまち崖に行き当たってしまうだろう。

南緯二十七度――赤道から北方向にマイアミや台北まで行くのとほぼ同じ距離を、赤道から南方向に進んだ位置――の亜熱帯地域にあるイースター島は、穏やかな気候と、火山の噴火に由来する肥沃な土壌に恵まれている。この好条件の組み合わせだけをとっても、この島は、世界の多くの地域がかかえる問題に煩わされることなく、小さな理想郷を生み出してしかるべきだった。にもかかわらず、イースター島への入植者たちは、

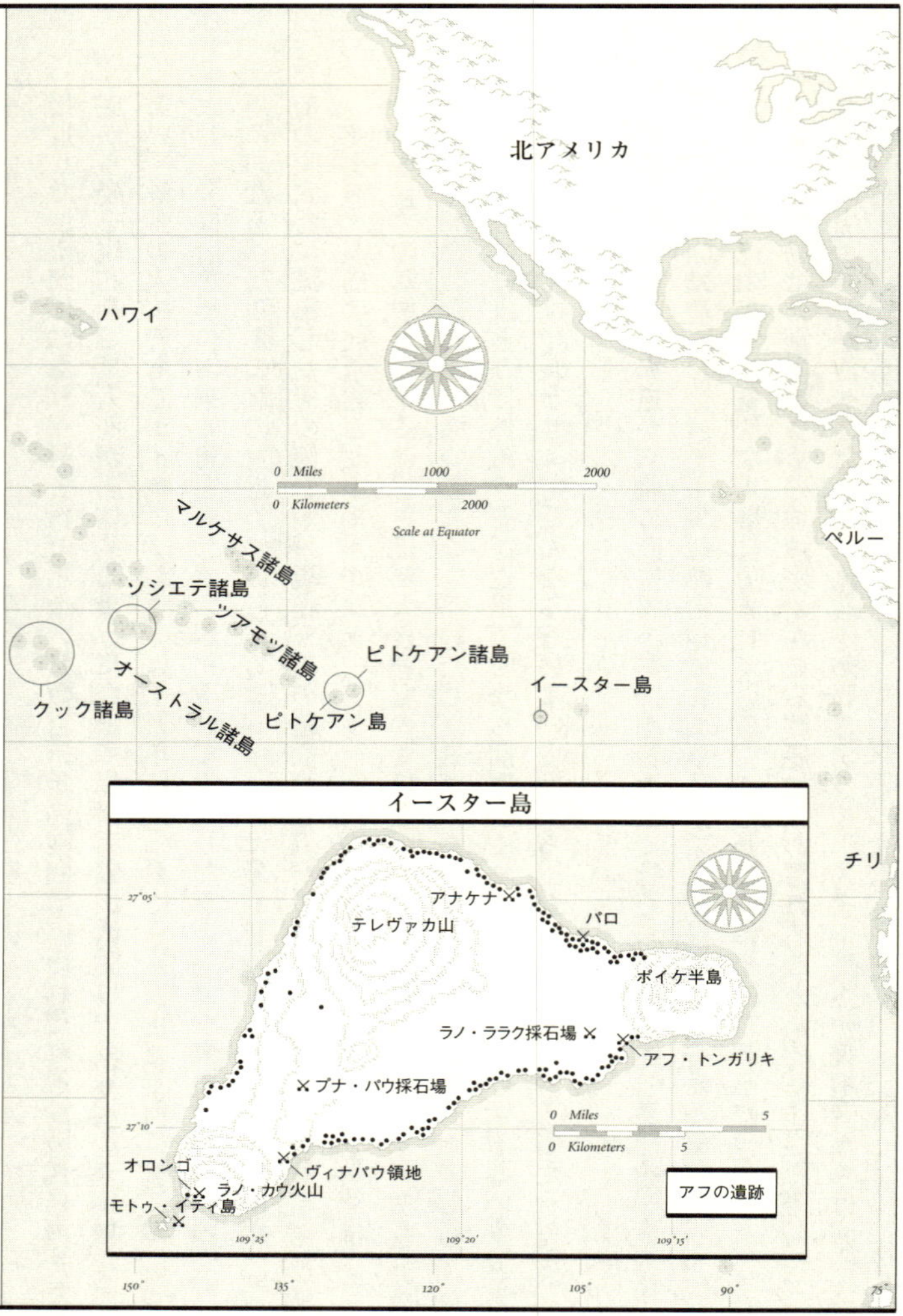

北アメリカ
ハワイ
0 Miles 1000 2000
0 Kilometers 2000
Scale at Equator
マルケサス諸島
ソシエテ諸島
ツアモツ諸島
ピトケアン諸島
イースター島
クック諸島
オーストラル諸島
ピトケアン島
ペルー
チリ
イースター島
アナケナ
テレヴァカ山
パロ
ポイケ半島
ラノ・ララク採石場
アフ・トンガリキ
プナ・パウ採石場
0 Miles 5
0 Kilometers 5
ヴィナパウ領地
オロンゴ
ラノ・カウ火山
モトゥ・イティ島
アフの遺跡
27°05'
27°10'
109°25'
109°20'
109°15'
150°
135°
120°
105°
90°
75°

太平洋・ピトケアン諸島・イースター島
中国
フィリピン
太　平　洋
ビスマルク諸島
ニューギニア
ソロモン諸島
ティコピア島
ヴァヌアツ
サモア
フィジー
ニューカレドニア
トンガ
オーストラリア
ニュージーランド
ピトケアン諸島
マンガレヴァ島
オイノ環礁
ピトケアン島群
デューシ環礁
ヘンダーソン島
ピトケアン島
0 Miles 250
0 Kilometers 250

地理的条件から派生するさまざまな難題に頭を悩ませた。亜熱帯気候は、ヨーロッパや北米大陸の冬を基準に考えれば暖かいが、大部分が熱帯であるポリネシアを基準にすれば寒冷な気候といえる。ニュージーランド、チャタム諸島、ノーフォーク島、ラパ島を除くと、ポリネシア人が入植した島々は、すべてイースター島よりも赤道に近い。したがって、イースター島以外のポリネシアの島々では重要な熱帯性作物であるココナッツなどが、イースター島ではうまく育たず（イースター島に持ち込まれたのは近代以降）、また、島を囲む海の水温が低いために、魚類や甲殻類の棲む珊瑚礁が水面近くまで形成されなかった。わたしとバリー・ロレットがテレヴァカとポイケを歩き回って実感したとおり、イースター島は風の強い島でもある。この風がもたらす問題は古代の農民たちの悩みの種で、今もなお、その状況に変わりはない。近年持ち込まれたパンノキの実は、熟す前に風で落下してしまう。イースター島は、何よりも孤島という条件のせいで、珊瑚礁に棲む魚類だけでなく、魚類全般に乏しい。フィジーには千種を超す魚類が棲息しているのに、イースター島ではわずか百二十七種の魚類しか確認されていない。以上のような地理的要因のすべてが作用した結果、イースター島の食糧供給源は、ほかの太平洋の大半の島々より貧弱になってしまったのだ。

地理との関わりでいうと、年間の平均値がわずか千二百七十ミリという降雨量の問題もある。地中海沿岸や南カリフォルニアと比べれば多いように感じるが、ポリネシアの基準からすると少ない。この控えめな量がもたらす制約に加え、火山灰から成る多孔質の土壌が雨水をたちまち吸収してしまうことが問題を深刻にする。その結果、真水の供給が限定されてしまうのだ。水の供給源としては、テレヴァカ山の斜面にある唯一の間欠河川（わたしの滞在中は干上がっていた）、三つの噴火口の底にある池や沼、地表近くの地下水面に掘られた井戸、あるいは、沖合の海底や満潮線と干潮線のあいだの海底から湧き出る真水しかない。それでもなお、イースター島民は、飲料、料理用、作物の栽培用に足る水量をなんとか確保していたが、それはたやすい仕事ではなかった。

イースター島民がアメリカではなくアジアに起源を持つ典型的なポリネシア人であること、そして、イースター島の文化が（石像さえも）ポリネシア文化から派生したものであること、このふたつを立証する数々の証拠に、ヘイエルダールもフォン・デニケンも目を向けようとしなかった。一七七四年、クック船長が短期滞在した際、同行のタヒチ人とイースター島民とが会話を交わせることからすでに判断しているように、イースター島の言語はポリネシア系のものだ。正確にいうなら、イースター島民はハワイ語及びマルケサス語と同系の東ポリネシアの方言を話し、さらにいえば、初期マンガレヴァ語として知られる方言と最も関わりが深い。イースター島の釣り針や石製の手斧、銛《もり》、珊瑚製の鑢《やすり》などの道具は、典型的なポリネシア様式を呈し、特に初期のマルケサス型に類似している。また、島民たちの頭蓋骨の多くに、〝ロッカー・ジョー〟として知られるポリネシア独特の形状が見て取れる。イースターの台座で発見された十二個の頭蓋骨からDNAを抽出し、分析したところ、すべての検体に、大多数のポリネシア人に見られる九塩基対欠失と三つの塩基置換が認められることがわかった。この三つの塩基置換のうちふたつが、南米先住民には見られないもので、これは南米先住民がイースター島の遺伝子給源《プール》に資したとするヘイエルダールの説に対する反証となる。イースター島の作物であるバナナ、タロイモ、サツマイモ、サトウキビ、カジノキは、大半が東南アジアを原産とするポリネシアの代表的な作物だ。イースター島唯一の家畜であるニワトリもポリネシア特有のもので、もとをたどればアジアが原産であり、また、最初の入植者のカヌーで〝密航〟してきたネズミについても、同様のことがいえる。

先史時代におけるポリネシア人の広汎な進出は、同時代の人類が行なった海洋探検のなかでも、最も飛躍的でめざましい出来事だった。古代人類がアジア大陸からインドネシア諸島経由でオーストラリアとニューギニアへと至る太平洋上の航路は、紀元前一二〇〇年まではニューギニア東方のソロモン諸島止まりだった。同じころ、ニューギニア北東のビスマルク諸島に起源を持つとされる人々——ラピタ式として知られる土器を創り出し、遠洋航海と農作を生活の軸としていた人々——が、ソロモン諸島東域の外洋を一気に千五百キロメートル近く航行して、フィジー、サモア、トンガにまで到達し、ポリネシア人の祖先となる。ポリネシア人は、羅針盤も、文字も、金属製の道具も持ち合わせていなかったが、航海術と帆走カヌーの製造技術には精通していた。さまざまな遺跡から、土器、石器、家屋や聖堂の遺跡、食物の有機堆積物、人骨など、考古学上の証拠が豊富に発見され、放射性炭素年代測定が行なわれたことによって、ポリネシア人たちの広汎な民族進出に関するおおまかな時代と経路とが明らかになっている。ポリネシア人たちは、紀元一二〇〇年ごろまでに、ハワイ、ニュージーランド、イースター島を結ぶ広大な海上の三角形の中で、居住可能なあらゆる小島に到着していたのだ。

歴史学者たちがかつて唱えていた定説によれば、これらポリネシアの島々は、すべて偶然に発見され、入植されたということになる。漁夫を満載したカヌーがたまたま風に吹かれて航路をはずれたことが原因なのだ、と。しかしながら、今では、発見にしても入植にしても、事前に細かく計画されていたという事実が明らかになっている。偶然漂泊したという説とは裏腹に、ポリネシアの島々の多くが、東から西へ向かう卓越風と卓越流に逆らう形で西から東へと入植されているのだ。新しい島を発見した航行者たちは、予定の方角から風に逆らって未知の方角へと向かったか、あるいは、卓越風が一時的に逆方向へ吹くのを待ったのかもしれない。タロイモからバナナ、ブタからイヌ、ニワトリに至るまで、多岐にわたる作物と家畜が渡来していることを見れば、こうした入植が念入りに準備を整えた入植者によるものだとわかる。これらの入植者たちは、新たな居住地で生き延びるのに不可欠な食料として、生まれ故郷の生産物を携えていったのだろう。

ポリネシア人の祖、つまり、ラピタ式土器の焼き手たちによる初の集団移動は、太平洋を渡って東方向、フィジー、サモア、トンガなど、互いに二、三日の航海で行き来できる島までの範囲に限られていた。これら西ポリネシアの島々と、東ポリネシアの島々——クック、ソシエテ、マルケサス、オーストラル、トゥアモトゥ、ハワイ、ニュージーランド、ピトケアン、イースター——とのあいだには、さらに大きな海上の隔たりがある。この隔たりがようやく解消されたのは、約千五百年にわたる〝長い休止期間《ロング・ポーズ》〟後のことで、これは、ポリネシアのカヌーと航海術が改善されたか、海流の変動があったか、海面の降下によって足場となる小島が現われたか、あるいは、たった一度の幸運な航海のおかげか、いずれかの理由によるものだろう。（精確な年代は現在も議論が続いているが）六〇〇年ないし八〇〇年ごろのある時点で、クック諸島、ソシエテ諸島、マルケサス諸島など、西ポリネシアから見て最も接近しやすい東ポリネシアの島々が入植され、次に、これらの島々が、残された島々へ入植者を送り出す起点となった。一二〇〇年ごろ、少なくとも三千キロメートルに及ぶ海域を越えてニュージーランドが領有されたことにより、太平洋の居住可能な島々はあまねく入植されたことになる。

ポリネシアの最東端にあたるイースター島は、どういう経路で領有されたのだろうか？　人口の多いマルケサス諸島は、ハワイへじかに入植者を送り出す起点となったと目される島だが、風向きと潮流から推して、そこから直接イースター島に向かうのは無理があるように思われる。イースター島入植の出発点としては、むしろ、マルケサスとイースターの中間付近にあるマンガレヴァ島、ピトケアン島、ヘンダーソン島のほうが可能性は高い。これらの島々の住民たちの運命については、次章（第3章）で述べる。イースター島の言語と初期マンガレヴァの言語との類似、ピトケアンの石像とイースターの一部の石像との類似、イースター島の道具の型と、マンガレヴァ及びピトケアンの道具の型との共通点、そして、イースター島民の頭蓋骨とヘンダーソン島民の頭蓋骨との合致点が、マルケサス島民の頭蓋骨よりも多いこと。以上のような事実から、マンガレヴァ、ピトケアン、ヘンダーソンが足場として利用されていたことがうかがえる。一九九九年、ポリネシア式のカヌー「ホクレア号」の復元版が、マンガレヴァを出発して十七日後にイースター到着を果たした。マンガレヴァから東へとカヌーを漕ぎ出した海の民が、これほど長い航海を経たのちに、南北わずか十五キロメートル足らずの島に行き当たるという僥倖に恵まれたとは、われわれのような現代の陸の民にはまさしく信じがたいことだ。とはいえ、ポリネシア人たちは、海上の島が視界に入るはるか前に、その存在を予見する方法を知っていた。営巣する海鳥が食料を求め、陸地から半径百五十キロメートルを超える範囲で飛行するのを承知していたのだ。したがって、カヌーに乗ったポリネシア人たちにとっては、（元来、太平洋全体でも最大級の海鳥が何種か棲息していた）イースター島の実質的な直径は、わずか十五キロではなく、三百キロメートルというかなり大きなものだったことになる。

イースター島民の言い伝えでも、この遠征隊を率いて島に定住したのが、ホトゥ・マトゥア（偉大なる先祖の意）という名の首長で、妻、六人の息子、遠縁の親族たちとともに、一艘あるいは二艘のカヌーで航海したとされている――十九世紀後半及び二十世紀初めに来島したヨーロッパ人たちは、生存した島民たちの口承伝説を数多く記録しており、そこには、ヨーロッパ人到達以前のほぼ一世紀にわたるイースター島民たちの暮らしに関して、信憑性の高い多量の情報が含まれているが、その千年前の出来事について細部を精確にとどめているかどうかは不明だ。ポリネシアのほかの多くの島々では、最初に発見されて入植されたあとも、島と島のあいだを定期的に行き来することで、島民たちは互いに接触を保っていた（このことについては第3章で述べる）。同じことがイースター島にも当てはまるのだろうか？　そして、ホトゥ・マトゥア以降にもほかのカヌーが渡来したのだろうか？　考古学者のロジャー・グリーンは、イースター島のいくつかの道具類とマンガレヴァの道具の様式の類似に基づいて、その可能性を示唆している。しかし、それに対する反証として、イヌ、ブタ、いくつかのポリネシアの代表的な作物が、従来イースター島には存在しないという事実がある。ホトゥ・マトゥアのカヌー上でこれらの動物と作物が生存できなかったか、あるいは渡来直後に死に絶えたとしても、後続の船乗りがいたなら、その時点で持ち込まれたと考えるのが順当だろう。さらに付け加えると（詳細は次章に譲るが）、一島に特有の化学組成を持つ石から作られた石器が、ほかの島を発掘した過程で数多く発見されていることから、マルケサス、ピトケアン、ヘンダーソン、マンガレヴァ、ソシエテのあいだには間違いなく行き来があったと立証できるのに、イースター島原産の石はほかのどの島からもまったく発見されず、逆に他島の石もイースター島では発見されていない。したがって、イースター島民たちは、ホトゥ・マトゥアが到着してからロッヘフェーンが到着するまで、千年近くも外部との接触を持たず、世界の果てでほぼ完全に孤立した状態を保っていた可能性がある。

東ポリネシアのおもな島々が西暦六〇〇年ないし八〇〇年に入植されたものとして、イースター島はいつ領有されたのだろうか？　これらのおもな島々の入植と同じく、イースター島が領有された年代にもかなり不明確なところがある。イースター島に関する文献では、三〇〇年ないし四〇〇年の入植の可能性を示す証拠に触れていることが多く、特にその根拠として挙げられるのが、言語年代学として知られる方法で算出された同系言語の分化した年代と、アフ・テ・ペウの木炭、ポイケにある水路の木炭、森林開拓を示す湖中の堆積物、この三者から採取した炭素から放射性炭素測定によって算出された年代だ。しかし、初期に測定されたこれらの年代には、イースター島史を専門とする学者から異論が出始めている。言語年代学による算出については、特に、（主としてタヒチとマルケサスの情報源によって伝えられ、歪曲された可能性のある）イースター島の言語と、（のちに到着したマルケサス島民による二次的な変化があったとおぼしき）マンガレヴァ島の言語のように、複雑な歴史を伴う言語への適用が疑問視されている。初期に放射性炭素測定された三つの年代のほうは、それぞれ単一の試料から測定されたことに加え、今は廃止されている旧式の方法で算出されていること、また、年代特定された炭素物質と人類とのあいだに実際の関わりがあったという証拠がひとつもないことが問題となる。

イースター島が初めに領有された年代について最も信頼が置けるのは、古生物学者のデイヴィッド・ステッドマン、考古学者のクラウディオ・クリスティーノ並びにパトリシア・ヴァーガスの三人が放射性炭素測定によって算出した九〇〇年という数字だろう。測定の試料となったのは、木炭と、人間が食べたネズミイルカの骨で、これはイースター島のアナケナ海岸に人類が存在したことを証明する最古の地層から発掘された。アナケナ海岸は、イースター島内でも格別にカヌーの着岸がしやすく、初期の入植者が活動の拠点にするには絶好の場所といえる。ネズミイルカの骨の年代測定には、ＡＭＳ（加速器質量分析法）として知られる最先端の放射性炭素測定法が用いられ、また、ネズミイルカのような海生生物の骨を放射性炭素測定する際には、いわゆる海洋リザーバー効果を考慮に入れた補正（訳註・同一年代でも大気中と海洋中の炭素濃度に差があるので、その事実をデータに盛り込むこと）も施される。これらの年代が最初の入植時期に近いと思われる根拠としては、これらの試料が発掘された地層内から、イースターでもほかの多くの太平洋の島々でもごく短期間に絶滅した陸生の鳥の骨が出土していること、また、ネズミイルカの捕獲手段となったカヌーを入手できた期間もきわめて短かったことがあげられる。したがって、イースター島に人が住み着いたのは、九〇〇年以前のどこかの時点と考えるのが、今のところ最も妥当だといえる。

岩石を使った集約農法

イースター島の民は何を食べていたのだろう？　また、人口はどれぐらいだったのか？

ヨーロッパ人が渡来した当時、島民たちはおもに農夫としての生活を送り、サツマイモ、ヤムイモ、タロイモ、バナナ、サトウキビを栽培しながら、唯一の家畜であるニワトリを飼育していた。イースター島に珊瑚礁や環礁がないということは、大半のポリネシアの島々に比べ、魚類と貝類が食糧として利用される機会が少なかったという意味にほかならない。最初の入植者たちは、海鳥、陸生の鳥、ネズミイルカを捕獲できたが、これらの動物はいずれ減少したり絶滅したりすることになる（後述）。その結果、島民たちは炭水化物を過剰摂取し、さらに悪いことに、供給不足の真水を補うためにサトウキビの汁を大量に飲用した。この時代のイースター島民の虫歯の発生率が、現在わかるかぎり、先史人類中最も高いと聞いても、意外に思う歯医者はひとりもいないだろう。おおぜいの子どもたちが、十四歳になる前にすでに歯に穴をあけてしまい、二十代になると全員が虫歯を持っていた。

最盛期の人口の算出については、住居の土台の数を数え、各住居に五人ないし十五人が住んでいたと仮定し、確認された住居の三分の一が同時期に占有されていたと仮定するような方法、あるいは、台座や立っている石像の数から、首長とその配下にあった人間の数を推定する方法がある。そうやって得られた数字は、最少六千人、最多で三万人までの範囲内にあり、そこから、一平方マイル（約二・六平方キロメートル）当たり平均九十人ないし四百五十人という人口密度がはじき出される。島内でも、ポイケ半島や海抜の高い区域はどちらかといえば農業向きではないので、より農業に適した場所の人口密度のほうが高かったはずだが、考古学上の調査により、地表の大部分が利用されていたことがわかっているので、それほどの差はなかったと思われる。

先史時代の人口密度の問題となると、世界じゅうどこでも習いとなっているように、考古学者たちは、自説と合わない推定値に出くわしたとき、低い数値を支持する者は高い推定値をばかげた高さだと言い、高い推定値を支持する者は低いほうをばかげた低さだと言う。わたし自身の見解では、どちらかといえば高い推定値のほうが正しいように思う。これは、ひとつには、高い推定値を算出した学者たち、すなわち、クラウディオ・クリスティーノ、パトリシア・ヴァーガス、エドマンド・エドワーズ、クリス・スティーヴンスン、ジョー・アン・ヴァン・ティルバーグらが、イースター島では最も広範囲に及ぶ最新の調査を実施しているからだ。さらに付け加えるなら、信頼できる人口としては最も古い二千人という見積もりが、天然痘の蔓延で島民の大半が死亡した直後、一八六四年に島に定住した宣教師たちによって提示されているという事実がある。この数値が出される以前には、一八六二年から六十三年にペルーの奴隷船が千五百人の島民を拉致し、一八三六年には天然痘の蔓延が二件記録されていて、また、文書記録はないにせよ、ほぼ確実な出来事として、一七七〇年以降定期的に島を訪れていたヨーロッパ人が持ち込んだ別の天然痘の蔓延があり、さらに、十七世紀には人口の激減（後述）も始まっていた。イースター島に三度目の天然痘蔓延をもたらした船は、続けて向かったマルケサス島にもこの伝染病を持ち込んでおり、その結果、マルケサスの島民の八分の七が死亡したことが知られている。以上の理由から、天然痘蔓延後の一八六四年における二千人という人口数をもとに、別の天然痘蔓延、拉致、さらに別の天然痘蔓延、十七世紀の人口激減、このすべてを加味して逆算した場合、わずか六千人ないし八千人という数字で収めるのは無理がある。わたしは、先史時代のイースター島で集約農業が行なわれていたという証拠を目にしているので、クラウディオとエドマンドの算出した一万五千人以上という〝高い〟数値を、さして意外なものだとは思わない。

農業が集約化されていたという証拠は何種類かある。ひとつは、直径一・五メートルないし二・五メートル、深さが最大で一・二メートルほどの、石で縁取りされた穴だ。これは堆肥の製造に利用されたもので、この穴の中で作物の栽培が行なわれ、おそらくは植物を発酵させるのにも使われていた。もうひとつは、テレヴァカ山の南東側の斜面から流れ出る間欠河川の河床に一対の石を渡したダムで、川の水を広い石台の上に導くようになっている。この導水装置は、ポリネシアのほかの島々でタロイモ栽培用の灌漑に使われるものに似ている。このほかにも、農業の集約化を示す証拠として、おびただしい数の石造りのニワトリ小屋（ハレ・モアと呼ばれる）がある。たいていは奥行きが最大で六メートル（二十メートルという巨大なものもいくつかある）、幅が三メートル、高さが一・八メートルほどで、地面近くにニワトリ用の出入口があり、隣接する中庭は、貴重な家禽が逃げたり盗まれたりしないよう石壁で囲ってある。このハレ・モアよりさらに大きな規模を持つ台座（アフ）と石像（モアイ）というものの存在がなかったなら、イースター島は、石の鶏小屋がある島として脚光を浴びていたことだろう。今、海岸近くの風景を眺めると、礎石と中庭を残すばかりの人間の住居より、壁まで石で造られたこの先史時代の鶏小屋――全部で千二百三十三棟ある――のほうがはるかに人目を引く。

以上、集約化の証拠をいくつか挙げたが、農業の生産高を増やす方法として最も広く普及していたのは、溶岩をさまざまに利用するもので、これは考古学者クリス・スティーヴンスンによって研究されている。例えば、大型の丸い岩石を積み重ねて風を防ぎ、イースター島名物の強風による乾燥から植物を守るもの。小さめの丸い岩石を積み上げて、地上か窪地に苗床を作り、バナナを育てると同時に苗木も育て始め、バナナが育ったあとに移植するもの。一部の広い区域では、狭い間隔で岩石を置いて地表を覆い、その合間から植物が伸びるようにしてあり、ほかの広い区域では、いわゆる〝石の根覆い《マルチ》〟が施されていた。これは、近場にある岩層の露出した場所から運んできた岩石や、岩盤を掘って崩した岩石を、ところどころの土中に三十センチほどの深さまで埋めるものだ。タロイモを栽培する窪地は、天然の砂礫地を利用して造ってある。岩石を利用したこれらの防風物及び畑の敷設には、どれについても、とてつもない労力がかかる。なにしろ、何百万、何千万、ことによると何億個もの岩石を移動しなければならないのだ。ポリネシアのほかの島々で調査を重ねてきたバリー・ロレットは、わたしといっしょに初めてイースター島を訪れたときにこう言った。「こんな島は、ポリネシアではほかにありませんよ。できの悪い小さなタロイモを少しばかり植えて、それを風から守るのに、ここまで必死に小石を集めて囲むなんて……。クック諸島でも、タロイモ栽培用に灌漑が行なわれてきましたが、あそこの島民には、これほどの苦役に〝身を落とす〟気は毛頭ないでしょうね」

確かに。なぜイースター島の農民たちは、これほどの苦役にみずから身を投じたのだろう？　わたしが少年時代の夏を過ごしたアメリカ合衆国北東部で、農民たちは、農地から石を取り出すのに必死だった。故意に石を持ち込むことなど、恐ろしくて考えもしなかっただろう。農地を石だらけにして、いったいなんの得があるというのか？

その答えは、前述したイースター島の気候、すなわち、風が強く乾燥していることに関係がある。岩の畑や石の根覆いという農法は、イースター島以外でも、世界の多くの乾燥地帯でそれぞれ独自に考案されていた。例えば、イスラエルのネゲヴ砂漠、アメリカ南西部の砂漠、ペルー、中国、ローマ時代のイタリア、マオリ族時代のニュージーランドの乾燥地帯などだ。岩石で土を覆うと、太陽と風による水分の蒸発が減り、硬化した地表に取って代わって雨水の地表流出を抑えてくれるので、土壌の湿度が保たれる。岩石は日中に太陽熱を吸収して夜間に放熱するので、土中の一日の温度変化が抑制される。雨滴の跳ねによる浸食から土を守る。明色の地表に暗色の岩を置けば、太陽熱の吸収率が上がって土壌が温まる。また、土に必要なミネラルが岩石から徐々に浸出して地中に流れ込むことにより、（人間が朝食時にビタミン剤を服用するように）養分をゆっくりと与える錠剤のような効果も期待できる。古代アナサジ族（第4章）が石の根覆いを利用していた理由を解明するため、アメリカ南西部で近代農業に則った実験が行なわれた結果、この根覆いが多大な恩恵をもたらすことが判明した。根覆いをしたところ、土壌の含水率が二倍になり、日中は土壌の最高温度が下がって夜間は最低温度が上がり、さらに、栽培した十六種の植物すべてについて、生産高が増加した。全十六種の生産高を平均すると四倍、最も効果の高かった種では五十倍。桁外れの恩恵だ。

クリス・スティーヴンスンはみずからの調査活動を、イースター島における岩石利用式集約農業の普及を立証するための作業と位置づけている。クリスの見解によれば、初めてポリネシア人が住み着いてから約五百年のあいだ、農民たちは、水源と漁場を確保するため海岸から数キロメートル以内の低地にとどまっていた。岩の畑跡の第一号としてクリスが発見したのは、もっと海抜の高い内陸部に一三〇〇年ごろ造られたもので、海岸近くの区域より降雨量が多いのが強みだが、沿岸部より気温が低い——暗色の岩を使って土の温度を上げ、気温差が緩和されていた——場所にあった。イースターの内陸は、大部分が岩の畑に改造されていた。興味深いのは、明らかに農民たち自身は畑の近くに住んでいなかったと思われる点で、内陸部には農民の住居がわずかな数しか残っておらず、その住まいにしても、ニワトリ小屋がなく、あるのは小さな竈《かまど》とごみの集積所ぐらいのものだ。そのかわり、上流階級に属する管理人の住居とおぼしき格式の高い家々が点在している。この管理人たちが、広範囲に及ぶ岩の畑を（個々の家族のための畑ではなく）大規模な農場として運営し、首長の配下にある労働人口用の余剰食糧を生産した。一方、農民たちは全員が海岸付近に住み続け、内陸まで数キロメートルの道のりを毎日歩いて往復していた。高台と海岸とを結ぶ幅一・五メートル弱の縁石付きの道が、日々の〝通勤路〟だったらしい。おそらく、高台の農場では、年間を通じて労働に従事する必要はなく、農民たちは、春になると高台に上っていってタロイモやそのほかの根菜を植え付け、年の後半になってから収穫に戻ればよかったのだろう。

民族間抗争から統合へ

ポリネシアの島々の例に漏れず、伝統的なイースター島の社会は首長と平民とに区分されていた。今日の考古学者の目でふたつの集団それぞれの住居跡を見れば、その階級差は歴然としている。首長や支配層の人間が住んでいた家は「ハレ・パエンガ」と呼ばれる。これはカヌーを裏返しにしたような細長い形の住居で、通常のものだと長さが十二メートル（九十五メートル弱という例もある）、幅はわずか三メートルで、両端が弧を描いている。壁と屋根（逆さになったカヌーの船体部）は草を三重に葺いたものだが、床の部分は、寸法を合わせて巧みに切り出した玄武岩の礎石で囲んである。家の両端に据えられた石は、彫るにも斜角をつけるにも技術が必要なので、珍重されるようになり、敵対する氏族同士が互いにこの石を盗んだり盗み返したりしていた。ハレ・パエンガは、前面に石敷きのテラスを備えたものが多く、海岸沿いの幅百八十メートルほどの細長い敷地に建てられている。主要な敷地にそれぞれ六棟ないし十棟のハレ・パエンガが建てられ、すぐ海側には、その敷地に属する台座があり、石像が立っていた。それとは対照的に、内陸の奥深い場所に追いやられた平民の住居はもっと小さく、それぞれにニワトリ小屋、竈《かまど》、石の円形庭、ごみ捨て穴を備えていた。実用第一のこういう建造物は、宗教上の禁忌《タプ》（tapu ポリネシア語。taboo の語源）によって、台座や美しいハレ・パエンガのある沿岸地帯に建てることを禁じられたのだ。

島民たちに受け継がれている口承伝説からも、考古学者たちによる調査からも、イースター島の土地が十二（もしくは十一）の領地に区分されていたことがわかっている。各領地はそれぞれ一氏族あるいは一血族の所有地であり、それぞれが海岸から内陸まで伸びたさまは、ちょうど島そのものをパイに見立て、放射状にナイフを入れて十二の楔形に分けたような感じだ。各領地にはそれぞれ首長がいて、それぞれが重要な儀式用台座を持ち、そこに石像を載せていた。各氏族同士は、台座と石像の建造に関して純粋に優劣を競い合っていたが、最終的には、この競争が激しい暴力の応酬へと変わっていった。放射状に分けた楔形の領地自体は、太平洋のどこであれ、ポリネシアの島々では一般的なものだ。領地に関してイースター島だけに特異な点は、これもまた口承伝説と考古学調査の双方によると、競合していたこれらの領地が、宗教的に、そしてある程度は経済的、政治的にも統合されていて、その頂点に最高首長が君臨していたということだ。これに対し、マンガレヴァ島や、マルケサス諸島の大きめの島々では、主要な村落にそれぞれ独立した首長がいて、他の首長が治める領地とのあいだで絶えず熾烈な闘争を繰り返していた。

イースター島が統合されるには、どういう経緯があったのだろうか？ また、考古学者たちはどうやってその答えを突き止めたのか？ わかっているのは、イースター島というパイが、同等の十二の領地ではなく、個別の貴重な資源に恵まれた個別の領地で構成されていたということだ。最もわかりやすい例を引くと、（ホトゥ・イチと呼ばれる）トンガリキ領地内には、石像製作に最適の材料が採れる唯一の産地、ラノ・ララク噴火口があり、また、カヌーの防水加工に使う苔の産地もあった。イースター島の石像には、頭上に赤い石の円柱を載せたものが何体かある。この赤い石は、すべてハンガ・ポウクラ領地にあるプナ・パウ採石場で切り出されたものだ。ヴィナパウ及びハンガ・ポウクラ領地は、黒曜石の主要な採石場を三カ所、管理下に置いていた。黒曜石は肌理《きめ》の細かい火山岩で、鋭い道具を作るのに利用された。また、ヴィナパウ及びトンガリキ領地は、ハレ・パエンガの板材に最適の玄武岩を所有していた。北岸に位置するアナケナ領地には、カヌーを漕ぎ出すのに最適の岸辺が二カ所あり、同じ海岸沿いでアナケナに隣接するヘキ・イ領地には、三番目に漕ぎ出しやすい場所があった。その結果、漁業に関わる人工遺物はおもにこの岸辺で発見されてきた。しかし、北岸に位置するこのふたつの領地には、農業に最も不向きな土地しかなく、最適の場所は南と西の海岸沿いにある。岩の畑を大規模な農園として広く利用できる内陸部の高地は、十二の領地のうち五つにしかなかった。営巣する海鳥が最終的に追い込まれた先は、ヴィナパウ領地内の南岸側の離れ小島だ。そのほか、木材、鑢《やすり》の材料となる珊瑚、代赭石《たいしゃせき》、カジノキ（樹皮を叩いてタパという布を作る）などの資源についても、おのおのの領地には格差があった。

競合する氏族の各領地がある程度まで統合されていたという事実を示す考古学的な証拠のうち、最も明確なのは、トンガリキ領地の採石場から切り出された石像と、ハンガ・ポウクラ領地の採石場から切り出された赤い石の円柱が、島じゅうの十一もしくは十二の領地にあるすべての台座に載せられていることだ。とすれば、これらの採石場から石像と赤い〝冠〟を島全体に運ぶ経路も、多くの領地を横断しなければならず、採石場から遠い場所に住んでいた氏族は、他の領地を通過する際、そこの氏族から石像と円柱の通行許可を得る必要があっただろう。黒曜石、最良の玄武岩、魚類など、産地が限られたほかの資源も、似たような形で島全体に行き渡るようになった。こういう状況は、政治的に統合されたアメリカのような大国家に住むわたしたちの目には、ごく当然のものと映る。さまざまな資源が、ある海岸から距離を隔てたもう一方の海岸まで定期的に輸送され、道中で幾多の州や県を通過するのは、現代では特別のことではない。しかし、歴史を振り返ってみたときに、ある領地がほかの領地の資源を利用する場合、どれほど複雑な交渉が行なわれてきたかを、わたしたちは忘れている。イースター島がこうして統合されるようになった一方で、広いマルケサス諸島が一度も統合されなかったのは、イースターの地形が緩やかであるのに対して、マルケサスの谷は非常に険しく、近隣の谷の住民同士が、陸伝いではなくおもに海上経由で連絡を取り合って（もしくは襲撃を掛け合って）いたせいだ。

石像（モアイ）と台座（アフ）の謎

ここで、イースター島の名を聞くと誰もが真っ先に思い浮かべる話題、すなわち、巨大石像（モアイ）と、石像が立っている石の台座（アフ）のことに戻ろう。これまでに確認された約三百基のアフのなかには、小さくて石像のないものが多いが、約百十三基にはモアイが立ち、そのうち二十五基は特に大きく造りも凝っている。島にある約十二の領地それぞれに、この大型のアフが一基ないし五基据えられている。モアイが載ったアフのほとんどは海岸にあり、アフもモアイも領地越しに内陸を向くよう設置されているので、石像は海のほうを向いていないことになる。

アフはいわば矩形の台で、無垢の石材で造られているわけではなく、盛り石の四方を灰色の玄武岩でできた擁壁で支えてある。このような擁壁、特にアフ・ヴィナパウの擁壁は、インカ帝国の建築を髣髴《ほうふつ》させるほど見事に石を組み合わせてある。トール・ヘイエルダールも、この事実に着目して、南米との結びつきを見出そうとしたのだ。ただし、イースターのアフの擁壁は石を化粧材に使用しているだけで、インカの壁のように大きな石の塊を積み上げているわけではない。それでも、化粧石板のなかには十トンという重さのものもあり、インカのサクサイワマン要塞にある最大三百六十一トンの石の塊には遠く及ばないながら、驚嘆に値する規模だと言える。イースター島のアフは最大のもので高さ約四メートル、その多くは、側面の袖部が長く伸びて最大約十五メートルの幅になる。したがって、アフの総重量——小さいものでおよそ三百トン、最大のアフ・トンガリキは九千トンを超す——に比べると、その上に載せられたモアイの重量も、それほどのものとは思えなくなるのだ。このことの意味については、アフとモアイの建造に全体でどれだけの労力が費やされたかを算出する際に、あらためて取り上げる。

アフの背面（海側）の擁壁はほぼ垂直だが、前面の壁は、両端が五十メートルほどの矩形の前庭に向かって傾斜している。また、アフの裏には火葬炉があり、何千もの遺骨が残されている。火葬の習慣は、ポリネシアの中でもイースター島独自のもので、他の島々では単に遺体を埋めるだけだった。現在のアフは暗灰色をしているが、元ははるかに華やかで、白と黄色と赤に彩られていた。化粧石板の表面に白い珊瑚がちりばめられ、彫られたばかりのモアイの石は黄色で、モアイの冠の石は赤く、また、いくつかのアフの前壁には、赤い石が水平の帯状に並べられた。

モアイは、身分の高い先祖の象徴だ。ジョー・アン・ヴァン・ティルバーグの目録によると、八百八十七体のモアイが彫られていて、およそ半数近くが、いまだラノ・ララクの採石場に残されたままだが、採石場の外に搬出されたものは、その大部分がアフの上に据えられた（アフ一基につき一体ないし五体）。アフに載せられた石像はすべてラノ・ララクの凝灰岩でできているが、アフに載っていない何十体か（現在のところ五十三体）の石像は、島で産出するほかの種類の（玄武岩、赤及び灰色の岩滓《スコリア》、粗面岩として知られる）火山岩を材料としている。立てられた石像は、平均すると高さ約四メートル、重さがおよそ十トンになる。首尾よく立てられた石像のうち最も高いのは、パロと呼ばれるモアイで、高さ十メートル弱だが、細身なので重量は〝わずか〟七十五トン。したがって、重量の点では、アフ・トンガリキに立つわずかに身長の低い太めの石像に引けを取っている。この太めの像は、クラウディオ・クリスティーノの尽力によりクレーンで立て直されたものだ。島民たちは、パロよりも数センチ高い石像をアフ・ハンガ・テ・テンガに立てようとして、現場まで運ぶことには成功したが、立てている最中に運悪く倒れてしまった。ラノ・ララクの採石場には、さらに大きな製作途中の石像も何体かあり、なかには長さ二十一メートル強、重さがおよそ二百七十トンに及ぶものさえある。イースター島のテクノロジーについて知ったあとでは、島民がその石像を運んで台座に据えることはとても不可能に思えるし、その彫り手たちがいったいどんな誇大妄想に憑かれていたのかと、不思議に思わずにはいられない。

地球外生物説を信奉するエーリッヒ・フォン・デニケンたちは、イースター島の石像と台座を他に類のないものと思っているせいで、特別な解釈を求めるのだろう。実際には、ポリネシア、なかでも東ポリネシアに多くの前例がある。それは、祭祀の場として利用されていたマラエと呼ばれる石壇で、たいていは上に聖堂を備え、広く普及していた。かつて三基のマラエが存在したピトケアン島から、イースター島への入植者がやってきたのかもしれない。イースター島のアフがマラエと異なるのは、おもにマラエより大きく、聖堂がないという点だ。マルケサス諸島とオーストラル諸島には大型の石像があった。マルケサス、オーストラル、ピトケアンには、イースター島の一部の石像に使用されたものと同種の赤い岩滓を彫った像があり、また、マルケサスでは、別の火山岩である凝灰岩（ラノ・ララクの石に通じる）も使用されていた。マンガレヴァとトンガには、また別の石造物があり、なかでもよく知られているのが、トンガの三石塔《トリリトン》だ（垂直に立てた一対の柱の上に、もう一本の石材を水平に渡したもの。それぞれの柱の重量はおよそ四十トン）。タヒチなどの島では、木像が確認されている。以上のことを踏まえれば、イースター島の建造物は、今も残るポリネシアの伝統から派生したものと言える。

イースター島民が最初の石像を立てたのはいつなのか、その様式と寸法は時代とともにどう変化していったのか。この二点についても、ぜひ精確に知りたいところだ。あいにく、石については放射性炭素法による年代測定ができないので、二次的な年代特定法に頼らざるを得ない。例えば、アフで発見された木炭を放射性炭素法で測定する、割れた黒曜石の表面を黒曜石水和層法として知られる技術で測定する、（初期のものと仮定される）廃棄された石像の様式から特定する、考古学者の手で発掘されたアフも含め、再建されたと見られるいくつかのアフに関して、その時系列をさかのぼる、などの方法だ。とはいえ、後期の石像が（重さは必ずしも同様ではないが）高さを増す傾向にあったこと、最大のアフが時の経過とともに何度も再建され、そのたびに、より大きく手の込んだものが造られたことはほぼ間違いない。アフの建設時期は、おもに一〇〇〇年ないし一六〇〇年ごろに当たると思われる。この二次的な特定年代は、ごく最近、J・ウォレン・ベック調査団の優れた研究によって裏づけられることになった。この調査では、鑢《やすり》及び石像の目に使われた珊瑚と、前庭の装飾に使われた海草の白い結節とに含まれる炭素が、放射性炭素法によって測定された。この一次的な年代特定により、アナケナのアフ・ナウ・ナウの建造及び再建造に三つの段階があること、その第一段階が一一〇〇年ごろに始まり、最終段階が一六〇〇年ごろに終了したことが判明したのだ。おそらく、初期段階のアフは、ポリネシアのほかの島々にあるマラエのように、石像の立っていない単なる石壇だったのだろう。石像に関しては、初期のモアイとおぼしきものが、後期のアフなどの建造物の壁材に再利用されている。これらの石像は、後期のものより小さく丸みを帯びた人間らしい姿をしていて、ラノ・ララクの凝灰岩以外の多種多様な火山岩を材料にしていることが多い。

　最終的に島民たちがラノ・ララクの凝灰岩を使用することにしたのは、彫りやすさが群を抜いているという単純な理由からだった。この凝灰岩は、表面は硬いが内側はトネリコ材のような密度で、堅牢な玄武岩に比べて楽に彫ることができ、赤い岩滓に比べて割れにくく、研磨するのと細部を彫るのに向いている。相対的な年代を推測できる範囲でいうと、ラノ・ララクの石像は、時を経るにつれて大きく、矩形に近く、定型化されるようになり、個々に若干の違いがあるものの、ほぼ大量生産に近い状態で製作されていた。立っている石像のなかで最も背の高いパロも、後期に造られたものに属している。

　時とともに石像の大きさが増していったという事実からは、敵対する首長同士が互いに相手方の石像に負けまいと競い合ったようすがうかがえる。このことは、後期の石像の外観の特徴であるプカオにも色濃く反映されている。プカオとは、最大のもので十二トン（パロのプカオの重量）に及ぶ赤い岩滓の円柱で、モアイ本体とは別の部材として、その平らな頭頂に載せられた〝冠〟だ（199頁写真8参照）――写真を見たところで、少々考えてみてほしい。クレーンも持たない島民たちが、いったいどうやって十二トンもの石の塊を最大十メートルに及ぶ石像の頭上に首尾よく載せることができたのだろう？この謎もまた、エーリッヒ・フォン・デニケンが地球外生物説を唱えるようになった一因だ。最近の実験結果で出された現実的な解答から察すると、おそらく、プカオと石像は同時に台座に据えられたのだろう。プカオが何を象徴しているのか、具体的なところはわかっていない。最も妥当な推理として、ポリネシア全体で珍重され、首長だけに装着が許されていた、赤い鳥の羽根の頭飾りか、羽根とタパであつらえた帽子を表わすものだという説がある。例えば、スペインの探検隊が太平洋のサンタクルーズの一島に到着したとき、島民たちが最も感銘を受けたのは、スペインの船でも刀でも銃でも鏡でもなく、探検隊員が身に着けた赤い服だったと伝えられている。プカオの材料となる赤い岩滓は、すべてプナ・パウの採石場から切り出されたものだ。わたしはこのプナ・パウで、(ラノ・ララクの作業場で造られたモアイのように)製作途中のプカオと、完成して運ばれるばかりの状態のプカオを目にした。

わたしたちの知るプカオは百個にも満たない。これらのプカオは、イースター島の先史時代後期、最も大きく最も贅を凝らしたアフ専用に製作されたものだ。わたしは、これらのプカオが優位を誇示するために造られたのだと考えずにはいられない。誇らしげな声が聞こえてくるようだ。「なるほど、おまえは十メートルの石像を立てられるというわけだな。だが、見ろ。こちらの石像には十二トンのプカオが載っているんだぞ。これを超せるものならやってみろ、腰抜けめ!」。わたしはプカオを目にして、ロサンゼルスのわたしの自宅近くに住むハリウッドの要人たちの振る舞いを思い出した。より大きく、より手の込んだ、より派手な邸宅を建てることで、一様に自分たちの富と権力を

写真８　石像（モアイ）の頭部を飾るプカオも再建された。石像とは別種の赤石を円柱状に切り出した、12トンもあるプカオは、赤い羽根の頭飾りを模したといわれる

見せびらかしている。大御所のマーヴィン・デイヴィスが前代未聞の四千六百平方メートルの家を建てたせいで、アーロン・スペリングは、それをさらに上回る五千二百平方メートルの家を建てなくてはならなかった。そういう要人たちの家に力を誇示するものが足りないとすれば、それは、クレーンなしで家のてっぺんまで持ち上げられた十二トンの赤いプカオだけだろう。

台座と彫像はポリネシア全体に広く普及していたというのに、なぜイースター島民だけが桁違いの社会的資源を投入してその建造に心血を注ぎ、最大の石像を立てることに熱中したのか？　そういう状態に至るまでには、少なくとも四つの異なる要因が作用し合っている。第一の要因は、太平洋に存在する岩石の中でも、ラノ・ララクの凝灰岩が最も彫るのに適した材料だったことだ。それまで玄武岩や赤い岩滓を相手に四苦八苦していた彫り手にとって、この凝灰岩は「彫ってくれ！」と訴えているも同然の材料だった。二番目に、太平洋のほかの島々では数日間の航海でほかの島々との行き来ができたので、エネルギーと資源と労力とを島同士の交易、襲撃、探索、植民地化、移住などに充てていたが、イースター島には、その孤立性ゆえに、他と競合するというはけ口が閉ざされていたという事情があった。ほかの島々の首長たちは、島同士の交流のなかで、互いの威信と地位を賭けて相手を打ち負かすべく争い合った可能性があるが、わたしの教え子のひとりが言ったように、「イースター島の腕白坊主たちは子どもらしい遊びを知らなかった」のだ。三番目に、前述したとおり、イースター島が緩やかな地形に恵まれ、各領地に相互補足的な資源があったせいで、ある程度の統合がなされていたことが挙げられる。その結果、島じゅうの氏族がラノ・ララクの石を入手できたので、石を彫ることに夢中になれたのだろう。マルケサス島のように政治的に統一されないままだったとしたら、ラノ・ララクの採石場を擁するトンガリキの領地の氏族は、石を独占したか、あるいは、自分たちの領地内を近隣の氏族が石像を運んで通行しようとした際、（最終的に現実となったとおり）その行く手を阻んだだろう。四番目として、これから明らかになるように、台座と石像の建造には大人数の作業員の食糧が必要となるが、支配層の管理下にある高台の農園で余剰食糧が生産されていたおかげで、そういう大事業も可能だったことが挙げられる。

モアイはいかにして運ばれたか？

イースター島の民は、クレーンもなしに、どうやって手際よく石を彫り、石像を運び、台座（アフ）に据えたのだろう？　もちろん、確かなことはわからない。その手順を目撃して書き留めたヨーロッパ人はひとりもいないのだ。しかし、情報に基づいて推測することはできる。その情報源となるのが、（石像を立てることに関しては）島民たち自身の口承伝説、採石場に完成途中で残された石像、あるいは、最近実験的に試されている石像の運搬法などだ。

ラノ・ララクの採石場に行くと、未完成の石像を目にすることができる。いまだ岩肌から切り離されていないその像の周囲に、わずか六十センチほどの狭い溝が掘られている。彫り手が使った玄武岩製の手持ち式の鑿《のみ》も残されている。いちばん完成品に遠い状態の像は、岩から粗く削り出された石の塊に過ぎず、顔になる面が上を向き、背面は長い竜骨状の突起を介して下の岩壁とつながっている。次に彫られるのは、頭部、鼻、耳。そして腕、手、腰布へと続く。そこまで終えた段階で、像の背面と岩壁とをつなぐ竜骨状の突起が削り取られ、石像が窪みから運び出されることになる。運搬を待つ石像はどれも、まだ眼窩《がんか》が彫られていなかった。アフまで運ばれ、立てられたところで、初めてその部分が彫られたと考えていいだろう。石像に関する近年の発見のうち、最も注目に値するのは、一九七九年、ソニア・ハオアとセルジオ・ラプ・ハオアがあるアフの近くで、赤い岩滓製の瞳が付いた白い珊瑚製の目を完成品として発掘したことだ。それ以来、類似した目の破片が次々と掘り出された。このような目を石像に配すると、射抜くような強いまなざしが生まれ、見る者に畏敬の念を起こさせる。目がわずかな数しか見つかっていないところをみると、実際にはあまり製作されず、司祭の監視下に置いて、儀式の際にのみ眼窩に嵌め込んだのだろう。

採石場から石像を運ぶための道は、今でもはっきりと残っている。丘越えという余計な作業を増やさないよう、等高線沿いに走っていて、ラノ・ララクから最も遠い西海岸のアフに向かう道は全長約十五キロメートルに及ぶ。石像の運搬という労役は過酷なものに思えるかもしれないが、先史時代、非常に重い石を運んだ人々がほかにもおおぜいいたことはご存じのとおりだ。ストーン・ヘンジ、エジプトのピラミッド、テオティワカン、インカとオルメカの中心地。個々の事例における運搬方法については、なんらかの推測が導き出されている。現代の学者たちは、実際に石像を動かすことにより、イースターの石像運搬に関するさまざまな自説を身をもって検証してきた。運搬中に像を損傷したところをみると、トール・ヘイエルダールの説はおそらく誤りだと考えられる。一番手のヘイエルダールに続いて、多種多様な運搬方法が次々と試された。牽引する際に石像を立てる、あるいはうつ伏せにする方法、木製の橇《そり》に載せる、あるいは載せない方法、ころあるいは固定した横木によってあらかじめ軌道を作り、それを利用する、あるいは利用しない方法、さらに、ころに潤滑油を差す、あるいは差さない方法など。最も説得力があると思えるのは、ジョー・アン・ヴァン・ティルバーグの唱える説で、イースター島民がいわゆる〝カヌー梯子《はしご》〟の改造版を使ったというものだ。カヌー梯子は重量のある丸太を運ぶときに利用するもので、太平洋の島々に広く普及している。重量のある丸太は、森の中で切り出して、その場で刳《く》り型のカヌーにしなければならず、それから海岸に運ばれた。ここで〝梯子〟と呼んでいるのは、（可動するころではなく）

平行に並べた一対の木の棒に横木を何本か渡してつないだもので、この上に丸太を載せて牽引する。わたしはニューギニア一帯でこの手の梯子を見たことがある。一・五キロメートルを上回る長さで、海岸から延々と坂を上って森の中の空き地に至るものだ。その空き地では、巨大な木々が切り倒されて刳《く》り抜かれ、カヌーの船体が造られていた。ハワイの人々がカヌー梯子を使って運んだ最大級のカヌーのなかには、イースター島の平均的なモアイの重量を上回るものもあるので、ジョー・アンの説の信憑性は高い。

ジョー・アンは、現代のイースター島民たちの協力を得て、実際に自説の方法を試している。カヌー梯子を組み立てておいて、木製の橇に石像をうつ伏せに載せ、その橇に縄をくくりつけて梯子の上を牽引したのだ。この実験で、一日に五時間、五十人ないし七十人の人間が一回につき橇を四・五メートル引けば、平均的な大きさの十二トンのモアイを一週間で十五キロメートル弱、移動できることがわかった。ジョー・アンと島民たちが会得した運搬のこつは、カヌーの漕ぎ手たちが同時に櫂を漕ぐように、引く力を同時にかけるというものだった。以上のことから推測すると、もっと大型のパロのような像を運ぶには成人が五百人必要だった計算になる。この数字が、千人ないし二千人で構成される氏族の労働力の範囲にちょうど収まるものだったのだろう。

イースター島民は、自分たちの祖先が台座（アフ）に石像を立てた方法をトール・ヘイエルダールに伝えた。その方法を考古学者たちが少しも尋ねてこないのに憤慨して、ヘイエルダールの前で、クレーンを使わずに石像をアフの上に立ててみせ、自分たちの言い分が正しいことを証明したのだ。これに続いて、ウィリアム・マロイ、ジョー・アン・ヴァン・ティルバーグ、クラウディオ・クリスティーノらが、石像の運搬と設置に関する実験を行ない、さらに多くの情報が得られた。島民たちは、まず前庭からアフ前面の上辺に続く緩やかな石敷きのスロープを造り、それから、うつ伏せにした石像の基底部をスロープの上方に向けて引き上げ始めた。基部がアフに着いたところで、丸太を梃子《てこ》にして石像の頭部を数センチメートルほど浮かせ、その位置から下がらないよう隙間に手早く石を詰め込んでおいて、引き続き頭部を梃子で持ち上げながら、少しずつ垂直に立たせてゆく。アフの所有者のもとには、スロープが残されることになる。このスロープは、作業が終了した時点で取り壊され、アフ側面の袖部の材料として再利用されたのかもしれない。プカオは、おそらく石像本体といっしょに支持枠に嵌め込んで、同時に立てたのだろう。

この作業過程で最も危険なのは、傾斜のきつい位置から最後に石像を垂直に起こすところだ。最後の動きで弾みのついた石像が、垂直位置を越えてアフの裏から転落する恐れがある。どうやら、彫り手たちはこの危険を軽減するために、平らな基底部に対して石像本体を厳密に直立させず、ほんの少しだけ直角に足りないように（例えば、底に対して九十度ではなく八十七度にするというふうに）設計したと思われる。そうしておけば、石像の基底部をアフに載せて安定させたとき、石像本体がわずかに前傾することになり、後方へ転倒する危険が少なくなる。そのあとで、九十度に足りない分だけ、ゆっくり、慎重に基部の前縁を梃子で上げておき、その隙間に基部が安定するよう石を入れて像本体を垂直にする。それでも、この最後の段階では、不幸な事故が起こることもあっただろう。例えば、アフ・ハンガ・テ・テンガでは、パロよりもさらに背の高い石像を立てようとした際に事故が起こって、石像が転倒し、損壊したことがわかっている。

石像と台座の建造作業については、その全過程で膨大な食糧資源が費やされたはずだ。石像の建造を命じた首長は、食糧を集め、運搬し、分配しなくてはならなかった。二十人の彫り手を一カ月のあいだ食べさせ、また、手間賃も食糧で支払われた可能性がある。そのうえ、五十人ないし五百人の運搬要員、同程度の人数の設置要員については、激しい肉体労働の合間に食べさせないといけないので、通常より多量の食糧が必要になる。さらに、石像の立つアフを所有する氏族の全員と、石像を移動する際に通過した領地の氏族たちを盛大にもてなしたことだろう。その労働量、熱量《カロリー》、消費された食糧。これらの算出を初めて試みた考古学者たちは、石像本体に関わる作業も、この事業全体から見ればささいなものだということを見落としていた。アフは石像の二十倍もの重量があり、その材料となる石もまた、すべて運搬しなければならなかったのだ。ジョー・アン・ヴァン・ティルバーグの夫である建築技師のジャンは、ロサンゼルスで現代的な大型のビルを建てることと、クレーンとエレベーター関連の仕事量を算定することを生業としている。そこで、ティルバーグ夫妻は、この技術を応用してイースターでの仕事量を概算してみた。その結果、イースター島のアフとモアイの数量と寸法を考えると、その建造に費やされる仕事量によって、建造の最盛期に当たる三百年間にわたり、イースター島の住民に必要な食糧が約二五パーセント増加するという数字が出た。

しかし、もうひとつ見逃されている問題がある。石像に関わる作業には、大量の食糧だけでなく、五十人ないし五百人の人間が十トンないし九十トンの石像を牽引するための太くて長い縄（ポリネシアでは強靭な樹皮から作られる）も、橇やカヌー梯子や梃子の材料になる丈夫な木材も、大量に必要だったということだ。ところが、ロッヘフェーンと後続のヨーロッパ人たちは、この島ではほとんど樹木を見つけることができず、見つけたとしても、すべて三メートルに満たない低木だった。森林資源に乏しいという点では、ポリネシア随一の島なのだ。不可欠の縄と木材を供給してくれる樹木は、いったいどこにあったのだろうか？

かつては亜熱帯性雨林の島

イースターの植物に関していうと、二十世紀中の植物学的調査で同定されたものはわずか四十八種に過ぎず、そのうち最も大きなもの（最長で二メートル強のトロミロ）でさえ、かろうじて〝木〟と呼べる程度で、ほかは背の低いシダ、草、スゲ、低木などだった。とはいえ、この二十年間のうちに、消滅した植物の名残を復元するさまざまな方法によって、明らかにされたことがある。それは、まだ人間が渡来する前の数十万年のあいだ、さらには入植されてからしばらく、イースターが不毛の荒地ではなく、背の高い樹木と低木の茂みから成る亜熱帯性雨林の島だったということだ。

さまざまな方法のうち、最初に結果を出したのが、花粉を分析する技法（花粉学）だった。花粉を分析するには、沼や池に沈殿した堆積物に穴をうがち、柱状の試料を取り出す。亀裂が入ったり配列が変わったりしていなければ、この柱の表層にある泥は最も新しい時代に沈殿したもので、もっと深い場所の泥はもっと古い時代の沈殿物となる。沈殿物の各層が実際に形成された時代は、放射性炭素法で測定できる。その次に、気の遠くなるほど地味な仕事が控えている。この柱に含まれた何万もの花粉粒を顕微鏡で調べ、数を数えてから、現存する植物の花粉と比較することによって、それぞれの花粉粒を産出した植物の種《しゅ》を同定するのだ。イースター島に関していうと、初めてこの激務に挑んで目を酷使した科学者は、スウェーデンの花粉学者オロフ・セリングだった。セリングは、ヘイエルダールの一九五五年の探査に同行し、ラノ・ララク及びラノ・カウの噴火口にある沼から採取した試料――柱状堆積物試料――を調べて、同定されていないヤシの花粉を大量に発見した。この花粉は、現在イースター島には自生していない種のものだ。

一九七七年及び一九八三年、さらに多くの柱状堆積物試料を収集したジョン・フレンリーも大量のヤシの花粉に気づいたが、一九八三年には、セルジオ・ラプ・ハオアから運よくヤシの実の化石を入手できた。これは、同年に島を訪れたフランスの洞窟探検家が溶岩洞窟で発見したもので、フレンリーはその種類を同定するため、世界でも屈指のヤシの専門家に化石を送った。その結果、この実が、現存する世界最大のヤシ、すなわち高さ二十メートル弱で直径が一メートル近いチリサケヤシの実に酷似していること、大きさではわずかに上回ることが判明した。その後も、イースター島を訪れる人々によってこのヤシの存在を示す証拠がさらに見つかっている。例えば、数十万年前のテレヴァカ山の溶岩流に埋もれた樹幹の化石があり、また、根の束の化石からは、その幹が直径二メートルを超すことが証明された。したがって、このイースター島のヤシは、（現存したころは）チリサケヤシでさえ敵わない世界最大のヤシだったということになる。

現在チリサケヤシは、いくつかの理由で珍重されている。かつてのイースター島のヤシも、同じような理由で同じように珍重されたと見ていいだろう。チリサケヤシは、その名（英名チリアン・ワイン・パーム）が示すとおり、幹から採れる甘い樹液を発酵させてワインを造ったり、煮詰めて蜜や砂糖を作ったりする。実の中心には油を含む〝仁《じん》〟があり、珍味とされる。葉のほうは住居の屋根葺き、籠類、敷物、舟の帆などに最適の材料となる。忘れてはならないのが、丈夫な幹だ。かつてのイースター島でも、モアイの運搬と設置、そして、おそらくは筏の製作にも役立っていたことだろう。

フレンリーとセーラ・キングは、収集した柱状堆積物試料から、現在は絶滅している樹木の花粉をほかにも五種類見つけ出した。最近の例では、フランスの考古学者カトリーヌ・オルリアックが、イースター島の竈《かまど》とごみの集積所から同様の試料を収集し、そこに含まれる炭化した木の破片を三万種に分類した。次に、セリング、フレンリー、キングに匹敵する勇ましさで、この炭化した木の破片のうち二万三千種の試料と、他のポリネシアの島々に現存する植物の木片試料とを比較調査した。こうして新たに同定された十六種の植物は、そのほとんどが、今も東ポリネシアに広く分布する種の樹木と関連があるか、もしくは同じ種に属するものだった。したがって、かつてイースターには多様な樹木から成る森林が存在したと考えられる。

くだんのヤシに加え、これら二十一種の絶滅した植物の多くは、島民たちにとって貴重な資源だったといえるだろう。最長の木のうちの二種、ポマデリスの一種（アルフィトニア科ジジフォイドス属の一種）とホルトノキの一種（エラエオカルプス科ラロトンゲンシス属の一種）――それぞれ最大三十メートル、十五メートル――は、他のポリネシアの島々でカヌーの材料に利用されているので、この用途に関しては、ヤシの木よりも適していたと思われる。ポリネシアではどこでも、ハウハウ（トリウムフェッタ・セミトリロバ）の樹皮から縄が作られている。おそらく、イースター島民も同じもので石像を牽引したのだろう。カジノキ（ブロウソネチア・パピリフェラ）の樹皮は、叩いてタパという布に加工される。アラヘエ（シドラクス・オドラタ）のしなやかでまっすぐな幹は、銛《もり》と舷外浮き材に適している。マレーフトモモ（シジジウム・マラケンセ）は食用の実をつける。サキシマハマボウ（テスペシア・ポピュラネア）と、少なくとも他の八種類の木は、彫刻と建築向きの硬い木だ。トロミロは、アカシアやメスキートのように燃料として優れている。そして、この全種が、燃焼した破片という形でオルリアックに回収されたことから、薪としても使われていたことがわかる。

食料動物種の絶滅と森林破壊

イースター島に初めて人間が上陸し、初めて住み着いた場所は、おそらくアナケナ海岸だと考えられる。ここにあった貝塚から、鳥の骨、その他の脊椎動物の骨を六千四百三十三点も発掘し、詳細に研究したのが、動物考古学者のデイヴィッド・ステッドマンだ。わたし自身が鳥類学者なので、デイヴィッドの同定技能と眼精疲労への耐性には、ただただ敬服するしかない。わたしにはコマドリとハトの骨ばかりか、コマドリとネズミの骨の区別さえつかないというのに、デイヴィッドは互いに深く関連のある十二種ものミズナギドリ科の鳥の骨を識別する技術を身につけている。だからこそ、在来種の陸鳥がまったく現存しないイースター島に、かつては少なくともサギが一種、ニワトリに似たクイナが二種、オウムが二種、メンフクロウが一種、つごう六種の鳥が棲息していたことを立証できたのだ。さらに優れた業績として、イースターには営巣する海鳥が少なくとも二十五種いたという驚異的な数字をはじき出した。このことから、かつてはイースター島が、ポリネシア全体のみならず、おそらくは太平洋全体で最も豊かな鳥類の繁殖地だったことがわかる。アホウドリ、カツオドリ、グンカンドリ、フルマカモメ、シロハラミズナギドリ、クジラドリ、ミズナギドリ、ウミツバメ、アジサシ、ネッタイチョウなどに類するこれらの鳥たちがイースター島に集まったのは、この島が辺境にあって、人間が渡来するまで捕食者がまったく存在せず、繁殖には理想的な、危険からの待避所だったからだ。デイヴィッドは、アシカの骨もいくつか発見している。現在、このアシカはガラパゴス諸島とイースター島の東方にあるフェルナンデス諸島を繁殖の場としているが、イースター島で発見されたこの骨が、鳥と同じくかつての繁殖コロニーに由来するものなのか、ただ単体として漂流してきたのかは明らかになっていない。

アナケナでこれらの鳥やアシカの骨が発掘されたことから、イースター島初期の入植者たちの食事やライフスタイルに関する情報が数多く得られる。貝塚から発見された六千四百三十三点の脊椎動物の骨のうち、最も頻繁に現われ、その数が全体の三分の一を超えたものが、イースター島で入手できる最も大型の動物、すなわち、最大で七十五キログラムになるマイルカ上科に属するネズミイルカだとわかった。これは驚くべきことだ。というのも、ポリネシアでは、貝塚に占めるネズミイルカの骨の割合が一パーセントに届く島はひとつもない。一般にネズミイルカは外海に棲息しているので、釣り糸や簎《やす》を使って海岸からじかに捕獲することはできなかったと思われる。おそらく、カトリーヌ・オルリアックが同定したような高い樹木を加工して、航海に耐えうる大型のカヌーを造り、それに乗り込んで沖合に出て、銛《もり》を使って捕らえたはずだ。

アナケナの貝塚からは魚類の骨も出ているが、すべての骨に占める割合はわずか二三パーセントに過ぎない。ところが、ほかのポリネシアの島々では、魚類が主要な食料となっている（骨の全量に対し九〇パーセント以上）。魚類がイースター島の食事にさほど貢献しなかったのは、海岸線の起伏が激しく、海底が急激に落ち込んでいて、網や手釣りで漁のできる浅瀬がほとんどないからだ。これと同じ理由で、イースター島の食事に軟体類やウニが供される頻度も低かった。その埋め合わせをしたのが、前述した豊富な海鳥と陸鳥だ。鳥を煮込むときの味付けには、大量にいたネズミの肉が使われたのだろう。これらのネズミは、ポリネシア人開拓者のカヌーで〝密航〟してきた。イースター島はポリネシアのなかでも、遺跡から出たネズミの骨の数が魚類の骨の数を上回る唯一の島として知られている。読者の中には、気分が悪くなったかたや、ネズミを食べ物と認めたくないかたがいるかもしれないが、わたしは、一九五〇年代後半にイギリスで暮らしていたころ覚えた〝実験用ラットのクリーム和え〟のレシピを今も忘れていない。わたしの友人であるイギリス人の生物学者たちは、配給制を強いられた戦時下、ネズミを実験だけでなく自分たちの栄養補給にも利用していた。

イースター島初期の入植者たちにとって、ネズミイルカ、魚類、甲殻類、鳥類、ネズミだけが肉の供給源だったわけではない。すでに触れたアシカの記録に加え、その他の骨を見ると、ウミガメ、場合によっては大型のトカゲも食用に供していたことがわかる。こうしたあらゆる珍味の調理に使われた薪は、徐々に姿を消していった森林から得ていたものと同定されている。

そういう初期に堆積したごみと、先史時代後期に堆積したごみや現代のイースター島の状況とを比較してみると、当初は豊富だった食糧資源に大きな変化が生じたことがわかる。ネズミイルカ、それとマグロなどの遠海魚が、事実上イースターの食生活から姿を消した理由については後述する。捕獲が続けられたのは、おもに近海の魚類だった。陸鳥が食生活から姿を消したのは、乱獲、森林破壊、ネズミによる捕食などの要因がいくつか重なって全種が全滅したという単純な理由による。これは太平洋の島々に棲息する陸鳥にとって、ニュージーランドとハワイの記録を上回る最大の惨事だった。ニュージーランドとハワイでは、モア、飛ぶ能力のないガチョウなどが絶滅したが、その他の多くの種がどうにか生き延びている。太平洋の島々の中でも、在来の陸鳥が一羽もいなくなってしまったのはイースター島だけだ。かつて繁殖していた二十五種以上の陸鳥は、乱獲とネズミによる捕食によって、二十四種がもはやイースターで繁殖を行なわなくなり、九種がイースター沖にあるいくつかの離れ小島に逃げ込んで細々と種《しゅ》を守り、十五種が同じように離れ小島の上で種を絶やすことになった。甲殻類も過剰に採取され、人の口に入る量を見ると、貴重だった大型のタカラガイが減り、次善策となるもっと小さな巻貝が増えていった。しかも、大型の個体を優先して乱獲したせいで、貝塚から出土する貝殻は、時を経るにつれて小さくなっている。

　巨大ヤシをはじめ、今は姿を消した数々の樹木、つまり、カトリーヌ・オルリアック、ジョン・フレンリー、セーラ・キングによって同定された樹木が絶滅したことについては、実証もしくは推測できる理由が六つほどある。オルリアックが竈から発見した木炭の試料からは、木々が薪として使用されたことがただちに証明される。これらの木々は火葬にも使われていた。イースター島の火葬炉では、何千もの遺骸の痕跡と人骨を燃やしたおびただしい量の灰が見つかっており、このことから、火葬に大量の燃料が消費されていたことがわかる。イースター島の地表の大半は、最も緯度の高い場所を除き、最終的に作物栽培に利用されることになったので、畑を造るために樹木が切り払われた。外海に棲むネズミイルカとマグロの骨が初期の貝塚から出ていることを考えると、航海に耐えるカヌーの材料として、ポマデリスやホルトノキに類する大型の樹木が切り倒されたと推測できる。ロッヘフェーンが見た、脆《もろ》くて水漏れのする小舟では、銛《もり》を使った漁の足場や外海に出る乗り物の用をなさなかっただろう。樹木から得られる木材と縄が、石像の運搬と設置をはじめ、多目的に利用されたことは間違いない。密航者としてたまたま島に入り込んだネズミたちも、ヤシはもちろん、そのほかの樹木も必ず〝利用〟していたはずだ。これまでに復元されたイースター島のヤシの実は、どれをとってもネズミに齧られた歯型が残っている。これがヤシの発芽を妨げたことはじゅうぶんに考えられる。

森林破壊は、九〇〇年以前に人間が定住したあと、どこかの時点で始まり、ロッヘフェーンが到着した一七二二年までに、つまり、三メートルを超す樹木が一本も見つからなかった時点までに終了したはずだ。この九〇〇年と一七二二年のあいだで、森林破壊が開始された年代をもっと厳密に特定できないだろうか？　その指針となる証拠が五種類ある。ヤシの実そのものは、大半の放射性炭素測定で一五〇〇年以前のものと見なされているから、ヤシが希少になったり絶滅したりしたのはそれ以降のことと考えられる。ポイケ半島はイースター島で最も土地が痩せている場所なので、おそらく真っ先に森林破壊が行なわれた。ここのヤシは一四〇〇年ごろまでに姿を消し、また、のちに農業の痕跡から人間が存在し続けたことが証明されているにもかかわらず、森林開拓に由来する木炭は一四四〇年ごろに消えている。竈とごみ穴から得た木炭の試料をオルリアックが放射性炭素法で調べたところ、一六四〇年以降になると、木炭に替わって草や芝が燃料として使われていたことがわかった。これは支配層の住居でも同じ結果が出た。つまり、農民用の樹木がなくなったあとに最後の貴重な木材を独占しそうな人間たちも、やがて同じ状況に置かれたということだ。フレンリーが収集した柱状堆積物試料を見ると、九〇〇年から一三〇〇年のあいだに、ヤシ、ハケケ、トロミロ、灌木の花粉が消滅し、それに替わって草と芝の花粉が現われているが、柱状堆積物試料を放射性炭素法で測定するのは、ヤシの木と実を測定する場合に比べ、森林破壊の年代特定としては若干精確さに欠ける。最後に、クリス・スティーヴンスンが研究した高台の農園については、農園が運営された時期と、石像に関わる木材と縄の消費量が最大になった時期とが重なるとすると、十五世紀初めから十七世紀まで存続したと見ていいだろう。以上、すべての見解を合わせると、森林破壊は人間の定住後に始まり、一四〇〇年ごろに最盛期を迎え、場所によるばらつきはあるものの、十五世紀初頭から十七世紀に終了したと思われる。

倒されるモアイ――イースター社会の崩壊

イースター島を総体的に描けば、太平洋における森林壊滅の最も極端な事例となり、世界的にも、かなり極端な部類に属する事例といえるだろう。なにしろ、森林が丸ごと姿を消したうえ、全種の樹木が絶滅したのだ。その結果としてただちに島民に襲いかかったのが、原料の欠乏、野生食糧の欠乏、作物生産量の減少という事態だった。

原料については、完全になくならないまでも、入手できる量が激減した。これは在来の植物と鳥類から得られるすべてのもの、つまり、木、縄、布を作るための樹皮、羽根などに当てはまる。大型の木材と縄の不足により、石像の運搬と設置だけでなく、航海用のカヌーの製造も終局を迎えることになった。一八三八年、水漏れする小さなふたり乗りのカヌーが五艘、イースター島から漕ぎ出してきて、沖合に投錨したフランス船で物々交換を行なったときのことを、そのフランス船の船長が記している。「島民の全員が、興奮したようすで何度も〝ミル〟という言葉を繰り返し、意味が通じないと見ると、いらだち始めた。この言葉は、ポリネシア人がカヌーの製造に使う木材の名前だった。島民たちが最も望んだのはその木材であり、あらゆる手を使ってそのことをわれわれに理解させようとした……」。イースター島最大にして最高の山を指す〝テレヴァカ〟という名前には、〝カヌーを手に入れる場所〟という意味がある。テレヴァカ山の斜面から樹木が除去されて農園に姿を変える前は、そこの樹木が木材として利用され、今でも、その時期に使われた石製の錐《きり》、搔器もしくは削器、小刀、鑿《のみ》など、木工とカヌー製造のための道具が山中に散乱している。大型の木材が欠乏するということは、風と激しい雨と摂氏十度の気温に見舞われるイースター島の冬の夜を、薪なしで過ごすことを意味する。一六五〇年以降、イースター島の住民たちは、薪代わりに草、芝、そしてサトウキビなどの農作物の屑を燃料に使わざるを得なくなった。屋根葺き材、住居用の小型の木材、道具の材料、布の材料を求める人々のあいだでは、残された灌木を巡る激しい争いが繰り広げられたことだろう。従来の葬儀方法さえ、変更を余儀なくされた。一体ごとに多量の燃料を要する火葬が不可能になり、遺体をミイラにして土葬する方法へと移行していったのだ。

野生の食糧源はほとんど失われた。航海用のカヌーが製造できないので、初めの数世紀は農民の主要な食肉だったネズミイルカが、マグロなどの外洋魚と同様、事実上貝塚に骨を残さなくなった。貝塚に捨てられる釣り針と魚類の骨の数は総じて減少し、もっぱら浅瀬か岸辺で捕れる魚の骨ばかりが捨てられるようになった。陸鳥は完全に姿を消し、海鳥は原種の三分の一にあたる残存種が、沖合のわずかな小島に追いやられ、そこで繁殖し始める。ヤシの実、マレーフトモモ、そのほかすべての野生の果実が島民の口に入らなくなった。甲殻類は種の数が減少し、個体が小さくなり、各種の個体数も大幅に減少。野生の食糧源のうち、従来どおり手に入るのはネズミだけだった。

このような野生の食糧源の激減に加え、作物の生産高もまた、さまざまな理由から下降線をたどる。フレンリーが沼地で採取した柱状堆積物試料の中で、土壌に由来する金属イオンの量が激増していることから、森林破壊が起因となって風雨による局地的な土壌浸食が起こったことがわかる。例えば、ポイケ半島で行なわれた発掘により、ここでは当初ヤシの木を残したまま、その合間に作物が植えられていたため、土壌と作物がヤシの樹幹に覆われて、強い陽射し、蒸発、風、じかに雨に打たれる衝撃から守られていたことがわかった。このヤシが皆伐されると、大規模な土壌浸食が起こり、下方のアフと建造物が土に埋もれたので、一四〇〇年ごろ、ポイケの農園はやむなく遺棄される。自然に草原が定着したところで、一五〇〇年ごろ農業が再開され、約一世紀のちに二度目の浸食が起こると、ふたたび遺棄された。このほかにも、森林破壊による土壌被害が作物の生産高を減少させる例として、枯渇及び養分の溶脱が挙げられる。農民たちが気づいたときには、それまで堆肥に使っていた野生の植物の葉、実、小枝の大部分が失われていたはずだ。

以上挙げたのは、森林破壊などの人為的環境侵害がじかに及ぼす影響だ。そこから波及して飢餓が始まり、突発的な人口の激減を経て、人肉食（カニバリズム）へと堕していくことになる。生き残った島民たちが飢餓状態にあったことは、こけた頬と浮き出た肋骨を持つモアイ・カヴァカヴァという小さな人形が増産されていることからも明らかだ。一七七四年、クック船長は、島民たちについてこう記述している。「小柄、痩身、おどおどしていて、みすぼらしい」。島民のほぼ全員が住む沿岸低地の住居数は、一四〇〇年―一六〇〇年の最盛期から一七〇〇年までに七〇パーセントも減少しているので、これに伴って人間の数も減少していたことがうかがえる。島民たちは、野生の肉の供給源が失われたことから、それに代わるものとして、それまで利用しなかった身近な供給源のうち、最大のものに目を向けた。つまり、人間である。人骨は、正式な埋葬地だけでなく、イースター島末期のごみの集積所でも（骨髄を取り出すために砕かれたものが）あたりまえに見られるようになった。島民たちの口承伝説にも、人肉食の影が差している。敵をおとしめるときの最も挑発的な悪態は、「おれの歯の間にはおまえの母親の肉がはさまっている」という意味を持つ。

イースター島の首長と司祭は、かねてより自分たちと神とのつながりを声高に唱え、島民たちに繁栄と豊穣を保証することで支配層としての地位を正当化していた。このイデオロギーは、大衆を感服させるための大掛かりな建造物と儀式によって強化され、大衆からの食糧供給という形で実現された。この保証が絵空事に過ぎないという事実が徐々に明らかになっていき、一六八〇年ごろには、マタトアと呼ばれる武官が首長と司祭の権力を剝奪、かつて重層的に統合されていたイースター島社会は、頻発する内乱によって崩壊するに至った。この戦乱期に由来する黒曜石の槍の穂先（マタ・ア）が、今でもイースター島の各地に散在している。このころには、かつては支配層の住居（ハレ・パエンガ）用と定められていた沿岸地帯に、平民たちも小屋を建てていた。多くの人々が、身の安全を守るため、掘削して広げた洞窟に住み、防御態勢を取りやすくするために洞窟の入口を部分的にふさいで通路を狭めるようになった。食物の名残、骨製の縫い針、木工道具、タパの補修道具などから判断して、これらの洞窟が一時的な避難場所ではなく、長期にわたる住居であったことは間違いない。

イースター島のポリネシア人社会に黄昏が訪れるなかで、旧来の政治イデオロギーはもとより、旧来の宗教も首長の権力とともに威光を失い、凋落していった。口承伝説によれば、最後にアフとモアイが建てられたのは一六二〇年ごろのことで、パロ（最も背の高い石像）もそのうちの一体だという。支配階層が〝石像班〟用の食糧生産に使った高台の農園は、一六〇〇年から一六八〇年にかけて段階的に遺棄されていった。石像が徐々に大きさを増しているのは、敵対する首長同士が互いに張り合ったことだけでなく、増大する環境危機を前にして、それまでよりいっそう切実に祖先への嘆願を行なう必要に迫られたことの表われかもしれない。武官によるクーデターが起こった一六八〇年ごろになると、氏族同士の争いは、より大きな石像を建てることから、あらかじめ設置しておいた石板目がけて敵方の石像を引きずり落とし、破壊することへと変わっていった。こうして、第4章と第5章で述べるアナサジとマヤの例と同じく、イースター島の社会も、人口、重要建造物、環境への侵害がすべて最盛期に達した直後に崩壊するのだ。

ヨーロッパ人が初めて訪れた時点で石像の倒し合いがどのくらい進んでいたかはわかっていない。というのも、一七二二年、ロッヘフェーンは一カ所に短期間上陸したに過ぎず、一七七〇年のゴンザレス率いる探検隊も、航海日誌のほかは見聞について何も記していないのだ。ヨーロッパ人が初めてまずまずの記述を残したのは、一七七四年、クック船長が島を訪れたときのことだ。クックは島に四日間滞在し、内陸に調査隊を派遣したのに加え、同行していたタヒチ人のポリネシア語がイースター島の言語と重なる部分が多かったおかげで、島民と支障なく会話を交わせるという強みがあった。クックの記述によると、まだ無事に立っている石像と同じ程度に、打ち倒された石像も目にしたという。立っている石像に関してヨーロッパ人が最後に書き記したのは一八三八年のことで、一八六八年になると、立像に関する報告はひとつもない。口承によれば、（一八四〇年ごろに）倒された最後の石像はパロで、これは、ある妻が夫の慰霊碑として建造したものとされ、妻の一族の敵によって、石像の中心が折れるように倒されたらしい。

アフ自体もその神性を奪われていった。精巧な造りの石板が引き抜かれて、アフの隣に庭園の壁（マナヴァイ）を建てるのに利用され、その他の石板は遺体を収める埋葬室を造るのに使われた。その結果、現在も修復されていないアフ（つまり、大半のアフ）は、一見したところ、ただ丸い大きな石を積み上げたものにしか見えない。ジョー・アン・ヴァン・ティルバーグ、クラウディオ・クリスティーノ、ソニア・ハオア、バリー・ロレット、そしてわたしという顔ぶれで島を車で回ったとき、崩れた石の山となったアフと壊れた石像が次から次へと視界に入ってきて、わたしたちは、アフの建造と、モアイの切り出し、運搬、設置という作業に何世紀にもわたって捧げられた膨大な労力に思いを巡らし、それから、その祖先の業績を島民たち自身が破壊したことを思い起こして、やり場のない痛ましさに胸をふさがれた。

先祖伝来のモアイ像がイースター島民の手で倒されたことを思うとき、わたしの頭に浮かぶのは、ロシア及びルーマニアの共産党政府の崩壊時にスターリンとチャウシェスクの像が倒された光景だ。ロシアやルーマニアの例と同じく、イースター島民たちもまた、長きにわたって指導者への不満を募らせていたに違いない。パロの言い伝えにあるように、石像の所有者の敵によって一体ずつ倒されたものはどれだけの数になるのか、また、共産主義の終幕に見られたように、憤懣と幻滅から生まれた激情で一気に破壊された石像はどれだけあったのだろうか。もうひとつ、わたしの頭をよぎるのは、一九六五年にニューギニア高地のボマイという村で、悲劇的な文化の末路と宗教の排斥について聞かされたときのことだ。現地に派遣されたキリスト教の宣教師は、わたしに得意げに語ってみせた。自分がいかにして改宗したばかりの先住民たちに指示を出し、〝邪教にまつわる遺物〟(換言すれば、先住民たちの文化と芸術を継承する遺産)を滑走路に集めさせて、火を点けさせたか。そして、先住民たちがいかに従順に言うことを聞いたか……。ひょっとすると、イースター島の武官《マタトア》も、追随者たちに似たような指示を与えたのかもしれない。

わたしはなにも、一六八〇年以降のイースター島社会の推移をひとくくりにして、暗く不健全なものとして描きたいわけではない。生存者たちは、生活手段であれ宗教であれ、精いっぱい最善のものを選んだのだ。一六五〇年以降は、人肉食だけでなくニワトリ小屋も急増している。デイヴィッド・ステッドマン、パトリシア・ヴァーガス、クラウディオ・クリスティーノがアナケナで最古の貝塚を発掘したときは、動物の骨にニワトリの骨が占める割合は〇・一パーセントに満たなかった。マタトアは、それまでイースター島の神々のひとりに過ぎなかった創造神マケマケの威光を借りて宗派を興し、みずからの軍事クーデターを正当化した。この宗派の拠点となったオロンゴ村は、ラノ・カウ火山のカルデラの外縁にあり、眼下には沖合の離れ小島のうち最大級の三島――かつて営巣する海鳥が追いやられた島々――が見渡せる。この新しい宗教は、独自の新しい芸術様式を創り出した。その特徴がよく表われているのが岩面彫刻《ペトログリフ》で、（頻度の高い順に）女性の性器、鳥人、鳥などが、オロンゴの遺跡だけでなく、ほかの場所にある倒れたモアイやプカオにも刻みつけられている。このオロンゴの宗派では、毎年、男性が集まって競技会が催されていた。イースター本島と離れ小島を隔てる一・五キロメートル余りの海峡を、その冷たさと群棲するサメをしのいで泳ぎ渡り、セグロアジサシがその季節の最初に産んだ卵を回収してから、それを割らずにふたたび本島へ泳いで戻るというもので、競技の勝者は翌年の〝鳥人〟に選定される。最後のオロンゴの儀式は一八六七年に行なわれ、そのようすをカトリック教徒の宣教師が目撃している。それは、島民自身が破壊し残したイースター島社会が外部の世界によって破壊されていくことを象徴するような出来事だった。

ヨーロッパによる搾取と虐待

ヨーロッパ人がイースター島民にもたらした被害に関する悲話は、手早く簡単にまとめたいと思う。一七七四年にクック船長が短期逗留して以来、少人数ではあるものの、イースター島にヨーロッパからの訪問者が絶えたことはなかった。ハワイ、フィジー、そのほか多くの太平洋の島々でも記録されているとおり、そういう訪問者たちが持ち込んだヨーロッパの疫病のせいで、それまでいわば無菌状態にあった多くの島民たちの命が奪われることになったと見て間違いはないだろう。ただ、伝染病に関する具体的な記述が行なわれるのは、一八三六年ごろに天然痘が蔓延してからのことだ。これもほかの太平洋の島々と同じく、イースター島でも、島民たちを労働に従事させるための拉致、いわゆる〝黒人狩り（ブラック・バーディング）〟が一八〇五年ごろから始まり、一八六二年から六三年に最盛期を迎えた。イースター島史上最も苦難に満ちたこの時代には、二十隻余りのペルー船がおよそ千五百人（生存者の半数）の島民を連れ去り、競売にかけて、ペルーの鉱山における鳥糞石《ちょうふんせき》の採掘を始め、さまざまな雑役を強制した。拉致された島民たちのほとんどは、囚われた状態のまま命を落とした。国際的な圧力が高まるなかで、ペルーが十人余りの奴隷を帰島させた際、その島民たちが新たな天然痘を持ち込んでしまった。一八六四年に、カトリックの宣教師たちが島に定住し始める。一八七二年には、わずか百十一人の島民しか残されていなかった。

一八七〇年代、イースター島にヒツジを持ち込んだヨーロッパの商人たちが、島の土地の所有権を主張した。一八八八年にはチリ政府がイースター島を併合。島は、事実上チリを拠点とするスコットランド企業運営下の牧羊場となる。全島民は、やむなくひとつの村に住んでこの企業の下で働き、報酬として、現金ではなく、この企業が経営する店の商品を受け取った。一九一四年の島民による反乱は、チリの戦艦によって鎮圧される。くだんの企業がヒツジ、ヤギ、ウマを放して牧草を食べさせたことが誘因となって、土壌浸食が起こり、最後のハウハウとトロミロも含め、残っていた自生植物のほとんどが一九三四年ごろには姿を消した。イースター島民がチリ国民として認められたのは、一九六六年になってからのことだった。現在の島民たちは、伝統的な文化への誇りを取り戻し、また経済的にも、（バリー・ロレットとわたしのように）名物の石像に魅せられた人々が、サンティアゴとタヒチから毎週出ているチリの国営定期便に乗って訪れるおかげで、活気のある生活を送っている。とはいえ、島の先住民と、現在イースター島住民の約半数を占める本土生まれのチリ人とのあいだに今もなおわだかまりがあることは、短期滞在者の目にも明らかだ。

イースター島の有名なロンゴ・ロンゴという文字体系が島民たちの手で発明されたことに疑問の余地はないが、島に居住したカトリックの宣教師が一八六四年に初めて言及するまで、この文字の存在を立証するものはなかった。文字が記された物体は、現存する二十五点のすべてがヨーロッパ人接触後のものと見られている。というのも、なかには外国産の木片やヨーロッパ製の櫂などがあり、また、タヒチのカトリック司教の代表者がこの文字に興味を持って見本を欲しがったため、わざわざ島民が商品として製作したとおぼしいものもあるからだ。一九九五年、言語学者のスティーヴン・フィッシャーが、ロンゴ・ロンゴを万物の交わりと繁殖を詠ったものとして解読し、それを発表したが、この解釈については、ほかの学者たちから異論が呈されている。現在、フィッシャーも含めた大半のイースター島研究者たちの見解では、ロンゴ・ロンゴ発明のきっかけとなったのは、一七七〇年のスペイン人上陸の際、島民が初めて文字を目にしたことか、あるいは、一八六二年から六三年におけるペルー人の奴隷狩りによって、知識を話し言葉で伝承できる島民が数多く死んでしまい、それが精神的な不安として残ったことだとされている。

この搾取と虐待に彩られた歴史が一因となって、島民と学者の双方に、ある姿勢が受け継がれてきた。わたしが要約してきたとおり、詳細な証拠がこれだけそろっているというのに、一七二二年のロッヘフェーン来訪以前に島民みずから環境被害を招いたという事実を、島民も学者も認めようとしない。要するに、島民たちは「われわれの祖先がそんなことをしたはずがない」と言い、島を訪れた学者たちは「かように善良な愛すべき人々が、そんなことをしたはずがない」と言っているのだ。例えばミシェル・オルリアックは、タヒチの環境変動における同様の問題について、こう記している。「……環境を変容させるそもそもの原因が、人間の行動ではなく自然現象だという可能性は――少なくとも――たとえわずかでも――あると思う。これは、過去にも再三にわたって論じられてきた問題（一九八五年マクファジェン、一九八五年グラント、一九八九年マグローンの各論文）であって、たとえポリネシア人に多大な好意を抱いているわたしが、環境被害の要因として自然現象（例えば熱帯低気圧など）を選ぶにせよ、それが決定的な解答だと断言するつもりはない」。環境被害の一因は島民自身にあるという説に対し、具体的な反論もしくは別意見がこれまでに三件提起されている。

まず、第一の反論。一七七二年にロッヘフェーンが目撃した森林破壊の状況は、孤立状態にあった島民たちのせいではなく、ロッヘフェーン以前の、記録にないヨーロッパ人の訪問がもたらしたなんらかの侵害要因から生じたとする説だ。確かに、そういう記録に残らない訪問が何回かあったことはじゅうぶん想定できる。十六世紀と十七世紀に太平洋を横断したスペインのガリオン船は少なくない。また、ロッヘフェーンに接したときの島民のようすが、鷹揚で人なつこく、警戒心を感じさせないものだったという報告、完全な孤絶状態で暮らして、この世に自分たち以外の人間はいないと思い込んでいた人々の態度ではなかったという報告もある。とはいうものの、一七二二年以前の来訪者に関する具体的な情報はなく、それがどういう経緯で森林破壊を誘発したのかもはっきりしていない。一五二一年にマゼランがヨーロッパ人として初めて太平洋横断を成し遂げる前にも、イースター島ではなはだしい人為的な環境侵害があったことは、豊富な証拠に示されている。例えば、全種にわたる陸鳥の全滅、ネズミイルカとマグロが食生活から姿を消したこと、フレンリーの柱状堆積物試料中で、一三〇〇年以前の森林樹木の花粉量が減少していること、ポイケ半島で一四〇〇年以前に森林破壊が行なわれていること、放射性炭素による年代特定において一五〇〇年以降のヤシの実が存在しないこと、などの事実がある。

第二の反論は、森林破壊の原因が、旱魃やエルニーニョ現象など、自然の気候変動にあるとするものだ。気候変動の果たした役割がいずれ明らかにされたとしても、わたしは少しも驚かない。というのも、気候条件の悪化が人為的な環境侵害に拍車をかけることは、これから先のアナサジ（第4章）、マヤ（第5章）、ノルウェー領グリーンランド（第7章と第8章）、そしておそらく、ほかの多くの社会の事例でも確認できるからだ。問題となる九〇〇年から一七〇〇年のあいだのイースター島の気候変動については、現時点で手に入る情報はない。つまり、（反論側の説のように）気候が以前より乾燥して荒くなり、森林の存続に不都合な状態へと変わったのか、あるいは、以前より湿潤で穏やかな存続しやすい状態へと変わったのか、わたしたちにはわからないのだ。しかし、気候変動そのものが森林破壊と鳥の絶滅を招いたという説に対しては、強力な反証が挙げられると思う。例えば、テレヴァカ山の溶岩流から発見されたヤシの樹幹の化石により、巨大ヤシがすでにイースター島で数十万年のあいだ生き延びていたと考えられること、また、フレンリーの柱状堆積物試料中の花粉から、三万八千年前ないし二万一千年前のイースター島に、ヤシ、ハケケ、トロミロ、そのほか五種余りの樹木が存在していたと確信できることなどだ。だとすると、イースター島の植物はすでに数限りない旱魃とエルニーニョ現象に耐えて生き延びてきたことになるので、そんな自生植物の全種が、たまたま〝悪意のない人間〟の渡来した直後という時期に、おなじみの旱魃とエルニーニョ現象に反応して一斉に全滅したとは考えにくい。実際、フレンリーの記録によると、イースター島には二万六千年前から一万二千年前のあいだに、過去千年間で世界にも類のないきびしさの寒冷かつ乾燥した時期が訪れているが、その影響は単に樹木が標高の高い場所から低地に後退しただけのもので、しかも、その状態はすぐに回復したという。

第三の反論は、どんな結果が訪れるかを百も承知で樹木を根こそぎにするほど島民は愚かではなかったはずだ、というもの。カトリーヌ・オルリアックはこう言っている。「(イースター島民が) 物心両面にわたって生存に必要な森林を、なぜみずから破壊しなければならないのか?」。これこそ、まさに鍵となる疑問であり、カトリーヌ・オルリアックだけでなく、カリフォルニア大学のわたしの教え子たちにとっても、わたしにとっても、そのほか、みずから環境被害を招くという行為を不思議に思うすべての人々にとっても、常に頭から離れない問題だろう。わたしはよくこんなふうに自問した。最後のヤシの木を切り倒したイースター島民は、その木を切りながら何と言っただろうか、と。現代の伐採業者のように、「これは仕事なんだ。木じゃないんだ」? あるいは、「テクノロジーが問題を解決してくれるから、心配はいらない。木に代わるものが見つかるさ」? あるいは、「もうこの島には木がないと証明されたわけじゃないんだから、もっと探してみないと。伐採を禁止するなんて早計だ。悲観論に踊らされているんだよ」? 不用意に環境を損なってしまった社会については、例外なく、同じような疑問が取り沙汰される。それなのに、なぜ数々の社会が同じような過ちを犯すのだろうか。この疑問を第14章(下巻)でふたたび取り上げ、その理由を系統的に確かめていくことにしよう。

森林破壊を促す九つの要素

まだ取り組まずに残してあった疑問がある。なぜイースター島が、森林破壊の極端な事例という地位を獲得するに至ったのか。なんといっても、太平洋には人の住む島が何千と浮かび、その住民たちのほぼ全員が、木を切り倒し、畑から樹木を取り除き、薪を燃やし、カヌーを造り、木や縄を家屋などの材料に使っているのだから。それでも、これらのすべての島のなかで、イースター島より乾燥した気候下にあり、森林破壊がイースター島に匹敵するほど進行しているのは、ハワイ諸島の三島だけ、すなわち、ネッカーとニホアというふたつの小島と、それより大きなニイハウという島だけだ。ニホア島には今も大型のヤシの木が一種自生しているし、かろうじて四十エーカー（約十六ヘクタール）の面積をもつ小さなネッカー島については、これまで樹木が存在したかどうかはっきりしていない。なぜイースター島民が、唯一の、あるいは希有な例外として、樹木の全種を壊滅させてしまったのだろうか？「それは、イースター島のヤシとトロミロの生長が非常に遅いせいだ」という解答が出されることがある。この答えでは、少なくともこのほかに十九種ある樹木や植物――広く東ポリネシアに現存する種と近いもの、あるいは一致するもの――が、イースター島で姿を消し、よその島で生き残った理由を説明できない。わたしは、この疑問が遠因となって、森林破壊の元凶を島民であると認めたがらない態度が島民と学者たちのあいだに広がったのではないかとにらんでいる。そう認めてしまうと、太平洋の島々のなかでもイースター島に住む人々だけが特別に劣っているとか、先見性がないとか決めつけているように思えるのだろう。

イースター島が持つこの明らかな特異性は、バリー・ロレットとわたしにとって難題だった。実際には、もっと大きな難題のほんの一部に過ぎなかった。その大きな難題とは、なぜポリネシア全体で森林破壊の度合にばらつきがあるのか、というものだ。例えば、（次章で論ずることになる）マンガレヴァ島、クック諸島とオーストラル諸島の大部分、ハワイ諸島とフィジー諸島の主要な島々の風下側では、イースター島の例ほど全面的ではないものの、広く森林破壊が進んでいる。ソシエテ諸島とマルケサス諸島、そしてハワイ諸島とフィジー諸島の主要な島々の風上側では、高地に原生林があり、低地には、原生林破壊後に再生した二次林と、シダ類の茂る土地、草地とが混在している。トンガ、サモア、ビスマルク諸島とソロモン諸島の大部分、（トゥアモトゥ諸島最大の）マカテア島には、広く森林地帯が残っている。かくも多様なばらつきを、どう説明すればいいのだろう？

　バリーがまず手をつけたのは、太平洋を探検した初期のヨーロッパ人の日誌を綿密に調べ、当時の島の様相に関する記述を探すことだった。これで、ヨーロッパ人たちが初めて訪ねたときに八十一の島の森林破壊がどの程度進んでいたかを拾い出すことができた。すなわち、太平洋の島々の先住民たちが何百年か何千年かにわたって環境を侵害してきたあとの、そしてヨーロッパ人たちが害を及ぼす前のようすだ。次にわたしたちは、この八十一の島に関して、九つの物理的要因の値を一覧表にした。この値の島ごとのばらつきが森林破壊の現状の差異を理解するのに役立つかもしれないと思ったからだ。単にそのデータをにらんだだけで、たちまちいくつかの傾向が明らかになったが、さらに統計的な分析を何度も繰り返してデータをふるいにかけ、それぞれの傾向を数値に置き換えてみた。

太平洋の島々の森林破壊には何が影響しているのか？

森林破壊の激しさが増すのは――
湿潤な島より、乾燥した島
赤道付近の温暖な島より、高緯度にある寒冷な島
新しい火山島より、古い火山島
火山灰が大気中を降下する島より、降下しない島
中央アジアの風送ダスト（黄砂）に近い島より、遠い島
マカテア（237頁参照）のある島より、ない島
高い島より、低い島
近隣関係のある島より、隔絶した島
大きい島より、小さい島

この九つの物理的な変動要素は、すべて森林破壊の現状に反映されていることがわかった（右に列挙した項目を参照）。最も重要なふたつが、降雨量と緯度のばらつきだ。乾燥した島と、赤道から離れている（高緯度に位置する）寒冷な島は、赤道付近の湿潤な島より最終的に森林破壊の度合が大きくなる。これはわれわれの予想どおりだった。植物の生長率と実生の定着率が、降雨量と温度に伴って上がるからだ。ニューギニアの低地のように、湿潤かつ高温な場所であれば、木を切り倒しても一年以内に六メートルの新しい木が生えるが、寒冷で乾燥した荒地では、木の生長がはるかに遅い。したがって、湿潤かつ高温な場所では、適度な割合で木を切り倒していれば、その速度に合わせる形で木が再生するので、常に広く樹木に覆われた状態が保たれる。

次の三つの変動要素——島の年代、火山灰の降下、風送ダスト——の作用については、われわれが地力保全に関する科学的な文献になじんでいなかったせいで、予想どおりとはいかなかった。百万年以上なんの火山活動にもさらされなかった古い島は、近年火山活動があった新しい島より、森林破壊の度合が大きくなる。なぜなら、新しい溶岩と灰から派生した土壌には植物の生長に欠かせない養分が含まれていて、古い島ではこの養分が雨によって徐々に浸出してしまうからだ。太平洋の島々において、これらの養分がその後回復される道筋はおもにふたつあり、そのひとつが、火山の爆発で火山灰が大気に運ばれて、それが降下することだ。太平洋は、地質学者のあいだでは有名な安山岩線と呼ばれる海溝で二分されている。この線のアジア側にあたる南西太平洋では、火山から噴出した灰が風に乗って何百キロメートルも飛ぶことがあり、火山のない（ニューカレドニアのような）島々の地力まで保全することになる。ところが、安山岩線の反対側にあたる中央及び東太平洋では、大気が供給する主要な養分として、中央アジアから風で高く運ばれた風送ダストが地力の回復に貢献する。したがって、安山岩線の東側に位置し、なおかつアジアの風送ダストから遠く離れた島々では、安山岩線の西側にある島々や、もっとアジアに近い島々と比べて、森林破壊の度合が高くなる。

もうひとつ、考慮すべき変動要素は、マカテアとして知られる岩石から成る六つほどの島々――要するに、珊瑚礁が地質的隆起によって海面から突き出したもの――にのみ該当する。マカテアという名は、トゥアモトゥ諸島のマカテア島に広くこの岩石が分布していることに由来する。マカテア地帯は、歩くにはこの世で最悪の場所と言えるだろう。深い亀裂のある鋭利な珊瑚が、足やブーツを切り、手をぼろぼろにする。わたしは、ソロモン諸島のレンネル島で初めてマカテア地帯に挑んだとき、百メートル足らずの距離を歩くのに十分かかり、その間、絶えず恐怖にさいなまれていた。バランスを取ろうとしてうっかり手を伸ばしたら、巨大な珊瑚の塊に触れて手が裂けるのではないか、と。マカテア地帯にかかっては、いまどきの堅牢なブーツも、数日歩くうちに細切れになりかねない。太平洋の島民たちも、どうにかその上を裸足で歩き回っているとはいうものの、楽にこなしているわけではないのだ。マカテア地帯を歩くという責め苦に耐えた者なら誰しも、マカテアから成る太平洋の島々が、そうでない島より森林破壊の度合が低くなったと知っても意外に思わないだろう。

残った三つの変動要素、すなわち、海抜、隔たり、面積には、さらに複雑な作用がある。海抜の高い島は（その島の低地でも）、海抜の低い島に比べて森林破壊の度合が低くなりやすい。これは、山地で発生する雲と雨が、川のように低地に向かって流れながら、水分を与え、不足した養分を補充し、大気中の砂塵粒子を運んで、低地の植物の生長を促すからだ。山地そのものも、高すぎたり勾配がきつすぎたりして耕作ができない場合は、森林地帯が維持されると見ていいだろう。隔絶した島のほうが近隣関係のある島より森林破壊の度合が高くなったのは、おそらく、交易や襲撃や植民を目的としてほかの島へ出向くのに時間と労力を費やすより、自分たちの島にとどまって、島の環境を損なうような行動に従事しがちだったせいだ。小さな島より大きな島のほうが森林破壊が進みにくい理由は数多くある。例えば、島の面積に対する外周距離の比率が低いほうが、住民ひとり当たりの海洋資源は少なく、人口密度は低くなり、森林を切り倒すまでに年数がかかって、また、耕作に不向きな土地の面積が多く残る。

森林破壊への傾向を示すこの九つの変動要素を物差しにすると、イースター島はどう位置づけられるだろうか？　緯度は三番目に高く、降雨量は少ないほうに属し、火山灰の降下とアジアからの風送ダストは最低値で、マカテアは存在せず、近隣の島からの距離は二番目に遠く、バリー・ロレットとわたしが詳細に調査を行なった八十一島のうちでも、最も海抜が低く、最も小さな島のひとつに数えられる。以上八つの変動要素から見て、イースター島は森林破壊の傾向が強いといえるだろう。火山に関しては、新と旧の中間ぐらいに該当する（おそらく二十万年ないし六十万年を経ている）。また、イースター島最古の火山にあたるポイケ半島では最も早い時期に森林破壊が始まり、現在は最も深刻な土壌浸食が確認されている。これらの変動要素の全作用を考え合わせ、バリーとわたしとで統計モデルを作ったところ、太平洋ではイースターとニホアとネッカーが最も森林破壊を招きやすい島だという予測が出た。これは実際に起こったことと合致する。すなわち、ニホアとネッカーは最終的にわずか一種の樹木（ニホアヤシ）を残して無人島となり、イースターは、最終的に樹木がまったくなくなって、かつての人口が約九〇パーセント減少することになった。

要するに、イースター島の森林破壊が異常なほど激しく進行した理由とは、なにも島民たちがうわべだけ善良そうで中身は違ったとか、先見性がなかったとかいうことではない。むしろこの島民たちは、太平洋において、最も脆弱な環境の中で、最も高い森林破壊のリスクをかかえながら暮らすという悲運を背負った人々だった。イースター島に関しては、本書で取り上げるほかのどの社会にも増して、環境の脆弱性のもととなる要因を詳細に挙げることができる。

“孤立した地球”のメタファー

孤立状態にあったがゆえに、資源の過剰開発によってみずから破滅した社会として、イースター島は最も明確な事例だといえる。本書の冒頭に掲げた、環境崩壊との関連のなかで考慮すべき五つの要因のチェックリストを見返してみると、近隣の敵対集団からの攻撃、近隣の友好集団からの支援の減少というふたつの要因は、イースター島の崩壊劇ではなんの役割も演じていない。イースター島社会の成立後、敵であれ味方であれ、この島と接触を保っていた集団が存在するという証拠がまったくないからだ。イースター島社会の成立直後にカヌーが到来していたことが判明したとしても、そういう接触は、危険な攻撃や重要な支援をもたらすほど大規模なものではなかったと見ていい。次の要因、気候の変動が果たした役割に関しても、この先現われるかもしれないが、今のところまだ証拠はない。これで、イースター崩壊の引き金となりうる要因のうち、主要なふたつが残ったことになる。ひとつは、人為的な環境侵害、特に森林破壊と鳥類の殺傷であり、もうひとつは、その侵害行為の背後にある政治、社会、宗教的な要因で、例えば、孤島という条件のせいで避難という形の移住が不可能だったこと、前述した諸々の理由から、住民の関心が石像の建設に集中していたこと、氏族及び首長同士の競争によって、より大型の石像が建造されるようになり、より多くの木材、縄、食糧が必要とされたことなどだ。

イースター島社会の崩壊は、どの先史時代の事例よりも鮮烈に、読者の皆さんやわたしの教え子たちの脳裏に刻みつけられるだろう。わたしがそう思う理由も、この島が孤立状態にあったことから説明できる。イースター島と、総体として見た現代の世界とのあいだには、瞭然たる共通点がある。現在地上にあるすべての国々は、グローバル化、国際商取引、ジェット機、インターネットの恩恵によって、イースター島の多数の氏族たちのように、資源と意識とを共有している。先住ポリネシア人時代のイースター島は、現在の宇宙における地球のように、太平洋のなかで孤立していた。イースター島民には、窮地に陥ったときに逃げる場所もなければ助けを求める相手もいなかった。わたしたち現代の地球人にも、事態の深刻さが増したときに頼っていける先はない。だからこそ、イースター島社会は、わたしたちの前途に立ちはだかりかねないものの暗喩《メタファー》として、最悪のシナリオとして、わたしたちの目に映るのだ。

もちろん、この暗喩は十全なものではない。現在わたしたちが置かれている状況と十七世紀のイースター島の状況とは、いくつかの重要な点で異なっている。その差異のなかには、わたしたちの危機を強めるものもある。例えば、イースター島の環境を破壊し、ひいてはその社会を破壊するのに、石器と腕力だけを持つわずか数千人の島民で事足りたのなら、金属製の道具と機械の動力を持つ数十億もの人間が、もっと過激な自滅の道をたどらないとどうして言い切れるだろう？　とはいえ、これらの差異のなかには、わたしたちに有利に働くものもある。それについては、本書の最終章であらためて取り上げることにしたい。

第3章

最後に生き残った人々
——ピトケアン島とヘンダーソン島

バウンティ号の叛乱者たちが見たもの

何世紀も昔、ある肥沃な島に移民がやってきた。その島は、無尽蔵の自然資源に恵まれているように見えた。産業に利用できる原材料のうち、足りないものはいくつかあったが、運のいいことに、ほかのもっと痩せた島々にその原材料があったので、海を渡って交易を行なえば、簡単に手に入れることができた。しばらくのあいだ、すべての島々が栄え、人の数も増えた。

しかし、やがてこの恵まれた島の人口が、豊富な資源でも支えきれない数にまで膨れ上がってしまった。森林が切り倒されて土壌浸食が起こり、農業生産力が低下すると、もはや余剰の農産物を輸出することも、舟を製造することも、島民たちがまともに食べることすらもできなくなった。交易が衰退するにつれて、輸入していた原材料が不足し始める。内乱が広がり、地方の武将が次から次に入れ替わり、従来の政治制度が覆される。恵まれた島の飢えた大衆は、人肉食に依存して命をつないだ。その島と海上交易を行なっていた島々の民は、さらに悲惨な運命に見舞われた。頼みの輸入品が断たれると、今度は自分たちの島の環境を荒らし始め、ついに生存者がひとりもいなくなるまで破壊し続けたのだ。

この苛酷な筋書きは、アメリカ合衆国とその交易相手の未来を指し示しているのだろうか？　それはまだわからないが、すでにこの筋書きどおりのことが、現実に太平洋の三島で起こっている。一七九〇年、この三島のひとつ、〝無人島〟として知られるピトケアン島に、イギリスの戦艦バウンティ号で叛乱を起こした船員たちが逃げ込んだ。執念深いイギリス海軍の追跡から身を隠すには、当時は確かに無人だった辺境の島、ピトケアンがふさわしいと踏んでのことだ。ところが、上陸した船員たちの目に入ったのは、かつてこの島に古代ポリネシア人が居住していたことを示す無言の証拠、すなわち、聖堂のある祭壇、岩面彫刻、数々の石器などだった。ピトケアンの東方、さらに辺鄙《へんぴ》な場所にあるヘンダーソン島は、現在に至るまで無人状態を保っている。ピトケアン島とヘンダーソン島は、現在でさえ、交通の便の悪さでは世界でも上位に入る島で、空路はもとより海上の定期便もなく、たまに客船か巡航船が訪れるだけだ。にもかかわらず、ヘンダーソン島にも、かつてポリネシア人が居住していた証拠が豊富にある。もともとピトケアン島に住んでいた人々と、ヘンダーソン島で消えたその縁者たちの身に、いったい何が起こったのだろうか？

バウンティ号の叛乱者たちがピトケアン島で経験した冒険と謎については、多くの書籍と映画で繰り返し語られている。これに匹敵する物語といえば、ピトケアンとヘンダーソンの島民たちが、バウンティ号以前に謎めいた最期を迎えたことだろう。二島に関する基礎的な情報がようやく陽の目を見たのは、ニュージーランドのオタゴ大学に勤める考古学者ワイズラーが、この孤立した辺地で八カ月にわたって最新の発掘調査を行なったおかげだ。その調査によって、ピトケアンとヘンダーソンの先住島民たちの運命が、数百キロ離れたもっと人口の多い交易相手であるマンガレヴァ島の、ゆるやかに進行していった環境破壊と連動していたことが明らかにされた。当のマンガレヴァの島民は、生活水準の大幅な下落という犠牲を払って生き延びた。すなわち、人為的な環境侵害を最大の要因とする崩壊について、イースター島が最も明確な事例であるのと同じように、ピトケアン島とヘンダーソン島は、交易相手の環境破壊のあおりを受ける形で崩壊した最も明確な事例だと言える。いわば、現代のグローバル化に伴ってすでに拡大しつつあるリスクの予告編だ。もちろん、ピトケアン島とヘンダーソン島自体の環境被害も崩壊の一因となってはいるが、今のところ、気候の変動や外敵がなんらかの作用を及ぼしたという証拠は見出されていない。

条件のまったく違う三島

南東ポリネシアとして知られる区域で居住に適している島といえば、マンガレヴァ、ピトケアン、ヘンダーソンの三島しかなく、このほかにいくつかある低い環礁には、一時的に人が滞在したり訪ねたりするだけで、定住者はいない。この三島への入植は、八〇〇年ごろのどこかの時点で、前章で述べたポリネシア人の東方進出の一環として行なわれた。三島のうち最も西側にある島、つまり、ポリネシア内ではすでに入植ずみの場所に最も近いマンガレヴァでさえ、ある程度の面積と標高を持つ最寄りの島——西方向でソシエテ諸島（タヒチを含む）、北西方向でマルケサス諸島——まで千五百キロメートルほどの距離がある。一方、ポリネシアでは広さも人口も最大級のソシエテとマルケサスの島々はというと、ある程度の標高を持つ西ポリネシアの最寄りの島々から東方向に千五百キロメートル以上離れているので、西ポリネシア入植後も二千年近く定住者がいなかった可能性がある。つまり、マンガレヴァ島と近隣の島々は、ポリネシアの辺鄙な東半分のなかでさえ、孤立した離島だということだ。おそらく、マルケサスやソシエテから、この三島より遠方のハワイ諸島、イースター島への入植が進むなか、その勢いに乗ってこの三島も領有され、その時点でポリネシアの入植がすべて完了したのだろう（170〜171頁の地図と左頁の地図を参照）。

南東ポリネシアで居住に適したこの三島のうち、飛び抜けて大きい人口を維持でき、生活に欠かせない天然資源が最も豊富なのは、マンガレヴァだ。外側を珊瑚礁に守られた直径約二十四キロメートルの大きな潟《ラグーン》から成るこの島は、二十あまりの死火山島と二、三の環礁を含め、陸地の総面積がおよそ三十平方キロメートルになる。潟と、その外側の珊瑚礁、潟の外海には、魚介類が数多く棲んでいる。貝のなかでも特に有用性が高いのは、クロチョウガイという大型の二枚貝で、かつてポリネシア人の入植者たちは、貝類に関してはほぼ無尽蔵の潟からこの貝を採取していた。現在この貝は、名高い黒真珠の養殖に利用されている。身が食

ピトケアン諸島

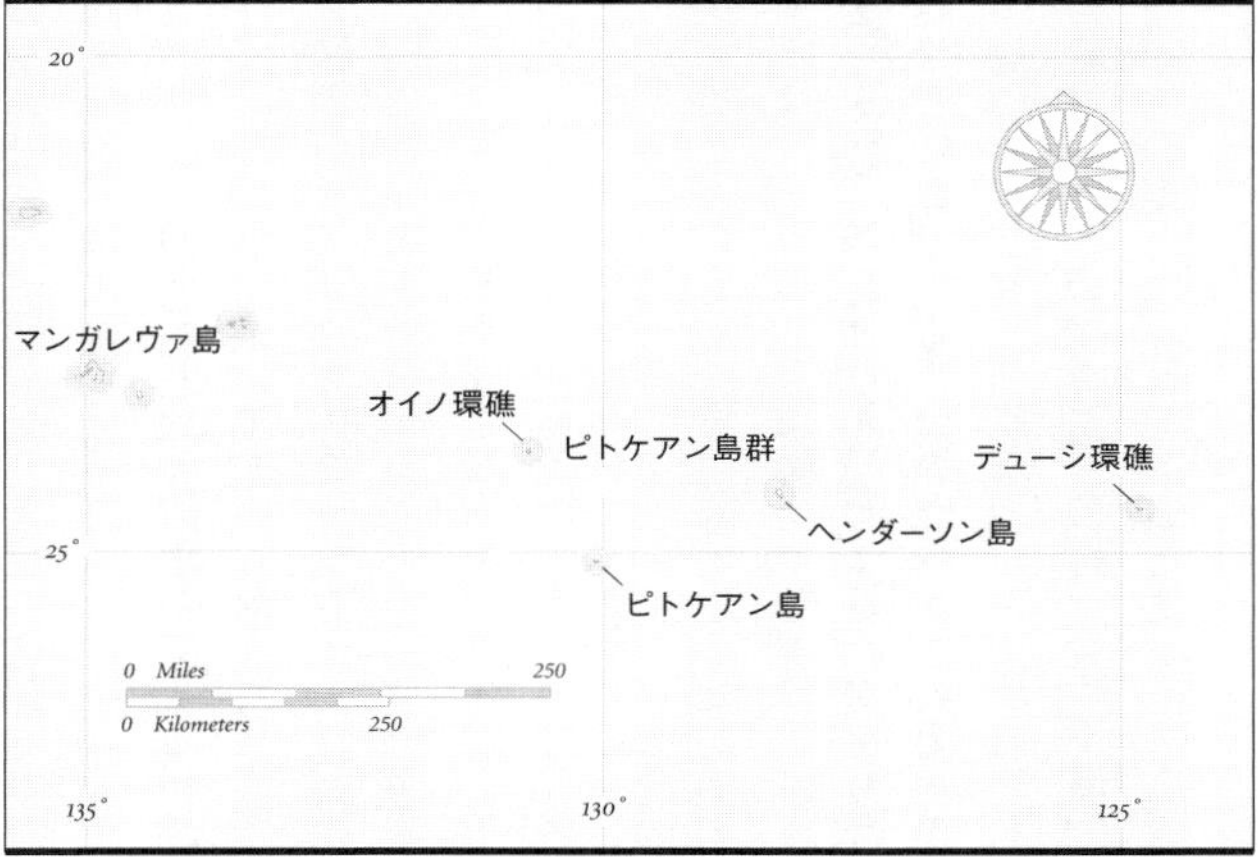

用になるうえ、長さが最大二十センチに及ぶ分厚い殻は、ポリネシア人たちにとって、釣り針、野菜を剝く道具やおろす道具、装身具を作るのに最適の材料だった。

マンガレヴァ島の潟内にある比較的海抜の高い島は、湧き水と間欠河川ができるだけの降雨量があったので、もともと樹木に恵まれていた。ポリネシア人の入植者たちは、沿岸の細い帯状の平地に住み着いて、村落の背後の斜面でサツマイモやヤムイモなどの作物を栽培し、湧き水の下方にある段々畑と平地では、用水路を引いてタロイモを育てた。より海抜の高い場所に植えられたのは、パンノキ、バナナなど樹木系の作物だ。そういう形で、農業、漁業、貝類の採取を行なっていたからこそ、古代ポリネシア時代のマンガレヴァ島は数千の人口を維持できたのだろう。この数値は、ピトケアン島とヘンダーソン島を合わせた推計人口の十倍超にあたる。

ポリネシア全体から見ると、マンガレヴァ島最大の弱点は、手斧などの石器の材料となる良質な石に恵まれなかったことだ――重要な天然資源をすべて持っていたアメリカ合衆国が、良質な鉄鉱にだけは恵まれなかったことに似ている。マンガレヴァの潟内の環礁には良質な原石がまったく存在せず、火山島にも、どうにか肌理《きめ》の粗い玄武岩がある程度だった。この玄武岩でも、家、壁、竈《かまど》の建材、あるいはカヌーの碇《いかり》や食物を潰す杵などの大まかな道具の材料としては事足りたが、手斧となると、品質の劣るものしか作れなかった。

運のいいことに、この欠乏状態はピトケアン島によってみごとに補塡された。ピトケアン島はマンガレヴァ島よりはるかに小さく（約五平方キロ）、より地形の険しい死火山島で、マンガレヴァの南東およそ五百キロメートルの位置にある。マンガレヴァ島民がカヌーに乗れるだけ乗り込んで、数日間外海を旅したのちに初めてピトケアンを発見し、ただ一カ所の着岸可能な浜に着いてから、険しい斜面をよじ登り、南東ポリネシアで唯一利用可能な火山ガラスの供給源、ダウンロープ採石場に偶然行き着いたときの興奮がどれほどのものか、想像してみてほしい。火山ガラスの破片は、細かい切断作業に使う鋭利な道具、つまり、ポリネシア人にとっては鋏《はさみ》やメスに等しい道具の材料となる。マンガレヴァ島民たちの興奮は、海岸沿いを西に一・五キロメートル進むか進まないかのうちに、良質な玄武岩の供給源であるタウタマ鉱脈を発見して、恍惚の域に達したことだろう。この鉱脈は、手斧の材料を調達する場所として、のちに南東ポリネシア最大の採石場となった。

その他の面では、ピトケアン島は、マンガレヴァ島に比べてはるかにきびしい条件下にあった。マンガレヴァ島には間欠河川があり、また、森林の樹木の大きさも、舷外浮材付きカヌーの製造にじゅうぶん足りるものだった。一方ピトケアン島は、地形が険しく、島の総面積も小さいので、農業に適した平坦な台地が非常に少ない。さらに、これと並ぶ重大な弱点があった。海岸線に浅い礁がなく、外周の海底が急激に落ち込んでいるので、マンガレヴァ島に比べると、魚を捕らえたり貝類を探したりする作業が、ひどく効率の悪いものになるのだ。特にピトケアン島には、食用にも道具の製作にもきわめて有用なクロチョウガイの繁殖場所がない。以上のことから、ポリネシア人時代のピトケアン島の総人口は、おそらく百人を少し超える程度だったと思われる。現在ピトケアン島には、バウンティ号の叛乱者たちの末裔と、そのポリネシア人の伴侶たちを合わせて、わずか五十二人の住民しかいない。一七九〇年に初めて入植した二十七人という人口が、一八五六年には百九十四人にまで増え、この島の農業で維持できる人口を上回ってしまったので、イギリス政府の指示により、住民の大半がノーフォーク島へと移住することになった。

南東ポリネシアの居住に適した島のうち、残されたのはヘンダーソン島だ。この島は三島のうちでは最大（約三十六平方キロメートル）だが、最も辺鄙な位置（ピトケアンから北東に約百五十キロ、マンガレヴァから東に六百キロ強）にあり、人類が生存できる場所としては最も限界点に近い。マンガレヴァやピトケアンのような火山島ではなく、ありていにいえば、地質作用によって海面から三十メートルほど突き出した珊瑚礁だ。したがって、ヘンダーソン島には、道具の製作に適した玄武岩などの岩石がない。これは石器の作り手で構成された社会にとってはきびしい制約となる。さらに、どんな住民にとってもきびしい制約となるのが、多孔質の石灰岩から成るヘンダーソン島に、小川、あるいは信頼性の高い真水の供給源がないことだろう。うまくいっても、気まぐれな雨が降ったあとの数日間、洞窟の天井から水が滴り、地面に水溜まりができる程度だ。あとは、沖合六メートルの海中に真水が湧き出している場所がある。マーシャル・ワイズラーは、数カ月間のヘンダーソン島滞在中、現代の防水シートを使って雨水を集めるにしても、飲料水を獲得するには不断の努力が必要だと悟り、ほとんどの料理とすべての洗いものと入浴をやむなく海水でまかなうことにした。

ヘンダーソン島では、土でさえ石灰岩の合間の飛び地にしか存在しない。最長の樹木でも高さは十五メートルほどで、カヌーの船体を造るのにじゅうぶんとはいえない。森林の発育が遅れて下生えがひどく密生するので、森に分け入るには大鉈《マチエーテ》が必要になる。砂浜は狭く、島の北側にしかない。南岸には切り立った崖が連なっていて、船が着岸できない。しかも島の南端は、剃刀のような石灰岩の尾根と谷が交互に連なるマカテア地帯になっている。この南端まで達したヨーロッパ人の団体は、過去に三組しかない。うちひと組がワイズラーの一行だ。ハイキング用のブーツを履いたワイズラーは、北岸から南岸に至る八キロメートルの距離を五時間かけて踏破し、そこで、かつて裸足のポリネシア人たちが住んでいた岩窟住居を発見した。

この島には、そういう数々の不利を補うだけの魅力もある。礁の内側と、そこに隣接する浅瀬には、ロブスター、カニ、タコ、限られた種類の魚類と貝類——残念ながら、クロチョウガイ以外の貝類――が棲んでいる。また、この島の浜辺は、南東ポリネシアで知られるかぎり唯一のカメの営巣地でもある。毎年一月から三月ごろになると、アオウミガメがこの岸辺にやってきて産卵するのだ。かつてヘンダーソンには、少なくとも十七種の海鳥が繁殖していた。このなかのシロハラミズナギドリの群れは、ときに百万羽に及ぶこともあった。巣にいるときは、親鳥も雛も簡単に手で捕まえることができただろう。群れの存続を脅かすことなく、百人の住民が毎日ひとり一羽ずつ食べるにじゅうぶんな数だ。また、この島は、九種の定住型の陸鳥の棲処《すみか》でもあった。このうち、飛行能力がないか弱いかで容易に捕まえられる鳥が五種、なかでも三種の大型のハトは、島民たちの腹をじゅうぶんに満たしたものと思われる。

これだけの〝呼びもの〟があるのだから、ヘンダーソン島は、岸辺で午後のピクニックを楽しんだり、海の幸、鳥、カメを堪能しながら短い休暇を過ごしたりするにはまたとない場所だったはずだ。しかし、常住という形で暮らしを立てるとなると、条件的にぎりぎりの、リスクの高い住処《すみか》だと言える。にもかかわらず、この島について見聞のある誰もが意外に感じるように、ヘンダーソンにもわずかながら常住人口のあったことが、ワイズラーの発掘によって判明したのだ。おそらく、生存するために極限まで努力を重ねた数十人の人々が住んでいたのだろう。その存在を証明するのは九十八点の人骨と歯で、少なくとも、成人（男女双方。なかには四十歳を超えた者もいる）が十人、十代の少年と少女が六人、五歳ないし十歳の子どもが四人いたことを示している。現代のピトケアン島民たちのあいだでも、樹木や海産食物を求めてヘンダーソン島を訪れるときには、幼い子どもを連れていかないのが習いとなっているので、特に子どもの骨が出土した点に、常住人口の存在が感じられる。

人間の生活を示すさらなる証拠は、南東ポリネシアで出土したうちでも最大級とされる貝塚だ。長さ約二百七十メートル、幅が約二十七メートルに及ぶこの巨大な貝塚は、北岸の浜辺沿い、ヘンダーソンの裾礁《きょしょう》を通る唯一の小道に面した場所に埋もれていた。何世代にもわたる食事の残骸から成る廃棄物のうち、ワイズラーと同僚たちが掘った小さな試掘坑では、膨大な量の魚の骨――約〇・五立方メートルというわずかな量の砂を試掘したところ、なんと、一万四千七百五十一点もの魚の骨が出た――に加え、数万点の海鳥（特にシロハラミズナギドリ、アジサシ、ネッタイチョウ）の骨と数千点の陸鳥（特に飛行能力のないハト、クイナ、シギ）の骨を含む、四万二千二百十三点もの鳥の骨が確認された。ワイズラーの小さな試掘坑から出た骨の数をもとに、貝塚全体の骨の数を推定してみると、ヘンダーソン島民たちが数世紀にわたって数千万もの魚と鳥の残骸を処理していたという計算になる。ヘンダーソンでは、放射性炭素法によって特定された年代のうち、人類と関わりのある最古の年代がこの貝塚で測定され、二番目に古い年代は、北岸にあるカメの営巣地で測定されている。このことから、島民たちの最初の定住地が、北野生動物を捕獲して腹を満たすことのできる場所だったとわかる。

隆起した珊瑚礁に低木が生えただけのこの島で、人々はどこに住んでいたのだろうか？　ヘンダーソン島は、ポリネシア人が居住している、あるいは居住していた島々のなかでも、通常の家屋、聖堂など、建造物の存在を示す証拠がほとんどないという点で、ほかに例のない島だ。建造物と呼べるものの痕跡は三つだけで、まず、貝塚の内部に、家屋あるいは住居の基礎部分とおぼしき敷石と柱穴がある。次に、防風用の低い壁が一枚。そして、地下の納骨所用に海岸の岩から採った石板が数枚。一方、海岸近くには、平らな床と出入口のある洞窟と岩窟の住居があり、そこでは、ひとつの例外もなく――間口三メートル弱、奥行二メートル弱で、数人が陽光から身を守るのにかろうじて間に合う程度の小さな凹所でさえ――かつて人間が住んでいたことを証明する有機堆積物が見つかった。そういう住居を、ワイズラーは十八カ所見つけている。そのうち十五カ所は、唯一の砂浜に近く頻繁に利用された北、北東、北西の岸にあり、あとの（すべて非常に狭苦しい）三カ所は、東あるいは南の崖にあった。ヘンダーソン島は、ワイズラーひとりでほぼ全部の海岸を調査できるほど小さい島なので、おそらく、発見された十八の洞窟と岩窟の住居、そして北の岸辺にある一カ所の住居が、ヘンダーソンの〝住宅〟のすべてだと思われる。

この島の北東部にあった木炭、積み上げた石、残存した作物の植生を見ると、ここで土地が焼かれたこと、その後手間をかけて小さな菜園に改造されたことがわかる。この菜園では、天然の飛び地に作物を植えることができ、さらに、地表の石を小高く積み上げて収穫高を上げたのだろう。入植者によって意図的に持ち込まれたポリネシアの作物や有用性のある植物のうち、これまでにヘンダーソン島の発掘現場で確認されたもの、あるいは現在もヘンダーソン島に自生しているものは、ココナッツ、バナナ、湿地で栽培されるキルトスペルマ類（スワンプ・タロ）、おそらくは通常のタロイモ、材木用の樹木が数種、ククイノキ（実の殻に火を点けて照明にする）、ハイビスカス（木の繊維で縄を撚る）、ニオイシュロランの低木などだ。ニオイシュロランの糖分を含む根は、他のポリネシアの島々ではふつう非常食としてのみ利用されるが、ヘンダーソン島では常食にされたらしい。葉は、衣服を作ったり、家の葺き材にしたり、食物を包んだりするのに利用されたようだ。糖分と澱粉とを含むこれらの作物は、どれも炭水化物の摂取量を引き上げることになる。ワイズラーが発見したヘンダーソン島民の歯と顎骨に、歯医者が悲鳴をあげるほどの歯周病、歯の磨耗及び欠損の痕跡があったことにも、これで説明がつきそうだ。島民の主要な蛋白源は野鳥と海産食物だったと思われるが、ブタの骨もいくつか出土しているので、機会は少ないものの、ときおりはブタを飼ったり持ち込んだりすることもあったらしい。

交易によって存続した三島

以上のように、南東ポリネシアの入植者たちは、居住できそうな島をわずかな数しか授かっていなかった。最大の人口保有力を持つマンガレヴァでは、良質な石を除いて、ポリネシアの生活に必要なものはおおむね自給できる。ほかの二島についていうと、ピトケアンは小さすぎ、ヘンダーソンは生態学的な限界点に近すぎて、わずかな人口しか保有できず、将来性のある人間社会を構築できなかった。しかも、二島そろって重要な資源が不足していた。だから、わたしたち現代人——ありとあらゆる道具と、飲料水と、海産食物以外の食糧を持たずには、週末だけでもヘンダーソンを訪れることなど想像もできない人間たち——としては、ポリネシア人たちが定住者としてこの島でどうにか生き延びたという事実を知ると、唖然とするほかはない。しかし、ピトケアンもヘンダーソンも、その弱点を補う魅力をもって、ポリネシア人たちを惹きつけた。つまり、前者には良質な石、後者には豊富な海産食物と鳥が存在した。

これら三島のあいだの交易を示す証拠が、ワイズラーの発掘によって数多く発見された。それぞれの島が、交易を通じて、自島に不足している物資を他島の余剰生産物で補っていたわけだ。交易品については、(石のように)そのもの自体が放射性炭素法に適した有機炭素に欠けていても、同一の地層から出土した木炭から放射性炭素法で年代を特定できる。そういう手順で、ワイズラーは、島同士の交易が遅くとも一〇〇〇年までに始まっていたこと、おそらくは最初の入植と同時期だったこと、交易が以後数世紀続いたことを立証した。ワイズラーがヘンダーソン島で発掘したおびただしい数の出土品は、即座に輸入品であると認められた。というのも、これらの出土品、すなわち、二枚貝の殻で作った釣り針と野菜の皮剝き器、火山ガラス製の刃物、玄武岩製の手斧と調理用の焼き石が、元来ヘンダーソン島にはない材料で作られたものだったからだ。

これらの輸入品は、どこからやってきたのだろう？　ピトケアン島にもヘンダーソン島にも棲息していない二枚貝がマンガレヴァ島では豊富であること、この貝が棲息するほかの島々がマンガレヴァ島より遠くにあることを考えれば、釣り針の材料となった二枚貝は、マンガレヴァ島から輸入されたと推定するのが妥当だろう。ピトケアン島でも二枚貝の殻製の加工品が少数見つかっており、これも同じようにマンガレヴァ島から輸入されたものと考えられる。しかし、この貝殻に比べると、ヘンダーソン島で出土した火山ガラス製の加工品は、原産地を特定するのがかなりむずかしい。なぜなら、火山ガラスは、遠方に数多くあるポリネシアの島々をはじめ、ピトケアン島でもヘンダーソン島でも採れるからだ。

そこでワイズラーは、産地の異なる火山岩を識別するための技術を開発あるいは応用することにした。火山から噴出した多種多様な溶岩のうち、玄武岩（マンガレヴァとピトケアンで産出される火山岩の種類）は化学組成と色によって区別される。とはいえ、違う島の玄武岩はもちろん、同一の島であっても、違う採石場から切り出された玄武岩は、もっと微細な項目において異なる場合が多い。例えば、主要元素（珪素とアルミニウムなど）と微量元素（ニオブとジルコニウムなど）の相対含有量などに差が出る。さらに微細な識別上の項目としては、自然界に複数の同位体（原子の質量がわずかに異なるさまざまな形）として存在する鉛元素が挙げられる。この同位体の比率も、玄武岩の産地によって異なる値を示す。組成に関するこれらの微細な特徴は、地質学者にとっては指紋のようなもので、ある石器を特定の島や採石場で産出されたものとして同定する手立てとなる。

ワイズラーは、ヘンダーソン島の発掘現場の地層を年代特定しておいて、そこから出土した何十もの石器と石の破片（おそらく石器製作の準備中か修復中に割れたもの）を対象に、まず化学組成を、次に同僚とともに鉛同位体比を分析した。比較のため、ヘンダーソン島に輸入された岩の産地として最有力候補のマンガレヴァ島とピトケアン島において、採石場の火山岩と、地表に露出している岩の分析も行なった。さらに確実を期するため、もっと遠方にあり、ヘンダーソン島の輸入先候補としては下位にあたるポリネシアの島々、すなわちハワイ、イースター、マルケサス、ソシエテ、サモア産の火山岩も分析した。

以上の分析から、明確な結論が導き出された。ヘンダーソン島で発見された火山ガラスの破片を分析したところ、すべてピトケアン島のダウンロープ採石場が産地だとわかったのだ。この結論は、破片を目視検査した時点ですでに予想されたものだった。ピトケアン産の火山ガラスの黒と灰色の斑点は、類のない独特の色合いをしているからだ。ヘンダーソン島で出土した玄武岩製の手斧と、その製作中に出たとおぼしき薄片も、大部分がピトケアン産だったが、いくつかマンガレヴァ産のものもあった。マンガレヴァ島について言うと、石の加工品に関する調査例はピトケアン島よりはるかに少ないが、明らかにピトケアン産の玄武岩で作られた手斧がいくつか出土している。これはおそらく、マンガレヴァ産の玄武岩より質が良かったせいだろう。逆に、ヘンダーソン島で出土した多孔質の玄武岩はほとんどがマンガレヴァ産だが、ピトケアン産のものも少数出ている。この手の石は、ポリネシア全体を通じて焼き石として常用されていた。これは、ちょうど現代のバーベキューで木炭を使うのと同じように、火の中で熱して調理に利用される。この焼き石らしきものがヘンダーソン島の地炉から数多く見つかり、それが加熱された痕跡をとどめていることから、推測に過ぎなかった用途が立証されることになった。

こうして、原材料と、おそらくは完成した道具についても、かつて盛んに交易が行なわれていたことが考古学上の研究で実証された。貝殻はマンガレヴァ島からピトケアン島とヘンダーソン島へ。火山ガラスはピトケアンからヘンダーソンへ。玄武岩はピトケアンからマンガレヴァとヘンダーソンへ、あるいはマンガレヴァからヘンダーソンへ。付け加えておくと、ポリネシアのブタ、バナナ、タロイモ、そのほかの主要な作物も、人類到達以前はポリネシアの島々に存在しない種だった。マンガレヴァ島がピトケアン島とヘンダーソン島に先立って入植されたという仮定――三島のうちではほかのポリネシアの島々に最も近いので、その可能性は高い――に立つと、マンガレヴァ島からピトケアン島やヘンダーソン島へ向かう舟が、不可欠の作物とブタとを持ち込んだのだろう。特に、マンガレヴァ島の植民地がピトケアン島とヘンダーソン島に築かれ始めた時期、マンガレヴァ島からの輸入品を持ち込むカヌーは、のちに永続的な命綱としての役割を果たすのに加えて、新たな植民地に入植者を送り込み、動植物を繁殖させるという点でも、いわば臍の緒のような働きをしていたのだ。

反対に、ヘンダーソン島からピトケアン島とマンガレヴァ島へ輸出されていたものについては、推測することしかできない。ヘンダーソン島には輸出するだけの価値のある石や貝殻はなかったので、その輸出品は、ピトケアン島とマンガレヴァ島の遺跡に残りにくい、腐敗しやすいものだったはずだ。有力な候補としてひとつ挙げられるのは、生きたウミガメだろう。現在は南東ポリネシアでもヘンダーソンだけに繁殖しているウミガメは、かつてポリネシア全体を通じて高級な贅沢品として珍重され、おもに首長たちの食卓に供された。当今のトリュフやキャビアのようなものだ。次の有力候補は、ヘンダーソン島のオウム、ヒメアオバト、アカオネッタイチョウから採った赤い羽根で、これもまたポリネシアでは高級な贅沢品として装身具や外套の材料に使われた。今ならさしずめ金《きん》、そして黒貂《クロテン》の毛皮に当たる。

とはいえ、今と同じく当時も、原材料、製品、贅沢品の交換だけが海上交易と海上旅行の目的ではなかったはずだ。ピトケアン島とヘンダーソン島の人口は、維持可能な上限に達したあとでさえ、それぞれ百数十人程度と非常に少なかったので、婚姻適齢期を迎えた者が自分の島で配偶者候補を見つけることはほとんどできず、また、配偶者となる島民の大半が近親相姦の禁忌《タブー》に触れる近縁者だったと思われる。したがって、マンガレヴァ島との交易は、結婚相手の交換という重要な働きも兼ねていたはずだ。さらには、人材の豊富なマンガレヴァ島から優れた技工をピトケアン島とヘンダーソン島へ招いたり、また、ピトケアン島とヘンダーソン島の狭小な耕作地で思いがけず枯れてしまった作物を再輸入したりということもあっただろう。後年の同じような例を挙げるなら、ヨーロッパの輸送船隊は、海を隔てたアメリカやオーストラリアなどの植民地にとって、入植者の輸送と動植物の繁殖はもちろん、植民地を維持していくうえでも不可欠のものだった。自給自足の萌芽があったとはいえ、アメリカとオーストラリアの植民地が発展するまでには、長い時間が必要だったのだ。

マンガレヴァとピトケアンの島民からすると、ヘンダーソン島との交易にはまた別の効用があったと思われる。ポリネシアの帆走カヌーを使った場合、マンガレヴァ島からヘンダーソン島へは四日か五日、ピトケアン島からヘンダーソン島へはほぼ一日がかりの旅になる。わたしの個人的な感覚で言うと、手製の帆走カヌーの航行距離はずっと短いものなので、転覆したり破損したりした際に命を落としかねないという恐怖が常につきまとう。だから、数日間の航海など想定外で、生死に関わる焦眉《しょうび》の用件でもないかぎり、実行しようとは思わないだろう。しかし、現代の太平洋に生きる人々は、タバコを買うだけの目的で数日間カヌーを帆走させることもある。そういう航海が、日常の一部になっているのだ。かつてマンガレヴァ島やピトケアン島に住んでいたポリネシア人たちにとって、ヘンダーソン島への一週間の旅行は楽しい遠足であり、この島に営巣するカメ、その卵、何百万羽という鳥などのご馳走を味わう晴れの機会だったのではないだろうか。特にピトケアン島民にしてみれば、普段の生活には、礁も、沿岸の穏やかな水面も、貝類の豊富な棲息地もないのだから、ヘンダーソン島が豊富な魚介類に恵まれていることはもちろん、単に海岸を散歩できるだけでも、ありがたく感じられたはずだ。この事情は現在も変わらず、バウンティ号の叛乱者の末裔たちは、みずからの小島に囚われた状態にうんざりしていて、数百キロメートル離れた珊瑚環礁の浜で〝休暇〟を過ごすチャンスがあると、即座に飛びつく。

地図を広げてみると、マンガレヴァ島がさらに大規模な交易網の中心にあったことがわかる。この中心から放射状に伸びた線のうち最短のものが、南東のピトケアン島とヘンダーソン島に至る数百キロメートルの旅程であり、最も長いものは、北北東にあるマルケサス諸島、西北西にあるソシエテ諸島、そしておそらく、真西にあるオーストラル諸島まで、それぞれ約千五百キロメートルの旅程だ。途中のトゥアモトゥ諸島に何十とある低い環礁が、長旅の中継所の役割を果たした。数千人というマンガレヴァ島の人口と比較すると、ピトケアン島とヘンダーソン島の人口が少なく思えるのと同じように、ソシエテ諸島とマルケサス諸島の人口（それぞれ約十万人前後とされる）と比較すれば、マンガレヴァ島の人口もかなり見劣りがする。

そうしたより広範囲の交易網があったという確かな証拠が現われたのは、ワイズラーが玄武岩の化学組成を調査している最中のことだった。マンガレヴァで収集した十九丁の玄武岩製の手斧を分析したところ、運よく、そのうちの二丁がマルケサスの採石場産、一丁がソシエテの採石場産のものと同定されたのだ。そのほかにも、島によって様式が異なる手斧、斧、釣り針、タコ釣りに使う擬似餌、銛《もり》、鑢《やすり》などの道具が証拠となった。島同士の様式の類似性、そして一島の道具の型が他島で模倣されていることから、特にマルケサスとマンガレヴァ島のあいだに交易があったことが証明され、また、マンガレヴァ島では、マルケサス様式の道具のなかでも一一〇〇年ないし一三〇〇年のものが大量に発見されているので、二島間の航海がこの時期に最も盛んだったことがうかがえる。

さらに、言語学者であるスティーヴン・フィッシャーの研究でも証拠が示された。フィッシャーによると、近年マンガレヴァ語として知られている言語は、もともと最初の入植者によって持ち込まれたものに由来し、その後、時を経ずして南東マルケサス（マルケサス諸島のうち最もマンガレヴァに近い場所）の言語の影響を受けて、大きく変化したという。

この広汎な交易網のなかでこれほど盛んにやりとりが行なわれた目的のひとつは、当然ながら、マンガレヴァ、ピトケアン、ヘンダーソン三島間の小規模な交易網の場合と同様、経済的なものだった。この大きな交易網内でも、おのおのの島は互いに資源を補い合っていたのだ。マルケサス諸島は、広い面積と多くの人口、良質な玄武岩の採石場を一カ所備えた〝母なる国〟だったが、潟や裾礁がないので、海産資源に恵まれなかった。〝二番目の母なる国〟マンガレヴァ島は、巨大で豊かな潟を誇る島だったが、その利点も、相対的に狭い面積と少ない人口、質の劣る石で相殺された。マンガレヴァ島の〝娘なる植民地〟ピトケアン島とヘンダーソン島には、狭小な面積と少ない人口という弱みがあったが、ピトケアン島には一級品の石が、ヘンダーソン島には一級品の珍味があった。そして、トゥアモトゥ諸島には、狭い土地しかなく、石もまったくなかったが、良質の海産食物に恵まれ、中継点として好都合な位置にあった。

ドラマの終わり――交易を絶たれた二島

南東ポリネシア内で交易が行なわれた時期は、放射性炭素法で年代特定された地層からの出土品をもとに推定できる。ヘンダーソン島の地層から出た加工品を調べたところ、交易が一〇〇〇年ごろから一四五〇年ごろまで続いていたことがわかった。しかし、一五〇〇年までには、南東ポリネシア内でも、マンガレヴァ島を中心として放射状に伸びた線上でも、交易が中止されてしまった。すでにヘンダーソン島の後期の地層には、マンガレヴァ産の貝殻も、ピトケアン産の火山ガラスも、同じく刃物の材料になる肌理《きめ》の細かい玄武岩も、マンガレヴァやピトケアン産の焼き石用の玄武岩も見当たらない。もはやマンガレヴァ島からもピトケアン島からも、カヌーがやってこなくなったのだろう。ヘンダーソン産の矮小な樹木ではカヌーを製造することができないので、数十人の島民たちは、世界で最も辺鄙で最も暮らしにくい島のひとつに囚われてしまった。そして、われわれの目には解決不能と映る問題に直面することになる。つまり、金属も石灰石以外の石もなく、どんな輸入品もまったく入手できない状況下で、隆起した石灰石の礁の上でどう生き延びるかという問題だ。

島民たちの生存策には、創意工夫の妙、切迫感、痛ましさの入り混じったものが感じられる。ヘンダーソン島民は、手斧の材料として、大型の二枚貝を石の代用品にした。

穴をあける錐《きり》の材料には、島の骨を当てた。焼き石として頼みにしたのは、石灰岩、珊瑚、大型の二枚貝の殻など、どれも玄武岩に比べて耐火性が低く、加熱後に割れやすいものばかりで、何度も再利用することはできなかった。釣り針の材料にする貝殻は、クロチョウガイの貝殻に比べてずっと小型だったので、貝殻一枚から釣り針が一本しか作れず（クロチョウガイの貝殻一枚からは十本余りの釣り針が作れる）、製作できる型も限られていた。

放射性炭素法で特定した年代によれば、ヘンダーソン島民は、マンガレヴァ島及びピトケアン島との接触が断たれて以来、右のような苦難の日々を送りながら、もともとの数十人という人口を保有し続けて、数世代、おそらく一世紀以上にわたって生き延びたと思われる。しかし、ヨーロッパ人がこの島を〝発見〟した一六〇六年には、この島の住民は存在していなかった。同年、通りがかりのスペイン船から出されたボートが着岸したが、人の姿はなかった。ピトケアンの島民はというと、少なくとも一七九〇年（バウンティ号の叛乱者たちが上陸し、島に人がいないことに気づいた年）までに――おそらく、それよりもかなり前に――姿を消していた。

なぜヘンダーソン島と外界との接触が断たれることになったのだろう？　それは、マンガレヴァ島とピトケアン島における致命的な環境の変化がもたらした結果だった。広くポリネシア全体にわたって、何百万年も無人状態で発達してきた島々に人間が入植したせいで環境が損なわれ、動植物が大量に絶滅するに至った。特にマンガレヴァ島は、森林破壊の影響を受けやすかった。その要因のほとんどが、高緯度に位置すること、火山灰と風送ダストの降下が少ないことなど、前章でイースター島について挙げたものと共通する。動植物の棲息環境は、とりわけマンガレヴァ島の小高い内陸部において激しく損なわれ、その大半は、農民が畑に植え付けを行なうために森林破壊を進めたのが原因だった。その結果、急勾配の斜面を流れ落ちる雨が表土を流し去り、剝き出しの地表で生長できる数少ない植物のひとつであるシダが、森林に取って代わって平原を作った。こうした小高い場所で起こる土壌浸食によって、かつて畑造りや樹木系の作物栽培に利用できた区域が甚大な損害を被った。カヌーの製造に適した大きさの樹木が残らなかったので、森林破壊が間接的に漁獲量も減らすことになった。一七九七年、ヨーロッパ人がマンガレヴァ島を〝発見〟したとき、島民たちが所有していたのは筏《いかだ》だけで、カヌーは一艘もなかった。

人間が多すぎて食糧が少なすぎるという状況のなか、マンガレヴァ社会は、内乱と慢性的な飢餓という泥沼にはまり込んでいった。その顚末は現代の島民たちによってもつまびらかに言い伝えられている。人々は蛋白質を求めて人肉食に走り、死んだばかりの人間の肉を貪るだけでなく、埋葬された遺体まで掘り起こしたという。残された貴重な耕作地を巡って、絶え間のない争いが続き、勝ったほうが負けたほうの土地を奪って分け合った。世襲の首長を頂く階級制の政治組織に代わって、非世襲の戦士たちが支配権を握った。島の東西に分かれたちっぽけな軍事政権同士が、差し渡しわずか八キロメートルの島の支配権を巡って戦闘を繰り広げるのは、いかにも滑稽な状況だが、事情はそこまで切迫していたわけだ。そういう政治的混乱は、それだけでも、カヌーで遠出するのに必要な人手と物資を集めたり、自分の畑をほったらかして一カ月留守にしたりすることの妨げになっただろうが、そもそもカヌーを造るための木材が払底していた。ワイズラーが手斧の材料である玄武岩を同定して実証したとおり、中心であるマンガレヴァ島の崩壊に伴って、マンガレヴァ島とマルケサス諸島、ソシエテ諸島、トゥアモトゥ諸島、ピトケアン島、ヘンダーソン島を結んでいた東ポリネシアの交易網は解体したのだった。

マンガレヴァ島に比べると、ピトケアン島の環境の変化に関する情報量はかなり少ないが、小規模ながらワイズラーの行なった発掘から、この島でも同じように著しい森林破壊と土壌浸食があったことがわかった。また、ヘンダーソン島も、人口の保有力を減じる環境被害に苦しんでいた。ヘンダーソン島では、(三種の大型のハトすべてを含め)九種の陸鳥のうち五種と、営巣する海鳥のおよそ六種の群れが絶滅した。原因となったのは、おそらく、食糧を求めての狩猟、畑を作るために島が何カ所か焼かれたこと、ポリネシア人のカヌーで〝密航〟してきたネズミによる蛮行、この三つの複合的な作用だろう。ネズミは現代でもなお、ニワトリと、生存した種の陸鳥の成鳥を捕食し続けている。これらの鳥は、ネズミのいない環境で進化したので、身を守るすべを知らないのだ。考古学上の証拠によれば、畑での耕作が始まったのは、鳥の姿がまばらになってきてからのことだった。つまり、従来の食資源が枯渇してきて、島民たちは作物に依存せざるを得なくなったのだ。ヘンダーソン島の北東岸にある後期の地層では、食用になるツノガイ類が姿を消し、同じくリュウテンサザエ科の貝が減少しているので、貝類に対しても乱獲が行なわれた可能性がある。

このように、環境被害が誘因となって、社会的かつ政治的な混乱が起こり、またカヌー用の木材が失われたその結果、南東ポリネシアの島同士の交易に終止符が打たれた。この交易が止まったことで、石器の良質な材料の供給源であるピトケアン島、マルケサス諸島、ソシエテ諸島との絆を断たれたマンガレヴァ島では、状況がいっそう悪化した。ピトケアン島とヘンダーソン島の住民たちには、もっと苛酷な結末が待っていた。このふたつの島では、最終的に誰ひとり生き残ることができなかったのだ。

ピトケアン島とヘンダーソン島で起こった社会の消滅は、少なくとも部分的に、マンガレヴァ島との臍の緒が断たれたことに起因している。ただでさえ困難なヘンダーソン島の生活は、輸入に頼りきっていた火山岩をすべて失ったことで、さらにきびしいものになったはずだ。何か大きな災厄に見舞われて、島民全員が一度に命を落としたのだろうか？　それとも、徐々に人口が減っていき、最後のひとりは、何年も追想に浸りながら過ごしたのだろうか？　後年の実話として、ロサンゼルス沖のサンニコラス島に住んでいたアメリカ先住民たちが同じような運命に見舞われ、人口が減少したあげく、最後にひとり残された女性が、完全な孤独のなかで十八年を生き延びたことがある。ヘンダーソン最後の島民たちは、もしかすると幾世代かにわたって、もう訪れることのないカヌーの姿を波間に探し求めながら、その記憶すら薄れてしまうまで、浜辺で長い時間を過ごしたのだろうか？

ピトケアン島とヘンダーソン島において、人々の暮らしの灯火《ともしび》がどのように燃え尽きたのか、詳細はいまだ不明だが、この謎に包まれたドラマは、わたしの心を捕らえて放さない。わたしは、ほかの孤立した社会での実例をいくつか手引きにしながら、頭の中でこのドラマの終幕をあれこれと思い描いてみる。全島民が移住もかなわない状況へ同時に追い込まれたとすると、互いに距離を置いたくらいでは、敵との緊張関係が緩むことはないだろう。そういう緊張が高まってくると、いきなり殺戮の危機に立ち至っても不思議はない。実際、ピトケアン島にあったバウンティ号の叛乱者たちの入植地も、そうやって全滅しかけたことがある。マンガレヴァ島、イースター島、そして、アメリカ人にはもっとなじみのあるカリフォルニアのドナー隊（訳註・一八四六年、カリフォルニア入植をめざした一団がシエラネバダの冬山越えの際に遭難した事件）の例のように、食糧不足が人肉食へと向かい、否応なく殺人行為へつながることもあっただろう。場合によっては、自暴自棄に陥った人々が大量殺人に走ることもある。最近では、カリフォルニア州サンディエゴ近くで〈天国の門〉というカルト集団のメンバー三十九人が、この道を選んでいる。また、別の場合には、自暴自棄が狂気への傾きを持つこともあるだろう。ベルギーの南極探検隊の船が一八九八年から一八九九年にかけて一年以上氷河に囚われたとき、隊員たちを襲った悲運がまさにそうだった。さらに別の破滅的な終幕は、餓死かもしれない。例えば、第二次大戦中にウェイク島に取り残された日本の駐屯隊が、そういう運命に見舞われた。また、旱魃、台風、津波などの環境災害が、悪化した状況にとどめを刺したことも考えられる。

ここから、わたしの思考は上向きに、もっと穏やかな終幕を描き始める。ピトケアン島とヘンダーソン島では、数世代にわたる孤立状態が続いたのち、この微小な社会を構成する数十人ないし百人の住民がひとり残らず血縁者同士となって、近親婚の禁忌を犯さずには縁組みができなくなったのではないか。だとすれば、カリフォルニアのヤヒ・インディアン最後の末裔である有名なイシと三人の仲間たちのように、子をもうけるのをやめて、ただ共に老いていったのかもしれない。少ない人口で近親婚のタブーを無視し、近親交配を行なった場合、先天性の身体異常が急増する可能性もある。マサチューセッツ州沖合のマーサズヴィニヤード島や、大西洋の孤島であるトリスタン・ダ・クーニャでは、聴覚障害が発生したという例がある。

ピトケアン島とヘンダーソン島のドラマが、現実にどんな経緯をたどって幕を下ろしたのか、われわれには永遠にわからないかもしれない。しかし、厳密な詳細はともかく、この物語の大筋が示すものははっきりしている。マンガレヴァ島、ピトケアン島、ヘンダーソン島の住民たちは、いずれもみずからの環境に甚大な被害を与え、みずからの生活に必要な資源の多くを破壊してしまったのだ。マンガレヴァ島は人口の大きさを利して、慢性的な悪条件と著しい生活水準の低下を乗り切ることができた。しかし、ピトケアン島とヘンダーソン島の住民は、ごく初期のうちから、それも環境被害が累積する以前から、農産物、技術、石、貝殻などを輸入に頼り、マンガレヴァ島という母集団の人材に依存し続けていた。マンガレヴァ島が衰退し、輸出を継続する力を失ってしまうと、ピトケアン島とヘンダーソン島に生き残った最後の人々は、最大限の壮烈な努力をもってしても、その窮状をしのぐことはできなかった。もし読者のなかに、これらの島々は時空両面であまりに遠すぎて、現代社会との関連を見出せないというかたがいるなら、現代のグローバル化の拡大と、全世界における経済的な相互依存性の増大について、(利点と同様)リスクの面から考えてみてほしい。経済的に重要でありながら、生態学的な脆弱さをかかえた数多くの区域(例えば石油の産地)が、他の区域の生活に影響を及ぼしてはいないだろうか。マンガレヴァ島がピトケアン島とヘンダーソン島に影響を及ぼしていたように。

第4章

古《いにしえ》の人々——アナサジ族とその隣人たち

砂漠の農夫たち

社会機能が崩壊した例として、本書で取り上げるもののうち、最も僻地にあるのが前章に挙げたピトケアン島とヘンダーソン島であり、その対極にあるもの、つまり、アメリカ人にとって最も身近なのが、チャコ文化国立歴史公園とメサ・ヴェルデ国立公園にあるアナサジ遺跡だ（279頁写真9・291頁写真10参照）。前者はアメリカ南西部ニューメキシコ州の州道五七号線沿い、後者は国道六六六号線の近くに位置し、双方とも、ロサンゼルスのわたしの家から千キロメートル足らずの距離にある。アナサジ遺跡をはじめとする古代アメリカ先住民の遺跡は、次章の主題となるマヤの都市と同様、観光地として人気が高く、現代先進国の人々が毎年何千人も訪れる名所となっている。初期アメリカ南西部文化のひとつであるミンブレも、美術品蒐集家たちに人気のある文化で、幾何学模様と写実画が描かれた土器の美しさには定評がある。この独自の伝統美を創り出したのは、人口四千人そこそこの社会で、その人々は、わずか数世代の最盛期を迎えたのちに、忽然と姿を消した。

これらアメリカ南西部の社会はいずれも、数百万規模の人口を誇るマヤの都市社会に比べ、はるかに小さい数千人という規模で営まれていた。当然ながら、マヤの都市のほうが面積もずっと大きく、王朝を頂く階層社会のきびしさや、そこから生み出された史跡と美術品の豪華さの面でも、アメリカ南西部を凌駕しており、さらには文字体系も整っていた。しかし、アナサジ族も、石造りのみごとな建築物を残しており、それらは、一八八〇年代のシカゴに鋼鉄製の梁を使った高層ビル群が出現するまで、規模も高さも北米大陸最大を誇っていたのだ。マヤとは違い、碑文の年代を精確に特定できるだけの文字体系は持たないものの、後述するように、アメリカ南西部文化の建築物の多くは一年以内の誤差で年代を特定でき、これらの社会の歴史については、イースター島、ピトケアン島、ヘンダーソン島より、はるかに精度の高い年表に沿った解析が可能になる。

アメリカ南西部については、単一の文化と崩壊だけでなく、一連の文化と崩壊とを全体的に扱いたいと思う（277頁の地図参照）。南西部の文化には、区域特有の崩壊を遂げたものや、めざましい再興を果たしたものがあり、また、異なる場所で異なる年代に遺棄されたものとしては、一一三〇年ごろのミンブレ、十二世紀中期もしくは後期のチャコ峡谷《キャニオン》、北部ブラック・メサ、ヴァージン・アナサジ、一三〇〇年ごろのメサ・ヴェルデとカイエンタ・アナサジ、一四〇〇年ごろのモゴヨン、そして、精巧な灌漑農業施設でよく知られ、おそらく十五世紀までは継続したホホカムなどが挙げられる。コロンブスが新大陸を発見する一四九二年までに、そういういくつもの急激な変遷を経ながら、アナサジ文化は人間とともに消え去りはしなかった。アメリカ南西部の先住民社会のなかには、プエブロ一派のホピ族とズニ族のように、アナサジの末裔を部分的に受け入れ、今日まで根強く存続しているものもある。互いに近接したこれだけの数の社会が、これだけの衰退や急変に見舞われた理由はどこにあるのだろう?

一元的な解釈では、環境被害、旱魃、あるいは武力闘争と人肉食がよく引き合いに出される。実際のところ、アメリカ南西部の先史という分野に一元的な解釈で切り込んでも勝算はない。そこには多種多様な要因が作用しているが、それらはすべて、ある根源的な問題に還元できる。すなわち、この地域が、現在の世界の大部分と同じく、農業を営むには脆弱かつ限界に近い環境にあるという問題だ。アメリカ南西部では、降雨が少ないうえに予測不能で、土壌がすぐに痩せてしまい、森林の再生率が非常に低い。環境問題、特に大規模な旱魃と河床浸食が、人間の寿命や口承の持続期間よりはるかに長い間隔で再発する。そういう深刻な難題をかかえながら、アメリカ南西部の先住民たちが複雑な農業社会を発達させたのは、感嘆すべき偉業だと言っていい。現在この区域の大半で、食糧を自給している住民数がアナサジ時代よりはるかに少ないという事実は、そ

アナサジ遺跡

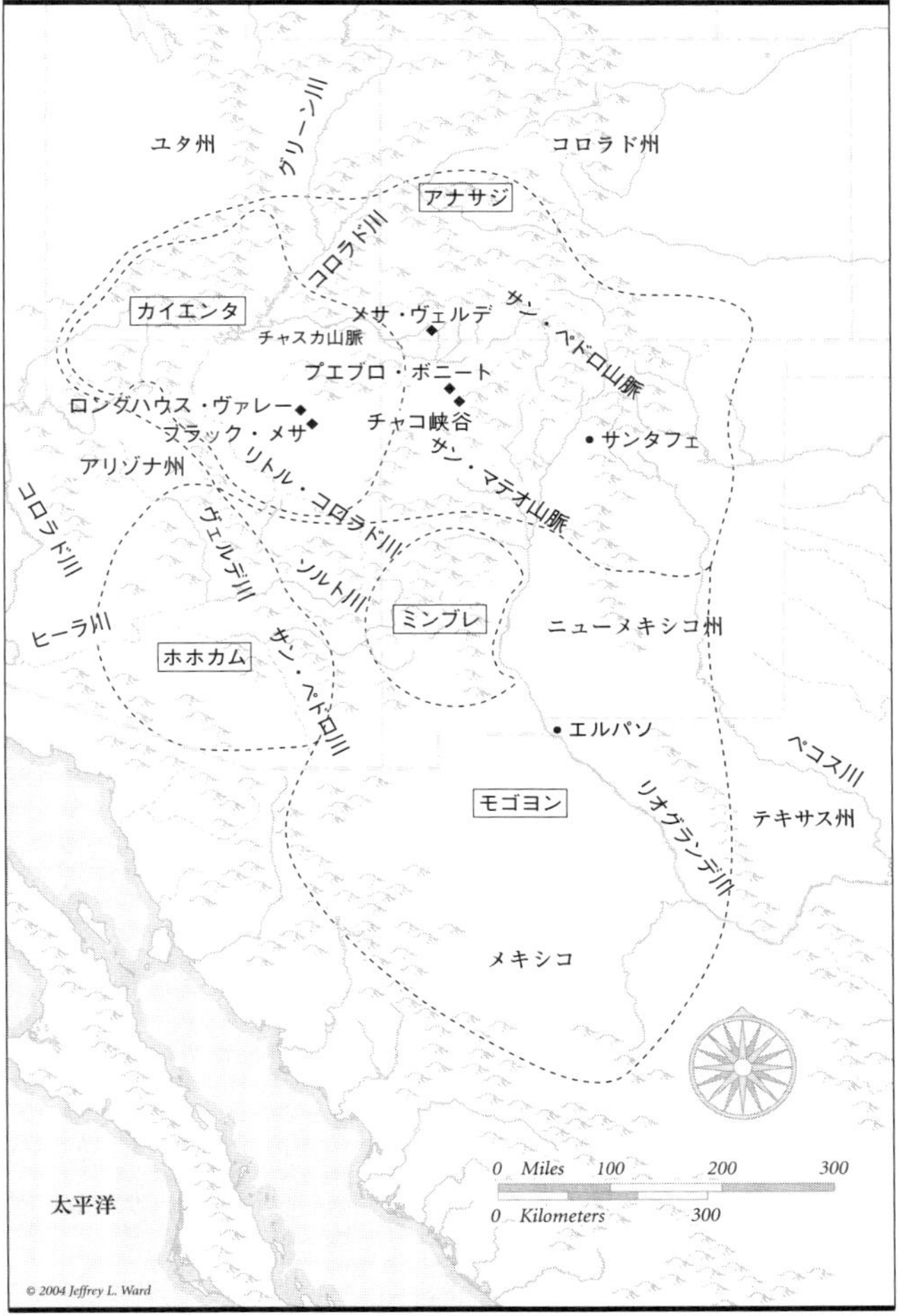

ユタ州
グリーン川
コロラド州
アナサジ
コロラド川
カイエンタ
メサ・ヴェルデ
チャスカ山脈
サン・ペドロ山脈
プエブロ・ボニート
ロングハウス・ヴァレー
ブラック・メサ
チャコ峡谷
サンタフェ
アリゾナ州
リトル・コロラド川
サン・マテオ山脈
コロラド川
ヴェルデ川
ソルト川
ミンブレ
ヒーラ川
ニューメキシコ州
ホホカム
サン・ペドロ川
エルパソ
ペコス川
モゴヨン
リオグランデ川
テキサス州
メキシコ
0 Miles 100 200 300
0 Kilometers 300
太平洋
© 2004 Jeffrey L. Ward

の証しだろう。わたしは、往時のアナサジの石造りの家、ダム、灌漑施設の名残が点在する砂漠地帯を車で走り抜けながら、ほんのわずかな人家以外ほとんど何もない風景を目にしたときの感動を、今もって忘れない。アナサジの崩壊、その他の南西部社会の崩壊からは、興味深い物語だけでなく、本書の目的に照らしても有益な物語が読み取れる。つまり、われわれが主題に掲げる人為的な環境侵害、重複し合う気候変動、武力闘争を誘発する環境問題と人口問題、輸出入に依存した複雑な非自立型社会の強みと危険性、人口と勢力が頂点に達したあと急速に崩壊する社会のありようなどを、鮮やかに描き出してくれるのだ。

年輪年代法が歴史を再現

アメリカ南西部の先史時代に関しては、詳細な情報が明らかにされている。というのも、この区域を研究する考古学者たちには、有利な点がふたつあるからだ。ひとつは、モリネズミの廃巣を分析する方法。これによって、対象となる廃巣から数十メートル以内、算出した年代から数十年以内の範囲で、そのときその場所に生育していた植物を事実上のタイムカプセルに封じ込めた形で入手できる。古生物学者たちは、特定の場所における植生の推移を再現することができるわけだ。もうひとつは、遺構の梁材に使われた樹木の年輪から、その遺構の年代の近似値を算出する方法で、これを使えば、よその

写真９　プエブロ・ボニートの衰退で不毛の地となったチャコ峡谷を空撮。プエブロ・ボニートは峡谷最大のアナサジ族居住地で、建物の高さは5〜6階に及んだ

遺跡で利用される放射性炭素法、つまり、五十年ないし百年の誤差がつきものの方法に頼らずにすむ。

年輪を利用した年代測定の前提条件となるのは、南西部の降雨と気温が季節によって異なり、それゆえ樹木の生長率も季節によって異なることで、これは温帯であればほかの場所でも同じ条件が当てはまる。温帯の樹木は、熱帯雨林の樹木がほぼ休みなく生長するのと違って、毎年、年輪を上重ねする形で太くなるのだ。とはいうものの、年輪を研究する場としては、温帯にあるほかの大半の場所よりも、アメリカ南西部のほうが適している。南西部の乾燥した気候のおかげで、一千年前に切り倒された樹木が試料であっても、遺構の梁がきわめて良好な保存状態にあるからだ。

科学者のあいだで年輪年代法《デンドロクロノロジー》（由来はギリシア語のデンドロン＝樹木、クロノス＝時間）として知られるこの年代測定法が、どのように用いられているかを説明しよう。今、あなたが一本の木を切り倒したとする。単純にいえば、木の外側（今年生長した分）から内側に向かって年輪を数えたとき、いちばん外から中心に向かって百七十七番目の年輪は、二〇〇五年から百七十七を引いた年、つまり一八二八年にできたものということになる。しかし、古代アナサジの梁材を相手に、特定の年輪に年代を当てはめる場合、そう単純にはいかない。まず第一に、その建材が切り出された年がわからないからだ。とはいえ、木の生長を示す年輪の幅には、毎年の降雨や旱魃の状況によって年ごとにばらつきが出る。だから、木の断面に表われた年輪の配列は、かつて無線通信に使用されたモールス符号の通信文のような状態になる。モールス符号で「トン・トン・ツー・トン・ツー」なら、年輪の列では「広い・広い・狭い・広い・狭い」という具合だ。実際には、年輪の配列のほうが、モールス符号より情報の分析にも役立つし、含まれる情報量も多い。モールス符号が「トン、ツー」の二種類しか選択できないのに対して、樹木には異なる広さのさまざまな年輪があるからだ。

年輪の専門家（年輪年代学者）たちは、切り倒された年代が新しくて明確な樹木と、過去さまざまな年代に切り倒された年代不明の梁材の双方から、広い年輪と狭い年輪の配列を取り出して記録する。次に、異なる試料から採った年輪のうち、共通する特徴を持つ広／狭の配列を合致させて並べる。例えば、今年（二〇〇五年）切り倒した木が、樹齢四百年（年輪の数が四百）とわかっていて、一六四三年から一六三一年にさかのぼる十三年間に、五つの広い年輪、ふたつの狭い年輪、六つの広い年輪というひと続きの特徴を持っていたとしよう。これと共通するひと続きの特徴が、切り倒された年代が不明、樹齢三百三十二年という梁材のいちばん外側から七年目の場所にあった場合、この古い梁材が一六五〇年（一六四三年の七年後）に切り倒されたこと、一三一八年（一六五〇年の三百三十二年前）に生長し始めたことが推定できる。次に、この一三一八年から一六五〇年まで生きた樹木の梁材と、もっと古い梁材を何本か並べ、前と同じように年輪の配列が合致するものを一本見つけて、その配列から、この梁材が一三一八年以降に切り倒されたこと、一三一八年以前のある時点で生長し始めたことがわかる……こうして年輪の記録はさらに遠い過去へと広がっていく。以上のような方法で、年輪年代学者たちは、時流を何千年もさかのぼった年輪の記録を世界各地で作成している。気候のパターンも、それに伴う木の生長のパターンも、場所によって異なるので、そういう年輪の記録は、同じ気候条件に属する区域内であれば転用が利く。例えば、アメリカ南西部で基本とされる年輪年代法なら、北メキシコからワイオミングに至る区域に（多少のばらつきはあるが）適用できる。

年輪年代法の余得として、特定の年における降雨量と降雨の時期が、年輪の広さと構造に反映されるという点が挙げられる。したがって、年輪の調査の結果から、過去の気候を再現することができる。例えば、連続した広い年輪は湿潤な数年間を表わし、連続した狭い年輪は長期の旱魃を表わす、という具合だ。このように、アメリカ南西部を研究する考古学者たちは、年輪のおかげで、ほかに例のないほど正確な年代特定ができ、さらに、環境に関しても、ほかに例のないほど詳細な情報を年代別に入手できるという恩恵に与っている。

農業戦略——水の確保をめぐって

初めて米大陸に足を踏み入れ、狩猟採集民として暮らし始めた人々は、紀元前一万一〇〇〇年ごろにはアメリカ南西部に到達していたが、アジアから新大陸に向かう移住の動きがこの地に達したのは、それ以前だった可能性もある。いずれにしろ、その人々が、現代のアメリカ先住民の祖先にあたる。アメリカ南西部で土着の農業が発展しなかったのは、栽培品種化しやすい原生植物と家畜化しやすい動物の種が乏しかったせいだ。その分を補ったのが、メキシコで栽培品種化されたトウモロコシ、カボチャ、マメ、その他多くの作物で、トウモロコシは紀元前二〇〇〇年までに、カボチャは紀元前八〇〇年ごろに、マメはその後に、綿花は四〇〇年になってようやく流入してきた。また、家禽としてシチメンチョウも飼われていた。シチメンチョウについては、初めにメキシコで家禽化されたあとアメリカ南西部に広まったのか、その逆なのか、あるいはそれぞれの地で独自に家禽化されたのか、今も議論が続いている。もともとアメリカ南西部の先住民たちは、狩猟採集型の生活の一部として農業を採り入れた。これは十八世紀及び十九世紀に生きた現代のアパッチ族にも同じことが言える。アパッチ族は、植物の生長期になると定住し、作物を植え、収穫を行ない、残りの季節には各地を移動しながら狩猟採集民として暮らしていた。すでに西暦一年までには、先住民の一部が村落を作って定住し始め、側溝を利用した灌漑農業を生活の中心に据えるようになった。以来、人口が激増して一帯に広がり続け、一一一七年ごろようやく減少に転じた。

農業については、新たな型のものが少なくとも三つ現われた。これらはすべて、アメリカ南西部がかかえた根源的な問題を解決するべく、それぞれに発案されたものだ。南西部の大半の環境下では、降雨量が非常に少なく予測不能なので、現在でも、農業はごく小規模にしか営まれていない。そういう環境に置かれた場合、作物の栽培に足るだけの水をどうやって調達するかが問題となる。三つのうちの一番目は、いわゆる乾燥地農業で、これは通常より海抜の高い場所の降雨に依存する。現実に高地にはじゅうぶんな降水量があり、雨が降った場所では作物の生長が促進される。二番目の型は、地上にじかに降る雨には頼らないが、そのかわり、地下水位が地表近くにあって、植物がそこに根を下ろせるような場所に限って採用される。この方法が実際に行なわれた場所は、チャコ峡谷のように、間欠河川や恒常河川、浅い沖積層の地下水がある峡谷の谷床だった。三番目は、特にホホカムとチャコ峡谷で実践されたもので、流出雨水を側溝や水路に集めて農地に水を引く方法だ。

南西部で作物栽培に足る水を得る方法はこの三つの型に分かれたが、人々は、これらの方法を適用するにあたり、それぞれの土地に独自の新たな戦略を用いて試行を重ねた。この試行期間はほぼ千年に及び、その多くは数世紀にわたって継続されたが、最終的には、ひとつを残してすべての戦略が、人為的な侵害や気候変動による環境問題に屈することになる。それぞれの選択肢に、それぞれ異なるリスクがあったのだ。

戦略のひとつは、モゴヨン族、メサ・ヴェルデの人々、プエブロ第一期として知られる農業の初期段階にあった人々のように、降雨量の多さを求めて、通常より海抜の高い場所に住むというものだ。しかし、この戦略には、海抜が高くなれば気温が低くなるというリスクがあり、特に低温の年には、寒さのため作物がまったく育たなかったと考えられる。この対極に当たるのが、通常より温暖な低地で営農する戦略だが、海抜の低い土地では、降雨量が不足して乾燥地農業はできない。ホホカムの人々は、この問題を克服するために、ペルーを除く南北米大陸で最も広範囲に及ぶ灌漑施設を敷設した。長さ約二十キロメートル、深さ約五メートル、幅約二十五メートルの主流から、全長数百キロメートルの支流へと枝分かれしたものだ。しかし、灌漑にはリスクが伴う。人間の手で側溝と水路を掘った場合、暴風雨による突発的な激しい流水が、側溝と水路を深く掘り下げて、アロヨと呼ばれる深い涸れ谷を作り出すことがある。アロヨの内部では、水位が地面より低い位置に落ち込んでしまうので、ポンプなしでは灌漑ができない。また、灌漑には、特に激しい雨や洪水がダムや水路を流し去るという危険性もある。結果的にホホカムの人々がそのような事態に巻き込まれた公算は大きい。

また、これよりも無難な戦略として、信頼度の高い湧き水と地下水のある区域だけに作物を植えるというものがある。ミンブレの民と、チャコ峡谷におけるプエブロ第二期として知られる農耕段階にあった人々が、当初この方法を採り入れた。ところが、その後数十年にわたって湿潤期が続くうちに、その恵みに味を占めた人々は、危険を顧みることなく、もっと信頼度の低い湧き水や地下水しかない限界地にまで農業を拡大していった。このあと、気まぐれな気候がふたたび乾期に入ったとすれば、これらの限界地で人口を増やした住民たちがふと気づいたときには、作物の栽培もかなわず、飢餓が迫っているという状況だったと思われる。実際に、そういう非運がミンブレの民の身に降りかかった。ミンブレの民は、無難な策を採って氾濫原で農業を開始したが、その後、氾濫原で維持できる人口が飽和状態に達すると、氾濫原上方の隣接地で耕作を始めた。気候が湿潤期にあり、食糧需要の半分を氾濫原以外の場所で調達できるあいだは、この賭けもうまくいっていたが、ふたたび旱魃が起こったときには裏目に出た。すでに人口は氾濫原で維持できる数の二倍に膨れ上がっていて、逼迫したミンブレ社会は、突然の崩壊に見舞われることになった。

もうひとつの戦略は、ある区域に数十年だけ居住して、そこの地力を使い切り、獲物を狩り尽くしたあとは他の区域に移住するというものだ。この方法は、人口密度が低い状態で生活しているうちはうまく機能する。移住先となる空き区域も数多くあり、また、それまで領有していた区域をじゅうぶん休ませて、植生と地力が回復するのを待つこともできる。もちろん、現在人目を引く大規模な遺跡、例えば、チャコ峡谷のプエブロ・ボニートのような場所には、数世紀にわたって常に人が住んではいたが、アメリカ南西部の遺跡の大半について言うと、実際に人が住んでいた期間はわずか数十年に過ぎない。人口密度が高くなってくると、つまり、どこも人でいっぱいになり、移住先となる空いた土地がなくなってしまうと、短期居住のあとに移住するというこの方法は実効性を失うのだ。

さらに別の戦略では、局地的な降雨量の予測が立たない状態で、多くの場所に作物を植え付けておき、実際にじゅうぶんな降雨があって豊作に恵まれた場所から収穫したあと、その一部を、同年降雨に恵まれなかった場所の住民に再分配する。これは、チャコ峡谷で最終的に採用された方法のひとつだった。しかし、このやりかたにもリスクはある。再分配にあたって、個々の場所の行動を統制するために、複雑な政治制度と社会制度が必要になること、そして、その制度が崩れようものなら、多くの人間が飢える結果になるということだ。

残された戦略は、耕作と生活の場を、恒常的な水源か信頼度の高い水源の近く、それも主要な放水路の上方にある段丘に求めることで、激しい洪水により農地や集落が流されるリスクを回避するやりかただ。さらに、多角的な経済運営、生態学的に多様な土地利用によって、各居住地が自給自足できるようにする。この解決策を採用したのは、現在アメリカ南西部に住むプエブロ一派のホピ族並びにズニ族の祖先たちだ。現代のホピ族とズニ族のなかには、周囲のアメリカ社会の浪費ぶりを見て、首を振りながらこう言う者がいる。「われわれは、あなたたちよりはるか昔にこの地にやってきた。あなたたちがこの地を去ったはるかあとまで、わたしたちはここにいるだろう」

以上のような新型の解決策にも、共通する不可避のリスクがある。それは、適切な降雨や適度に浅い地下水に恵まれて豊年が続いた結果、人口が増大し、社会の複雑さと相互依存度が高まって、もはや土地ごとの自給自足が続けられなくなるかもしれないということだ。この段階に至った社会は、かつてもっと人口が少なく、相互依存度が低く、自給自足率が高かったころには、凶年続きの状況にも対処していたというのに、その同じ状況に対処することができず、その後に再興を果たすこともできない。これから述べるように、そういう窮地に追い込まれた結果、ロングハウス・ヴァレーにおいて、また、おそらくは他区域においても、アナサジの居住生活は終焉を迎えたのだ。

モリネズミとチャコ峡谷の環境問題

居住地が遺棄された事例のうち、研究対象としていちばん人気を集めているのは、最も人目を引く最大規模の遺跡群、すなわち、ニューメキシコ州北西部のチャコ峡谷にあるアナサジ遺跡だ。チャコのアナサジ社会は、六〇〇年ごろから五世紀以上にわたって栄え、一一五〇年から一二〇〇年のあいだのどこかの時点で姿を消した。複雑に組織化され、地理的にも勢力範囲が広く、地域一帯を統合していたこの社会は、コロンブス発見以前の北米大陸において、最大の建築物を造り上げていた。現在のチャコ峡谷を見渡すと、不毛で樹木のないイースター島よりさらに不毛で樹木のない風景が広がり、その深く刻まれたアロヨと、耐塩性の低木が散在する貧しい植生とともに、訪れた者を唖然とさせる。なにしろ、国立公園局の監視員の住居が数戸あるだけで、あとは完全な無人状態なのだ。こういう荒地に、誰がなぜ、先進型の都市を築き上げたのだろう？　そしてなぜ、そこまでしておきながら、その都市を遺棄したのだろう？

六〇〇年ごろ、アメリカ先住民の農民たちがチャコ峡谷一帯に移住してきた当初は、同時期に南西部で暮らしていたほかのアメリカ先住民たちと同じく、地中の竪穴式住居に住んでいた。七〇〇年ごろ、南に約千五百キロ離れたメキシコでは、ほかのアメリカ先住民たちが石造建築物を建てていたが、チャコのアナサジ族は、その人々と交流することなく、独自に石造建築の技術を考案した。最終的には、粗石を芯にして、切り出した石板で外装を仕上げる工法を完成させる（291頁写真11参照）。当初、これらの建築物は一階建てでしかなかったが、のちにプエブロ・ボニートと呼ばれるチャコ最大の遺跡は、九二〇年ごろに二階建てになり、その後二世紀を経て、六百の部屋数を持つ五階建てないし六階建ての建物となる。屋根を支える梁材には、最長約五メートル、最大重量約三百キログラム強の丸太が使われた。

建設技術において、また政治及び社会制度の複雑さにおいて、アナサジの全居住地のなかで、なぜチャコ峡谷が他を凌駕したのだろうか？　考えられる理由として、チャコ峡谷の環境的な利点がいくつか挙げられる。当初、この峡谷は、ニューメキシコ州北西部のなかで、利便性の高い環境上のオアシスともいうべき土地だった。側面にある多数の水路からも広い高台からも雨水が流出して狭い谷間に集まり、沖積層の地下水位が高くなるので、他の区域とは違って、局地的な雨に頼らずに農業を営むことができ、また、この流出雨水のおかげで、地力の回復率も高かった。さらに、峡谷内部の居住可能な区域が広く、半径約八十キロ以内であれば、このような乾燥した地域であるにもかかわらず、かなりの人口を維持できる。チャコ一帯は、有用性の高い原生植物や野生動物の種が豊富で、また、海抜が低めなので作物の生長期が長い。初めのうちは、近隣にあるピニヨンマツとビャクシンの森林地帯が、建材と薪の供給源だった。最も初期の屋根の梁材は、南西部の乾燥した気候のおかげで良好な保存状態にあり、その年輪から、地元で手に入るピニヨンマツと同定され、さらに、初期の炉床に残された薪が、地元で手に入るピニヨンマツとビャクシンと同定された。アナサジの食生活は、おもに栽培したトウモロコシ、いくらかのカボチャとマメに依存していたが、すでに考古学調査の初期段階で、マツの実（七五パーセントが蛋白質）などの原生植物が大量に消費され、頻繁にシカ狩りが行なわれていたことも判明している。

チャコ峡谷に与えられたこれらの有利な条件も、南西部の環境の脆弱性により、おも

写真10　チャコ峡谷のアナサジ族居住地を近距離から撮影

写真11　アナサジ族住居の戸口。粗石を芯にして石をはめ込む（接合剤を使用しない）建築技術を備えていたのがわかる

にふたつの不利な条件で相殺されることになった。ひとつは、水の管理の問題だ。当初は流出雨水が平らな谷床一面を広く覆っていたので、雨水そのものと、沖積層の地下水位の高さが、ともに氾濫原の農地を潤していたものと思われる。アナサジの人々が灌漑のために水の流れを河床に向け始めた結果、流出雨水が川床に集中したこと、また、植生を除去して農地に変えたこと、このふたつが自然の営為と相まって、九〇〇年ごろには深いアロヨが形成され、水面が地表より低くなってしまって、もはや灌漑農業も、地下水を利用した農業も、アロヨがふたたび埋まるまでは不可能になった。このようなアロヨの下方浸食は、思いがけず急激に進むことがある。例えば、一八八〇年代後半、トゥーソンのアリゾナシティで、アメリカ人入植者たちが、浅い地下水面を堰き止め、その水を下流の氾濫原に流すため、いわゆる〝法肩《のりかた》排水溝〟を掘ったことがあった。運悪く、一八九〇年の夏に大雨が降って洪水が起こり、排水溝の法肩（訳註・盛り土や切り土などで造った傾斜面の上端）が崩れると、アロヨが形成され始め、わずか三日間で十キロメートルほど上流まで広がり、トゥーソン付近の氾濫原は切り刻まれた状態になって、農業に利用することができなくなった。初期の南西部アメリカ先住民社会でも、おそらく同じような法肩側溝が試されて、同じような結果に見舞われたのだろう。チャコに住むアナサジ族は、峡谷のアロヨ問題を解決するべく、さまざまな対策を講じた。例えば、中心となる峡谷より海抜の高い側峡谷の内部にダムを造り、雨水を貯める。その雨水を灌漑できるように、耕地の配列を整える。両側峡谷にかかる北壁の崖の頂から流れ落ちる雨水を貯めておく。中心となる峡谷に岩でダムを架ける、などだ。

もうひとつ、水の管理以外の主要な環境問題は、森林破壊に関わるもので、これはモリネズミの廃巣を分析する技術によって明らかにされた。（数年前のわたしのように）モリネズミを見たことがないかたは、その廃巣がどんなものかわからず、また、それがアナサジの先史時代とどう関わるのか、まったく想像がつかないだろう。そこで、廃巣分析について、ここで速習しておこう。一八四九年、腹をすかせた採金者たちが、ネヴァダの砂漠地帯を横断中、ある断崖でキャンディのような輝く球状のものがあるのに気づき、それを舐《な》めたり食べたりしたところ、味は甘いのだが、あとで吐き気を覚えた。結局、その球状のものは、モリネズミと呼ばれる小型の齧歯《げっし》類の排泄物が硬化したものだとわかった。モリネズミは、身を守る巣作りの材料として、小枝、植物のかけら、近くにある哺乳動物の糞と食べかす、放置された骨、そしてみずからの糞便を利用する。トイレの躾《しつけ》を受けていないこのネズミたちが、巣の中で小便をすると、その尿が乾くにつれ、糖分などの成分が結晶化して、堆積物を煉瓦なみの硬さに固めてしまう。つまり、採金者たちは、事実上ネズミの尿入りの糞と食べかすを口にしたことになる。

生来モリネズミは、巣の外にいるあいだ、手間を減らすため、そして捕食動物に捕まるリスクを最小限に抑えるため、巣から数十メートル以内の場所でしか植物を集めない。

数十年経つと、このネズミの子孫たちは、古い巣を遺棄して新たな巣を作るために移動するが、古い巣の中の物質は、結晶化した尿のおかげで腐らずに残る。古植物学者たちは、そういう廃巣から、尿の外殻に覆われた何十種もの植物の化石を取り出して同定し、ネズミたちが巣作りをした時期の植生を断片的に復元することができ、動物学者たちは、昆虫と脊椎動物の化石から、動物相を部分的に復元することができる。実際、モリネズミの廃巣は、古生物学者にとって理想的な研究対象といえる。なにしろ、この廃巣は、採取地点の数十メートル以内、数十年以内の植生を試料としてひとまとめに保存したタイムカプセルそのものであり、年代も放射性炭素法で特定できるのだ。

一九七五年、古生態学者のフリオ・ベタンクールは、観光客としてニューメキシコ州を車で通過しているときに、たまたまチャコ峡谷を訪れた。そして、プエブロ・ボニート周辺の樹木のない風景を見下ろしながら、こう自問した。「まるで、疲弊したモンゴルの草原みたいだ。ここに住んでいた人々は、どこで材木と薪を手に入れたんだろう?」。この遺跡を研究する考古学者たちも、長いあいだ同じ疑問に頭を悩ませていた。三年後、フリオは、まったく関係のない理由で、友人からモリネズミの廃巣研究について助成金申請書を書くよう頼まれたとき、瞬間的な閃きを感じて、プエブロ・ボニートを初めて見たときの疑問を思い出した。さっそく廃巣の専門家であるトム・ヴァン・ダヴェンデールに連絡したところ、トムがすでにプエブロ・ボニート付近の国立公園局のキャンプ場で廃巣を採集していることが確認できた。その廃巣のほぼすべてに、ピニヨンマツの針状葉が含まれていたという。現在そのマツは、どういうわけか、採取地点から数キロメートル以内の範囲にはまったく生えていないというのに、プエブロ・ボニートの建築の初期段階で屋根の梁材に使用されており、同様に、炉床及びごみの堆積物中の木炭も、大半がこのマツだった。トムとフリオは、これらの廃巣が、近隣にマツが生えていたころの古いものに違いないと気づいたが、どの程度古いものかは見当もつかず、ことによると一世紀くらい前のものかもしれないと考えた。そこでふたりは、これらの廃巣の試料を放射性炭素法で測定させた。放射性炭素法の研究室から出された年代を聞いて、ふたりは愕然とした。廃巣の多くが、一千年以上前のものだったからだ。

　この思いがけない記録が火付け役となって、にわかにモリネズミの廃巣の研究が盛んになった。現在は、南西部の乾燥した気候のもとでは廃巣の腐敗がきわめて緩慢に進むことがわかっている。張り出し《オーバーハング》の下や洞窟の内部で悪天候から守られていた場合、廃巣は四万年も保たれることがある。予測をはるかに超える長い年月だ。キン・クレストのチャコ・アナサジ遺跡の付近で、初めてフリオからモリネズミの廃巣を見せられたとき、わたしは、畏怖の念を覚えつつ想像を巡らしていた。作られたばかりに見えるその巣は、マンモス、地上性のオオナマケモノ、カリフォルニア・ライオンなど、絶滅した氷河時代の哺乳動物が、後年アメリカ合衆国となる広大な土地に棲息していたころ作られたものかもしれないのだ。

フリオがチャコ峡谷一帯で採集を続け、五十個の廃巣を放射性炭素法で測定したところ、特定されたその年代が、アナサジ文明の勃興から衰退まで、すなわち六〇〇年から一二〇〇年までを網羅していることがわかった。こうしてフリオは、チャコ峡谷における植生の推移を、アナサジ族居住の全期間を通じて復元できるようになった。これらの廃巣研究のおかげで、一〇〇〇年ごろ、人口増加によって悪化したチャコ峡谷のおもな環境問題のなかに、(水の管理問題のほかに)もうひとつ、森林破壊の問題もあったことが確認された。一〇〇〇年以前の廃巣には、フリオが初めて分析したものと同じく、そしてフリオがわたしに見せてくれたものと同じく、まだピニヨンマツとビャクシンの針状葉が含まれていた。したがって、チャコのアナサジ族が当初住み着いた土地は、ピニヨンかビャクシンの森林地帯の中、つまり、現在のような樹木のない土地ではなく、薪や建築用の木材を近場で入手するのに好都合な場所だったということだ。一方、一〇〇〇年以降と年代特定された廃巣にはピニヨンとビャクシンが含まれていないので、この時期に森林地帯が破壊し尽くされて、現在のような樹木のない状態になったことがわかる。チャコ峡谷でこれほど急速に森林破壊が進行した理由は、すでに第2章で述べたように、イースター島をはじめ、人が住む太平洋の乾燥した島々のほうが、湿潤な島々より森林破壊が進みやすいのと同様、乾燥した気候のもとでは、伐採された土地の樹木の再生率が低すぎて、伐採する率に追いつかない可能性が高いからだ。

地域統合――外郭集落と中心地チャコ

森林地帯の喪失によって、チャコの住民たちは、食糧供給源であったピニヨンの実を失っただけでなく、新たな建材の供給源を見つける必要に迫られた。これは、この地の建築物にピニヨンの梁材が一切使われなくなっていることからも明らかだ。チャコの人々はこの問題に対処するため、チャコ峡谷より海抜で数百メートル高く、距離にして百キロほど離れた山々まで、ポンデローサマツ、トウヒ、モミの森を求めて遠出をした。これだけの距離を、荷役用の動物も使わず、人力のみを頼りに、山越えをしながら最大で一本約三百キログラム強の丸太を約二十万本運んで戻ったのだ。

フリオの門下生であり、フリオ、ジェフ・ディーン、ジェイ・クウェイドとともに働くナサニエル・イングリッシュは、最近の研究により、トウヒとモミの産地をさらに精確に突き止めた。供給源となりうる場所は、チャコ一帯に三カ所あった。これらの樹木は、峡谷からほぼ等距離にあるチャスカ、サン・マテオ、サン・ペドロという三つの山脈の高地に生えている。実際にチャコのアナサジ族が針葉樹を入手したのは、三カ所のうちのどこだろうか？　この三つの山脈で採れる樹木は、同じ種に属し、同じ外見をしている。ナサニエルは、識別の手立てとして、ストロンチウムの同位体を利用した。ストロンチウムは化学的にカルシウムと非常に類似した元素で、カルシウムとともに植物と動物の内部に摂り込まれる。この元素は、原子量のわずかに異なるさまざまな形（同位体）で存在し、そのうち、自然界ではストロンチウム87とストロンチウム86の数が最も多いが、ストロンチウムは、ルビジウムの同位体の放射性壊変によって発生するので、ストロンチウム87と86の比率は、岩石の年代と岩石のルビジウム含有量によって変動する。三つの山脈に生えている針葉樹は、ストロンチウム87と86の比率によって明確に判別でき、まったく重なり合わないことがわかった。ナサニエルは、年輪から判断して九七四年から一一〇四年までに切り倒された丸太だけに限って、チャコの六カ所の遺跡から五十二点の針葉樹の試料を選び出した。その結果、ストロンチウムの比率によって産地を決定することができ、これらの丸太の三分の二がチャスカ山脈産、三分の一がサン・マテオ山脈産で、サン・ペドロ山脈産のものはまったくないことがわかった。建築物によっては、同じ年代に二カ所の山脈の丸太が使われている例や、ある年にはある山脈から、別の年には別の山脈の丸太が使われている例があり、また、同じ年代にひとつの山脈産の丸太が複数の異なる建築物に使われていることもあった。以上のことから、アナサジ族の本拠地であるチャコ峡谷を中心に、長距離に及ぶ供給網が整備されていたと見て間違いない。

ふたつの環境問題が進行したせいで、作物の生産高が減り、事実上チャコ峡谷内での木材供給が断たれたにもかかわらず、アナサジがこのふたつの問題に対する解決策を見つけ出したことで、一〇二九年に始まった建設の躍進期を中心に、人口が増え続けた。特に湿潤な気候が続いた数十年間は、建築物が一挙に増えた。降雨量が増えれば食糧も人も増え、建築物の需要も増えるからだ。人口密度が高かったことの証拠としては、チャコ峡谷の北側から一・五キロほど離れた場所にある有名な（プエブロ・ボニートのような）グレートハウスの数々だけでなく、その合間の崖のふもとに住居が軒を連ねていたことを示すもの――梁の支えとして北側の崖面にうがたれた穴――や、峡谷の南側に何百と並ぶ小規模な居住地の跡が挙げられる。この峡谷の総人口はいまだに不明で、議論が百出している。多数派によれば、人口は五千人未満、これらの巨大な建築物には司祭以外の常住者はほとんどおらず、農民は儀式があるときだけ定期的に訪れていたということになる。これに対して、チャコ峡谷で最大級の集合住宅であるプエブロ・ボニートだけでも六百の部屋があること、前述した梁の支え穴から見て、峡谷の長さに見合うだけの住居があったと考えられることを根拠に、人口は優に五千人を超えていたと唱える学者もいる。考古学の分野では、本書の他章でイースターやマヤについて述べているとおり、推定人口に関するこの種の論争はめずらしくない。

正確な数字はともかく、人口密度の高さゆえその人口自体が維持できなくなったので、中心地から離れた場所に、いわば衛星型の外郭集落が造られた。これらの集落は、チャコ峡谷と類似の建築様式を持ち、現在も名残を留める道路網、すなわち、地域一帯に放射状に伸びた数百キロメートルもの道路によって、中心地チャコと結ばれた。その外郭集落には、雨水を貯めておくためのダムがあった。降雨は予測不能で、地理的にも非常にばらつきがあり、雷雨があった場合でも、ある涸れ川には雨水が豊富に溜まり、わずか一キロ先の涸れ川にはまったく水が溜まらないという事態になりかねない。ダムを敷設したのも、特定の涸れ川が暴風雨の恩恵を受けたときに、その雨水の大部分をダムに貯めておけば、同年はその涸れ川を利用して手早く作物を植え、灌漑を施し、大量の備蓄食糧を育てられるからだ。この備蓄があれば、同年運悪く雨に恵まれなかったよその外郭集落にも食糧を分配することができる。

チャコ峡谷は、さまざまな物資を輸入しながら何ひとつ有形のものを輸出しないブラックホールとなった。輸入品としては、ニューメキシコのほかの区域から、前述した何万本という建材用の大木、陶器——チャコ峡谷の陶器のうち、後期のものはすべて輸入品だ。これはおそらく、地元の薪を使い尽くして、地元では陶器を焼くことができなくなったからだろう——、石器の材料となる良質な石、装身具の材料となるトルコ石などが入ってきた。ホホカムとメキシコからは、贅沢品のコンゴウインコ、貝製の装飾品、銅製の鐘などが届いた。最近の研究の成果として、食料品さえ輸入に頼っていたことがわかっている。この研究では、プエブロ・ボニートから出土したトウモロコシの穂軸の原産地を突き止めるために、ナサニエル・イングリッシュがプエブロ・ボニートの梁材の原産地を突き止めたときと同じく、ストロンチウムの同位体による方法が採用された。その結果、すでに九世紀には、西に八十キロ離れたチャスカ山脈（梁材の産地のひとつ）からトウモロコシが輸入されていたこと、また、十二世紀のプエブロ・ボニート末期のトウモロコシの穂軸は、百キロ北のサン・ファン水系から輸入されていたことが判明した。

チャコの社会は小型の帝国へと姿を変えた。住民は、じゅうぶんな食事を摂りながら贅沢に暮らす上層階級と、貧しい食事を摂りながら労働に従事して作物を育てる農民とに二分された。チャコ及び外郭集落の経済と文化が広範囲にわたって統合されていたことは、道路網を見れば、また、画一化された建築物が地域一帯に普及しているのを見れば明らかだ。建築物の様式には、社会の序列が三段階に示されている。すなわち、チャコ峡谷自体に建つ、最大規模のいわゆるグレートハウス（統治的な首長の住居?）、峡谷以外の外郭集落にあるグレートハウス（下位首長が統率する〝地方の中心地〟?）、わずかな部屋数の小さな家屋敷（農民たちの家?）だ。グレートハウスの際立っている点は、もっと小規模な建築物に比べ、構造がより精密で石化粧が施されていること、宗教儀式用のグレート・キヴァと呼ばれる（現代のプエブロ族が使用しているものと類似した）大型の建造物があること、総容積に対して収納用の空間がより広いことだ。グレートハウスでは、前述したトルコ石、コンゴウインコ、貝製の装飾品、銅製の鐘などの輸入贅沢品に加え、ミンブレとホホカムから輸入した陶器についても、その収納量は農民の家屋敷の量よりはるかに多い。これまでに最も多量の贅沢品がまとまって発見された場所は、プエブロ・ボニートの〝三十三号室〟だ。この部屋で見つかった十四の遺体は、五万六千個のトルコ石と数千個の貝製の装飾物を身に着けていて、なかには、トルコ石製のビーズを二千個連ねたネックレスが一本あり、また、トルコ石のモザイクで覆われた籠型の容器に、トルコ石と貝のビーズを詰め込んだものもあった。首長たちが農民より豊かな食事をしていた証拠としては、グレートハウスの近くで発掘されたごみ捨て場から、農民たちの家屋敷のごみ捨て場より高い比率でシカとレイヨウの骨が出土していることが挙げられる。この食生活の差は、グレートハウスから出た人間の遺体が、農民より身長が高く、栄養状態がよく、貧血症の人間が少なくて、幼児の死亡率も低いという事実に表われている。

なぜ外郭集落は、物質的な見返りを何も受け取らずに、木材、陶器、石、トルコ石、食糧などを差し出して、義理堅く中心地チャコを援助したのか？　それはおそらく、現在のイタリアとイギリスの〝外郭集落〟にあたる区域が、ローマとロンドンなどの都市を援助しているのと同じ理由からだろう。これらの都市もまた、木材や食糧を産出していないのに、政治的かつ宗教的な中心地として機能している。現代のイタリア人やイギリス人と同じように、チャコの人々も、複雑で相互依存度の高い社会生活に縛られて、後戻りできなくなった。移動しながら自給自足をする小集団という元来の状態に立ち戻ることがもはや不可能となった原因は、峡谷から樹木が消えたこと、アロヨが地表より深く刻まれたこと、地域一帯の人口がすでに飽和状態になって、移動先に適した手付かずの場所がなくなってしまったことだ。ピニヨンとビャクシンが切り倒されたせいで、木々の根元の腐葉土の養分も流出してしまった。それから八百年以上を経た現在もなお、ピニヨンあるいはビャクシンの森林地帯は、その小枝を含むモリネズミの廃巣の近く、つまり、一〇〇〇年以前に存在していた場所には、まったく見当たらない。峡谷の住人たちの栄養摂取の問題が深刻化していたことは、遺跡から出た廃棄物に含まれる食物の化石にも明確に示されている。食料に占めるシカの割合が減って、代わりにもっと小型の獲物、特にウサギやネズミが増えているのだ。ヒトの糞化石（便が乾燥状態で保存されたもの）から、頭部以外は完全な形のネズミが出ていることからして、住民たちは、野原でネズミを捕まえると、次々に頭をもぎ取っては丸ごと食べていたと考えられる。

衰退と終焉

プエブロ・ボニートの最後の建て増しは、一一一〇年から一一二〇年のあいだに始まったと目されている。かつて外向きに開放されていた広場の南側を、壁一面の部屋で囲んだもので、その目的から推して、紛争が頻発していたと考えられる。プエブロ・ボニートを訪れる人々が、もはや宗教儀式に参列して命令を受けるだけでなく、騒動を起こし始めたことは間違いないだろう。プエブロ・ボニートと近隣のチェトロ・ケトルのグレートハウスにおいて、年輪年代法により最後の梁材とされた木は一一一七年に切られ、チャコ峡谷におけるほかの最後の梁材は、どれも一一七〇年に切られている。ほかのアナサジ遺跡には、人肉食の痕跡も含めて、紛争のあった証拠がさらに数多く見受けられる。また、カイエンタ・アナサジが、わざわざ畑からも水源からも遠い急勾配の崖の頂に居住していたのは、防御態勢をとりやすいからだとしか考えられない。チャコより長くもちこたえ、一二五〇年以降も存続したアナサジ居住地では、明らかに戦闘が激化していったようだ。その証拠として、防御用の壁、堀、塔が急増していること、散在していた小さな集落が丘の頂上の要塞にひとかたまりに集まっていること、埋葬されていない死体ごと村が故意に焼かれていること、頭皮を剝ぎ取られた痕跡のある頭蓋骨、体腔に矢尻の残った骨などが挙げられる。環境問題と人口問題が住民の不安と戦闘という形で爆発する事例は、本書で頻繁に取り上げる主題であり、それは、過去の社会（イースター島、マンガレヴァ島、マヤ、ティコピア島）にも現代の社会（ルワンダ、ハイチなど）にも散見される。

戦闘にまつわる人肉食の痕跡がアナサジ社会に残っていることは、それだけでも興味深い話題となる。人肉食は、一般的な認識でいうと、例えば、一八四六年から四七年にかけての冬、カリフォルニアに向かう途中のドナー峠で雪に囚われたドナー隊のように、あるいは、第二次大戦下、レニングラードで包囲攻撃にさらされた飢えたロシア人たちのように、非常事態に置かれた人間による命がけの行為だが、非常事態とは無関係な人肉食の存在も、近年取り沙汰されている。事実、この数世紀のあいだにヨーロッパ人が初めて接触した数百の非ヨーロッパ社会において、人肉食が行なわれていたという報告がある。具体的には、戦死した敵の死体を食べるものと、自然死した親族の死体を食べるもの、このふたつの型がある。わたしが過去四十年にわたって仕事をともにしてきたニューギニア人たちは、自分たちの人肉食の習慣を平然と語り、われわれの西洋式の埋葬習慣では親族を食べないこと、つまり、〝死者に敬意を表さずに葬ってしまう〟ことを知ると、露骨に嫌悪感を示した。また、わたしの下でとても熱心に働いてくれたあるニューギニア人は、一九六五年、死んだばかりの有望な義理の息子を〝摂取〟する式に参加するために、わたしのところの仕事を辞めた。考古学的に見ても、これまで発見された古代人類の骨のなかには、状況からして人肉食を示唆するものが数多く見受けられる。

　ところが、多くの、もしくはほとんどの欧米の考古学者は、自身の社会において、人肉食は忌避すべきものだと刷り込まれているので、自分の敬愛と研究の対象となる人々がそんな風習を身につけているという考えにも強い忌避感を覚え、事実にふたをして、そういう指摘を人種差別主義者の中傷とみなす。そして、非ヨーロッパ人の当事者や初期ヨーロッパの探検家たちがこの風習について語ったことを、信頼度の低い伝聞情報として、ことごとく退けてしまう。現地政府の関係者か、可能なら考古学者の撮影したビデオテープでもあれば納得するのだろうが、そんなテープは存在しない。その理由は明白で、日常的に人肉食を行なうとされる人々に初めて出会ったヨーロッパ人たちが、その風習に激しい不快感を抱き、これを禁止するよう脅したからだ。

そういう否定論がもとで、アナサジ遺跡から出土した遺体のうち、人肉食の証拠となるものに関する数多くの報告を巡って論争が巻き起こった。最も有力な証拠となったのは、アナサジ遺跡のある家とその収容物が破壊されていた例で、家の内部に散乱していた七人分の人骨が、正規の埋葬ではなく、戦闘中の急襲によって葬られたものと見なされた。これらの骨のなかには、食用として動物の骨髄を抽出するのと同じ方法で砕かれたものや、煮込んだ動物の骨と同じく端部の滑らかなものがあったが、すべての骨に、例外なく鍋で煮込まれた痕跡があったのだ。アナサジの遺跡から出た壊れた鍋の内側には、人間の筋肉へモグロビンが残留しており、これは人肉が鍋で調理されたことの証拠になる。それでもなお、懐疑派からは異論が出るかもしれない。鍋で煮込まれた人肉や、砕かれて割れた人骨が、実際にほかの人間の口に入ったとは限らない、と――わざわざ人骨を煮込み、砕き、床にばらまくという手間をかけて、ほかにすることがあるというのだろうか？　この遺跡において、人肉食の最も端的な証拠となるのは乾燥した人糞だ。炉床で発見されたこの人糞は、乾燥した気候のおかげで、千年近くを経てもなお良好な保存状態にあり、人間の筋蛋白を含有していることが判明した。この蛋白質は、たとえ腸内に傷や出血があっても、通常の人糞からは検出されない。以上のことから、この場所を襲い、住民を殺害し、その骨を砕いて割り、肉を鍋で煮て、骨をばらまいたあとで炉床に糞を排泄した人間は、実際に犠牲者の肉を食用にしたと考えるのが妥当だろう。

チャコの人々にとって決定的な一撃となったのは、年輪から判断して一一三〇年ごろに始まった旱魃だ。それ以前、一〇九〇年と一〇四〇年ごろにも同じような旱魃はあったが、そのときとの違いは、チャコ峡谷に以前より多くの住民がいたこと、以前より外郭集落への依存度が高かったこと、そして、未居住の土地が残されていなかったことだ。旱魃が原因で地下水位が下がり、植物の根が届かなくなれば、農業を継続できなかっただろうし、降雨に頼っていた乾燥地農業と灌漑農業も不可能になっただろう。ことに、四年以上続く旱魃は致命的だったと思われる。というのも、現代のプエブロ族がトウモロコシを保存できる期間は二年か三年だけで、それを過ぎると、腐敗したり虫が湧いたりして食用にならないからだ。おそらく、それまで政治と宗教の中心地チャコに食物を供給してきた外郭集落も、雨乞いの成果を示せないチャコの司祭たちへの信仰心を失って、それ以上食物を渡すことを拒んだのだろう。チャコ峡谷におけるアナサジ居住地の終焉を目撃したヨーロッパ人はいなかった。この終焉の状況を示す見本となるのが、一六八〇年、プエブロ・インディオがスペイン人たちを相手に叛乱を起こしたときの模様で、こちらについては、当然ヨーロッパ人の目撃者がいる。中心地チャコのアナサジ族と同じように、スペイン人たちも、地方の農民たちに課税して食物を取り上げた。この状態に耐え続けた農民たちは、旱魃によって食物が足りなくなり、ついに叛乱を起こしたのだ。

一一五〇年から一二〇〇年までのある時点で、チャコ峡谷は事実上遺棄され、六百年後に牧羊民のナバホ族がふたたび領有するまで、ほぼ無人状態のままだった。ナバホ族は、自分たちが発見したこの偉大な遺跡を築いたのが誰だかわからなかったので、姿を消したかつての住民たちに〝古《いにしえ》の人々〟を意味するアナサジという名をつけた。何千人というチャコの住民たちの身に、実際は何が起こったのだろうか？　歴史上目撃されている例、例えば、一六七〇年代の旱魃時に遺棄されたほかのプエブロ居住地の例から類推してみると、おそらく、多数の住民が餓死し、何人かは互いに殺し合い、生き延びた者はアメリカ南西部にあるほかの居住区域へ逃げたものと考えられる。この避難が計画的に行なわれたことは間違いない。なぜなら、前述した不運な居住者、つまり、殺されて食用にされた人々の部屋に陶器が放置されていたのに対し、アナサジ遺跡の大半の部屋には陶器などの実用品が残されていないからだ。計画的な避難だったからこそ、これらの品が持ち出されたと見ていいだろう。チャコの生き残りの人々が、命からがら逃げ込んだ先には、現在、プエブロ一派のズニ族の居住地となっている区域もいくつかあり、そこでは、チャコ峡谷の家々と類似した様式の部屋が造られ、チャコが遺棄されたころの年代に属するチャコ様式の陶器が使われている。

ジェフ・ディーンとその同僚ロブ・アクステル、ジョシュ・エプスタイン、ジョージ・グマーマン、スティーヴ・マキャロール、マイルズ・パーカー、アラン・スウェドランドらは、アリゾナ北東部のロングハウス・ヴァレーに住んでいたカイエンタ・アナサジと呼ばれる約千人の集団に起こった出来事を、きわめて詳細に再現してみせた。陶器の様式は時代とともに変わるので、各時代の陶器があった住居跡の年代を特定し、住居跡を数え上げることによって、八〇〇年から一三五〇年まで、さまざまな年代のロングハウス・ヴァレーの実人口を算出した。また、降雨量の手がかりとなる年輪と、地下水位の昇降の手がかりとなる土壌調査をもとに、年代の関数として、年間のトウモロコシの収穫高も算出した。すると、八〇〇年以降、実人口の昇降が、算出されたトウモロコシの年間収穫高の昇降とぴったり一致することがわかった。ただし、このアナサジ族が完全にロングハウス・ヴァレーを遺棄した一三〇〇年前後については、この限りではない。このころにも、量が減少したとはいえ、最盛期の約三分の一（千七十人のうち四百人）の人口を維持できるだけのトウモロコシは、まだ収穫できていたはずなのだ。

仲間のほとんどが去っていくなか、ロングハウス・ヴァレーのカイエンタ・アナサジ最後の四百人は、なぜこの地にとどまらなかったのか？　ことによると、一三〇〇年のロングハウス・ヴァレーでは、研究者たちのモデルで算出された農業の潜在能力の減退とは別に、人間の居住が原因となって、なんらかの経緯で状況が悪化していたのかもしれない。例えば、チャコ峡谷の事例にあるように、地力が枯渇してしまったのかもしれないし、あるいは、かつての森林地帯が切り倒され、建築と薪に使う木材が近隣になくなってしまったのかもしれない。それとも、複雑な人間社会においては、住民たちが不可欠とみなす制度を保持するために最小限必要な人口があって、四百人ではそれに満たなかったのか。ニューヨークの住民のうち、自分の家族と友人の三分の二が餓死したり逃げ出したりして、地下鉄もタクシーももはや動かず、会社も商店も閉鎖されてしまったとき、街にとどまることを選ぶ人間が何人いるだろうか？

遺跡が語るもの――持続可能性の問題

われわれは、チャコ峡谷のアナサジと、ロングハウス・ヴァレーのアナサジの足跡をたどってきた。さらに、本章の冒頭では、ほかのアメリカ南西部社会――ミンブレ、メサ・ヴェルデ、ホホカム、モゴヨンなど――が、一一〇〇年から一五〇〇年のあいだのさまざまな時期に、崩壊、再建あるいは遺棄を経ていることにも触れた。これらの崩壊と変遷については、それぞれの環境問題と文化面での対応とが少なからず作用していること、また、各区域でそれぞれ異なる要因が作用したことがわかっている。例えば、森林破壊は、住宅の梁材を必要としたアナサジにとっては深刻な問題だったが、住宅に梁を使わないホホカムにとっては、さほどの問題ではなかった。農地を灌漑する必要のあったホホカムは、灌漑農業を原因とする塩性化の被害を受けたが、灌漑を行なう必要のなかったメサ・ヴェルデの人々は、そういう被害を受けなかった。海抜の高い場所に住み、農業には限界ともいえる気温下で暮らしていたモゴヨンとメサ・ヴェルデの人々にとって、冷害は痛手だった。アメリカ南西部には、ほかにも、地下水位の下降（例えばアナサジ）、あるいは地力の枯渇（おそらくモゴヨン）によって痛手を被った人々がいる。アロヨの下方浸食は、チャコのアナサジにとっては問題だったが、メサ・ヴェルデの人々にとっては問題とならなかった。

遺棄の主因はこのように多様だが、つまるところ、すべては同一の根本的な難題に帰する。すなわち、脆弱で対処しにくい環境に住む人々は、〝短期的〟には見事な成果をもたらす理に適った解決策を採用するが、長期的に見た場合、そういう解決策は、外因性の環境変化や人為的な環境変化――文書に記された史実を持たず、考古学者もいない社会では、未然に防ぐことができなかった変化――に直面したとき、失敗するか、あるいは致命的な問題を生み出すことになる。ここでわたしが〝短期的〟と引用符付きで書いたのは、アナサジがチャコ峡谷でじつに六百年もの歳月を生き延びたからだ。これは、一四九二年のコロンブス到着以来、新大陸のどの場所であれ、ヨーロッパ人が居住した期間よりかなり長い。アメリカ南西部のさまざまな先住民たちは、その存続中、五種にわたる経済の効率化を試していた（282〜288頁参照）。このなかで〝長期〟にわたって、例えば、少なくとも千年のあいだ持続可能《サステイナブル》なのはプエブロの土地利用法だけだとわかるまで、何世紀もの歳月が費やされている。このことを知れば、われわれ現代のアメリカ人も、自分たちが住む先進国の経済の持続可能性を過信する気にはなれないはずだ。ことに、チャコの社会が一一一〇年から一一二〇年に至る十年間に最盛期を迎えたのち、いかにあっけなく崩壊したか、また、その十年間を生きたチャコの人々にとって、崩壊のリスクがいかに蓋然性の低いものに見えたかを考えれば、なおさらだろう。

社会の崩壊を理解するために提起した五つの要因の枠組みのうち、アナサジの崩壊には四つの枠組みが関与している。まず、さまざまな型の人為的な環境侵害、ここでは特に森林破壊とアロヨの下方浸食がある。また、降雨と気温の面での気候変動もあり、その影響は、人為的な環境侵害の影響と相互に作用し合った。そして、友好的な集団との内部交易も、崩壊に至る過程に大きく関与している。異なるアナサジの集団は、互いに食物、木材、陶器、石、贅沢品などを供給し合って互いを支えながら、相互依存型の複雑な社会を構成していたが、同時に、その社会全体を崩壊の危機にさらしていた。宗教的要因と政治的要因は、複雑な社会を維持するのに不可欠な役割を果たしていたようだ。具体的には、物々交換の調整をすること、外郭集落の人々に動機付けを行ない、食物、木材、陶器などを政治と宗教の中心地に供給するよう促すこと。五つの要因のうち、ただひとつ、アナサジ崩壊に関与したという確証がないのは、外部の敵だ。アナサジ内部には、人口の増加と気候の悪化に伴う戦闘が確かにあったものの、アメリカ南西部の文明は、人口密度の高いほかの社会とのあいだに距離がありすぎて、深刻な脅威を覚えるほどの外敵は存在しなかったのだろう。

以上の観点からすると、長年なされてきた二者択一の議論、つまり、チャコ峡谷が遺棄された原因は人為的な環境侵害なのか旱魃なのかという議論に、ひとつの単純な解答を提示することができる。すなわち、その両方が原因だったという答えだ。六世紀にわたる時の流れのなかで、チャコ峡谷の人口が増加し、環境に対する需要が増加し、環境資源が減少したことから、人々の暮らしは、その環境によって維持できる限界へ徐々に近づいていった。これが、遺棄の〝遠因〟だ。〝近因〟、つまり、「ラクダの背に載せた最後の藁」にあたるのが旱魃であり、ここに至ってついにチャコの人々は、境界の外へ押し出された。人口密度が低ければ、切り抜けられたはずの旱魃だった。チャコの社会が崩壊してしまうと、その居住者たちは、初期の農民が社会を築き上げた方法では、もはや社会を再建することができなかった。なぜなら、当初のような状況、つまり、近場の豊富な樹木と、高い地下水位と、アロヨのない平坦な氾濫原とに囲まれた状況が、すでに失われていたからだ。

このような形での結末は、(次章で取り上げるマヤも含め) ほかの数多い過去の社会が崩壊する際にも、現在のわたしたちの運命の行く先にも、じゅうぶん当てはまるものだといえる。わたしたちすべての現代人——住宅所有者、投資家、政治家、大学の事務官、その他の人々——は、経済が好調なうちは、多大な浪費をしても許される。その状況が無常であることを忘れていて、だから、いつ変動が訪れるかを予測できない可能性がある。そして、実際に変動があったときには、すでに奢《おご》ったライフスタイルに慣れ切っていて、しかたなく生活のレベルを落とすか、あるいは破産するか、ふたつにひとつしか選べないということになるのだ。

第5章

マヤの崩壊

消えた都市の謎

マヤ文明は、今から一千年以上前、メキシコのユカタン半島と、半島に隣接する中米の一部で崩壊した。その遺跡には、これまでに何百万人もの観光客が訪れている。われわれは誰しもロマンチックな謎を好むものであり、現代のアメリカ人にとって、アナサジ遺跡と同じくらい身近な場所でそういう謎を提供してくれるのが、マヤ遺跡なのだ。古代マヤの都市を訪れるには、北米から直行便で現代メキシコの州都メリダに行き、レンタカーかマイクロバスに飛び乗って、舗装ずみの幹線道路を一時間走るだけでいい（255頁の地図参照）。

マヤの遺跡の多くは、壮大な神殿や石碑とともに、今もなお、人里を遠く離れた場所で密林に囲まれている（334頁写真12参照）。にもかかわらず、かつてそこには、ヨーロッパ人到達以前、最先端のインディオ（南米先住民）の文明があった。判読された長大な文字記録が残っているという点でも、ほかに類のない文明だ。今は営農者もほとんどいないそんな区域で、どうやって古代の人々が都市社会を支えていられたのだろうか？マヤの都市を見てわたしたちが感銘を受けるのは、その謎と美しさのせいだけでなく、遺跡が〝無垢〟の状態にあるからだろう。つまり、現地の人口が激減したせいで、アステカ帝国の首都（現在はメキシコ・シティの地下に埋もれている）テノチティトランやローマの遺跡とは違い、後世の建造物で覆い隠されていないということだ。

マヤの都市は、無人状態のまま木々の奥に埋もれていたので、アメリカの裕福な法務官ジョン・スティーヴンズとイギリスの画家フレデリック・キャザーウッドによって一八三九年に再発見されるまで、事実上、外の世界に知られていなかった。密林の中に遺跡があるといううわさを聞きつけたスティーヴンズは、時の大統領マーティン・ヴァン・ビューレンにかけ合って、中央アメリカ連邦の大使に就任した。中央アメリカ連邦とは、現在のグアテマラからニカラグアに及ぶ不定形の政治国家だ。スティーヴンズは、考古学上の調査を行なうために、その肩書きを利用したのだった。スティーヴンズとキャザーウッドは、総計四十四カ所の遺跡と都市を調査した。マヤの建造物と美術の卓越した技巧に触れたふたりは、それが（ふたりの言葉で）〝野蛮人〟の手によるものではなく、消滅した高度な文明の所産だということを悟る。そして、石碑に施されたいくつかの彫刻が文字を表わしていることに気づき、それが史実と人名に関連していることも言い当てた。調査から戻ったスティーヴンズが、キャザーウッドに挿画を担当させて二冊の旅行記を上梓すると、その著作はベストセラーとなった。

スティーヴンズの記述から、マヤのロマンチックな魅力を垣間見せてくれる箇所を抜き出してみよう。「その都市は荒涼としていた。父から息子へ、世代から世代へと伝統を受け継いだ一族の末裔は、ひとりとして遺跡の周辺には見当たらない。その都市は、大海のただなかで難破した大型帆船のように、われわれの眼前にたたずんでいる。帆柱は失われ、船名は削られ、船員は死に絶えて、どこからやってきたのか、船主は誰なのか、どれほどのあいだ航海していたのか、なぜ大破に至ったのか、語るものは何ひとつない……。建築、彫像、絵画など、生活を彩るあらゆる美術品が、かつてこの生い茂る森林の中で開花していた。弁士、戦士、指導者がいて、美、野心、栄光があり、やがて果てていった。そのようなものがあったこと、そのような人々が生きていたことを知る者はいない。過去の存在を語ることのできる者は、誰ひとりいない……。ここにあるのは、品位と教養を兼ね備えた類いまれな人々の名残だ。国家の盛衰に伴うあらゆる局面を経た人々、最盛期を迎え、やがて消えていった人々が残した足跡なのだ……。われわれは、荒涼たる神殿と、倒壊した祭壇に歩み寄った。どこに足を向けても、数々の美術品の中に、その美意識と技術とが息づいている……。われわれは、壁に描かれた未知の人々の悲しげなまなざしを見つめ返しながら、その生前の姿をよみがえらせた。奇異な衣服を身にまとい、羽根飾りを着けた人々が、宮殿の回廊に出て、神殿に続く階段をのぼっていくその姿を、思い描いてみたのだ。かつては輝かしく偉大だったこの都市が、転覆し、荒廃し、滅び……周囲を数マイルにわたって木々に覆い隠され、呼び名すら与えられなかったとは……。世界史に残る逸話の中でも、この都市にまつわる波瀾の物語ほど、わたしの心を強く揺さぶるものはない」。こういう感覚が今なおかきたてられるからこそ、観光客はマヤの遺跡に集まり、われわれはマヤの崩壊に強い関心を寄せるのだろう。

先史時代の崩壊に興味を持つすべての者にとって、マヤの物語には、読み解くのに好都合な点がいくつかある。その第一は、文字による記録が残されていることだ。惜しいことに完全なものではないが、それでも、文字が存在するおかげで、イースター島の場合より、あるいは年輪とモリネズミの廃巣を残してくれたアナサジの場合よりも、かなり詳しいところまで史実を再現できる。次に、優れた美術品と建築の存在が挙げられる。もしマヤが考古学上論ずるに足りないあばら家の集落で、その住民が文字を持たない狩猟採集民だったなら、マヤに関する考古学上の調査も、とうてい今の水準には達していなかっただろう。さらに、最近では、マヤの崩壊の一因となった古代の気候変動と環境変動の痕跡が、気候学者と古生態学者によって確認され始めている。最後に、現代のマヤの人々が、今もなお古来の祖国に暮らしながら、マヤの言語を使っていることを挙げておこう。古代マヤの文化は、崩壊後もかなりの割合で残存していたので、初期にこの地に到達したヨーロッパ人たちは、古代マヤに関する情報を記録することができた。その情報が、古代マヤ社会を理解するうえで、非常に重要な役割を果たしているのだ。マヤの人々は、一五〇二年にはすでにヨーロッパ人と接触していた。ちょうどクリストファー・コロンブスが新大陸を〝発見〟した十年後のことで、この年に、四回目、つまり最後の航海に出ていたコロンブスによって拿捕《だほ》されたカヌーが、マヤのものだったとされている。一五二七年になると、スペイン人たちは本気でマヤの征服に乗り出したが、最後の王国をようやく支配下に置いたのが一六九七年のことだった。したがって、スペイン人たちは、二世紀近くのあいだ、独立したマヤ社会を何度も観察する機会に恵まれたことになる。特に、悪い意味でもよい意味でも重要な人物が、一五四九年から一五七八年に至る大半の歳月をユカタン半島で過ごした司教、ディエゴ・デ・ランダだろう。ランダは、一方で史上屈指の悪しき文化破壊行為に打って出て、〝異教信仰〟粉砕の名分のもとに、マヤ文字で書かれた書物をすべて燃やしてしまった。その結果、マヤ文字の書物はわずか四点しか現存していない。他方でランダは、マヤ社会に関する詳細な記述を残し、また、ある情報提供者から、マヤ文字に関して誤った解説を受けたが、四世紀近くを経たのち、その内容が判読の緒《いとぐち》になることが明らかにされた。

本書でマヤに一章を費やす理由は、まだある。本章以外で取り上げた過去の社会は、どちらかといえば、地理的に孤絶した脆弱な環境下にあり、同時代の生産技術と文化の最先端には遅れを取っていた小社会に偏っている。マヤには、そのような条件はひとつも当てはまらない。むしろ、コロンブス到着以前の新大陸では文化的に最も進んだ社会――もしくは、最も進んだ社会のうちのひとつ――であり、ただひとつ、長文の文字記録が保存されている社会であり、また、新大陸の文明の中核を成す二地帯のひとつ（メソアメリカ）に位置している。確かに、環境については、カルスト地形と予測不能な降雨に由来する多少の問題をかかえてはいたが、世界的な基準からすれば取り立てるほどの脆弱性ではないし、古代のイースター島、アナサジ族の住んでいた区域、グリーンランド、現代のオーストラリアなどと比べれば、明らかに恵まれた環境にある。辺境の脆弱な区域にある小社会だけが人口激減のリスクを負っているという誤謬に陥らないよう、マヤはわれわれに警告してくれている。最も進歩的で創造性の豊かな社会にも、人口の激減は起こりうるのだ。

社会機能の崩壊を理解するための五つの枠組みという観点から見ると、マヤは四つを満たしている。まず、マヤの環境は森林破壊と浸食によって損なわれた。そして気候変動（旱魃）も、おそらく再三にわたってマヤの崩壊を後押しした。さらにマヤ内部の敵対関係も、崩壊に大きく関与している。最後に、政治的あるいは文化的要因の中でも、特に王同士、貴族同士の競争は、社会に内在する問題の解決より戦争と石碑の建造を常に重視するという風潮につながり、それも崩壊の一因となった。五つの枠組みのなかで残っているのは、外部の友好的な社会との交易、あるいは交易の中止で、これはマヤ社会の存続や没落にはさほど重大な影響を与えていないと思われる。マヤには、黒曜石（石器の材料として好まれた）、翡翠、金、貝殻などが輸入されたが、黒曜石以外は、なくてもすむ贅沢品だった。黒曜石製の石器は、マヤが政治的に崩壊してからかなり時間が経ったのちにも、依然として地域一帯に広く普及しているので、常に一定の供給量が保たれていたと見て間違いないだろう。

マヤの環境——北部と南部の水対策

マヤを理解するために、まず、その環境について検討してみよう。わたしたちは、マヤを取り巻く環境を〝密林〟もしくは〝熱帯雨林〟だと思っている。これは真実とは言えない。なぜ真実と言えないか、じつはその理由が重要なのだ。熱帯雨林というのは、厳密にいうと、年間を通じて湿潤な土地、つまり、降雨量の多い赤道地帯に育つものを指す。しかし、マヤの国土は赤道から千五百キロ以上離れた位置、緯度でいえば北緯十七度ないし二十二度の範囲にあり、〝季節熱帯林〟と呼ばれる環境に置かれている。つまり、五月から十月にかけては雨季になりやすいが、一月から四月にかけては乾季になりやすい。マヤの国土は、雨季に目を向ければ〝季節熱帯林〟となり、乾季に目を向ければ〝季節砂漠地帯〟と呼べるだろう。

ユカタン半島では、北から南に向かうにつれて、年間降雨量が五百ミリから二千五百ミリに増え、土壌も豊かになるので、半島南部のほうが農業生産性が高く、北部より多くの人口を維持できる。しかし、マヤの国土の降雨には年ごとに予測不能なばらつきがあり、例えば、この数年間は、降雨量が例年の三倍ないし四倍に増えている。また、一年のうちの雨が降る時期についても予測がむずかしく、農民が雨を当てにして作物を植えたあと、期待どおりに雨が降らないこともめずらしくない。それゆえ、現代の農民たちが古代マヤの国土でトウモロコシを栽培しようとすると、特に北部では、不作の憂き目に遭うことが多い。現代のマヤの人々に比べれば、古代マヤの人々のほうが経験が豊かで、効果的な対策を講じていたと思われるが、それでも、やはり旱魃と暴風による不作のリスクと無縁ではなかったはずだ。

マヤ南部は北部より降雨量が多かった。とはいえ、矛盾するようだが、北部より南部のほうが、水資源の問題は深刻だった。そのことで南部に住む古代マヤ族は苦しみを味わったが、現代の考古学者たちもまた、苦しみを味わってきた。なぜ古代の旱魃が、乾燥した北部より湿潤な南部において大きな問題となりうるのか、その理由をうまく解明できなかったからだ。有力な説では、ユカタン半島の地中には凸レンズ状の地下水があるが、地上の海抜は北から南にかけて上がっていくので、地上を南へ向かうと徐々に地

マヤ遺跡

メキシコ湾
メリダ
チチェン・イッツァ
コバ
プーク地域
カンペチェ湾
20°
18°
16°
14°
メキシコ
カラクムル
ベリーズ
エル・ミラドール
パレンケ
ウスマシンタ川
ティカル
ペテン地域
ペテン・イッツァ湖
ボナンパク
カラコル
キリグア
グアテマラ
コパン
ホンジュラス
太平洋
アメリカ合衆国
メキシコ湾
大西洋
カリブ海
中央アメリカ
太平洋
0 Miles 50 100 150
0 Kilometers 150
92°
90°
88°
© 2004 Jeffrey L. Ward

下水から遠ざかるからだ、とされている。半島の北側は海抜が低いので、古代マヤ族は、セノーテと呼ばれる天然の漏斗状の深い穴や、奥深い洞窟から地下水を手に入れることができた。チチェン・イッツァというマヤの都市を訪れたことがある人なら誰でも、そこで目にした巨大なセノーテを思い出せるだろう。そういう穴がなくても、海抜の低い北部沿岸なら、最大でも深さ二十メートル強ほどの井戸を掘れば、地下水を手に入れることができたはずだ。現在、ベリーズには、水を簡単に入手できる場所が数多くある。この国の西側のウスマシンタ川沿いに、そして南側のペテン一帯にあるいくつかの湖の周辺に、川が何本も流れているからだ。しかし、半島南部の大半の場所では、海抜が高すぎて、セノーテや井戸でも地下水位には到らない。さらに悪いことに、ユカタン半島の大部分は、海綿のような多孔質の石灰岩、すなわちカルストで形成されているので、雨水がじかに地中に流れ込んでしまい、地表には利用できる水がほとんど、あるいはまったく残らないのだ。

以上のような水質源の問題に、人口密度の高いマヤ南部では、どんな対策が講じられていたのだろうか？　マヤ南部の都市の多くが、希少な川のそばではなく、緩やかな山地内の高台に築かれていることを知ると、最初は意外に感じるが、それらの都市では、窪地を掘ったり、天然の窪地を改造したりしたあと、その底部を漆喰で塗り固め、カルストの孔《あな》を塞いで溜め池と貯水槽を造り、そこに漆喰製の巨大な集水鉢で集めた雨水を貯めて、乾季に備えていたのだ。例えば、ティカルという都市の貯水槽には、およそ千人の人間に十八カ月のあいだ給水できる容量があった。コバという都市では、湖の周囲に堤を築いて湖の水面を上げ、給水の確実性を上げようとした。しかし、飲料水を貯水槽に頼っていたティカルなどの都市では、旱魃が長引いて雨が降らずに十八カ月が過ぎた場合、やはり住民たちは窮地に追い込まれただろう。もっと短期の旱魃であっても、備蓄ぶんの食糧を消費し尽くしてしまい、飢餓によって窮地に追い込まれていたかもしれない。作物を育てるには、貯水槽ではなく降雨が必要とされるからだ。

農法と食糧供給

われわれの目的に照らして特に重要なのは、マヤの農業に関する詳細な情報だ。マヤの農業を支えていたのは、メキシコで栽培品種化された作物で、特に大事なのがトウモロコシ、二番目がマメだろう。古代マヤ族の人骨の同位体を分析した結果から、一般庶民はもちろん、支配層についても、トウモロコシが食生活の少なくとも七〇パーセントを占めていたと推定される。マヤ族の家畜はイヌ、シチメンチョウ、ノバリケン（訳註・カモ科の鳥。中央～南アメリカに棲息）、それに蜂蜜を生産するハリナシミツバチだけだが、マヤ族にとって最も重要な野生の肉資源は、狩りの獲物のシカで、場所によってはそこに魚類も加えられた。とはいえ、遺跡から動物の骨がほとんど出土していないことから、マヤ族が入手できる肉の量は少なかったことがうかがえる。シカの肉は、おもに支配層向けの贅沢な食料だった。

かつて、マヤの耕作の基盤は伐採と燃焼による（いわゆる焼き畑）農業にあると思われていた。森林を皆伐して土地を焼き、そこで一年か二年のあいだ作物を育て、やがて地力が枯渇すると農地を放置し、十五年ないし二十年という長い休閑期を置いて、再生した野生の植物が地力を回復させるのを待つというやりかただ。焼き畑農業を実施している土地では、その大部分が常に休閑中となるので、わずかな人口しか維持できない。だからこそ、農家の礎石数から古代の人口密度を試算した考古学者たちは、その数値が焼き畑で維持できる値よりはるかに高いことが多いのに気づいて、意外に思ったのだ。実際の値については度重なる議論が交わされており、明らかに区域ごとのばらつきがあるが、よく引き合いに出される推定値は、一平方マイル（約二・六平方キロメートル）当たり二百五十人ないし七百五十人というもので、場合によっては千五百人という数字が出されることもある――ちなみに、アフリカで最も人口密度の高い二国、ルワンダとブルンジの人口密度は、現在でさえ一平方マイル当たり、それぞれ約七百五十人と五百四十人に過ぎない。したがって、古代マヤ族は、なんらかの手だてを使って、焼き畑でまかなえる以上の農業生産高を上げていたはずだ。

実際、生産高を増やすために工夫を凝らした跡が、マヤの多数の区域に残されている。

例えば、土壌と湿度を保持するための段々畑、灌漑施設、多岐にわたる水路網、干拓した耕地や盛り土をした耕地などだ。盛り土耕地は、世界のほかの場所でも存在が確認されている。敷設には多大な労働力を必要とするが、それだけの労働に見合った食糧生産高の増大が期待できる方法だ。具体的には、湿地に水路を何本か掘って排水し、水路から養分を含む泥とホテイアオイを浚《さら》って水路のあいだの耕地に積み上げ、そこの土を盛り上げると同時に地力を上げて、さらに、耕地が浸水するのも防ぐ。この盛り土耕地を利用する農民たちは、耕地で育った作物の収穫はもちろん、補助的な食糧源として、水路に棲む野生の魚類とカメの〝飼育〟もしていた（実際には、放っておいても勝手に育つ）。とはいえ、そのほかの区域、例えばコパンとティカルなどでは、これまで詳細な調査が行なわれてきたにもかかわらず、段々畑、灌漑、干拓耕地や盛り土耕地などの存在を示す考古学的な証拠はほとんど見つかっていない。むしろ、これらの都市の居住者たちは、考古学上は表面化しない方法によって、食糧の生産高を上げていたに違いない。例えば、根覆い、洪水を利用した灌漑、休閑期の短縮、耕耘《こううん》による地力回復、あるいは休閑期を完全に廃して毎年作物を栽培する方法や、湿潤な区域であれば二毛作などが挙げられるだろう。

　現代のアメリカとヨーロッパも含め、階層化された社会は、食糧を生産する農民と、官僚と軍人などの非農民とで構成されている。非農民は、食糧を生産せずに農民が作った食糧を消費するだけで、事実上、農民を宿主とする寄生虫に等しい。したがって、農民たちは、どのような階層社会でも、自分たちの必要ぶんだけでなく、ほかの消費者たちの必要も満たすだけの食糧を供給しなければならない。生産を行なわない消費者を何人養えるかは、その社会の農業生産力にかかっている。効率性の高い農業が行なわれている現在のアメリカ合衆国では、農民は全人口のわずか二パーセントを占めるのみで、農民ひとりが平均して百二十五人のほかの人間（アメリカの非農民および輸出市場の外国人）に食糧を供給している。古代エジプトの農業は、現代の機械化された農業よりはるかに効率が悪いが、それでも、農民ひとりで自分と家族に必要な量の五倍の食糧を生産できる効率性があった。しかし、マヤの農民ひとりが生産できる量は、自分と家族に必要な量のわずか二倍だけだった。マヤ社会の構成員の少なくとも七〇パーセントは農民だった。それは、マヤの農業に種々の制約があったからだ。

まず第一に、マヤの農業からは、蛋白質がほとんど産出されなかった。圧倒的な生産量を誇ったトウモロコシは、旧大陸の主要な食糧であるコムギとオオムギより蛋白質の含有率が低い。食用となるわずかな種類の家畜（前述）には、大型のものが含まれず、旧大陸のウシ、ヒツジ、ブタ、ヤギに比べて肉の量が少なかった。マヤ族は、（トウモロコシをはじめ、ジャガイモ、高蛋白のキノアなど、多数の植物があったことに加え、食肉になるラマもいた）アンデス地方の農民に比べて、限定された作物に依存しており、また、多種多様な作物に恵まれていた中国と西ユーラシアの農民に比べると、かなり限定された作物に依存していた。

ふたつ目の制約は、アステカのチナンパ（非常に生産力の高い盛り土耕地農法）、アンデス地方のティワナク文化の盛り土耕地、ペルー沿岸のモチカの灌漑や、ユーラシアに広く普及していた家畜による耕耘法に比べて、マヤのトウモロコシ農業が、集約性も生産性も低かったということだ。

さらに、マヤ一帯の湿潤気候から生じる制約がある。アメリカ南西部の乾燥気候のもとで暮らすアナサジ族は、トウモロコシを三年間保存できたが、マヤの気候条件下では一年を超す保存はむずかしかった。

最後に、アンデス地方のインディオ（南米先住民）たちがラマを利用し、旧大陸の人々がウマ、オウシ、ロバ、ラクダを利用していたのとは違って、マヤには輸送や耕耘に利用できる家畜がいなかったことを挙げておこう。マヤでは、陸路の運送はすべて人夫の背に載せて行なわれた。しかし、戦場に出る軍隊にトウモロコシの荷を背負った人夫を同行させた場合、荷の一部は往路で人夫本人の食料にする必要があり、さらに復路の分の食料も確保しなくてはならないので、全部が兵士たちの口に入るわけではない。行軍が長ければ長いほど、人夫が残すトウモロコシの量は少なくなる。行軍が二、三日でなく一週間に及ぶ場合、人夫にトウモロコシを背負わせて軍隊や市場へ食糧供給に送り出すという方法は、割に合わなくなる。以上のように、マヤの軍事行動は、農業の生産性の低さと荷役用の動物の不在によって、期間も距離も大きく制限されていた。

わたしたちは、軍事の成否は食糧の供給よりむしろ武器の質で決まると考えがちだ。しかし、食糧供給の実情を改善することで、軍事の成功率が確実に上昇することもある。それが明らかにされた事例を、マオリ時代のニュージーランドの歴史から引いてみよう。マオリとは、初めてニュージーランドに入植したポリネシアの人々だ。旧来マオリ族は、仲間うちで激しい戦闘を頻繁に繰り返していたが、その争いはごく近隣の部族間のみに限られていた。戦闘行為に限界があったのは、サツマイモを中心とする農業の生産性が低く、長期間、あるいは遠距離の行軍に足りるだけのサツマイモを育てることができなかったからだ。ヨーロッパ人がニュージーランドにジャガイモを持ち込んだおかげで、一八一五年ごろから、マオリ族の作物の収穫高は著しく上昇し始める。この時点で、何週間もの行軍に見合う食糧の生産と供給とが可能になった。その結果、一八一八年から一八三三年のあいだ、マオリの歴史上十五年にわたって、イギリス人からジャガイモと銃を入手した部族が、何百キロも離れた土地に軍隊を送り出し、ジャガイモも銃も入手していない部族に急襲攻撃を仕掛けることになった。トウモロコシの生産性の低さがマヤの戦争に限界を築いたように、マオリ族の戦争にも限界があったが、ジャガイモの生産性がその限界を破ることになったのだ。

以上のような食糧供給に関する考察が、マヤ社会を理解する一助となるかもしれない。つまり、なぜマヤの社会が政治的に小さな王国に分離したまま、互いに絶えず戦いを繰り返し、（チナンパなどの農法を利用し、集約性を高めて食糧を調達した）メキシコのアステカ帝国や、（ラマの背に多様な作物を載せ、整備された道路を歩かせて食糧を調達した）アンデス地方のインカ帝国と違って、大きな帝国に統一されなかったのか、その理由を知る手がかりになるかもしれないということだ。マヤでは、軍隊も官僚機構も小規模なままにとどまっていて、長期にわたる遠征を仕掛けることができなかった——かなり時代が下った一八四八年、メキシコの領主たちに対して叛乱を起こしたマヤ軍は、勝利が目前と思われたときにさえ、次のトウモロコシの収穫をするため、戦いを中止して帰途につかねばならなかった。多くのマヤの王国は、最高でもわずか二万五千人ないし五万人の人口しか保有しておらず、五十万人を超す王国は皆無で、領地にしても王の宮殿から二、三日で歩ける範囲内に限られていた——実人口については、これもまた、考古学者たちのあいだで頻繁に議論されている。いくつかのマヤの王国では、神殿の最上階から最寄りの王国の神殿が見えるほどだった。マヤの都市も規模は小さいまま（たいていは一平方マイル〔約二・六平方キロメートル〕未満）で、メキシコのテオティワカンやテノチティトラン、ペルーのチャンチャンやクスコと違って、多大な人口も大きな市場もなく、また、古代ギリシア、メソポタミアとは違い、食糧の貯蔵や交易が王の管理下にあったという考古学上の証拠も見つかっていない。

「長期暦」で刻まれたマヤの歴史

ここで、マヤの歴史に関する速習講座を開いておこう。マヤ地方は、メソアメリカとして知られる古代アメリカ先住民の文明圏の一部に当たる。メソアメリカは、おおまかにいって中央メキシコからホンジュラスまでを含む地域で、ヨーロッパ人到達以前の新世界では、（南米大陸のアンデス地方と並んで）最先端の事物を生み出す二大中心地のひとつだった。マヤとその他のメソアメリカ社会は、存在するものだけでなく、存在しないものについても、多くの共通点がある。例えば、旧世界の文明観を持つ現代欧米人の予想に反して、メソアメリカ社会には金属器がなく、また、滑車などの装置も、車輪もなく（一部に車輪付きの玩具はあった）、帆船もなく、荷役や耕耘に使える大型の家畜もいなかった。あの壮大なマヤの神殿は、すべて石器と木器と人力だけで建てられたのだ。

マヤ文明を形作る要素の多くは、メソアメリカ内のほかの場所からマヤに採り入れられた。例えば、メソアメリカの農業、都市、そして文字も、最初はマヤ地方ではなく、マヤから見て西及び南西方面にある谷や沿岸の低地で出現している。それらの場所では、紀元前三〇〇〇年までに、トウモロコシとマメとカボチャが栽培品種化されて重要な食料品となっている。また、陶器は紀元前二五〇〇年ごろに姿を見せ、村は紀元前一五〇〇年までに、都市はオルメカの人々のあいだで紀元前一二〇〇年までに、文字はオアハカのサポテカ族のあいだで紀元前六〇〇年ごろかその後に、最初の国家は紀元前三〇〇年ごろに現われた。相補的なふたつの暦、すなわち、一年を三百六十五日とする太陽暦と、一年を二百六十日とする祭祀暦も、マヤ以外の場所で出現している。そのほかの要素は、マヤ族自身が発明したのちに完成させたり改善したりしたものだ。

マヤ地方では、村と陶器が紀元前一〇〇〇年ごろ、もしくはその後に現われ、堅牢な建造物は紀元前五〇〇年ごろ、文字は紀元前四〇〇年ごろ現われている。総計約一万五千の銘文として現存する古代マヤ文字は、すべて石と陶器に刻まれており、そこには、王及び貴族と、その征服にまつわる事柄だけが記されている（335頁写真13参照）。平民についての記述はまったく見当たらない。スペイン人がやってきた当時、マヤ族はまだ樹皮に漆喰を塗った紙で書物を作っていた。そのなかでも、ランダ司教による焚書を免れた四点は、のちに天文学に関する論文と暦であることが判明した。古代マヤ族も樹皮の紙を使っており、多くの陶器にそのようすが描かれているが、今は腐食した残骸だけが墓地に残されている。

有名なマヤの長期暦は、わたしたちの暦がキリスト紀元の一月一日に始まっているのと同じく、紀元前三一一四年の八月十一日に始まっている。わたしたちは、自分たちの暦の開始日が持つ意味を、キリストが誕生した年の最初の日とされていることとして知

写真12　マヤの都市ティカルに残る、切り立った壁が特徴的な寺院。数千年前に廃棄され、生い茂る樹木に覆われていたので、部分的に樹木を伐採してある

写真 13　ティカル遺跡の、びっしりと文字が刻まれた石碑。コロンブス到来以前の“新世界”に唯一存在した文字体系は、マヤ族の生活圏を含むメソアメリカで生まれた

写真 14　マヤの壺に描かれた戦場の絵図を平面に広げたもの

っている。たぶん、マヤの人々も、自分たちの暦が始まる日になんらかの意味を持たせていたと思われるが、それが何かはわかっていない。長期暦の年代は、マヤ地方の石碑ではようやく一九七年になってから記され、マヤ以外の場所では紀元前三六年に初めて記されている。つまり、長期暦が紀元前三一一四年の八月十一日に始まった事実は、長い年月を経てから記録されたことになる。マヤ暦の開始当時も、それから二千五百年が経つあいだにも、新世界のどこにも文字が存在しなかったのだ。

わたしたちの暦は、日、週、月、年、十年、百年（世紀）、千年という単位に分割できる。例えば、わたしがこの段落の第一稿を書き始めた二〇〇三年の二月十九日という日付は、キリストの誕生を基点として、千年単位で三番目、百年単位で一番目、十年単位で一番目、年単位で三番目、月単位で二番目、日単位で十九番目に当たる。同様に、マヤの長期暦では、日の単位（キン）、二十日の単位（ウィナル）、三百六十日の単位（トゥン）、七千二百日または約二十年の単位（カトゥン）、そして十四万四千日または約四百年の単位（バクトゥン）によって日付が決まる。マヤの全歴史は、八、九、十番目のバクトゥンの枠内に収まる。

いわゆるマヤ文明の古典期は、最初の王と王朝の存在を示す証拠が出ている年代、すなわち二五〇年ごろ（八バクトゥン）に始まった。石碑に刻まれた象形文字（記号による銘文）のうち、二十ないし三十ほどがマヤ文字の研究家によって確認され、おのおの文字が特定の区域に集中していたことから、王朝や王国にまつわる意味を持つと考えられるようになった。マヤの王たちが自分の名を示す象形文字と宮殿を所有していたのに加え、多くの貴族もまた、自分の銘文と宮殿とを所有していた。マヤ社会では、王は司祭の長も兼任していたので、天文と暦にまつわる儀式に参列する責務、そして降雨と繁栄をもたらす責務も負っていた。王は、自分が神の血を引いていること、それゆえ超人的な力を駆使できることを主張した。そこには暗黙の了解による見返りがあった。農民たちが王とその廷臣たちの贅沢なライフスタイルを支え、トウモロコシとシカの肉を捧げ、宮殿の建造に従事したのも、王とのあいだに大きな黙約が交わされていたからだ。後述するように、旱魃が起こると、王はじきじきの約束を破ったことになり、農民たちの糾弾にさらされた。

二五〇〇年以降、（考古学的に認証された住居跡の数から判断した）マヤの人口、石碑と建造物の数、石碑と陶器に記された長期暦の年代の数は、飛躍的ともいえるほど増加し、八世紀になると最高値に達する。この古典期の終わり近くには、石碑も最大級のものがいくつか建造された。社会の複雑さを測るこの三つの指標が、九世紀を通じて軒並み減少し続けたあと、ついにマヤの人々は、確認されている長期暦最後の年代、すなわち九〇九年（十バクトゥン）を迎える。マヤの人口、建築の数、記録された長期暦の数、この三つの減少が、いわゆる古典期マヤの崩壊に該当する。

コパンの谷——森林伐採と土地浸食

崩壊の一例として、小規模ながら緻密に築かれた都市について、さらに詳しく検討してみよう。現在その都市の遺跡は、ホンジュラス西部のコパンと呼ばれる場所にあり、考古学者デイヴィッド・ウェブスターの近著二冊にも取り上げられている。コパンで最も営農に適しているのは、谷川流域の肥沃な沖積土に恵まれた五カ所の低地で、総計三十平方キロ足らずというささやかな面積しかなく、五カ所のうち、コパン・ポケットとして知られる最大のものでも、面積はわずか十五平方キロ弱に過ぎない。コパン周辺の土地の大半は険しい丘陵から成り、その丘の半分近くは勾配が一六パーセントを超えている——おおまかに言うと、アメリカの幹線道路における最も急な勾配を二倍にした程度。丘陵の土壌は谷川流域より養分が少なく、酸性度が高く、燐酸に乏しい。現在、谷床の畑で収穫されるトウモロコシの量は、丘陵にある畑の収穫量の二倍ないし三倍になる。丘陵の畑では、耕作を十年続けるうちに、急激な浸食が起こり、生産量の四分の三が失われてしまう。

住居跡の数から判断すると、コパンの谷の人口は五世紀から激増し始め、七五〇年から九〇〇年のあいだに、およそ二万七千人という最大数に達したと考えられる。マヤでは、コパンの歴史に関する記録が、四二六年に該当する長期暦の年代から始まっており、のちの時代の石碑によれば、この年に、ティカルとテオティワカンの貴族にゆかりのある人々がコパンにやってきたという。王を称える石碑は、特に六五〇年から七五〇年のあいだに大型化した。七〇〇年以降になると、王たちだけでなく、王に倣った貴族たちがみずからの宮殿を建造し始めて、八〇〇年にはその数がおよそ二十に達し、そのうちのひとつは、二百五十人を収容できる五十棟の建物から成ることで知られている。そんな貴族と廷臣たちの振る舞いは、農民の立場からすれば、王とその廷臣から負わされた重荷をさらに増大させるものでしかなかっただろう。コパン最後の大規模な建造物は八〇〇年ごろに建てられ、王の名を掲げたとおぼしき未完成の祭壇には、コパンで記録された長期暦最後の年代（八二二年）が刻まれている。

コパンの谷のさまざまな種類の居住地を考古学的に調査した結果、これらの居住地が順を追って領有されていたことがわかった。最初に農耕が行なわれた区域は、谷川沿いの沖積層低地にあるコパン・ポケットで、次に残りの低地四カ所が領有された。そのあいだに人口は増加していったが、丘陵はまだ領有されていなかった。したがって、沖積層低地では、増加ぶんの人口を維持するために、休閑期の短縮、二毛作、おそらく多少の灌漑などを複合的に利用して、生産性を上げていたはずだ。

六五〇年までには丘の斜面も領有され始めたが、丘陵地が耕作に利用された期間はわずか一世紀程度に過ぎない。コパンの総人口のうち、谷川の流域ではなく丘陵地に居住していた人間の割合は最高で四一パーセントに達したが、その後は減少し続けて、結局は谷川流域の低地にふたたび人口が集中するようになった。どうして人々は丘陵地から撤退したのだろうか？　谷床にある建造物の基礎を発掘したところ、そこが八世紀の初めから終わりまで堆積物に埋もれていたことがわかった。つまり、丘の斜面が浸食にさらされ、おそらくは、その浸食によって土壌の養分も溶脱したのだろう。酸性度が高くて地力の低い丘陵の土壌が流され、下方の谷川流域の低地に達して、肥沃な土地一面を覆ってしまったことで、低地の農業生産高は減少したものと思われる。古代の人々が丘陵を短期間で遺棄したという事実を引き継いだかのように、現代のマヤの人々のあいだには、丘陵地は地力が低くて土壌がすぐ痩せるという経験則が伝えられている。

丘陵地で浸食が起こった原因は明らかで、かつて丘を覆って土壌を保護していた森林が切り倒されてしまったからだ。花粉を年代特定した結果、もともと丘の斜面のうち海抜の高いほうにあったマツの森林が、最終的に皆伐されていたことが判明した。推定では、切り倒されたマツの大部分は燃料になり、残りが建造物や漆喰の材料になったとされている。ほかの先古典期の遺跡では、過度に大量の漆喰が建造物に使われている例もあるので、その場合は、漆喰の製造が森林破壊の主因となったのかもしれない。コパンの森林破壊が原因となって、谷川の流域に沈殿物が堆積し、樹木の供給源が絶えただけでなく、谷床に〝人為的な旱魃〟の萌芽が生じた可能性もある。森林は水が循環する過程で重要な役割を果たしているので、大規模な森林破壊は降雨量の減少を引き起こしやすいのだ。

コパンの遺跡から出土した何百体もの人骨には、多くの孔がある骨や、ストレス負荷を示す線がある歯など、疾病と栄養不良の痕跡が認められ、それらの人骨を調査したところ、コパンの住民の健康状態が六五〇年から八五〇年にかけて悪化していることが明らかにされた。この痕跡は支配層の骨にも平民の骨にも共通して見られるが、支配層に比べると平民の健康状態のほうが悪かったという結果が出ている。

丘陵地が領有されてゆく一方で、コパンの人口が急激に増えていたことを思い返してほしい。その直後に丘陵地の畑がすべて遺棄されたということは、それまで丘陵に依存していた住民のぶんだけ谷床に人口が増えて、そのぶんの食糧をまかなうという重荷が谷床の住民たちを圧迫し始め、ますますおおぜいの人間が谷川流域の三十平方キロ足らずの低地に育つ作物を求めて競り合ったということだ。そんな状況に置かれれば、現代のルワンダ（第10章・下巻）と同じように、農民同士が、最良の土地、あるいはどんな土地でも、農地をめぐって争うようになるだろう。コパンの王は、降雨と豊穣をもたらす見返りとして、支配権と豪奢な生活とを享受していたが、〝公約〟を果たすことができなくなって、右のような農業の停滞の責を負わされ、スケープゴートにされたと考えられる。このことから、なぜコパンの王に関する記述が八二二年（コパンに残された長期暦最後の年代に該当）を最後に絶えているのか、なぜ王の宮殿が八五〇年ごろ焼かれているのか、その理由にも説明がつくかもしれない。とはいえ、その後もある程度の贅沢品が作られているところを見ると、王の失脚後も、一部の貴族は、九七五年ごろまではどうにか自分たちのライフスタイルを保ち続けていたようだ。

黒曜石の破片を年代特定した結果から判断すると、コパンでは、王と貴族の人口減少よりも、総人口の減少のほうが緩やかだった。九五〇年には、まだ約一万五千人、つまり、最高時の二万七千人に対し、五五パーセント程度の住民が残っていたと推定される。一万五千の人口は徐々に下降線をたどり続けてゼロに達したらしく、一二五〇年ごろを境に、コパンに人が住んだ形跡はない。この年以降に森林の花粉がふたたび現われていることだけをとっても、コパンの谷が事実上無人状態になったこと、その時点でようやく森林が再生し始めたことがわかる。

複合崩壊

ここまで述べたマヤの歴史の概略、なかでもコパンの事例を見れば、本書でなぜ〝マヤの崩壊〟を取り上げたのかがわかってもらえるだろう。しかし、少なくとも五つの理由から、話はもっと複雑になってくる。

第一に、大規模な古典期の崩壊に先立って、少なくとも二度、もっと小規模な崩壊が起こっていることが挙げられる。ひとつは、一五〇〇年ごろに、エル・ミラドールなど、いくつかのマヤの都市で崩壊（いわゆる先古典期の崩壊）が起こったことであり、もうひとつが、詳細な調査が行なわれてきた都市ティカルに、六世紀後半と七世紀後半、石碑がまったく建造されなかった時期（いわゆるマヤの空白期）があることだ。古典期の崩壊後も住民が生き残った区域、あるいは増加した区域では、一二五〇年ごろのチチェン・イッツァ、一四五〇年ごろのマヤパンなどのように、後古典期に崩壊が起こった例もある。

第二に、明らかに古典期の崩壊が全面的なものではなかったことが挙げられる。というのも、スペイン人と接触して戦ったマヤ族が何十万人もいるからだ。この人数は、古典期全盛のころにはとうてい及ばないものの、本書で詳説しているほかの古代社会に比べればはるかに多い。そういう生存者たちの居住地は、安定した水の供給源がある区域、特に、セノーテのある北部、井戸のある沿岸の低地、南部の湖近辺、海抜が低い場所の川と潟沿いに集中していた。一方で、それ以外の場所、つまり、以前はマヤの中心地だった南部の住民は、ほぼ完全に姿を消している。

第三に挙げられるのは、すでにコパンに関して述べたとおり、いくつかの事例では、（住居跡と黒曜石製の道具から推して）人口という面から見た崩壊が、長期暦の年代の減少よりかなり緩慢に進んでいることだ。古典期に急速な崩壊を遂げたのは、王制と長期暦だった。

　第四に、都市の崩壊と思えるものの多くが、実際には〝勢力の循環〟に過ぎないということがある。つまり、ある種の都市は、総人口の変動を伴わずに、勢力を増したあと、衰退し、もしくは征服され、その後ふたたび勢いを取り戻して近隣の都市を征服する。例えば、ティカルは、五六二年、敵対するカラコルとカラクムルに敗北したとき、王が敵方に捕らえられて殺されたが、その後徐々に兵力を増して、六九五年には宿敵を征服している。これは、ティカルがほかの多くの都市とともに古典期の崩壊を迎える――ティカルの石碑に刻まれた最後の年代は八六九年――よりずっと前の出来事だ。同じように、勢力を伸ばしていたコパンも、七三八年にはその王ワシャクラフーン・ウバーフ・カウィール――今のマヤ研究愛好家のあいだでは、印象的な別名〝十八ウサギ〟のほうが通りがいい――が、敵対する都市キリグアによって捕らえられ、処刑されたが、その後半世紀のあいだ、〝十八ウサギ〟より運の強い王たちの下で繁栄を誇ることになった。

　最後に、マヤ地方のそれぞれ異なる場所にある都市が、それぞれ異なる過程を通じて繁栄したり衰退したりしていることが挙げられる。例えば、ユカタン半島北西部のプークという地域は、七〇〇年にほぼ無人状態となり、七五〇年以降には、南部のほかの都市が崩壊していく一方で、人口が激増し始め、九〇〇年から九二五年にかけて最大数に達したのち、九五〇年から一〇〇〇年のあいだに崩壊した。マヤ地方中央の巨大な遺跡で、世界でも最大級のピラミッドを備えたエル・ミラドールは、紀元前二〇〇年に入植され、コパンが繁栄するずっと以前、一五〇年に遺棄されている。半島北部にあるチチェン・イッツァは、八五〇年を過ぎてから栄え、一〇〇〇年ごろには北部の中心地となるが、結局は内乱によって一二五〇年ごろ滅亡した。

以上五つの型の複雑性に焦点を当てて、古典期マヤの崩壊というものを一切認めたがらない考古学者もいる。しかし、それでは、解明しなければならない事実――明らかに存在する事実――を見落とすことになる。すなわち、八〇〇年以降、マヤの人口、特にかつて最も人口密度の高かった南部低地の人口の九〇パーセントないし九九パーセントが消えてしまったこと、そして、王、長期暦の年代、そのほか複雑な政治制度と文化機構が消えてしまったことだ。この事実があるからこそ、われわれは、古典期マヤの崩壊を取り上げているのであり、その崩壊を人口と文化というふたつの面から解明する必要があるのだ。

戦争と旱魃

マヤの崩壊の要因として簡単に前述したふたつの現象、すなわち、戦争と旱魃が及ぼした作用のことを、さらに論じておくべきだろう。

考古学者たちは、長いあいだ、古代マヤ族が平和主義の穏やかな民だと思ってきた。

今では、決着のつかない熾烈な戦争が絶えず繰り返されていたことがわかっている。その原因は、アステカ、インカによって統合された中央メキシコ、アンデスなどと違い、マヤでは、食糧の供給と輸送に限界があったせいで、どの小国も、全地域を統一して帝国を建てることができなかったからだ。考古学上の記録を見ると、古典期の崩壊が近づくにつれて、戦争が激しさと頻度を増していったことがわかる。その証拠が、この五十五年間、さまざまな形で発見されてきた。例えば、多くのマヤ遺跡の周辺で発掘された巨大な要塞。石碑、壺（335頁写真14参照）、あるいはボナンパクで一九四六年に発見された有名な壁画に、戦争のようすが生々しく描かれていること。そして、マヤ文字の解読によって、その記録の大半が、征服を誇示する王の銘文だと判明したことなどだ。マヤの王たちは、互いを捕虜にするべく戦い合った。〝十八ウサギ〟と呼ばれるコパンの王も、不運な敗者のひとりだ。捕虜が忌まわしい方法で責め苦を受けるようす――指をもぎ取る、歯を引き抜く、下顎を切り取る、唇と指先を削ぎ落とす、爪をはがす、針で唇を突き刺すなど――は、石碑と壁画に克明に描かれている。捕虜は最終的に（数年後のある時点で）、やはり忌まわしい別の方法――四肢をまとめて縛り上げ、体を丸めて、神殿の急な階段を転がして落とすなど――によって生贄《いけにえ》にされた。

マヤの戦争については、さまざまな種類の武力行為が詳しく記録されている。個々の王国同士が戦い合う例。ある王国に属する都市が、王制を離脱するため、首都に対して叛乱を起こす例。王位を狙う者が、武力による簒奪《さんだつ》を頻繁にもくろみ、それが内乱につながる例。以上の例は、王と貴族に関わる出来事ゆえ、石碑に描かれたり記されたりした。記録する価値が認められなかった例として、おそらく、人口の極端な増加に伴う土地不足のせいで、土地をめぐる平民同士の戦いが、もっと頻繁に起こっていただろう。

もうひとつ、マヤの崩壊を理解するうえで重要な現象は、度重なる旱魃だ。マヤの旱魃については、フロリダ大学のマーク・ブレナー、デイヴィッド・ホーデル、エドワード・ディーヴィー、及びその同僚たちによる調査が行なわれ、最近では、リチャードソン・ジルが著作を上梓している。マヤの湖の底に沈殿した堆積層に穴をうがち、柱状堆積物試料を採取すれば、それをもとに数々の測定を行なうことによって、旱魃と環境変動に関する推測が可能になる。例えば、湖水に溶けていた石膏（硫酸カルシウム）は、旱魃時に湖水が蒸発して濃縮されると、湖底に沈殿する。同位体の酸素18として知られる比重の重い酸素を含む水も旱魃時に濃縮されるが、比重の軽い同位体である酸素16は蒸発する。また、湖に棲む軟体動物と甲殻類は、酸素を取り込んで殻に蓄積する。それらの殻は、主である小動物の死後も湖底の沈殿物内に長いあいだ保存されていて、気候学者にとっては、酸素同位体を分析するのにうってつけの試料となる。そうした石膏や酸素同位体などを使った測定法によって、旱魃や降雨が猛威を振るった年代の近似値が出され、その年代が、湖底の沈殿物を放射性炭素法で測定した年代によって確定される。

同じように、湖の沈殿物から採取した柱状堆積物試料をもとにして、花粉学者たちは、森林破壊――試料では、森林の花粉が減り、代わりに草の花粉が増加している状態――と土壌浸食――試料には、厚い粘土層と押し流された土壌に由来する鉱物が表われる――に関する情報を手に入れる。

以上、湖底の沈殿物の層から得た柱状試料を、放射性炭素法で測定するという調査の結果から、気候学者と古生態学者が下した判断によれば、マヤ地方は、紀元前五五〇〇年ごろから紀元前五〇〇年までは比較的湿潤な気候下にあった。その後、紀元前四七五年から紀元前二五〇年まで、つまり、先古典期のマヤ文明が栄える直前は、乾燥した気候が続いていた。紀元前二五〇年以降、ふたたび湿潤な気候が訪れたことにより、先古典期の繁栄は持続したと思われるが、一二五年から二五〇年にかけて旱魃に見舞われた時期には、エル・ミラドールなどの場所で先古典期の崩壊が起こっている。この崩壊後、ふたたび湿潤期がやってきて、古典期マヤの都市が建設されるが、六〇〇年ごろの旱魃が原因で、一時的に中断された。この旱魃の時期は、ティカルなどの都市が衰退した時期とちょうど重なっている。そして七六〇年ごろ、それまでの七千年間で最も苛酷な旱魃が始まり、八〇〇年ごろになると最悪の状況に陥った。この状況と古典期の崩壊には、なんらかのつながりがあると考えるべきだろう。

マヤにおける旱魃の頻度を綿密に分析してみると、およそ二百八年の間隔をあけて再発する傾向が見られる。旱魃にそういう周期があるのは、太陽の放射に小幅なばらつきがあるせいかもしれない。おそらく、ユカタン半島の降雨傾度――相対的に見て北が乾燥、南が湿潤――が南にずれ込んだ結果、そのばらつきが通常より深刻な結果をマヤにもたらしたのだろう。だとすれば、そのような太陽放射のばらつきが、程度の差はあれ、マヤ地方だけでなく全世界に影響を及ぼしていても不思議はない。実際、気候学者たちの意見では、マヤと遠く離れた場所でも、ほかの有名な先史文明の崩壊と、前述した旱魃の周期の頂点とが重なり合うとされる。例えば、世界初の帝国（メソポタミアのアッカド王国）が崩壊した紀元前二一七〇年ごろ、ペルー沿岸のモチカ第四期文明が崩壊した六〇〇年ごろ、あるいは、アンデスのティワナク文明が崩壊した一一〇〇年ごろなどだ。

旱魃が古典期マヤの崩壊に関与しているという仮説のなかから、最も単純な考えかたを選ぶとすれば、八〇〇年ごろの一度の旱魃が運悪く領域全体に被害を及ぼし、それがきっかけでマヤの各中心地が一斉に滅びたということになるだろう。実際には、これまで見てきたとおり、七六〇年から九一〇年にかけて、古典期マヤの各中心地がそれぞれわずかに異なる年代に崩壊する一方、崩壊を免れた中心地もあった。だからこそ、マヤを研究しているおおぜいの人間が、旱魃の関与に疑問を抱くのだ。

しかるべき慎重さを備えた気候学者なら、そんなふうに単純きわまりない不確かな旱魃説を唱えたりはしない。河川から海底の窪地に流れ込んだ堆積物は、年ごとに帯状に形成されるので、それをもとに算出すれば、毎年の降雨のばらつきがかなり精確に特定できる。そうして出された結論によると、八〇〇年ごろの〝大旱魃〟には激しさの頂点が四回あり、最初のものは、さほど深刻なものではなかったという。まず七六〇年ごろに二年間の乾期が訪れたのち、八一〇年から八二〇年ごろの十年間、さらに乾燥した時期があり、八六〇年ごろに三年間の乾期、九一〇年ごろに六年間の乾期があった。興味深いことに、リチャードソン・ジルが、マヤの大規模な各中心地からおのおのの石碑に刻まれた最後の年代を拾い出して、崩壊の年代が場所によって異なること、それらの年代が、八一〇年前後、八六〇年前後、九一〇年前後という三つのグループに分類できて、その三つと、最も深刻な旱魃が起こった三つの年代とが一致することを推断している。どの年代の旱魃であれ、土地ごとにその激しさが異なっていたとしても意外ではないし、また、それゆえに、一連の旱魃によってそれぞれ異なる年代にマヤの各中心地が崩壊し、一方でセノーテ、井戸、湖など、信頼性の高い水源を備えた中心地がその被害を免れていたとしても、少しも驚くには当たらない。

南部低地の崩壊

古典期の崩壊によって最も影響を受けた区域は南部の低地で、おそらく、前述したふたつの事柄がその原因だろう。ひとつは南部の人口密度が高かったこと。もうひとつは、南部の海抜が高過ぎて、雨の乏しい時期にもセノーテや井戸による地下水が入手できず、水資源の問題が非常に深刻だった可能性があることだ。南部の低地では、古典期の崩壊の進行中に、人口の九九パーセント以上が失われている。例えば、古典期マヤの最盛時における中央ペテンの人口は、三百万人ないし千四百万人の広い範囲でいくつかの推計値が出されているが、スペイン人の到達時には約三万人を数えるのみだった。コルテス率いるスペイン軍は、一五二四年と一五二五年に中央ペテンを通過した際、トウモロコシを入手できる村が皆無に等しかったせいで、あやうく餓死しかけた。また、同軍は、ティカルとパレンケという古典期の大都市跡から数キロ以内の場所を通りかかっていながら、その場所について何ひとつ見聞していない。というのも、それらの廃墟が密林に覆われていて、近隣にもほとんど人が住んでいなかったからだ。

　何百万にも及ぶその膨大な人口は、どういう経緯で失われたのだろうか？　われわれは、第4章でも、チャコ峡谷のアナサジ族が（人口はもっと少ないが）姿を消したことについて、同じ疑問にぶつかった。アメリカ南西部における旱魃時のアナサジの例、それに続くプエブロ・インディオ社会の例との類似性から推して、マヤ南部の低地の住民の一部は、セノーテと井戸のあるユカタン半島北部へ避難して生き延び、北部では、マヤが崩壊したころ、急激に人口が増加したと思われる。しかし、何千人ものアナサジ族の避難者たちが、生き延びたプエブロ族に移民として受け入れられた痕跡がないのと同じく、何百万人にも及ぶマヤ南部低地の住民が、北部に移住を果たした痕跡も見つかっていない。旱魃時のアメリカ南西部と同じく、マヤの人口減少についても、その何割かは、餓えや渇きで命を落としたり、不足した資源を巡って互いに殺し合ったりしたことが原因だったに違いない。ほかの何割かは、出生率あるいは子どもの生存率が、何十年かにわたってゆっくりと低下した結果なのかもしれない。つまり、人口が減少した原因には、死亡率が高まったことと、出生率が低下したこと、おそらくその両方が含まれるだろう。

マヤでも、ほかのどの場所でも、過去は現在の鑑《かがみ》となる。スペイン人の到達以来、その占領から派生した病気などが原因で死者が増えたことから、中央ペテンの人口はさらに下降線をたどり続け、一七一四年には約三千人となった。一九六〇年代には二万五千人まで回復したが、この数字は、古典期マヤが最も栄えた時代における中央ペテンの人口の一パーセントに満たない。とはいうものの、その後、移民が大挙して押し寄せたことにより、一九八〇年代に入ると中央ペテンの人口は約三十万人にまで増え、そこから、新たな森林破壊と土壌浸食の時代が始まった。現在、ペテンの半分に当たる場所で、ふたたび森林が破壊され、生態系が損なわれている。ホンジュラスでは、一九六四年から一九八九年のあいだに全森林の四分の一が壊滅してしまった。

マヤ崩壊が語るもの

古典期マヤの崩壊を要約するのに、暫定的に五つの構成要素を特定してみよう。とはいっても、考古学者たちのあいだに、いまだに大きな意見の食い違いがあることは確かだ。その理由は、ひとつには、マヤという領域内にあっても、おのおのの場所によって、構成要素の重要性にそれぞればらつきがあること、また、数あるマヤ遺跡のうち、考古学上の詳細な調査が可能な場所はその一部に過ぎないこと、そして、マヤの中核となった地域のほとんどが、なぜ崩壊後も森林の再生後も、ほぼ無人状態のまま再興を果たせなかったのか、その理由がいまだに判然としないことが挙げられる。

以上の但し書きをしたうえで、わたしの所見を述べたいと思う。まず、構成要素のひとつは、入手可能な資源の量が人口増加の速度に追いつけなくなったことだろう。トマス・マルサスが一七九八年に唱えた説と同じで、また、現在でも、ルワンダ（第10章・下巻）やハイチ（第11章・下巻）などがそういう窮状に陥っている。考古学者のデイヴィッド・ウェブスターは、簡潔にこう言う。「過剰な人数の農民が過剰な面積の耕作地で過剰な量の作物を栽培する状態」。人口と資源とのその不均衡を助長するのが、第二の構成要素、すなわち、森林破壊と丘陵地の浸食が及ぼす影響だ。このせいで、ただでさえ農地が必要なときに、利用できる農地の総面積が減ってしまい、さらに、森林破壊から人為的な旱魃が派生したり、地力の枯渇などの土壌問題が起こったり、大型のシダが蔓延したりという災いが追い討ちをかける。

三番目の構成要素は、しだいに減少する資源を巡って、ますますおおぜいの人間が争い合うようになり、戦闘行為が増加したことだ。すでにマヤの各地に広がっていた戦争は、崩壊直前に最も激しさを増した。少なくとも五百万人、ことによるともっとおおぜいの人間が、コロラド州（面積約二十七万平方キロ）より狭い区域にひしめき合っていたことを考えれば、少しも意外なことではない。戦争が原因となって、国と国との境界が、耕作をするには危険な中間地帯となり、営農できる土地の総面積はさらに減っただろう。事態を極まで至らしめたのが、気候変動という第四の構成要素だ。古典期崩壊時の旱魃に襲われたとき、すでにマヤには、以前の旱魃を乗り切った経験があったが、崩壊時の旱魃は、それまでになく深刻なものだった。以前の旱魃のときには、まだ人の住んでいない場所が残っていたので、旱魃の被害に遭った場所の住民はよそに移動して難を逃れることができた。ところが、古典期崩壊のころまでには、もうマヤ社会には人があふれていて、近場には新規にやり直しができるような未居住の土地がなかった。また、信頼性の高い水源を維持できる区域もほとんどなく、維持できたにしても、その区域に全人口を収容するのは不可能だった。

五番目の構成要素として、以上の諸々の問題がマヤ社会を蝕んでいたのはどう見ても明らかなのに、なぜマヤの王たち、貴族たちは、それらの問題を認識し解決することができなかったのかという理由を問わねばならない。王と貴族たちの関心は、間違いなく短期的な問題に注がれていた。例えば、私腹を肥やすこと、戦争を行なうこと、石碑を建てること、他と競うこと、それらすべての基盤として、農民からじゅうぶんな食糧を取り立てることなどだ。人類の歴史に登場する大半の指導者と同じく、マヤの王と貴族も、長期的な問題に——察知できないものはともかく——留意していなかった。このことについては、第14章（下巻）でふたたび取り上げる。

本書ではこの先、現代社会に注意を向ける前に、まだほかにも過去の社会を取り上げるつもりだが、すでにわれわれは、マヤ及び第2章から第4章で論じた過去の社会と現代社会とのあいだに、いくつか類似点があることに思い当たっているはずだ。イースター島、マンガレヴァ島、そしてアナサジと同じように、マヤでも、環境問題と人口問題が戦争と内乱の増加につながった。イースター島とチャコ峡谷と同じように、マヤにおいても、人口が最大値に達したとたん、政治的かつ社会的な崩壊が起こっている。イースター島の農地が沿岸の低地から最終的に高地にまで拡張され、ミンブレの農地が氾濫原から丘陵地へ拡張されたのと同様、コパンの居住地も、氾濫原からもっと脆弱な丘の斜面へと広げられ、その結果、丘陵地における農業の発展が衰退へと転じたときには、それまでよりおおぜいの人口を維持するための食糧が必要になっていた。イースター島の首長たちがその時々に最大の石像を建てたあげくプカオを載せたように、また、アナサジの支配層の人間たちが、トルコ石のビーズを二千個つなげたネックレスで身を飾り立てたように、マヤの王たちも、よりみごとな神殿をより分厚い漆喰で塗り固め、互いに負けまいと懸命になった。その姿は、これみよがしに浪費を重ねる現代アメリカのCEO（最高経営責任者）たちを髣髴《ほうふつ》させる。これらの不穏な類似点の締めくくりとして、イースター島の首長たちも、マヤの王たちも、現実の重大な脅威を前にしながら、なんら能動的な打開策を講じなかったことを挙げておこう。

第6章

ヴァイキングの序曲《プレリュード》と遁走曲《フーガ》

大西洋上の実験

わたしと同世代の映画ファンなら、〝ヴァイキング〟という言葉を聞いて、一九五八年の忘れがたい大作『バイキング』で頭領を演じたカーク・ダグラスの姿を——鋲《びょう》を打った革製の服を身にまとい、髭をたくわえた蛮族を率いて海原に乗り出し、襲撃と陵辱と殺害に明け暮れる姿を——思い浮かべるだろう。わたしは、大学時代にガールフレンドとこの映画を観てから半世紀近く経った今も、いくつかの場面を頭の中で再生できる。荒くれ者のヴァイキングの一団が、ある城の中で宴を開いている住人たちの虚を突いて城門を打ち壊し、悲鳴が飛び交う城内に突入して住人たちを殺戮する。カーク・ダグラスは、人質となった美しいジャネット・リーに向かって、抵抗してみろと挑発する。むなしく抗う相手を見ると、自分の快感が増すからだ。そういう残酷な印象も、多くは真実に基づいたものと言える。たしかに、ヴァイキングたちは、中世ヨーロッパの人々を数世紀にわたって恐怖に陥れていた。ヴァイキング自身の言語（古ノルド語）でも、呼び名の語源となった〝ヴィーキンガー〟という単語は〝襲撃者〟を意味する。

しかし、ヴァイキングの物語には、そういう恐ろしい部分と同じくらいロマンチックで、もっと本書との関わりが深い部分もある。ヴァイキングは、恐ろしい海賊であると同時に、農夫、交易商人、植民地開拓者であり、ヨーロッパで初めて北大西洋に乗り出した探検家でもあった。ヴァイキングたちが築いた数々の植民地は、それぞれ大きく異なる運命をたどっている。ヨーロッパ大陸とイギリス諸島に入植した者は、最終的に地元の人々に同化し、ロシア、イングランド、フランスなど、いくつかの国民国家の形成に携わった。ヨーロッパ人による初の北米大陸入植の試み、ヴィンランドの植民地は、すぐに遺棄されることになった。グリーンランドの植民地は、最も辺境にあるヨーロッパ社会の領地として四百五十年のあいだ存続したが、最終的には消滅する。アイスランドの植民地は、何世紀にもわたって貧困と政治的な難局に苦しんだのち、近年は世界でも屈指の裕福な社会に生まれ変わった。オークニー諸島、シェトランド諸島、フェロー諸島の植民地は、ほぼなんの問題もなく存続した。これらすべてのヴァイキングの植民地は、同一の社会を祖としている。それぞれの植民地が異なる運命をたどったことと、入植者を取り巻くそれぞれの環境とのあいだには、明らかな相関性が認められる。

したがって、ヴァイキングが北大西洋を渡って西方へ広く進出していった過程（364〜

365頁の地図を参照）は、ポリネシア人が太平洋を渡って東へ広く進出していった過程と同じように、われわれにとっては、示唆に富んだ〝自然実験〟といえるだろう。この壮大な自然実験の枠内にあって、グリーンランドは比較的小さい規模の実例を提供してくれる。ヴァイキングたちが出会った先住民イヌイットは、グリーンランドの環境問題に対して、ヴァイキングとは大きく異なる解決策を講じていた。その小さな実験が五世紀後に終了したとき、グリーンランドのヴァイキングたちはすでに全滅していて、その土地は無条件でイヌイットの手に戻った。このグリーンランドのノルウェー人（スカンディナヴィア人）たちの悲劇からは、心強いメッセージを読み取ることができる。つまり、人間社会は、困難な環境下にあっても、対応しだいで崩壊を回避できるということだ。

環境問題が引き金となったヴァイキング領グリーンランドの崩壊及びアイスランドの苦闘は、やはり環境問題が引き金となったイースター島、マンガレヴァ島、アナサジ、マヤなど、産業化以前の多くの社会の崩壊と類似している。ただし、グリーンランドの崩壊とアイスランドの苦境には、実情を理解するうえで有利な点がいくつかある。両島の、特にアイスランドの歴史に関する同時代の文献が、このふたつの社会で記録されたものはもちろん、交易相手が記したものも残されているのだ。文献の断片的な記述にはもどかしい思いをさせられるが、先に挙げたほかの社会、つまり、目撃者による記録がまったくない産業化以前の社会に比べれば、条件ははるかに整っている。さらに、アナサジ族は死絶や離散という運命をたどり、イースター島のわずかな生存者から成る社会は外部の人間の流入によって変貌を遂げたが、現代のアイスランド人の大多数は、最初の入植者であるヴァイキングの男たちとケルト人の妻たちの直系の子孫に当たる。また、中世ヨーロッパのキリスト教社会だったアイスランドとノルウェー領グリーンランドは、寄り道なしで現代ヨーロッパのキリスト教社会へと進化している。したがって、アイスランドやグリーンランドの教会の遺跡、保存された美術品、発掘された道具にどんな意味があるのか、現代のわたしたちにもよくわかる。これが本質的に異なる社会の遺跡となると、多分に憶測に頼らざるを得ないところだ。例えば、グリーンランドのフヴァルセイに、一三〇〇年ごろ建てられた保存状態の良好な石の建造物がある。わたしは、その西壁にある開口部の内側に立ち、ほかの場所にあるキリスト教教会と比較してみて、その建物もやはりキリスト教の教会であること、ノルウェーのアイドフィヨルドの教会をほぼ精確に模倣したものだということ、ほかのキリスト教教会と同様、その開口部が正面入口であることが、よくわかった（401頁写真15参照）。それと逆に、イースター島の石像の意義については、そこまで詳細な理解は望むべくもない。

アイスランドとグリーンランドのヴァイキングの運命からは、イースター島、マンガレヴァ島近隣の島々、アナサジ、マヤの運命に比べ、よりいっそう複雑で、より示唆に富んだ物語が読み取れる。そこには、プロローグで述べた五つの要因すべてが関与している。ヴァイキングたちは、みずからの環境を損ない、気候変動に苦しんでいたし、その対応及び文化的価値観は、結末に影響を及ぼした。環境と気候の要因は、イースター島とマンガレヴァ島近隣の島々の歴史にも作用していて、アナサジとマヤについては、三つの要因すべてが作用している。また、友好的な外部集団は、マンガレヴァ島近隣の島々やアナサジと同じように、アイスランドとグリーンランドの歴史に大きく関与しているが、イースター島とマヤの歴史には関与していない。さらに、これらの社会のうち、ノルウェー領グリーンランドだけが、敵意のある外部集団（イヌイット）から重大な干渉を受けている。いわば、イースター島とマンガレヴァ島近隣の島々が、ヨハン・セバスチャン・バッハによるいくつかの遁走曲《フーガ》と同じく、おのおのふたつか三つの主題から成るフーガだとするなら、アイスランドの苦難は、死を前にしたバッハが最後の一大楽曲として完成を望みながら、ついに未完となった遺作『フーガの技法』と同じく、四つの主題を持つフーガだと言える。ただひとつ、グリーンランドの終焉だけが、バッハも生涯試みなかった五つの主題を持つ最大のフーガなのだ。以上に挙げたすべての理由から、本章及び次の二章では、本書で最も詳細な事例として、ヴァイキング社会を取り上げる。すなわち、王蛇の腹に呑まれた二頭目の、そして大きいほうのヒツジだ。

ヴァイキングの勃興

アイスランドとグリーンランドというフーガの序曲《プレリュード》となるのは、七九三年以降、中世ヨーロッパ、それもアイルランドとバルト海から地中海とコンスタンティノープルに至る地域に、ヴァイキングが突然姿を現わし、急激にその数を増やしていったことだった。ここで思い出してほしいのは、中世ヨーロッパ文明の基礎となる要素が、どれも一万年以上前に、南西アジアの〝肥沃な三日月地帯〟――ヨルダンから北にトルコ南東部へ、そこから東にイランへ至る三角形――の内部、あるいはその近隣で出現していることだ。その地域から、世界初の作物と家畜、車輪を使った輸送法、銅、次いで青銅と鉄の製造法が現われ、町と都市、首長制と王制、体系化された宗教が生み出された。そうしたすべての要素が、紀元前七〇〇〇年ごろ、アナトリアからギリシアに農業が伝わったのを皮切りに、ヨーロッパ南東部から北西に向かって徐々に広がりながら、ヨーロッパを変容させていく。肥沃な三日月地帯から最も隔たった場所、ヨーロッパの辺土に位置するスカンディナヴィアがそのような変容を遂げたのは、ヨーロッパでは最も遅い時期、紀元前二五〇〇年ごろのことだった。また、スカンディナヴィアは、ローマ文明の影響からも最も隔たった辺土だったので、現代のドイツに当たる区域とは違い、一度もローマの交易商人を迎えることがなく、ローマ帝国と隣接したこともなかった。つまり、スカンディナヴィアは、中世になるまでヨーロッパの中で孤立し続けていた。

とはいえ、元来スカンディナヴィアは、先々利用価値の上がる二種類の強みを備えていた。北方の森林に棲む動物の毛皮、アザラシの毛皮、ヨーロッパの他地域で贅沢品として珍重された蜜蠟《みつろう》があったこと、そして（ノルウェーではギリシアと同じく）海岸線がかなりの割合で湾入していたことだ。この地形には、うまくいけば海上経由の移動のほうが陸上経由の移動より速くなるという可能性が秘められていて、航海技術を高めようとしている人々にとっては、将来が約束されたようなものだった。中世になるまで、スカンディナヴィアには帆のない手漕ぎの舟しかなかった。ようやく帆船の技術が地中海から伝わってきたのは、六〇〇年ごろのことだ。たまたまこの時期は気候が温暖だったことに加え、改良型の鋤《すき》が伝来して食糧生産が促進され、スカンディナヴィアの人口が激増する。ノルウェーの国土はその大半が険しい山地で、陸地の三パーセントしか農業に利用できず、特にノルウェー西部では、七〇〇年ごろまでに、人口増加によってその可耕地の利用が限界近くに達していた。増え続けるスカンディナヴィアの人口は、自国で新たな農場を造れる見込みが薄くなってきたのを機に、海上経由で国外に広がり始めた。帆の技術が伝来すると、ほどなく新型の船が開発された。速く、喫水が浅く、帆と櫂《かい》の双方が使え、操縦性に優れたその船は、ヨーロッパ大陸とイギリスで需要が高い贅沢品の輸出に最適だった。それらの船を使えば、海を渡ることはもちろん、どんな浅

ヴァイキングの進出
アイスランド
フェロー諸島
トロンヘイム
ノルウェー
シェトランド諸島
ヴァイキングの進出経路
ベルゲン
スウェーデン
バルト海
オークニー諸島
リンディスファーン島
デンマーク
アイルランド
グレートブリテン
ノルマンディー
セーヌ川
ブルターニュ
ヨーロッパ大陸
ロワール川
地中海
アフリカ大陸
15°
0°
15°

エルスミア島
スクレーリング島
75°
グリーンランド
バフィン島
ディヴィス海峡
ディスコ湾
ノルズルセタ
ドーセット岬
西入植地
ゴッドホープ（現ヌーク）
ナルサルスアーク
東入植地
カコルトク
60°
ラブラドル半島
カナダ
ランス・オ・メドウズ遺跡
セントローレンス湾
ニューファンドランド州
北 大 西 洋
ニューブランズウィック州
45°
ノヴァスコシア州
0 Miles 500
0 Kilometers 500
30°
60°
© 2004 Jeffrey L. Ward
45°
30°

瀬にも着岸でき、川をはるか上流までさかのぼることもできた。当時、水深の大きな港は数少なかったが、寄港先をそういう港に限定されずにすんだわけだ。

しかし、歴史上のほかの船乗りたちと同じく、中世のスカンディナヴィア人たちにとっても、交易は襲撃のための下準備となった。スカンディナヴィアの交易商たちは、毛皮を金や銀に交換するため、裕福な人々の住む場所に至る航路を見つけ出した。いったん航路が確立されると、交易商の血気盛んな同胞たちは、そういう金や銀がただで入手できることに気づいた。交易に利用した船があれば、帆と櫂《かい》を使って同じ航路をたどり、海沿いの町や川沿いの町、はるか上流の内陸部までも、不意打ちをかけることができた。こうしてスカンディナヴィア人は、ヴァイキング、すなわち〝襲撃者〟となる。ヴァイキングの船と水夫たちは、ヨーロッパの他地域の船や水夫に比べて機動性に優れていたので、それらの遅い船に追いつかれることはなく、襲撃された側も、逆襲を試みたりはしなかった。ヴァイキングの祖国に押しかけ、その拠点を破壊したという例はひとつもない。現在のノルウェーとスウェーデンに当たる土地では、双方ともまだ単独の王のもとに統一されず、分割されたままで、各領地を治める首長と小王が、外国からの略奪品をめぐって激しく争い合っていた。それらの品々は、臣下の心を惹きつけ、また、臣下の功績に報いるために用いられた。国内の勢力争いに敗れた首長たちは、外国での運試しになおさら意欲を燃やすことになった。

ヴァイキングによる襲撃は、七九三年の六月八日に突如として始まる。イングランド北東部の沖合に浮かぶリンディスファーン島に、裕福だが無防備な修道院があり、同日、ヴァイキングがそこを襲撃したのが端緒となった。以来、ヴァイキングたちは、海が比較的凪《な》いでいて航海しやすい夏を選んで襲撃を繰り返していたが、数年経つころには、秋にわざわざ母国へ戻るのをやめ、めぼしい海岸に越冬用の居留地を築いて、それまでより早く、春のうちに襲撃に出られるようにした。そういう初期型の襲撃が、ヴァイキングの船団と狙われた人々との力関係に応じて、金品獲得のための柔軟な混合型の戦略に変わっていった。金品獲得の手段は、ヴァイキングの力や数が相手の力や数に勝るにつれて、平和な交易から、襲撃をしないという約束と引き換えに貢ぎ物をゆすり取る形へと進化したのち、略奪と退却という形を経て、最後には、相手を征服してヴァイキングの国家を設立するという形となった。

ヴァイキングは、スカンディナヴィアの各地方からそれぞれ異なる方向へ襲撃に出た。現代のスウェーデンに当たる区域からはヴァラング（ワリャーギ）人が東のバルト海へ船を出し、ロシアからバルト海に流れ込む川をさかのぼって南へ進み続け、黒海とカスピ海に流れ込むボルガなどの川の水源にたどり着いて、裕福なビザンティン帝国と交易を行ない、のちの連邦の先駆となったキエフ公国を設立した。現代のデンマークに当たる区域のヴァイキングたちは、西に船を出し、ヨーロッパ北西部の沿岸とイングランド東岸に向かって、ライン川とロアール川に進路を定め、河口にあるノルマンディとブルターニュに入植し、イングランド東部にデーンローと呼ばれる領土を、フランスにノルマンディ公国を築き、また、スペインの大西洋岸を回ってジブラルタル海峡から地中海に入ってイタリアを襲撃した。現代のノルウェーに当たる区域のヴァイキングたちは、アイルランドとイギリスの北岸及び西岸に向かい、ダブリンに大規模な交易の中心地を設けた。ヴァイキングたちがヨーロッパ各地に入植し、現地の人々と結婚して、徐々に地元に同化していった結果、スカンディナヴィア以外の場所では、スカンディナヴィアの言語も、純然たるスカンディナヴィアの入植地も、姿を消すことになる。スウェーデン系のヴァイキングたちはロシアの住民に、デンマーク系のヴァイキングたちはイングランドの住民に溶け込み、その一方で、ノルマンディに入植したヴァイキングたちは、最終的に古ノルド語を捨ててフランス語を使い始めた。そうやって同化が進むうちに、スカンディナヴィアの遺伝子はもちろん、その言語も、新たな社会に吸収されていった。例えば、現代の英語の中の〝awkward, die, egg, skirt〟など、日常的に使われている何十という言葉が、スカンディナヴィア出身の侵略者たちによって持ち込まれたものだ。

ヨーロッパの陸地に向かう航海の途中、多くのヴァイキング船が航路をはずれて北大西洋に流された。のちの時代になると、ノルウェー領グリーンランドの植民地や、タイタニック号など、海氷に航路を阻まれて悲運をたどった例もあるが、ヴァイキングの進出当時、北大西洋上は穏やかな気候に恵まれていたので、海氷による被害はなかった。よって、航路をはずれたヴァイキング船は、ヨーロッパ人、あるいはどんな人間にも知られていなかった土地を発見して入植することになる。例えば、無人だったフェロー諸島が八〇〇年以降、アイスランドが八七〇年ごろ、グリーンランドが九八〇年ごろ発見されて、入植された。当時のグリーンランドでは、イヌイットに先立ってこの地に到達したアメリカ先住民、すなわちドーセットとして知られる文化の担い手たちが、北端の土地だけを領有していた。一〇〇〇年前後には、ヴィンランド――ニューファンドランド島、セントローレンス湾、そしておそらく、北米大陸の北東岸の何カ所かを包括した地帯――が入植された。その北東部にはアメリカ先住民がおおぜい住んでいたので、ヴァイキングたちは、わずか十年でその地から撤退することを余儀なくされた。

ヴァイキングによる襲撃が下火になった理由は、標的にされたヨーロッパ人たちが徐々にその襲来を予期して自衛するようになったこと、イングランドとフランスの王たち、そしてドイツの皇帝が勢力を増したこと、ノルウェーの王が勢力を伸ばして、それまで野放しに略奪を繰り返していた首長たちを抑え、そのエネルギーをまともな交易国の樹立に振り向け始めたことだった。大陸側では、フランク族が八五七年にセーヌ川からヴァイキングを追い出し、八九一年には現在のベルギーに当たる場所でルーヴァンの戦いに大勝し、九三九年にはブルターニュからヴァイキングを駆逐している。イギリス諸島では、九〇二年にダブリンからヴァイキングが追い払われ、イングランドのデーンロー領土は九五四年に瓦解した（ただし、その後九八〇年から一〇一六年のあいだに、ふたたびヴァイキングが襲撃を仕掛けて再建する）。一〇六六年、ヘイスティングズの戦いにおいて、征服王ウィリアム（ノルマンディ公ウィリアム）が、襲撃者ヴァイキングの末裔のうち、フランス語を話すようになった人々を率いてイングランドを征服した。この戦いで有名な年代、一〇六六年は、ヴァイキングによる襲撃が終焉を迎えた年としても知られている。同年十月十四日、ウィリアムがイングランド南東の海岸へイスティングズでイングランド王ハロルドに勝利したのは、ハロルドとその兵士たちが疲労し切っていたからだ。ハロルドの軍は、九月二十五日にイングランド中央のスタンフォード・ブリッジで最後のヴァイキング侵略軍を破り、その王を討ったあと、南に三百五十キロの距離を三週間足らずで踏破したばかりだった。それ以降、スカンディナヴィアの各王国は、ヨーロッパの他国家と交易を行なう通常の国家へと進化し、絶え間ない襲撃をやめて、ごくたまに戦争に携わる程度になる。中世ノルウェーは、恐るべき襲撃ではなく、タラの干物でその名を知られるようになった。

自己触媒作用——略奪・富・勢力拡大

以上に述べた歴史を考えに入れた場合、ヴァイキングたちが母国を離れ、戦闘に加わったり、グリーンランドのように苛酷な環境下で暮らしたりすることに命を賭した理由について、どんな解釈ができるだろうか？　千年にわたってスカンディナヴィアにとどまったまま、ヨーロッパの他地域に目を向けなかったヴァイキングたちが、なぜ七九三年を境に広汎な進出を始め、かくも急速にその活動の最盛期を迎えたのだろうか？　そしてなぜ、その活動は、以後三百年足らずで失速し、やがて完全に停止したのだろうか？　歴史上のどんな進出であれ、その契機となったのが〝押す力〟（母国の人口増加による圧力、好機の減少）なのか〝引く力〟（外国を植民地化できる好機、未居住の区域の存在）なのか、あるいは双方の力が働いたのかを追究してみるのも、ひとつの方法だろう。広汎な進出の多くは、押す力と引く力の複合作用を動力としてきた。ヴァイキングの進出についても同じことが言える。ヴァイキングの場合、押す力とは、母国での人口増加と王権の強化であり、引く力とは、入植できる無人の新しい土地や、居住ずみでも裕福で無防備ゆえ略奪可能な土地が外国にあったことだ。同じように、ヨーロッパの人々による北米への移住も、押す力と引く力の複合作用によって、十九世紀と二十世紀初頭に最盛期を迎える。ヨーロッパの人口増加、飢饉、政治的差別が、ヨーロッパの人々を母国から押し出す力となり、また、北米とカナダには肥沃な農地と経済の好機がほぼ無限に存在したので、それを入手できる可能性が引く力となった。

七九三年以降、押す力と引く力の総和が、なぜそこまで突然に人々を駆り立て、一〇六六年が近づくにつれて、なぜそこまで急速に落ち込んだのか？　この問題では、ヴァイキングの広汎な進出を〝自己触媒作用〟の好例と見ることができる。化学の世界でいう触媒作用とは、酵素などの成分によって化学反応の速度が上がることを指す。化学反応のなかには、生成物そのものが触媒として働くものがあり、その場合、ゼロから始まった反応速度は、なんらかの物質が生成されるにつれて上がり始め、その生成物が触媒作用を起こしてさらに反応を速めると、さらに生成物が増えて、それがまた反応速度を一段と上げる。そういう連鎖反応を自己触媒作用といい、その最たる例が原子爆弾の爆発だ。臨界量のウランの中性子がウランの原子核を分裂させ、エネルギーといっそう大量の中性子を放出させると、その中性子がさらに原子核を分裂させることになる。

同じように、人間の集団が自己触媒となって広汎に進出していく場合には、ある民族が当初手にした強み（例えば技術的な優位）が利益や発見をもたらし、そのことでさらに多くの人間が刺激を受け、利益と発見を求めて動くようになり、その結果、いっそう多くの利益と発見がもたらされ、いっそう多くの人間が進出し始めて、ついに専有可能な領域を専有し尽くすと、その時点で、自己触媒型の進出が触媒作用を止め、停滞することになる。ヴァイキングの連鎖反応を始動させた出来事としては、明確なものがふたつある。まず、七九三年のリンディスファーン修道院襲撃で大量の略奪品を手にしたことが刺激となって、翌年も襲撃が行なわれ、さらに大量の略奪品を手にしたこと。そして、ヒツジの飼育に適した無人のフェロー諸島を発見したことがきっかけとなって、もっと広くもっと遠方にあるアイスランドを発見し、次に、いっそう広くいっそう遠方にあるグリーンランドを発見したことだ。ヴァイキングたちが母国に略奪品を持ち帰ったこと、あるいは定住に格好の島があると報告したことで、さらにおおぜいのヴァイキングたちが想像力をかきたてられ、さらに多くの略奪品、さらに多くの無人の島を探しに出ることになった。ヴァイキング以外にも、自己触媒型の広汎な進出の例はある。例えば、紀元前一二〇〇年ごろ、ポリネシア人の祖先たちが太平洋を東に向かって広く進出し始めたこと、また、十五世紀、特に一四九二年のコロンブスによる新世界〝発見〟を皮切りに、ポルトガル人とスペイン人が世界じゅうに広く進出していったことが挙げられるだろう。

ポリネシア人、そしてポルトガル人やスペイン人と同じく、ヴァイキングの広汎な進出も徐々に先細りになっていった。船でたやすく到達できる区域全体がすでに襲撃されていたり、植民地化されていたりしたため、未居住の土地や、楽な襲撃目標となる土地の話を母国に持ち帰れなくなったからだ。ヴァイキングの連鎖反応を始動させる出来事がふたつあったのと同じく、その動きを抑える出来事もふたつあった。そのひとつが一〇六六年のスタンフォード・ブリッジの戦いであり、それによって、長きにわたるヴァイキングの連勝が食い止められ、それ以上の襲撃は無益であることが明示された。もうひとつは、一〇〇〇年ごろ、最も遠方にあるヴィンランドの植民地を、ヴァイキングが入植後わずか十年でやむなく遺棄したことだ。現存する古代ノルウェーの伝説《サーガ》のうち、ヴィンランドに触れているものは二編あり、そこに遺棄の原因が明記されている。当時の船ではごく少数のヴァイキングしか大西洋を渡航できず、はるかに人数の多いアメリカ先住民を負かすことができなかった、と。ヴァイキングたちは、フェロー諸島、アイスランド、グリーンランドがすでにヴァイキングの入植者でいっぱいだったこと、ヴィンランドがひどく物騒な土地だということ、大西洋上で新たな未居住の島を発見できていないことを考え合わせて、荒天の大西洋を命がけで渡って開拓に出ても、もはやそれに見合う利益は望めないという結論に達したのだ。

農夫としてのヴァイキング

海を渡った移民が第二の母国を植民地化するとき、通例として、そこで築かれる生活様式には、移民たちの第一の母国の生活様式の特色、例えば、知識、信仰、生活手段、社会体制など、第一の母国で培われた〝文化的な資本〟が組み込まれていく。このことが特によく当てはまるのは、ヴァイキングの例のように、領有する土地がもともと無人だった場合、あるいは、入植者とほとんど接触のなかった人々が住んでいた場合だ。現在のアメリカ合衆国では、新たな移民たちは、自分たちより桁違いに数の多いアメリカの定住者たちと折り合いをつけていかなければならない。そんな状況にあっても、各移民のグループは、それぞれ固有の持ち味を多分に保ち続けている。例えば、わたしが住んでいるロサンゼルスについて言うと、ベトナム、イラン、メキシコ、エチオピアからの移民たちのあいだには、文化観、教育水準、職業、財産などに関して大きな差がある。おのおののグループが、祖国から持ち込んだ生活様式にある程度依存しながら、それぞれの許容範囲内でアメリカ社会に適応しているのだ。

ヴァイキングたちが北大西洋の島々に築いた社会も、元来のヴァイキング社会を手本にしていた。そうして受け継がれた文化は、特に、農業、製鉄、階級構造、宗教などの分野に色濃く反映された。

わたしたちはヴァイキングを襲撃者であり船乗りであると考えるが、ヴァイキングは、自分たちのことを農夫だと考えていた。ノルウェー南部ではうまく育った動物と植物の種《しゅ》が、国外のヴァイキング史では、重要な懸案事項となった。それらの動植物は、ヴァイキングの入植者たちにとって、アイスランドやグリーンランドに持ち込めるという有益性を備えていただけでなく、ヴァイキングの社会観と切り離せないものだったからだ。異なる民族は、それぞれ異なる食物と生活様式に、それぞれ異なる位置づけをする。例えば、アメリカ西部の牧場経営者の価値観からすると、ウシの位置づけは高いが、ヤギの位置づけは低い。移民たちが故国の農業法を実践して、それが新たな国にうまく適合しないことがわかると、問題が浮上する。例を挙げるなら、現在、オーストラリア人たちは、かつてイギリスから持ち込んだヒツジが、オーストラリアの環境にとって実は有害無益だったのではないかという問題に懸命に取り組んでいる。後述するように、故国に適したものと新たな土地に適したものの食い違いが、やがてグリーンランドに入植したノルウェー人たちに由々しき問題をもたらすことになった。

ノルウェーの寒冷な気候下では、作物よりも家畜のほうがよく育った。飼育されていたのは、肥沃な三日月地帯とヨーロッパで食糧生産の基盤となったものと同じ、ウシ、ヒツジ、ヤギ、ブタ、ウマの五種だった。そのうちヴァイキング社会で上位に位置づけされていたのは、食肉用のブタ、チーズなどの乳製品用のウシ、輸送と箔付けに利用されるウマだった。古代ノルウェーのサーガによれば、スカンディナヴィアの武神オーディンが治める天上の神殿ヴァルハラでは、戦死した兵士たちが毎日ブタの肉を食べていたとされる。それに比べるとかなり格下になるとはいえ、経済上有益だったのがヒツジとヤギで、こちらは食肉よりむしろ乳製品と毛織物が目的で飼育されていた。

九世紀にノルウェー南部に存在したある農場が発掘され、ごみ捨て場から出土した動物の骨によって、その農場主の世帯で消費された各動物の骨の割合が明らかになった。出土した家畜の骨のほぼ半分がウシ、三分の一が珍重されたブタで、ヒツジとヤギの骨は合わせてわずか五分の一だった。野心に燃えたヴァイキングの首長なら、外国で農場を設営しようというときに、おそらくその五種の動物を同じ比率で飼いたいと望んだことだろう。実際に、グリーンランドとアイスランドにある初期のヴァイキングの農場では、ごみ捨て場から同じような比率で動物の骨が発見されている。とはいうものの、その二島にある後期の農場では、骨の比率が変わっていた。それらの動物のなかには、相対的に見て、グリーンランドとアイスランドの状況にうまく適応できないものもいたからだ。ウシは時を経るにつれて減少し、ブタはほぼ消滅したが、ヒツジとヤギの数は増加した。

ノルウェーでは、居住地が北にあればあるほど、冬に家畜を小屋に入れて餌を与えることが重要になる。家畜を屋外に出して勝手に餌を探させることはしない。したがって、かの勇壮なヴァイキングたちも、夏と秋には、一般によく知られた戦闘行為より、むしろ冬の飼料にする干し草の刈り取り、乾燥、収集という地味な仕事にほとんどの時間を割かなければならないのが実情だった。

耕作ができる程度に穏やかな気候の区域では、耐寒性のある作物、特にオオムギの栽培も行なわれた。そのほか、オオムギほど重要ではない――つまり、オオムギほど耐性のない――作物として、オートムギ、コムギ、ライムギなどの穀物、キャベツ、タマネギ、エンドウマメ、インゲンマメなどの野菜、麻布の原料になるアマ、ビールを醸造するためのホップなどがあった。ノルウェーでは、北に向かうほど、家畜に比べて作物の重要性がしだいに下がっていった。蛋白源として畜産物を補うのは、おもに野生の食肉だった。特に魚類は、ノルウェーのヴァイキングのごみ捨て場から出土した骨の半分以上を占めている。狩猟の対象となったのは、アザラシなどの海洋哺乳動物、トナカイ、ヘラジカ、小型の陸生哺乳動物、繁殖コロニーの海鳥、カモなどの水鳥などだった。

鉄器製造のための莫大な樹木

ヴァイキングの遺跡から発掘された鉄器を見ると、ヴァイキングたちが多目的に鉄を利用していたことがわかる。鋤《すき》、シャベル、斧、鎌などの大ぶりな農具、小刀、鋏《はさみ》、縫い針などの家庭用具、釘、鋲、そのほかの建築金物、そしてもちろん、刀剣、槍、戦斧《せんぷ》、鎧《よろい》などの武具があった。鉄の処理場の遺跡に残された鉱滓の山と木炭製造用の穴に目を向ければ、ヴァイキングたちが鉄を得ていた方法も再現できる。鉄の処理は、産業規模の専業工場ではなく、個々の農場において、家族単位で小規模に行なわれていた。第一の原料となるのは、スカンディナヴィアに広く分布するいわゆる沼鉄鉱で、これは、水に溶け込んでいた酸化鉄が、沼や湖の沈殿物の酸性状態、あるいはバクテリアによって凝結したものだ。現代の鉄鉱採掘業者は、酸化鉄の含有率が三〇パーセントないし九五パーセントの原鉱を選ぶが、ヴァイキングの鍛冶屋は、それよりはるかに質の劣るもの、酸化鉄がわずか一パーセントという原鉱も採掘した。そういう〝鉄分の多い〟沈殿物を見つけると、原鉱を乾燥させたのち、炉の中で融点まで加熱して鉄と不純物（鉱滓《こうさい》）とを分け、槌で叩いてさらに不純物を取り除いてから、所要の形に鍛造《たんぞう》した。

樹木そのものを燃やしても、鉄を加工できるほどの温度は発生しないので、初めに木を燃やし、じゅうぶんな温度の炎を保てる木炭を作っておかなければならない。さまざまな国の測定値をもとに平均値を出すと、一ポンド（約四百五十グラム）の木炭を作るには四ポンド（約一・八キログラム）の木が必要になる。このことと、沼鉄鉱の鉄の含有量が少ないことが原因で、ヴァイキングによる鉄の抽出作業、鉄器の製造、さらに鉄器の修復には莫大な量の樹木が費やされ、それが、樹木不足のノルウェー領グリーンランド史における制限要因となった。

首長たちの提携と抗争

社会制度についていうと、ヴァイキングはスカンディナヴィア本土から外国に階級制を持ち込んだ。襲撃時に捕らえられた奴隷が最下級、次が自由人、首長が最上級という階層分けで構成されたものだ。ヴァイキングが広汎に進出した時代、ちょうどスカンディナヴィアに統一された大きな王国——これに対するものが、局地的な小さい政治組織で、その頂点にいる首長も〝王〟と称していた可能性がある——が現われ始めたので、外国に入植したヴァイキングたちも、最終的にはノルウェーの王たちや（のちに）デンマークの王たちと折り合いをつけなければならなかった。とはいうものの、入植者たちは、そもそもノルウェーで王座を狙っていた新興勢力から逃れるために移民となったという経緯もあって、アイスランドでもグリーンランドでも王制を採ることは一度もなく、その支配権は、複数の首長から成る軍閥の手中にとどまっていた。首長たちに所有が許されたのは、自分の船と、貴重で飼育しづらいウシ、さほど珍重されなかった飼育の楽なヒツジとヤギなど、ひと揃いの家畜だけだ。首長の従者、家来、賛同者としては、奴隷、自由人労働者、小作人、独立した自由人の農夫などがいた。

首長同士は、平和的手段と戦争の両面で絶えず競い合っていた。平和的な競合として、首長たちは先を争って贈り物を与え、宴を催して、名声を得たり、支持者に報いたり、味方を作ったりした。その必要経費は、交易、襲撃、自分の農場の生産物などでまかなった。しかし、ヴァイキングの社会には暴力的な面もあり、首長とその家来たちは、外国人と戦うことはもちろん、国内でも互いに戦い合った。母国での戦いに敗れた者は、誰にも増して、外国での運試しで成果を上げなければならなかった。例えば、九八〇年代、戦いに敗れて故国を追放され、アイスランド人となった〝赤毛のエイリーク〟は、グリーンランドを探索したのち、追随者の一団を従えて最も条件のいい農地に入植している。

ヴァイキング社会では、重大な決定を下す権限は首長にあった。たとえ当時の社会全般の利益と次世代の利益に一致しそうにない場合でも、首長は、みずからの威信を高めることに主眼を置いて決定を下した。そういう利益の不一致は、すでにイースター島の首長たち（第2章）、マヤの王たち（第5章）の例で見たとおりだ。ヴァイキングの場合も、この不一致によって、グリーンランド社会に深刻な事態がもたらされた（第8章）。

キリスト教への改宗と自己意識

九世紀に外国へ進出し始めたころのヴァイキングは、まだゲルマン宗教における伝説の神々、例えば豊穣の神フレイ、雷神トール、武神オーディンなどを崇拝する〝異教徒〟だった。ヴァイキングの襲撃者たちに狙われたヨーロッパ社会が最も恐れたのは、非キリスト教徒のヴァイキングがキリスト教社会の禁忌を犯すことだった。これはまったくの読み違えだったのだが、襲撃される側からすると、ヴァイキングは、教会と修道院を攻撃目標にすることに加虐性の喜びを感じているように見えたのだ。例えば、八四三年にヴァイキングの大船団がフランスのロワール川を上って略奪行為を行なったとき、襲撃者たちはまず河口にあるナントの大聖堂を攻め落とし、司教と全司祭を殺害した。だが、実際のところ、ヴァイキングたちは、教会における略奪にことさら加虐的な楽しみを見出していたわけではなく、また、略奪の対象として、宗教に関係のない場所を避けていたわけでもなかった。裕福で無防備な教会や修道院なら間違いなく楽に収穫をあげることができたが、ヴァイキングたちは、機会さえあれば豊かな交易の中心地にも進んで攻撃を仕掛けていたのだ。

いったんキリスト教徒の土地に住み着いたヴァイキングは、みずから進んで地元の人間と結婚し、その土地の慣習に適応した。キリスト教の信仰もそのひとつだ。外国で改宗したヴァイキングが新たな宗教に関する情報を母国に持ち帰ったことにより、また、スカンディナヴィアにいる首長と王たちが、キリスト教のもたらす政治的利益に気づき始めたことにより、ヴァイキングの故郷スカンディナヴィアでも、キリスト教が普及し始めた。王を出し抜いて非公式にキリスト教を採り入れる首長もいた。スカンディナヴィアにキリスト教を定着させた決定的な出来事は、〝公式に〟改宗が認められたことだろう。青歯王ハーラルの統治下にあったデンマークでは九六〇年ごろに、さらにノルウェーでも九九五年ごろから認められ始め、十一世紀に入るとスウェーデンでも認められるようになった。

ノルウェー本土で改宗が始まると、オークニー諸島、シェトランド諸島、フェロー諸島、アイスランド、グリーンランドのヴァイキングの植民地もそれにならった。というのも、ひとつには、各植民地では自前の船をほとんど所有しておらず、ノルウェーの船に頼って交易を行なっていたので、本国ノルウェーが宗旨替えをした以上、異教徒のままでいることに不都合が生じたからだ。例えば、キリスト教に改宗したノルウェー王オーラヴ一世は、異教徒であるアイスランド人との交易を禁じ、ノルウェーを訪れたアイスランド人（有力なアイスランド人異教徒の親戚）を捕らえて、アイスランドが異教を捨てなければ、その人質の手足を切断するか、命を奪うと言って脅迫した。アイスランドでは、九九九年夏の全島集会において、やむを得ずキリスト教への改宗が宣言された。同じころ、グリーンランドに植民地を築いた赤毛のエイリークの息子レイヴ・エリクソンが、グリーンランドにキリスト教を持ち込んだと言われる。

一〇〇〇年以降、アイスランド及びグリーンランドに創設されたキリスト教教会は、現代の教会とは違って、独立した存在ではなく、土地と建物を所有していなかった。教会をみずからの土地に建設し所有していたのは、地元の有力な農場主もしくは首長で、彼らには、教会が地元住民から十分の一税として徴収した税金の一部を受け取る権利があった。ちょうどマクドナルド社とフランチャイズ契約を結び、マクドナルドから地元での独占経営権を与えられるようなものだ。自分で店舗を建て、マクドナルドの定則に合う商品を並べて、売上金の一部を自分のためにとっておき、残りの売上金を本部に──ヴァイキングの場合で言えば、ニダロス（現トロンヘイム）の大司教経由でローマ教皇に──送金する。当然ながら、カトリック教会側は、各教会を農場主もしくは所有者に依存しない機関にするべく腐心した。一二九七年、ようやくカトリック教会は、アイスランドにある多数の教会の所有権を、所有者から司教へ強制的に移すことに成功した。

グリーンランドで同様のことがあったことを示す記録は残されていないが、グリーンランドが一二六一年にノルウェーの統治を（少なくとも名目上）受け入れたことで、おそらく、地元の教会所有者はなんらかの圧力を感じただろう。現在わかっているのは、一三四一年、ベルゲンの司教によってイヴァール・バルダルソンという人物が監督官としてグリーンランドに送り込まれ、最終的にノルウェーに戻ったとき、グリーンランドの全教会に関する詳細な記述と一覧表を持ち帰ったという事実であり、このことから、監督官がアイスランドと同じくグリーンランドの〝フランチャイズ店〟に対しても締め付けを強化しようとした状況がうかがえる。

キリスト教に改宗することで、ヴァイキングの植民地文化は劇的な変化を遂げた。キリスト教を唯一の正しい宗教として奉るということは、異教にまつわる伝統を放棄することにほかならない。美術も建築も、大陸型を基礎とするキリスト教精神に沿ったものとなった。外国に住むヴァイキングたちは、植民地よりはるかに人口の多い本土スカンディナヴィアと同程度の大きな教会、さらに大聖堂まで建造したので、本土よりはるかに人口の少ない植民地で維持するには規模が大きすぎたと言える。植民地のキリスト教信仰は篤く、ローマに十分の一税も支払っていた。十字軍の資金となった十分の一税（金銭ではなくセイウチの牙とホッキョクグマの毛皮）が一二八二年にグリーンランドの司教から教皇へ支払われたという記録が残っており、また、グリーンランドが十分の一税を六年ぶん納入したことに対し、教皇による正式な領収証が一三二七年付けで発行されている。カトリック教会は、ヨーロッパの最新の思想をグリーンランドに届ける主要な伝達媒体だった。というのも、グリーンランドの教会で任に当たった司教は、地元グリーンランド出身ではなく、全員が本土スカンディナヴィアの出身だったからだ。

ことによると、入植者の改宗がもたらしたもののなかで最も重要なのは、入植者の自己認識かもしれない。そこからわたしが連想するのは、一七八八年、オーストラリアにイギリスの植民地が置かれたあとも、オーストラリア人たちが、長いあいだ自分たちのことをアジア人でも太平洋の人間でもなく、外国にいるイギリス人だと考え続けていたという事実だ。一九一五年の時点でさえ、オーストラリア人は、自国を遠く離れたガリポリの戦いにおいて、自分たちの国益とは関係なくイギリス軍に与《くみ》し、トルコ軍との戦闘に命を賭している。同じように、北大西洋の島々に入植したヴァイキングたちも、自分たちのことをヨーロッパのキリスト教徒だと考えていた。本土の教会建築、埋葬習慣、度量衡に変化があれば、植民地でもそれにならった。その帰属意識のおかげで、数千人のグリーンランド住民は、四世紀にわたって互いに協力し合い、苦難に耐え、きびしい環境で生命をつなぐことができた。そして、後述するように、その帰属意識があったがために、グリーンランドの住民は、イヌイットから学ぶということをせず、自己認識の変革も行なわなかった。認識を変えることができれば、グリーンランドの住民も四世紀を超えて生き延びていたかもしれない。

六つの植民地の存続と滅亡

ヴァイキングによって北大西洋の島々に築かれた六カ所の植民地は、同一の祖先から発した異なる社会が確立する過程について、六つの実験を並行して行なったに等しい意味を持つ。本章の冒頭で述べたとおり、これら六つの実験からは、それぞれ異なる結果が生じている。オークニー諸島、シェトランド諸島、フェロー諸島の植民地は、一度もその将来が深刻に危ぶまれることなく、一千年以上存在し続けた。アイスランドの植民地も存続はしたが、貧困と政治上の深刻な問題を克服しなければならなかった。グリーンランドのノルウェー人たちは、約四百五十年を経たのちに死に絶えた。ヴィンランドの植民地は、最初の十年足らずで遺棄されることになった。これらの異なる結果に、各植民地の環境の差が関係していることは間違いない。それぞれに異なる結果が出た原因として、主要な環境上の変数が四つ挙げられる。ノルウェー及びイギリスからの海上距離と航海時間、(事例によっては)非ヴァイキングの住民による妨害、特に緯度と気候によって決まる農業の適否、浸食と森林破壊の起こりやすさに代表される環境の脆弱性だ。

解釈の材料となる変数四つに対して実験結果が六つだけとなると、太平洋の事例と同じように検討作業を進めるわけにはいかない。太平洋の事例では、解明に役立つ変数が九つしかないのに対し、八十一の結果（八十一の島）があった。統計の分野でいう相関分析を少しでもうまく進めるには、実証すべき変数の数よりも、個別の実験結果の数がかなり多くなければならない。したがって、多数の島々に恵まれた太平洋の場合は、統計的な分析さえ行なえば、個々の変数の相対的な重要性を決定できた。北大西洋の場合、同じ目標を達成するには、個別の自然実験の件数があまりに少なすぎる。それだけの情報しか与えられなければ、統計学者は、ヴァイキングの問題は解明できないと断言するだろう。歴史学者は、比較研究法を人類史上の問題に応用しようとすると、頻繁にこの問題に悩まされる。変数の数が多すぎ、個別の結果があまりに少なすぎては、統計的にそれらの変数の重要性を確定することはできないはずだ。

しかし、歴史学者は、人間社会について、初期の環境条件と最終結果にとどまらず、もっと多くの知識を得ることができる。つまり、初期の状況と結果とのあいだに連続的に存在する各段階に関しても、膨大な情報を得られる。特に、ヴァイキングを専門とする研究者は、使用された船の数と船荷に関する記録を調べることによって、航海時間の重要性を検証でき、侵略者ヴァイキングと地元の人々との戦闘に関する歴史的記述によって、先住民の抵抗が及ぼす作用を検証でき、さらに、現実に育った植物と家畜の種《しゅ》に関する記録によって、農業の適否を検証でき、森林破壊と土壌浸食の歴史的な痕跡（花粉の数や植物の破片の化石）によって、また、樹木などの建材を同定することによって、環境の脆弱性を検証できる。結果についての情報はもとより、過去と現在をつなぐ各段階についての情報を利用すれば、順次孤立化し貧困化していった北大西洋の植民地六カ所のうち、オークニー諸島、シェトランド諸島、フェロー諸島、アイスランド、ヴィンランドの五カ所に関して難なく検討ができるだろう。ノルウェー領グリーンランドの運命については、次の二章で詳細に取り上げたい。

オークニー諸島は、イギリス北端からすぐの沖合に浮かぶ島の集合体で、スカパ・フローという大きな保護港湾に囲まれている。この港は、二度の世界大戦でイギリス海軍の要衝として機能した。スコットランド本土の最北端ジョン・オグローツから最寄りのオークニー島まではほんの十八キロほどで、オークニー諸島からノルウェーまではヴァイキングの船で約二十四時間しかかからなかった。そんな地理的条件のおかげで、ノルウェーのヴァイキングたちは、たやすくオークニー諸島を侵略して、必要なものはすべてノルウェーやイギリス諸島から輸入し、経費をかけずに輸出もできた。オークニー諸島はいわゆる〝大陸島〟で、元来はイギリス本土の一部に過ぎず、一万四千年前、氷河時代の終わりとともに氷河が解け、世界じゅうの海面が上がったときに初めて分離した。氷河陸続きの時代に、ヘラジカ（イギリスではアカシカ）、カワウソ、ノウサギなど、陸生哺乳動物の種《しゅ》が数多く移り棲んだおかげで、狩猟の獲物が豊富になった。ヴァイキングたちは、オークニー諸島に侵入すると、ほどなくピクト人として知られる先住民を征服した。

オークニー諸島は、ヴィンランドを除く北大西洋のヴァイキング入植地のうち最南端に位置し、メキシコ湾流に囲まれて、温暖な気候を享受している。肥沃で重量のある土壌は、氷河作用によってこれまでに何度となく蘇生し、深刻な浸食に見舞われる恐れもない。したがって、オークニー諸島では、すでにヴァイキング到達以前にピクト人が農耕を行なっており、それがヴァイキングに引き継がれて、今もその高い生産性を保ち続けている。現在、オークニー諸島の農産物のうち、牛肉と鶏卵に加え、豚肉、チーズ、いくつかの作物が輸出されている。

ヴァイキングたちは八〇〇年ごろオークニー諸島を征服し、そこを近隣のイギリス及びアイルランド本土に襲撃をかけるための拠点に利用して、裕福で強力な社会を築き上げた。この社会は、しばらくのあいだノルウェー国王治下の独立した領土として存続した。オークニー諸島のヴァイキングの豊かさを明示するものとして、九五〇年ごろ地中に埋蔵された約八キログラムの銀が見つかっており、これは北大西洋のほかの島には例がなく、また、スカンディナヴィア本土に埋蔵された最大量の銀に匹敵する。もうひとつ、豊かさを示すものとして、イギリスの壮大なダラム大聖堂に想を得て十二世紀に建てられた聖マグヌス大聖堂が挙げられる。一四七二年、オークニー諸島の領有権は無血でノルウェー（のちにデンマークの支配下）からスコットランドに譲渡された。その原因は、王制政治にまつわる些細な出来事――スコットランドのジェイムズ王が、結婚相手のデンマーク王妃に持参金を持たせなかったことに対し、デンマークに補償を求めたこと――だった。オークニー諸島の住民たちは、スコットランドの規律に従って、十八世紀までノルウェー語で話していた。現在も、オークニー諸島の住民たち、すなわち、先住民のピクト人及びノルウェーからの侵略者の末裔たちは、北海の石油基地の恩恵に浴して、裕福な農民としての暮らしを続けている。

以上、オークニー諸島について述べたことのいくつかは、次に挙げる北大西洋の植民地、シェトランド諸島にも当てはまる。シェトランド諸島も元来はピクト人の農民が占有していたが、九世紀にヴァイキングによって征服され、一四七二年にスコットランドに譲渡されたのちも、しばらくはノルウェー語が使われ、近年はやはり北海の石油の恩恵を受けている。オークニー諸島と異なるのは、いずれもわずかな差だが、シェトランド諸島のほうが辺鄙《へんぴ》な北寄りの場所（オークニー諸島の北方約八十キロ、スコットランドの北方約二百キロ）にあり、風が強く、地力が弱く、農業の生産性が低いことだ。オークニー諸島と同じく、羊毛を採るための牧羊が経済の主力だったが、シェトランド諸島では家畜飼育がうまくいかず、その座は漁業に取って代わられた。

孤絶しているという点でオークニー諸島とシェトランド諸島に引けを取らないのが、

オークニー諸島から北に約三百キロ、ノルウェーから西に約六百キロの位置にあるフェロー諸島だ。そんな地理的条件下にありながら、ヴァイキングの船が入植者を運び、交易品を輸送するには、楽に行き来のできる範囲内だったが、初期の船では到達できない場所だった。したがって、ヴァイキングが発見したときのフェロー諸島は無人状態にあった。例外として、アイルランド出身の隠修士が数人いたという可能性もあるが、その存在については曖昧な話しか残されておらず、確固たる考古学上の証拠はひとつもない。

フェロー諸島は、北極圏の南方約五百キロ、緯度で言うとノルウェー西岸の二大都市（ベルゲンとトロンヘイム）の中間あたりに位置し、穏やかな海洋性気候に恵まれている。とはいえ、オークニー諸島とシェトランド諸島に比べれば北寄りにあるので、農耕や牧畜で生計を立てようという人間にとっては、その二島より生長期が短いという難点があった。各島の面積が小さいので、諸島全域に海水が満遍なく吹きつけ、さらに風の強さも手伝って、森林の形成が阻まれた。元来の植生は、低いヤナギ、カバ、ポプラ、ビャクシンだけで、それらの低木も初期の入植者によってすぐに切り払われたうえ、ヒツジが放し飼いにされたせいで、再生することはなかった。乾燥した気候下であれば土壌浸食を招きかねない状態だが、フェロー諸島は湿度も霧が発生する頻度も高く、毎年平均二百八十日間は雨に〝恵まれ〟ていて、ほぼ毎日のように数回の驟雨がある。入植者たちも、浸食を最小限に抑えるため、土壌の流出防止に壁や土手を築くなどの対策を講じていた。グリーンランドのヴァイキング入植者たちは、それほどうまく浸食を防ぐことができなかった。アイスランドの状況はさらにひどかった。この二島の住民がフェロー諸島の島民に比べて思慮が足りなかったわけではなく、アイスランドでは土壌が、グリーンランドでは気候が原因で、浸食のリスクがもっと大きかったからだ。

ヴァイキングがフェロー諸島に入植したのは九世紀のことだった。オオムギの栽培にはなんとか成功したが、ほかの作物はまったく、あるいは、ごくわずかしか育たなかった。現在でさえ、ジャガイモなどの野菜の栽培に使われている土地は、総面積の六パーセントに過ぎない。フェロー諸島では、ノルウェーで珍重されたウシとブタ、もっと位置づけの低かったヤギも、過剰放牧を防止するため、最初の二百年のうちに飼育が断念された。経済活動の中心は、羊毛の輸出を目的としたヒツジの飼育に置かれるようになり、のちに塩漬けの魚、今はタラの干物、オヒョウ、養殖のサケの輸出がその不足ぶんを補っている。羊毛や魚類と引き換えにノルウェーやイギリスから輸入されたのは、フェロー諸島にはなかったり、不足したりしていた大量の必需品だった。特に、地元では流木以外の建材が入手できなかったので、膨大な量の木材、また、各種道具の材料として、地元ではまったく入手できなかった鉄、そのほかに研磨用の石、砥石、陶器代わりに食器の材料となる石鹼石など、各種の石材と鉱物が輸入された。

入植後のフェロー諸島の歴史について言うと、ほかの北大西洋の島々と同じく、島民たちは一〇〇〇年ごろキリスト教に改宗し、その後、ゴシック様式の大聖堂も建設された。十一世紀にはノルウェーの属国となり、一三八〇年にノルウェーがデンマークの統治下に入ると、本国とともにデンマークに譲渡され、一九四八年にはデンマーク内自治領となる。四万七千人の島民たちは、現在も古ノルド語から直接派生したフェロー語を話し、また、その言葉は現代アイスランド語に非常に似ていて、フェロー諸島の人々とアイスランドの人々は、互いの言葉を理解でき、古ノルド語の文書を読むこともできる。

簡単に言えば、フェロー諸島は、ノルウェー領のアイスランド及びグリーンランドを悩ませた問題を免れていた。アイスランドの土壌は浸食されやすく、活火山があり、グリーンランドはフェロー諸島より作物の生長期が短く、気候はより乾燥し、航行距離ははるかに長く、敵意を持つ先住民もいた。フェロー諸島は、オークニー諸島とシェトランド諸島より孤絶した位置にあり、特にオークニー諸島に比べて資源に乏しかったが、その住民たちは、必需品を大量に輸入すること――グリーンランドには与えられなかった選択肢――によって難なく生き延びた。

火山、氷、水、風――アイスランドの環境

わたしが初めてアイスランドを訪れたのは、ＮＡＴＯ（北大西洋条約機構）の主催した環境被害の生態学的回復に関する会議に出席したときだった。ＮＡＴＯが会議の場にア

イスランドを選んだのは、実に適切だったと言える。アイスランドはヨーロッパで最も生態学上の被害が大きかった国だからだ。人間が居住を始めて以来、もともとこの島にあった樹木と植生のほとんどは破壊され、土壌の約半分が浸食によって海中に流入した。その結果、ヴァイキングたちが上陸したころは緑に覆われていたいくつかの広い区域が、今では生気を欠いた茶色い荒地となっている。そこには建造物も道路もなく、近年人の住んだ気配が感じられない。かつてアメリカの宇宙機関NASA（アメリカ航空宇宙局）は、宇宙飛行士が初めて月面に着陸するのに備え、月と同じような環境で訓練が行なえるよう、地球上で月面に似た場所を探した際、かつては豊かな緑が広がっていながら、今は完全な荒野となった場所をアイスランドから選び出した。

アイスランドの環境は、火山の噴火、氷、水、風という四つの要素によって形成されている。アイスランドは、ノルウェーの西方約千キロにある北大西洋中央海嶺の上方に位置する。そこはアメリカ大陸とヨーロッパ大陸のプレート同士が衝突する場所であり、また、火山が周期的に海上に隆起して新たな陸塊を造り出す場所でもあり、その陸塊のなかで最大のものがアイスランドとなった。平均すると、アイスランドに数多くある火山のうち、少なくともひとつが、十年あるいは二十年ごとに大きな噴火を起こしている。火山に加えて、アイスランドには温泉と地熱のある区域が非常に多いので、（首都であるレイキャビクも含め）国土の大半では、石炭、石油、天然ガスなどの化石燃料を使わずに、火山の熱だけを利用して家屋を温めている。
アイスランドの地形を造る二番目の要素は氷だ。アイスランド内陸部の台地の大部分は、海抜が高く（最高で約二千百メートル）、北極圏に迫る位置にあって気温が低いので、そこでできた氷が万年雪として残る。雨や雪による降水は、氷河の内部や河川内に大量の水を貯めるので、定期的な氾濫を起こす。また、溶岩や氷でできた湖の天然ダムが決壊したり、万年雪の下で火山が突然噴火して大量の氷が解け出したりすると、目をみはるような大洪水が起こることもある。さらに、アイスランドでは風も非常に強い。以上に挙げた火山、氷、水、風という四つの要素の相互作用により、アイスランドでは浸食が起こりやすい。

初めてアイスランドに到達したヴァイキングの入植者たちにとって、火山と温泉は奇異なものとして映った。ノルウェーやイギリス諸島には、それに類するものがまったくなかったせいだが、そのほかの点では、将来性を感じさせる見慣れた風景が広がっていた。植物と鳥も、ほぼすべてが身近なヨーロッパの種《しゅ》に属するものだった。低地はおもにカバとヤナギの低い森林に覆われていたので、切り払って牧草地にするのも簡単だった。樹木を切り払った土地や、もともと樹木のない湿地などの低地、樹木限界線より高海抜の場所には、青々とした牧草、草本、苔などがあり、すでにノルウェーやイギリス諸島で経験ずみの牧畜にも理想的な場所だと言えた。土壌は肥沃で、場所によっては最大十五メートルの厚みがある。高緯度で万年雪があり、北極圏に近いという地理的条件にもかかわらず、近くを流れるメキシコ湾流のおかげで、低地は穏やかな気候に恵まれ、南部ではある程度の期間オオムギの栽培もできた。湖、河川、周囲の海には、豊富な魚類と、狩られた経験のない無防備な海鳥とカモがいて、沿岸には同じく無防備なアザラシ、セイウチが棲んでいた。

しかし、ノルウェー南西部やイギリスと似ているように見えても、それらの場所とアイスランドのあいだには、重大な違いが三つあった。第一に、アイスランドは、ノルウェー南西部の主要な農地より何百キロも北に位置するので、気候はより寒冷で生長期も短く、より農業の限界地に近かった。中世の後半に入って気候がさらに寒冷になると、入植者たちは作物の栽培をあきらめ、牧畜だけで生計を立てるようになる。第二に、周期的な火山の噴火によって広範囲に散布された火山灰が、家畜の飼い葉を汚染した。そういう噴火がアイスランドの歴史を通じて何度も繰り返され、動物と人間の飢餓を引き起こし、一七八三年、ラーキ火山の噴火後には、総人口の五分の一が餓死するという最悪の事態に見舞われた。

ヴァイキングの入植者たちを惑わした最大の問題は、未知のアイスランドの脆弱な土壌と、既知のノルウェーやイギリスの強固な土壌との違いだろう。入植者たちがその違いを識別できなかったのは、ひとつには、相違点のいくつかが、土壌専門の研究者でさえいまだ十全な理解ができないほど微妙なものだったからだが、さらに、相違点のひとつが、一見しただけでは目に留まらず、認識するにはおそらく何年もかかったことが原因だ。それは、アイスランドの土壌が、ノルウェーとイギリスの土壌に比べ、より長い時間をかけて形成されること、そしてはるかに短時間で浸食されることだった。実際、入植者たちは、肥沃で部分的に分厚いアイスランドの土壌を目にして喜んでいた。わたしたちは誰でも、プラス残高の銀行口座を相続すれば、既知の金利を頭に浮かべ、毎年多額の利息がつくことを期待するだろう。運の悪いことに、アイスランドの土壌と稠密な森林地帯は——銀行口座に多額の残高があるのと同様——一見したときの印象はよかったが、（まるで金利が低いように）氷河時代が終焉してからそれだけ蓄積するまでに、実に長い時間がかかっていたのだ。入植者たちは、アイスランドの生態環境上の〝年利〟では生活が立ち行かないことに結局は気づいたが、一万年かけて形成されたその土壌と植生という預金を自分たちが引き出しているとは気づかずに、その口座残高の大半を、数十年か、あるいは一年と経たないうちに使い果たした。（管理の行き届いた漁場や森林のように）資源が自然に再生するのを待ってから収穫すれば、その資源は無期限に存続するが、入植者たちは、うかつにも、土壌と植生とを持続可能な方法で利用しなかった。そのやりかたは、鉱夫が石油や鉱床を利用する方法に似ている。つまり、途方もなく長い時間が経たなければ再生しない資源を、短期間のうちに採取し尽くしたということだ。

なぜアイスランドの土壌はそれほど脆弱で、形成されるのに時間がかかるのだろうか？　主因はその起源にある。ノルウェー、イギリス北部、グリーンランドには新しい活火山がなく、氷河時代は完全に氷で覆われていたので、海中から隆起した粘土が重量のある土壌を形成するか、あるいは、氷河が下層の岩を削ってその粒子を運び、それが氷河の解けたあとに堆積したものが、重量のある土壌となった。ところが、アイスランドでは、火山が頻繁に噴火して細かい煙状の火山灰を大気中に吐き出す。灰の粒子は軽く、強風に運ばれて国土の大部分に撒かれ、その結果、灰の層（テフラ）が形成される。この層はタルカム・パウダーと同じくらい軽くなることがある。やがてその肥沃な灰の上で生長した植生が、灰を覆って浸食を防ぐ。しかし、その植生が除去される（放牧されたヒツジが食む、あるいは農民によって燃やされる）と、灰がふたたび露出して浸食を受けやすい状態になる。この灰はそもそも風に乗って運び込まれるほど軽いので、ふたたび風に乗って、今度は運び出される。この風食作用に加え、アイスランドの局地的な激しい降雨と、頻繁に起こる洪水によって、特に険しい斜面が水食作用にさらされ、露出した灰が流出してしまう。

アイスランドの土壌が脆弱になる原因は、その植生の脆弱性にもある。植生の生長が土壌を覆い、また、植生が有機物を補充すると土壌の結合が強まって嵩《かさ》も増えるので、浸食は起こりにくくなる。しかし、アイスランドは北寄りの位置にあり、気候が寒冷で生長期も短いので、植生の生長が遅い。脆弱な土壌と植物の緩慢な生長とが複合的に作用すると、浸食を促す悪循環が生まれる。植生という〝防護膜〟がヒツジや農民によって剝がされ、そこで土壌浸食が始まると、植物が自然に回復してふたたび土壌を保護する見込みは薄くなり、浸食が広がりやすくなる。

土地管理——失敗の歴史

アイスランドの植民地化は八七〇年ごろから本格的に始まり、事実上、九三〇年には終わっていた。この年になると、農地に適した土地のほぼすべてが入植されるか、誰かが領有権を主張した。入植したヴァイキングの大半はノルウェー西部から直接やってきた人々で、そのほかは、すでにイギリス諸島に移住してケルト人の妻《めと》を娶っていた人々だった。入植者たちは、ノルウェーとイギリス諸島でなじみの生活様式にならって、牧畜による経済を再現しようとした。基盤となった動物も、放し飼いのできる同じ五種だったが、結果的にはヒツジの数が群を抜いて多くなった。ヒツジの乳は、バター、チーズ、アイスランドの特産品スキア（わたしが味見したところ、濃厚で美味なヨーグルトという感じだった）などに加工され、貯蔵された。そのほかの食品として、アイスランドの人々は野生の獲物と魚類に依存した。この事実も、やはり動物考古学者の不断の努力により、ごみ捨て場から四万七千点の骨が確認されて明らかになった。セイウチの繁殖コロニーはすぐに全滅し、繁殖する海鳥もまったくいなくなったので、狩人たちはアザラシに目を向けた。結局、おもな野生の蛋白源は、湖と河川で大量に獲れるマス、サケ、イワナ、沿岸で大量に獲れるタラ、ハドック（モンツキダラ）などの魚類となった。タラとモンツキダラは、アイスランドの住民が小氷河時代という苦難の数世紀を生き延びたときも、現在のアイスランド経済が活性化するうえでも、重要な役割を果たしている。

アイスランドの入植が始まったころ、この島の四分の一の区域は森林に覆われていた。入植者たちは、牧草地を造るため、そして樹木を薪、木材、木炭に利用するために、森林を次々と切り払っていった。もともとの森林地帯の八〇パーセントが最初の数十年間で切り払われ、現代までに九六パーセントが切り払われたので、現在森林が残る区域は総面積の一パーセントに満たない（左頁写真16）。最も初期の遺跡から焦げた大木が何本も出土していることを考えると——今では信じられないことだが——いずれ樹木不足に陥るという意識が住民のあいだに芽生える以前は、開拓された土地の樹木のほとんどがむだに切り倒されたり、ただ燃やされたりしていたらしい。元来の樹木が切り払われたあと、間を置かずにヒツジが牧草を食み、ブタが植物の根を掘り起こしたので、若木は再生しなかった。現在、アイスランドを車で走っていると、現存する樹木の茂みがときおり視界に入り、そのほとんどがヒツジよけの柵に囲まれていて、いささか奇妙な風景

写真 15　紀元前 1300 年ごろ、ノルウェー人がグリーンランド東入植地のフヴァルセーに建築した石造りの教会

写真 16　乱伐と羊の放牧による傷跡を今も残すアイスランドの大地

を呈している。

アイスランドでは、樹木限界線を超えて高地に入ると、肥沃な浅い土壌に天然の草原が広がっていて、それが入植者たちにとっては格別魅力的に映った。牧草地を造るにも、樹木を切り払う必要がなかった。しかし、低地に比べると高地は寒冷で乾燥していて、植物の再生率が低く、土壌を覆って保護する森林もないので、脆弱性は高くなった。高地に広がる天然の草原は、いったん刈り込まれたり、放牧によって食い荒らされたりすると、風で運ばれた火山灰から成る土壌が剝き出しになって風食にさらされた。さらに、雨水や雪解け水が流出して斜面を下ると、剝き出しになった土壌に雨裂《ガリー》が刻まれ始めることもあった。雨裂が形成されるにつれ、また、地下水面が雨裂の最も高い部分から最も低い部分へ落ち込むにつれて、土壌が乾き切り、いっそう風食作用を受けやすくなる。アイスランドの土壌は、入植後ほどなく高地から低地へ、そして海中まで運ばれた。高地は土壌も植生も剝ぎ取られた状態となって、アイスランド内陸のかつて草原だった場所は、現在目にするような、人間が（もしくはヒツジが）造り出した荒地となり、その後、低地でも大規模な浸食を受ける区域が増え始めた。

今、われわれはこう自問せずにはいられない。いったいなぜアイスランドの入植者たちは、明らかに被害を招くような方法で土地を管理する愚を犯したのだろうか？　何が起こるかを認識していなかったのだろうか？　そのとおり。入植者たちは、最終的にはその危険性を認識したものの、当初は気づくことができなかった。なにしろ、不慣れなうえに厄介な土地管理という問題を相手にしていたのだ。活火山と温泉を別にすれば、アイスランドは、すでに入植ずみのノルウェーやイギリスとかなり似た土地に見えた。入植者たちにしてみれば、アイスランドの土壌と植生が既知のものよりずっと脆弱だという事実など推し量る手立てもない。スコットランドの高地と同じく、アイスランドでも、高地を領有して多数のヒツジを放つのが当然だと思われたのだ。アイスランドの高地では保有できるヒツジの頭数が制限されること、さらに、低地でもヒツジの頭数が過剰になり始めることなど、知る由もなかった。要するに、アイスランドがヨーロッパで最も深刻な生態学上の被害を受けたのは、ノルウェーとイギリスでは慎重だった移民たちがアイスランドに上陸したとたんに分別を失ったからではなく、ノルウェーとイギリスの経験則では、一見緑豊かなアイスランドの環境に潜む脆弱性に対応できないという事実に気づくのが遅すぎたからだ。

ようやく現状を認識した入植者たちは、是正措置を取った。大木を捨てるのをやめ、生態系を破壊するブタとヤギを飼うのをやめ、高地の大部分から撤退した。近隣の農場同士が一致団結して、浸食防止のための重要な意思決定を行なった。例えば、夏のあいだ高海抜の山地にある共有の牧草地にヒツジを連れていくに際して、晩春のいつごろになれば牧草がじゅうぶん生え揃うかを検討し、秋はいつごろヒツジを連れて戻るかを決めた。農民たちは、共有の牧草地がおのおの維持できるヒツジの最大頭数について、また、その頭数を農民ひとり当たりに何頭振り分けるかについて、合意を得られるよう努めた。

その意思決定は、柔軟かつ慎重なものだったが、保守的でもあった。わたしのアイスランドの友人でさえ、みずからの社会を保守的で柔軟性に欠けると評する。一三九七年以降アイスランドを統治したデンマーク政府は、アイスランドの状況改善を求めて本腰を入れるたびに、そんなアイスランド人の態度に失望させられることになった。デンマーク人が導入しようとした数々の改善策のなかには、穀物の栽培、漁網の改善、甲板のない船ではなく甲板のある船による漁、単に干すだけではなく塩漬けにした魚の輸出、ロープ製造業、獣皮の鞣《なめ》し業、輸出用の硫黄採掘などがある。デンマーク人（と革新派のアイスランド人）が気づいたのは、これらの項目を始め、変化を伴う提案をされたアイスランド人が、利益が見込めるにもかかわらず、決まって「やらない」と返事をすることだった。

わたしの友人のアイスランド人は、アイスランドの環境の脆弱性を考慮に入れれば、住民たちが保守的なものの見かたをするようになったのも無理はないという。アイスランドの人々は、長年に及ぶ経験の積み重ねにより、変化をもたらそうとすると物事は悪化することが多い、と判断する癖がついてしまった。アイスランド史初期における実験段階の日々、入植者たちは、一応の有効性を持つ経済機構と社会制度をどうにか考え出していた。たしかに、それらの機構や制度のもとでは、大部分の住民が貧しいままで、ときに多数の人間が餓死することもあったが、少なくとも社会そのものは存続した。アイスランド人がほかに試みた実験は、歴史上悲惨な結末を迎えることが多かった。そうした惨事の証拠は至るところに残されている。月面のように荒涼とした高地、遺棄されたかつての農地、存続した農地内にある浸食区域。そうした経験のすべてから、アイスランドの人々は以下のような結論を出した。この国では、実験という贅沢は許されない。われわれは脆弱な土地に住んでいる。われわれのやりかたでいけば、少なくとも何人かは生存できる。われわれに変化を求めないでほしい、と。

八七〇年以降のアイスランドの政治史については、簡単にまとめても構わないだろう。アイスランドの自治体制が数世紀続いたのち、十三世紀の前半、有力な五家系に属する首長同士のあいだで起こった闘争により、おおぜいの人間が殺され、多くの農地が焼かれた。一二六一年、アイスランドはノルウェー王に統治を依頼する。その理由は、王が遠方にいるほうが、アイスランドの住民に危害を与えることが少なく、住民の自由度も高くなり、そばにいる首長たちのようにアイスランドを騒動に巻き込む恐れもないだろう、というものだった。スカンディナヴィアの各王家のあいだの婚姻が進んだ結果、一三九七年に、デンマーク、スウェーデン、ノルウェーの三国がひとりの王のもとに統一された。その王は、領国のうち最も裕福なデンマークに関心を寄せ、デンマークより貧しいノルウェーとアイスランドにはさほど興味を示さなかった。一八七四年、アイスランドはある程度の自治権を、一九〇四年には内政自治を認められ、一九四四年にはデンマークから完全に独立する。

アイスランド経済は、中世末期を始点に、干物（干したタラ）の交易が盛んになるにつれて活況を呈した。アイスランドの海で捕らえられたタラは、ヨーロッパ大陸で成長中の都市、つまり、食物需要の高い市場に輸出された。アイスランドには造船に適した大木がなかったので、漁と輸出には、諸外国から集められた船が利用され、ノルウェー、イギリス、ドイツの船に、フランスとオランダの船も加えられた。二十世紀初頭になると、ようやくアイスランドでも自前の船舶が開発され始め、産業としての漁業が急速に成長する。一九五〇年までには、海産物が全輸出品の六〇パーセントを占め、かつて優勢だった農業部門を凌駕することになった。一九二三年には、すでにアイスランドの都市人口は農村人口に追いついていた。今やアイスランドは、スカンディナヴィアで最も都会化された国であり、総人口の半分が首都レイキャビク一カ所に集中している。農村から都市への人口流出は現在も続く。アイスランドの農民たちは、雇用やコカコーラや国際的な文化を求めて、所有する農場を閉鎖し、あるいは夏用の別荘に改造して、街に移り住みつつある。

二十一世紀初頭の時点では、その豊富な魚類、地熱動力、全河川を利用した水力発電の恩恵により、また、(船舶が金属製になって)造船用の木材をかき集める必要から解放されたことで、かつてヨーロッパ一貧しかった国は、国民ひとり当たりを基準にすると、世界でも有数の裕福な国となった。本書の第2章〜第5章で述べた社会的な崩壊の物語をちょうど相殺するような、輝かしい成功物語と言えるだろう。アイスランド出身のノーベル賞受賞作家ハルドール・ラックスネスは、その著作『サルカ・ヴァルカ』のヒロインの口を借りて、アイスランド人にしか言えない不朽の言葉を語らせている。「あれこれ言ったところで、生きるすべは、あくまでも塩漬けの魚なのよ」。しかし、魚を干物に加工するにも、森林と土壌を扱うときと同じく、管理上の難問が発生する。今、アイスランド人たちは、かつて森林と土壌が被った損害を修復するため、そしてこれから漁場が同類の被害に遭わないよう、日々努力を重ねている。

アイスランドとほかの入植地の違い

以上、アイスランドの歴史をひと巡りしたところで、北大西洋にある他の五カ所の植民地と比較して、アイスランドがどんな状況に置かれていたかを考えてみよう。すでに述べたとおり、北大西洋の各植民地がたどった運命の相違は、特に、ヨーロッパとの航行距離、ヴァイキング以前の住民による抵抗、農業の適否、環境の脆弱性という四つの要因の差によって決まった。アイスランドの場合、ふたつの要因は有利に作用し、あとのふたつは住民の悩みの種となった。入植者たちにとって都合がよかったのは、アイスランドに先住者がいなかった（もしくは、いないに等しかった）こと、さらに、ヨーロッパに近い――オークニー諸島、シェトランド諸島、フェロー諸島に比べると遠かったが、グリーンランドやヴィンランドに比べるとかなり近かった――おかげで、中世の船でも大量の交易が可能だったことだ。グリーンランド人とは違い、アイスランド人は船で毎年ノルウェーもしくはイギリスを訪問する習慣を維持していたので、大量の必需品（特に木材と鉄、のちに陶器）を輸入することができ、また、輸出品も大量に送り出すことができた。なかでも干物の輸出は、一三〇〇年以降、アイスランド経済再建の鍵となったが、ヨーロッパからもっと遠距離にあるグリーンランドでは、ヨーロッパへの航路が海氷によって阻まれることが多く、干物を輸出することができなかった。

不利な面を挙げると、アイスランドは、北方に位置するという地理的条件により、グリーンランドに次いで食糧生産の将来性が低い植民地だった。入植初期の穏やかな気候下でさえ限界に近かったオオムギ農業は、中世後期、気候がもっと寒冷になったところで断念される。ヒツジとウシを基盤とする牧畜も、作物と農場の状態が悪いときには限界に近づいた。それでも、ヒツジはほぼ毎年うまく育ったので、羊毛の輸出は、入植後数世紀にわたって、経済の要となった。アイスランドで最大の問題となったのは、環境の脆弱性、すなわち、ノルウェーの植民地のなかでもとりわけ脆弱な土壌と、グリーンランドに次いで脆弱な植生だった。

本書で設定した枠組みを支える五つの要因、すなわち、みずから招いた環境被害、気候の変動、他社会との敵対関係、他社会との友好的な交易関係、文化的な姿勢という点から見ると、アイスランドの歴史はどのようなものになるだろう？　アイスランドの歴史については、このうちの四つが関与している。外部との敵対関係という要因だけは、海賊による襲撃の時代を別にして、さほど作用していない。他の四つの要因のあいだの相互作用は、現在のアイスランドにも明確に表われている。アイスランドの人々は、不運にも、ことさら対処しにくい諸問題をひとまとめに受け継いでしまった。それらの問題は、小氷河時代を迎えて気候が寒冷になったことにより、さらに悪化する。そうした環境問題を乗り越えて存続するうえで、ヨーロッパ大陸との交易が重要な役割を果たした。アイスランド人が環境にどう対応するかは、その文化的姿勢が土台となった。そういう姿勢の中には、ノルウェーから持ち込まれたものもある。特に、牧畜を経済の中心に据えること、当初ウシとブタばかりを重視し過ぎたこと、初期の環境への取り組みかた、この三つは、ノルウェーとイギリスの土壌には適していたが、アイスランドには適していなかった。その後、アイスランドで独自に培われた姿勢によって、住民たちはブタとヤギを排除し、ウシの優先順位を下げ、脆弱なアイスランドの環境にうまく対処する方法を学んで、保守的なものの見かたを採り入れるようになった。そういうものの見かたは、デンマーク政府にとっては困惑の種で、場合によってはアイスランド人自身に害を及ぼすことがあったかもしれないが、結果からいえば、リスクを冒さずに生き延びるうえでの一助となった。

現在、アイスランド政府は、土壌浸食とヒツジの過剰放牧という歴史上の禍根に大きな関心を寄せている。このふたつの現象は、長年にわたるアイスランドの窮乏に、きわめて深く関与していた。アイスランド政府は専任の部署を設けて、土壌の保全、森林の再生、内陸の植生の再生、放牧率の規制などを試行させている。わたしは、アイスランドの高地へ足を向けたとき、放置されれば月面さながらに荒れていたはずの土地で、くだんの部署が植えた牧草を目にした。ある程度植物に地表を覆わせて土壌を保護し、浸食の進展を防止するのが目的だ。そういう植え直しの努力――広大な茶色い土地に細々と並んだ緑――は、わたしの目に、とうてい太刀打ちできない困難に立ち向かう痛ましい試みと映ることが多い。しかし、アイスランドの人々は確かに前進しているのだ。

わたしの友人の考古学者たちは、世界のほぼ全域で、いかに自分たちの活動に実益が見込めるかを各政府に納得させようと悪戦苦闘している。資金を提供してくれる機関と渡りをつけ、過去の社会の運命に関する研究が、現在その区域にある社会の未来を予測するのに役立つという可能性について、理解を得ようとしている。とりわけ相手に納得させたがっているのが、過去に生じた環境被害が今また再発しかねないということ、それゆえ、過去に関する知識を利用すれば、先人の轍を踏まずにすむかもしれないということだ。

ほとんどの政府は、そういう嘆願を黙殺している。アイスランドはその例に当てはまらない。アイスランドでは、千百三十年前に始まった浸食の影響が歴然と残り、すでに植生の大部分と土壌の半分が失われて、動かしようのない過去が今も至るところに存在している。現在、中世アイスランドにおける入植と浸食の傾向について、数多くの研究が進行中だ。わたしの友人の考古学者が、アイスランド政府に交渉するべく、研究の正当性についていつもの長広舌を振るおうとしたところ、同政府はこう応じた。「ええ、中世の土壌浸食を理解することが、現在のわが国の問題を理解するのに役立つことは、もちろんわかっています。先刻承知のことですから、説得に時間を費やす必要はありません。資金をお出ししますので、心ゆくまで研究をしてください」

ヴィンランド――短期間で滅んだ辺境の国

北大西洋のヴァイキング植民地の中では最も辺境にあり、その存続も短期間だったヴィンランドは、それひとつを取り上げても、独自の魅力あふれる物語となる。コロンブス到達の五百年近く前、ヨーロッパ人が初めて南北米大陸を植民地化するべく奮闘した経緯は、ロマンに満ちた仮説の中で、そして数多くの書物の中で、主題として取り上げられてきた。本書の目的に照らせば、ヴィンランド開拓の物語から学べる最も重要な教訓は、それが失敗に終わった理由だろう。

ヴァイキングが到達した北米北東部の海岸は、ノルウェーから北大西洋を渡って数千キロ離れた位置にあり、ヴァイキングの船が直接到達できる距離をはるかに上回る。よって、北米大陸をめざすヴァイキングの船は、すべて最西端の植民地グリーンランドから出帆した。だが、ヴァイキングの航海技術の程度からすれば、北米大陸はグリーンランドからも遠かった。ニューファンドランド島にあったヴァイキングの主要基地は、グリーンランドの入植地から最短航路で約千五百キロの位置にあるが、ヴァイキングたちの未熟な航海技術を考えれば、安全を期して海岸沿いの航路を採ったはずで、そうなると、最長六週間、三千キロに及ぶ航海をしなければならなかっただろう。航海しやすい気候が望める夏のあいだにグリーンランドとヴィンランドを往復するとしたら、帰途につく前のヴィンランド探索にはほとんど時間を割けなかったと考えられる。だから、ヴァイキングたちはニューファンドランド島に中継基地を設けて、そこで冬を越し、次の夏を丸ごと探索に充てられるようにしたのだ。

ヴィンランドに至る航海の中では、九八四年にグリーンランドに植民地を築いた赤毛のエイリークの息子ふたり、娘ひとり、義理の娘ひとりがグリーンランドから出航したものがよく知られている。この航海の狙いは、ヴィンランドでどんな産出物が入手できるのか、どの程度定住に適しているかを下見することにあった。伝説《サーガ》によると、そういう初期の航海では、家畜も船に積み込まれた。めざす土地が条件に合えば、そのまま永住することも視野に入れていたのだろう。その後ヴァイキングたちは、定住を断念したあとも、（グリーンランドで慢性的に不足していた）木材を手に入れるため、そしておそらく、大量の樹木を入手できる場所で（やはりグリーンランドで不足していた）木炭を作り、その場で鉄の抽出と鍛造《たんぞう》を行なうため、三百年以上にわたって北米の海岸を訪れ続けた。

ヴァイキングによる北米入植の試みについては、ふたつの情報源、すなわち、文書による報告と考古学上の発掘がある。文書による報告は、ヴィンランドの発見と探索という当初の航海のようすを伝える主要なサーガが二編、数世紀にわたって口頭で伝承されたものが、十三世紀にようやくアイスランドで文書にされた。単独の確固とした証拠が存在しないことを理由に、学者のなかには、サーガを作り話として退け、ヴァイキングによる新世界到達を疑う者も多かったが、一九六一年、ニューファンドランド島でヴァイキングの中継基地が発見された時点で、その議論にもついに決着がついた。細部の精確さはいまだ議論の的だが、今では、ヴィンランドに関するサーガの記述が、北米に関する最古の文字記録として認められている。その記述があるのは、ふたつの別個の文書、

『グリーンランド人のサーガ』と『赤毛のエイリークのサーガ』で、概略は一致しているものの、細かい点では多くの相違が見られる。これらの文書には、グリーンランドからヴィンランドに向かう航海が、十年足らずという短期間で合計五回に及んだと記されている。最後の航海で二隻か三隻の船が使われたのを除けば、どの航海も一隻の船で行なわれたようだ。

これら二編のサーガには、ヴァイキングが到達した北米大陸内のおもな土地のことが簡潔に記され、ヘッルランド、マルクランド、ヴィンランド、レイフスブディル、ストラウムフィヨルド、ホープなど、古ノルド語の地名が冠されている。それらの名前と簡潔な記述——例えば、「この土地（マルクランド）は平らかで森が茂り、緩やかに傾きながら海に向かい、そこで白い砂浜に出た……そのようすにしたがってこの地に名づけ、マルクランド（森の国）と呼ぶことにする」——を同定する作業に、考古学者たちは多大な努力を注いできた。ヘッルランドがカナダ北極圏のバフィン島東岸をさし、マルクランドがバフィン島南にあるラブラドル半島の海岸をさしていることは間違いないと思われる。バフィン島もラブラドル半島も、グリーンランドから見ると、グリーンランドと北米大陸を隔てる狭いデイヴィス海峡をはさんで真西に当たる。グリーンランドのヴァイキングたちは、できるかぎり海上から陸地が見える位置を保つため、開けた北大西洋をニューファンドランド島へまっすぐには向かわず、デイヴィス海峡を渡ってバフィン島をめざし、そこから岸沿いに南へ進んだ。サーガに記されている残りの地名が、ラブラドル半島の南に当たるカナダの海岸区域を示していることは間違いない。確実なところではニューファンドランド島が含まれ、おそらくはセントローレンス湾とニューブランズウィック州とノヴァスコシア州（これらを合わせてヴィンランドと名づけた）、そしてたぶん、ニューイングランド沿岸の何カ所かもその範囲にあったと考えられる。ヴァイキングたちは、グリーンランドで入植に最適な牧草地を探してから峡湾《フィヨルド》を二カ所選んだのと同じように、新世界に進出したときも、最も有益な土地を見つけるため、初めのうちは広い範囲で探索を続けていたのだろう。

もうひとつ、新世界のヴァイキングに関する情報源として、考古学上のものがある。考古学者による調査が盛んに行なわれているにもかかわらず、これまでに確認され発掘されたヴァイキングの基地は、ニューファンドランド島の北西岸にあるランス・オ・メドウズの遺跡一カ所だけだ。放射性炭素法による年代特定では、その基地が領有されていたのは一〇〇〇年ごろとされ、これはサーガの記述とも一致する。サーガによると、九八四年ごろにグリーンランド入植の一団を組織した赤毛のエイリークは、成人した子どもたちが統率者となってヴィンランドへ何回か航海したころ、まだ存命中だったとされている。ランス・オ・メドウズの遺跡の位置は、レイフスブディルという基地に関するサーガの記述と一致しているように思われる。この遺跡には、一棟当たり八十人を収関わる建造物や道具は発見されていない。
大工の仕事場が一棟、船の修繕場が数棟、合計で八棟の遺構が残されているが、農耕に容できる寄宿舎が三棟、沼鉄鉱から鉄を抽出して造船用の釘を作るための鍛冶場が一棟、

サーガによると、レイフスブディルは、越冬と夏の出帆に都合のいい場所にあった単なる中継基地に過ぎず、ヴァイキングにとって有益な資源は、ヴィンランドと名づけた区域を探索して見つけたという。その記述を確定的にしたのが、ランス・オ・メドウズの基地の発掘中に、ささやかだが重要なもの、すなわち、ニューファンドランド島には生育しないバターナットという野生のクルミが二個発見されたことだった。一〇〇〇年ごろの温暖な気候下でさえ、そのクルミの木は、最もニューファンドランド島に近い場所でもセントローレンス河谷の南部にしか生えていなかった。そこは、サーガに記された野生のブドウが生育していた場所にも最も近い区域だった。おそらくヴァイキングたちは、そのブドウにちなんで、その区域を〝ワインの地〟を意味するヴィンランドと名づけたのだろう。

サーガの記述によると、ヴィンランドには、グリーンランドに不足している貴重な資源が豊富にあったという。ヴィンランドに数ある利点のうち、上位を占めた項目は、比較的穏やかな気候に恵まれ、グリーンランドに比べてかなり低緯度にあるので、夏の生長期が長くなること、背丈の高い草地と温暖な冬の恩恵により、ノルウェー産の家畜が

冬のあいだじゅう戸外で勝手に草を食むので、冬に家畜を畜舎に入れたり、その飼料の干し草を夏のあいだに作ったりしないですむことだ。また、良質な木材が採れる森林も至るところにあった。そのほかにも、天然資源として、グリーンランドでは見られない大型のサケが棲む湖や河川、世界でも屈指の豊かさを誇るニューファンドランド島周辺の漁業水域があり、シカ、シンリントナカイ（カリブー）、営巣する鳥類とその卵など、狩りの獲物もいた。

ヴィンランドからグリーンランドに戻る船には、木材、ブドウ、動物の毛皮など、貴重な荷物が載っていた。にもかかわらず、ヴィンランドへの航行は中断され、ランス・オ・メドウズの基地も遺棄された。この基地の発掘は、ヴァイキングがコロンブス以前に新世界に到達していた事実を初めて証明し、世の耳目を集めたが、同時に失望ももたらした。というのも、ノルウェー人たちが、価値のあるものを何ひとつ残していなかったからだ。回収された遺留品は、廃棄物か遺失物とおぼしき小さなものに限られている。折れた鉄釘が九十九本、まともな釘が一本、青銅の針、砥石、糸を巻き取る紡錘、ガラス玉、編み針が各一点。ノルウェー人たちが価値のある道具と所有物をすべてグリーンランドに持ち帰っているところを見ると、この基地が急いで遺棄されたのではなく、計画的な撤退の一環として使用されなくなったのは間違いないだろう。今考えれば、ノルウェー人が北大西洋で発見した陸地の中で群を抜いて広大で価値が高かったのは、北米大陸だったことがわかる。ノルウェー人たちも、そのほんの一部を目にしただけで胸を躍らせているのだ。それなのに、なぜノルウェー人たちは、潤沢な大地ヴィンランドに住むことを断念したのだろうか?

この問いには、サーガが簡潔に答えてくれる。すなわち、ヴァイキングたちが、敵意を持ったおおぜいのアメリカ先住民とのあいだに良好な関係を築けなかったからだ。サーガによると、ヴァイキングたちは、初めて出会った九人のアメリカ先住民のうち八人を殺害したが、残るひとりに逃げられた。友好関係を築くのに、幸先のよいスタートとは言えない。驚くには当たらないが、そのあと、一団の小船に乗ったアメリカ先住民が現われ、ノルウェー人たちに向かって矢を放ち、赤毛のエイリークの息子、先頭に立っていたトールヴァルドに命中させた。絶命寸前のトールヴァルドは、腹部に刺さった矢を引き抜いて、こう嘆いたという。「ここはわれらの見つけた豊かな地だ。わが腹には豊かな脂肪がついている。われらはすぐれた資源に満ちた土地を見つけた。だが、その多くを享受することはできそうにもない……」

次にノルウェーから航海に出た人々は、どうにかヴィンランドのアメリカ先住民たちと交易を行なった（ノルウェーの布や牛乳と、アメリカ先住民の動物の毛皮を交換した）が、その後、あるヴァイキングが、武器を盗もうとしたアメリカ先住民を殺してしまった。続いて激しい戦闘が始まり、おおぜいのアメリカ先住民が逃げきれずに殺されたが、ノルウェー人たちは、その戦いを経験しただけで、先々絶えず問題が持ち上がることを確信した。作者不詳の『赤毛のエイリークのサーガ』には、こう記されている。「そのとき、(ヴァイキングの)一同は悟った。この地からありとあらゆるものが得られることは確かだとしても、先住の民が攻めてくる恐れは常につきまとうであろう、と。そしてみずからの国(グリーンランド)に戻る手はずを整えた」

そうしてヴィンランドをアメリカ先住民に明け渡したあと、グリーンランドのノルウェー人たちは、木材と鉄を手に入れるために、アメリカ先住民の数がはるかに少ないラブラドル半島の北岸を訪れ続けた。そのことを裏づけるノルウェー産の遺物(精錬された銅の破片、精錬された鉄、ヤギの毛を紡いだ糸など)が、わずかながら、カナダ北極圏に散在するアメリカ先住民の遺跡で発見されている。それらの発見で最も注目に値するのは、平静王オーラヴの統治下にあった一〇六五年から一〇八〇年のあいだにノルウェーで鋳造された銀貨だろう。それはラブラドル半島から南に数百キロ下ったメイン州の海岸にあるアメリカ先住民の居住地跡で発見され、首から提げるための穴があけてあった。その遺跡はかつて大規模な交易の村があった場所で、そこから出土した石と道具は、ラブラドル半島をはじめ、ノヴァスコシア州、ニューイングランド、ニューヨーク州、ペンシルヴェニア州の多くの場所から伝来したものだ。くだんの銀貨は、おそらく落とし物か、あるいはラブラドル半島にやってきたノルウェー人と交換したもので、その後、アメリカ先住民の交易網によってメイン州に到達したのだろう。

そのほかにも、ノルウェー人がラブラドル半島を訪れ続けていた証拠がある。アイスランドの年代記には、一三四七年、十八名の乗組員を載せたグリーンランドの船が、〝マルクランド〟から戻る航海中、碇《いかり》を失って風に流され、アイスランドにたどり着いたと記されている。その記述は簡潔でそっけなく、説明するほど特別なことではないと言わんばかりで、まるで記録者はこんなふうに書くつもりだったように思える。「さて、今年のニュースはというと、マルクランドを毎夏訪れていた船が一隻碇を失くし、トールン・ケティルスドッティルがデュパダルアの農場でピッチャー一杯の牛乳をこぼし、また、ビャルニ・ボラソンの飼っていたヒツジが一頭死んだ。今年のニュースはこれだけで、特記すべきほどのことはない」

結局、ヴィンランドへの入植が失敗した原因としては、グリーンランドの植民地自体が、量においても質においても、存続するに足るだけの木材と鉄に恵まれなかったこと、ヨーロッパからもヴィンランドからも遠すぎたこと、航海に耐える船の数が少なすぎたこと、探査のための大規模な船団を組むだけの資金を調達できなかったこと、さらに、一隻か二隻の船に乗ったグリーンランド人だけでは、ノヴァスコシアとセントローレンス湾にいるアメリカ先住民の大集団が決起したときに太刀打ちできなかったことが挙げられる。一〇〇〇年ごろのグリーンランドの植民地の人口は、おそらく五百人を超えてはいなかったので、ランス・オ・メドウズに八十人の成人がいたとすると、〝莫大な〟労働力が流出していたことになる。一五〇〇年以降、ようやくヨーロッパ人の入植者たちが北米大陸にふたたび到達した。当時のヨーロッパ人による入植の試みの歴史を見れば、それがいかに勝率の低いものだったかがわかる。たとえヨーロッパで最も裕福で最も人口の多い国家が、ヴァイキング船よりはるかに大きく、銃や鉄器を装備した補給船団を毎年送り出して後押しした植民地であろうと、同じことだった。当初イギリスとフランスがマサチューセッツ州、ヴァージニア州、カナダに築いた植民地では、最初の一年が経たないうちに、入植者の約半数が飢えと病気で命を落としている。そのことを考えれば、ヨーロッパでも比較的貧しい国だったノルウェーを出航し、最も辺境にある植民地に入植した五百人の人々が、北米大陸の征服と植民地化に失敗したのも驚くには当たらない。

本書の目的に照らせば、ヴィンランドの植民地化が十年足らずで破綻したことに関して最も重要なのは、その破綻が、いわば早回しの予告編として、四百五十年後にグリーンランドを突然襲った破綻の一部を映し出していることだろう。ノルウェー領グリーンランドがノルウェー領ヴィンランドよりずっと長く存続したのは、グリーンランドのほうがノルウェーと近かったからであり、また、初めの数世紀に、敵対する先住民が登場しなかったからだ。しかし、グリーンランドも、さほど極端な形ではないにせよ、ヴィンランドとよく似た問題をかかえていた。ひとつは孤立していたこと、もうひとつはアメリカ先住民と良好な関係を築けなかったことだ。もしアメリカ先住民がいなかったなら、グリーンランドの人々は生態学上の問題を乗り越えていたかもしれないし、ヴィンランドの入植者たちも植民地にとどまったかもしれない。その場合、ヴィンランドは人口爆発に見舞われて、一〇〇〇年以降、そこからあふれ出したノルウェー人たちが北米大陸に広く進出し、二十世紀のアメリカ人であるわたしは今ごろ、現代のアイスランド人やフェロー諸島の住民のように、英語ではなく古ノルド語を祖とする言語で本書を執筆していたかもしれないのだ。

第7章

ノルウェー領グリーンランドの開花

ヨーロッパの辺境

わたしがグリーンランドを訪れたときの第一印象は、その国名が痛々しいほど実態とかけ離れているというものだった。というのも、目に入る風景が、白、黒、青の三色だけで構成されていたからで、なかでも、白の占める割合が圧倒的に多い。歴史学者のなかにはこう考える者もいる。ここに入植地を築いた赤毛のエイリークが、他のヴァイキングたちを誘い込む策略として、〝緑の国〟という名を創出したのだ、と。わたしの乗った飛行機がコペンハーゲンからグリーンランド東岸に向かう途中、青い海原が途切れてから真っ先に目に入ったのは、見渡す限りの白く輝く世界、すなわち北極に次ぐ面積を誇る大氷原だった。海岸線は急斜面となって氷に覆われた高台へ続き、島の面積の大半を占めるその高台から、巨大な氷河が海に流れ込んでいる。この白い広がりの上空を数百キロほど飛んだところで、今度は別の単色が出現した。氷の海のあちこちに、剝き出しの黒い岩山が島のように突き出している。高台から離れて西岸に下降し始めると、一面の氷を縁取る細い境界線の中に、ようやく違う色が見えてきた。砂礫の茶色い区域と、コケや地衣類の淡い緑色の区域だ。

しかし、グリーンランド南部の表玄関であるナルサルスアーク空港に到着し、氷山の散在するフィヨルドを突っ切って、赤毛のエイリークが農場に選んだ土地ブラッタフリーズまで来たとき、グリーンランドという名前が、誇大広告ではなく誠実に付けられたものではないかと思わせる風景に出くわした。わたしは、ロサンゼルスからコペンハーゲンへ、コペンハーゲンからグリーンランドへ、十三の異なる時間帯を移動するという長旅を終えたばかりで、疲れきっていた。ノルウェー領ゆかりの遺跡を散策し始めたものの、たちまち眠けに襲われ、荷物を預けたユースホステルまでの数百メートルを歩いて戻ることさえできそうになかった。うまい具合に、その遺跡群の周囲には、分厚いコケの下地が広がり、そこから丈が三十センチを超す青々とした柔らかな草が生え、おびただしい数の黄色いキンポウゲ、黄色いタンポポ、青いツリガネソウ、白いエゾギク、ピンクのヤナギランが随所に咲いている。これなら、携帯用のマットレスも枕も必要ない。わたしは、この上なく心地よく美しい天然のベッドに横たわって、深い眠りに落ちた。

わたしの友人、ノルウェーの考古学者クリスチャン・ケラーが言うとおり、「グリーンランドでの居住生活は、有益な資源のある好適な一区画の土地を見つけるという、ただその一点にかかっている」。たしかに、グリーンランドの国土の九九パーセントは白と黒に彩られた居住不可能な土地だが、南西部の海岸にある二カ所のフィヨルド系の奥には緑の区域が広がっている。長くて狭いフィヨルドが内地に深く入り込んでいるおかげで、その奥の区域は、外海に面した沿岸とは違って、植生の生長を阻む寒流、氷山、海水の飛沫塩分、風などの影響を受けずにすむ。急斜面が多いフィヨルド沿いにも、牧草の繁茂した平坦な小区域が散在している。わたしが昼寝をしたのも、そういう牧畜向きの場所だった（517頁写真17）。このふたつのフィヨルド系が、九八四年から十五世紀のある時点までおよそ五百年間、最も辺境にあるヨーロッパ文明継承の地を支えてきたのだ。ノルウェーから二千五百キロ離れたこの地で、スカンディナヴィア人たちは、大聖堂と教会を建て、ラテン語と古ノルド語でものを書き、鉄器を巧みに使いこなし、家畜を追い、最新のヨーロッパの服装を採り入れ……やがて忽然と姿を消した。

その消滅の謎を象徴するのが、フヴァルセーにある石造りの教会だ。この教会はノルウェー領グリーンランド時代の最も有名な建造物であり、グリーンランド観光を勧める旅行冊子には必ずその写真が載っている。建てられた場所は、稜線に囲まれた長くて広いフィヨルドの奥にある草原で、そこからは数十平方キロにも及ぶ見事な景色が一望できる。壁、西側の入口、壁龕《へきがん》、石造りの切妻は今も無傷のまま残り、失われたのは、もともと芝土で葺いてあった屋根だけだ。教会の周囲には、寄宿舎、納屋、倉庫、艇庫、牧草地など、教会の建造に携わった人々のための施設跡も残っている。中世ヨーロッパ社会全体の中でも、ノルウェー領グリーンランドの遺跡は、保存状態のよさに定評がある。その理由は明らかで、イギリス及びヨーロッパ大陸にあるおもな中世の遺跡は、長いあいだ領有され、後世の建造物に覆い隠されているが、グリーンランドの遺跡は無傷のうちに遺棄されたからだ。今でもフヴァルセーを訪れると、それらの建物からヴァイキングが歩いて出てきそうに思えるが、現在、半径三十キロ以内には誰も住んでおらず（401頁写真15）、実際にはひっそりと静まり返っている。その教会を建てた人間は、ヨーロッパ型の共同体を再現し、その共同体を数世紀にわたって維持するだけの知力を備えていたが、その先もさらに存続させる知力は備えていなかった。

消滅の謎を深めるのは、グリーンランドのヴァイキングたちが、多民族であるイヌイット（エスキモー）と島を共有していたという事実だ。アイスランドのヴァイキングは、アイスランドを占有していたので、苦境を悪化させるような問題に直面せずにすんだ。グリーンランドでは、結果的にヴァイキングが姿を消し、イヌイットが生き延びた。その史実は、グリーンランドでも人間の生存が不可能ではなかったこと、ヴァイキングの消滅が不可避の事態ではなかったことの証しとなる。現代のグリーンランドで農場を訪ね歩くと、中世にこの島を共有していたのと同じ二種類の民族、イヌイットとスカンディナヴィア人に出会う。中世のヴァイキングが死に絶えた三百年後、一七二一年に、別のスカンディナヴィア人（デンマーク人）がグリーンランドを再訪して統治下に置いたのち、一九七九年になって初めて、先住グリーンランド人に自治が認められた。わたしはグリーンランド滞在中、目の青い金髪のスカンディナヴィア人がおおぜい働いているのを見るたびに、軽い混乱を覚えた。そして、それと同じ外見をした人々が、フヴァルセーの教会をはじめ、わたしの研究対象となる数々の遺跡を建て、その地で死絶したのだと思うたびに、同じ感覚に襲われた。なぜ中世のスカンディナヴィア人たちは、イヌイットが克服した問題を乗り越えることができなかったのだろうか？

アナサジ族の悲運と同じく、グリーンランドのノルウェー人たちの悲運についても、単一の要因に帰する形でさまざまな解釈がなされてきたが、どの要因が正しいかについては意見の一致を見ていない。〝型にはまり過ぎた定式〟（考古学者トマス・マクガヴァンの言葉）によってよく引き合いに出されるのが、気候の寒冷化、つまり、「寒くなりすぎたから死に絶えた」というものだ。そのほかにも、単一の要因に帰する説として、イヌイットがグリーンランドのノルウェー人を大量に殺害したという説、本土のヨーロッパ人がグリーンランドのノルウェー人を見放したという説、環境被害説、救いがたいほど保守的な態度を原因とする説が唱えられてきた。実際には、グリーンランドのノルウェー人たちの死滅は数々の示唆に富んだ事例だと言える。なぜなら、まさにこの事例には、本書のプロローグに取り上げた五つの要因すべてが大きく関与しているからだ。事例そのものが示唆に富んでいるだけでなく、入手できる情報も豊富にある。それは（イースター島民やアナサジ族と違って）ノルウェー人がグリーンランドに関する文字記録を残しているからであり、また、わたしたちにとっては、ポリネシアやアナサジの社会より、中世ヨーロッパ社会のほうがはるかに理解しやすいからだ。しかし、グリーンランドが、産業化以前の崩壊した社会の中で最も豊富に資料を残しているとはいえ、主要な疑問についてはいまだに解明されていない。

グリーンランドの現在の気候

グリーンランドのノルウェー人入植地は、どういう環境の中で生まれ、栄え、滅びたのだろうか？　ノルウェー人たちは、グリーンランド西岸、北極圏よりやや南寄りの、北緯六十一度から六十四度のあいだにある二カ所の入植地に住んでいた。この二カ所はおおむねアイスランドより南に位置し、ノルウェー西岸のベルゲン及びトロンヘイムよりも南に当たる。それでも、グリーンランドはアイスランドやノルウェーより寒冷な気候下にある。なぜなら、ノルウェーは南から北上する暖流、メキシコ湾流の恩恵に浴しているが、グリーンランドの西岸は、北極からの寒流である西グリーンランド海流の影響を受けているからだ。その結果、グリーンランドでは最も穏やかな気候下にある場所、つまり、かつてのノルウェー人の入植地でさえ、天候は、寒い、不順、風が強い、霧が多いという四つの言葉に要約されてしまう。

現在、入植地があった場所の夏の平均気温は、外海に面した沿岸で華氏四十二度（摂氏五度ないし六度）、フィヨルドの内陸側で華氏五十度（摂氏十度）ほどになる。さして寒冷とは思えないかもしれないが、これは年間で最も暖かい時期の数字だということを忘れないでほしい。さらに、万年雪から頻繁に吹き下ろしてくる乾燥した強風は、夏でも北の流氷を運んでフィヨルドを氷山で封鎖し、また、濃い霧を発生させる力を持つ。わたしは、グリーンランドの天気が短期間で激しく移り変わることを聞かされていて、実際、夏の滞在中にそのとおりの体験をした。激しい雨、強い風、霧はあたりまえで、船旅ができなくなることも少なくない。それなのに、分岐したフィヨルドによって海岸が深く湾入しているせいで、グリーンランドでは船がおもな移動手段となる――現在でさえ、主要な人口集中地区を結ぶ道路はない。市町村が道路で結ばれている例は、同じフィヨルドの同じ側にあるか、隣同士のフィヨルドがごく低い稜線で隔てられているか、どちらかの場合に限られる。わたしが初めてフヴァルセーの教会に行こうとしたときも、そんな暴風雨に前途を阻まれた。七月二十五日は好天に恵まれて船でカコルトクに着いたが、七月二十六日には、カコルトクから出る船が風と雨と霧と氷河のせいで欠航になった。二十七日になると天気が回復したのでフヴァルセーに到着でき、翌日は晴天のもと、カコルトク・フィヨルドからブラッタフリーズに帰り着いた。

わたしは盛夏に、ノルウェー人入植地の最も南で、最も快適な状態にあるグリーンランドの天候を体験したわけだ。その気温を、暖かい晴天の日々に慣れた南カリフォルニアの人間の感覚で表現すると、「涼しさと寒さのあいだを行き来している」というところだろう。Tシャツと長袖シャツとスウェットシャツの上に、常にウィンドブレーカーを着用しなければならず、そのうえ、初めて北極に行ったときに購入した厚手のダウンジャケットを追加することもたびたびあった。気温は大きな振れ幅でいきなり変わり、それが一時間のうちに何度も繰り返すように感じられる。グリーンランドで戸外を歩いていると、上着の着脱ばかりに時間を取られている気がした。

以上、現代のグリーンランドの標準的な気候について述べたが、気候が短い距離間で変動すること、年ごとに変動すること、このふたつが事情をさらに複雑にしている。短い距離間の変動は、クリスチャン・ケラーの言う〝有益な資源のある好適な一区画の土地を見つけることの重要性〟の一大要素となる。年ごとの変動は、当時のグリーンランド経済の要である牧草の生長に影響し、また、海氷の量にも影響するので、ヴァイキングにとって欠かせないアザラシ猟と、交易船航行の実現性にまで累が及ぶ。グリーンランドは飼い葉の生産地としては限界に近く、わずかでも条件の悪い土地に移動したり、わずかでも例年より気温が下がったりすると、家畜の越冬用の飼い葉が不足しかねない状況にあったので、短距離間の変動と年ごとの変動は重大な問題だった。

場所の違いから生じる重要な差を挙げておこう。二カ所のヴァイキング入植地は、南北に五百キロほど離れていたが、北入植地、南入植地とは呼ばれずに、西入植地、東入植地という紛らわしい名で呼ばれていた——この地名は数世紀後に不幸な結果を招く。音信不通になったグリーンランドのノルウェー人を探しに来たヨーロッパ人たちが、“東入植地”という名前に惑わされて、実際にノルウェー人が住んでいた西岸ではなく、誤ってグリーンランドの東岸を探索することになったのだ。北寄りにある西入植地も、夏になれば東入植地と同じ程度の適温になる。とはいえ、東に比べると、西入植地の夏の生長期は短い——平均気温が氷点を上回る月が、東では七カ月あるのに、西ではわずか五カ月しかない。これは、北へ向かうにつれて、日光と適温に恵まれた夏の日数が少なくなるからだ。もうひとつ、地勢による天候の変動がある。海から遠く隔たったフィヨルドの内陸部に比べ、フィヨルドの湾口に当たる沿岸では、寒流である西グリーンランド海流の影響をまともに受けるので、寒冷で湿度が高く、霧が多いことだ。

さらにもうひとつ、地勢の違いについて、わたしがグリーンランド滞在中にすぐ気づいたことがある。それは、氷河を伴うフィヨルド、つまり、氷河が谷まで迫っているフィヨルドと、そうでないフィヨルドがあるということだ。氷河を伴うフィヨルドには、外海から絶えずその地でできた氷塊が落ちてくるが、氷河を伴わないフィヨルドには、外海からときおり氷山が流れ込んでくるだけだ。例えば、わたしが七月に見たイガリク・フィヨルド（ヴァイキングの大聖堂がある）は氷河を伴っておらず、湾内に氷山はひとつも見当たらなかった。エイリークス・フィヨルド（ブラッタフリーズがある）は氷河をひとつ伴っていて、湾内に氷塊が散在していた。ブラッタフリーズの北側に隣接するセルミリク・フィヨルドは大きな氷河を多数かかえていて、湾内が氷で塞がれていた――グリーンランドの風景が、色に乏しくても常に趣きを感じさせるのは、そのような差があることと、氷山の大きさと形がじつに多様なことが一因だろう。クリスチャン・ケラーは、エイリークス・フィヨルドの孤絶した遺跡を調査中に、歩いて丘を越え、セルミリク・フィヨルドで発掘調査をしているスウェーデンの考古学者たちをよく訪ねていた。スウェーデンの学者たちの野営地は、クリスチャンの野営地よりかなり寒冷な気候下にあったので、スウェーデン人たちが運悪く選んだヴァイキングの農場は、クリスチャンが研究していた農場に比べ、（寒冷で飼い葉の生産量が少ないせいで）かつて貧しい生活を送っていたと思われる。

年ごとの天候の変動は、一九二〇年代に運営が再開された牧羊農場の飼い葉の生産実績に示されている。例年より降雨量の多い年は、植生の生長率が上がり、ヒツジの飼料も増え、野生のシンリントナカイの餌も増える（すなわち、狩猟の獲物も増える）ので、畜産に携わる者にとってはおおむねよい年だと言える。ただし、飼い葉の収穫期に当たる八月と九月に雨が降り過ぎると、飼い葉が乾燥しにくくなって生産量が減少する。冷夏は飼い葉の生長率が下がるので都合が悪く、冬が長引くと、ヒツジを例年より長いあいだ畜舎に入れなければならず、飼い葉の必要量が増えるので都合が悪い。北からの流氷が例年より多い夏は、霧が濃くなって、飼い葉の生長が妨げられる。そのような年ごとの天候差が原因で、現代グリーンランドの牧羊業者の生活が不安定になっていることから、中世グリーンランドのノルウェー人たちの生活も、同じように不安定だったと推測できる。

一時的な温暖期

ここまで述べた気候変動は、現在のグリーンランドで一年ごとに、あるいは十年単位で観測できるものだ。過去の気候変動についてはどうだろうか。例えば、ノルウェー人たちがグリーンランドに到達したときの天候はどうだったのか、そして、彼らが生き延びた五百年間で、どのように変動したのか？　どうすれば過去の気候について知ることができるのだろうか？　おもな情報源としては、文書による記録、花粉、そして氷の柱状試料（氷床コア）の三つがある。

まず、グリーンランドのノルウェー人たちは読み書きができ、グリーンランドを訪れるアイスランド人とノルウェー人も読み書きができたので、もし当時のグリーンランドの天候を意図的に取り上げた文章が残っていれば、グリーンランドのヴァイキングの運命に興味を抱くわれわれのような人間にとっては、格好の資料となっただろう。残念ながら、現実にはそううまくいかない。しかし、アイスランドには、日記、手紙、年代記、議事録の中に、各年の天候に関する付随的な文章——寒冷な天候、降雨、海氷などに言及したもの——が数多く残されている。アイスランドで寒冷な時期が十年続くと、完全に重なり合わないまでも、グリーンランドでも同じように寒冷な時期が続く傾向があるので、アイスランドの気候に関するその種の情報は、当時のグリーンランドの天候を理解するのにもある程度役立つ。天候を解明するうえでもっと確実な足場となるのは、アイスランド周辺の海氷に関する記述が、グリーンランドにとってどんな意味を持つかを分析することだろう。というのも、その海氷こそ、アイスランドやノルウェーの船がグリーンランドへ向かうときの障害となっていたからだ。

グリーンランドの過去の気候に関する二番目の情報源は、グリーンランドの湖沼から採取された柱状堆積物試料中の花粉だ。花粉を研究する花粉学者と、植生の歴史に関するその眼識については、イースター島とマヤの例を通じてすでに述べた（第2章と第5章）。湖沼の底の泥をうがつという作業は、一般人の興味を引くものではないかもしれないが、花粉学者にしてみれば、忘我の境に入るにも等しい。沈殿した泥の層が深ければ深いほど、過去を遠くまでさかのぼることができる。泥の試料に含まれる有機物を放射性炭素法で年代特定すれば、その泥の層がいつ沈殿したかがわかる。異なる種《しゅ》の植物に由来する花粉粒は、顕微鏡で観察したときの外観が異なるので、採取した泥の試料中の花粉粒を観察することにより、その湖沼のそばに生えていた植物の種類がわかる。つまり、泥の層が沈殿した年に、どんな植物がそこに花粉粒を落としたのかを確定できるということだ。そういう分析の結果、グリーンランドでは、過去の気候が寒冷になるにつれ、花粉の種類が、暖かさを求める樹木から耐寒性のある草やスゲに移行していることがわかった。しかし、その花粉の移行は、ノルウェー人たちが木を切り倒した結果とも考えられるので、花粉学者たちは、樹木の花粉の減少に関するこのふたとおりの因果関係を弁別するべく、ほかにもさまざまな方法を考案してきた。

グリーンランドの過去の気候に関し、とりわけ詳しい情報を提供してくれるのが、三番目の情報源となる氷の柱状試料だ。グリーンランドは寒冷であり、降雨が安定しないので、樹木は小さく、生育する場所が限られ、木材になってからの劣化も速い。したがって、グリーンランドの樹木からは、保存状態の良好な年輪を入手できない。アナサジ族が住んでいたアメリカ南西部、乾燥した砂漠地帯の場合とは違って、年ごとの気候変動を再現できないということだ。そのかわりに、グリーンランドで調査を行なう考古学者たちは、氷の柱状試料、つまり、実質的には氷の層を研究できるという幸運に恵まれている。グリーンランドの万年雪の上に毎年降る雪は、新しく降った雪の重みに圧縮されて氷になる。雪や氷を構成する水分中の酸素は、三種の同位体——酸素の原子核を構成する粒子のうち、帯電していない中性子の数の差により、原子量だけが異なる三型の酸素原子——から成る。天然酸素の中でも圧倒的に数が多い（全体の九九・八パーセントを占める）のは酸素16（原子量が16の酸素）と呼ばれる同位体で、ほかに、比率の少ない（〇・二パーセントを占める）酸素18、さらに少ない酸素17がある。これら三種の同位体は、放射性を持たない安定同位体だが、質量分析計で識別することができる。雪が形成されるときの温度が高ければ高いほど、雪に含まれる酸素のうち酸素18の比率が高くなる。よって、各年の夏の雪のほうが、同年の冬の雪に比べて酸素18を多く含んでいる。同じ理由から、温暖な年の任意の月を選ぶと、寒冷な年の同じ月よりも、雪に含まれる酸素18の比率は高くなる。

グリーンランドの万年雪をうがち——グリーンランドの万年雪は、考古学者たちによって現在約三千メートルの深さまで掘削されている——、深さの関数として酸素18を計測してみると、ある年の夏の氷、その前年の冬の氷、さらに前年の夏の氷と掘り進むにつれ、その値が小刻みに上下しているのがわかる。これは、予測可能な季節ごとの気温の変動が原因だ。さらに、夏でも冬でも、年が異なると酸素18の値がそれぞれ異なることにも気づく。こちらは、予測できない年ごとの気温のばらつきが原因となっている。こうして、アナサジを研究する考古学者が年輪から情報を引き出すのと同じように、グリーンランドの氷の柱状試料から情報を引き出すことができる。氷の柱状試料を調べることによって、毎年の夏と冬の気温がわかり、また、余禄として、年代順に夏と夏のあいだの（あるいは冬と冬のあいだの）氷層の厚みを調べれば、その年の降雨量もわかる。

もうひとつ、年輪からは得られないが、氷の柱状試料から得られる天候の特徴は、暴風に関するものだ。暴風がグリーンランド周辺の海水から飛沫塩分をすくい上げ、内陸の奥まで飛ばして万年雪に吹きつけると、その飛沫の一部が凍って、海水中のナトリウム・イオンを含んだ雪に変わることがある。暴風は、万年雪の上に大気中の砂塵粒子をも吹きつける。この砂塵粒子は、もともと遠く離れた各大陸の乾燥した砂の多い区域から運ばれてきたもので、カルシウム・イオンの含有率が高い。これら二種のイオンは、真水からできた雪には含まれていない。万年雪の氷層に濃度の高いナトリウムとカルシウムが含まれていた場合、その氷層ができた年に暴風が吹いたと考えていいだろう。

簡単に言うと、グリーンランドの過去の気候は、アイスランドの文書記録、花粉、氷の柱状試料によって再現でき、特に、氷の柱状試料を利用すれば、年単位で気候を再現できることになる。それらの技術によって、何がわかったのだろうか。

わたしたちの予想どおり、およそ一万四千年前に最後の氷河時代が終わって以来、気候が暖かくなっていたことがわかった。グリーンランドのフィヨルドは、〝厳寒〟な地帯から単に〝冷涼〟な地帯に変わり、そのおかげで、低木の森林が発達し始めた。しかし、この一万四千年のあいだ、ただ単調に一定に保たれてきたわけではなく、ある時期には例年より寒冷になったり、それからまた温暖な気候に戻ったりした。そういう気候の動きは、ノルウェー人以前にアメリカ先住民がグリーンランドに入植するうえで、重要な意味を持っていた。北極圏には獲物となる種が非常に少ないが、トナカイ、アザラシ、クジラ、魚類など、その少数の種がしばしば豊富な固体数を誇る。しかし、通常の獲物である動物が死に絶えたり、よそへ移動したりしてしまうと、もっと低緯度の場所、つまり、多様な動物が棲んでいる場所とは違って、代替の獲物を当てにできない可能性がある。したがって、グリーンランドも含めた北極圏の歴史とは、人々が広い区域に到達し、何世紀ものあいだ占有したのちに、気候変動による獲物の発生量の変動に見舞われ、広い区域にわたって衰退したり、死絶したり、生活様式の変革を強いられたりした歴史だと言える。

二十世紀になると、先住狩猟民に気候変動の悪影響が及んだ事実が、直接の観察によって報告されている。二十世紀初頭、海水温度の上昇が原因で、グリーンランド南部のアザラシが姿を消しかけた。気候がふたたび寒冷になったところで、アザラシ猟も以前のように良好な状態に戻った。その後、一九五九年から一九七四年にかけて気候が非常に寒冷になったときには、海氷が水面を覆って、移動性のアザラシの種が激減し、グリーンランドの先住狩猟民による海産物の総捕獲量も減少したが、氷に穴をあけて呼吸をするワモンアザラシの数には変動がなかったので、先住民たちは、もっぱらワモンアザラシの捕獲に努めて飢餓を免れた。同じく、気候に伴う獲物の発生量の変動が関与したと思われる出来事としては、アメリカ先住民が紀元前二五〇〇年ごろに初めて入植し、紀元前一五〇〇年ごろに減少あるいは消滅したこと、それに続く再来とふたたびの減少、さらに、九八〇年ごろとされるノルウェー人到達以前のどこかの時点で、グリーンランド南部を完全に遺棄したことが挙げられる。それゆえ、初期のノルウェー人入植者たちは、アメリカ先住民の集落跡を見つけながら、その主にはまったく遭遇しなかった。ノルウェー人にとっては運の悪いことに、グリーンランド到達当時は気候が温暖だったので、イヌイットも、ベーリング海峡からカナダ北極圏を渡って短期間で東へ進出することができた。これは、寒冷期にカナダ北部の島々のあいだを完全に塞いでいた氷が夏に解け出して、イヌイットの食糧の柱であったホッキョククジラがその水路に入り込んできたからだ。この気候変動のおかげで、イヌイットたちは一二〇〇年ごろにカナダからグリーンランド北西部に入ることができた。この進出は、やがてノルウェー人たちに重大な影響を及ぼすことになる。

八〇〇年から一三〇〇年までの氷の柱状試料を調べてみると、この時期のグリーンランドは比較的温暖で、現在のグリーンランドの天候と同程度か、あるいはわずかに暖かかったことがわかる。穏やかな気候に恵まれたその数世紀は、中世温暖期と呼ばれる。

したがって、ノルウェー人は、飼い葉の生産と家畜の放牧に適した時期——過去一万四千年間のグリーンランドの平均的な気候を基準とすれば——にグリーンランドにやってきたことになる。ところが、一三〇〇年ごろになると、北大西洋の気候は徐々に寒冷化し、年ごとのばらつきも大きくなり始めた。これを前駆として、小氷河時代と呼ばれる寒冷期が十九世紀まで続く。一四二〇年ごろまでには、小氷河時代が最盛期に入り、グリーンランド、アイスランド、ノルウェー間で夏の流氷の量が増えて、グリーンランドのノルウェー人たちと外の世界との航路が断たれることになった。その寒冷な状態は、ワモンアザラシを獲物とするイヌイットたちにとっては許容範囲内、あるいは好都合とさえ言えるものだったが、飼い葉の生産に依存するノルウェー人たちにとっては苦境となった。後述するように、小氷河時代の到来は、グリーンランドのノルウェー人入植地が終焉を迎える一因となっている。しかし、中世温暖期から小氷河時代への移行には複雑な面があり、「恒常的な寒さが訪れたからノルウェー人が死に絶えた」という単純なものではない。グリーンランドのノルウェー人たちは、一三〇〇年以前の断続的な寒冷期を乗り越えたし、一四〇〇年以降には、断続的な温暖期に恵まれたにもかかわらず、生き延びることができなかった。ここで何より気になる疑問が残る。それは、なぜノルウェー人たちが、小氷河時代の寒冷な気候を前にして、同じ難局に遭遇したイヌイットたちの手法を学び取らなかったのか、ということだ。

在来の動植物種

グリーンランドの環境に関する考察に遺漏のないよう、グリーンランド在来の動植物についても触れておこう。最も発達した植生は、グリーンランド南西岸にある西入植地と東入植地の長い内フィヨルド（訳註・外海から内陸に向かうフィヨルドからさらに折れ込んだフィヨルド）沿いの、海水の飛沫塩分にさらされない温暖な区域にしか見られない。南西岸でも、家畜の放牧が行なわれていない区域の植生は場所ごとにそれぞれ異なる。高海抜の場所は気温が低いので、また、外海近くの外フィヨルドでは、寒さ、霧、飛沫塩分によって植物の生長が妨げられるので、植生はスゲが優位を占めている。スゲは通常の草よりも丈が低く、家畜の飼料としての栄養価が低い。スゲが痩せた土地でも育つのは、通常の草よりも乾燥に対する耐性が高いからで、保水性のある土壌をほとんど含まない砂礫にも自然に定着する力がある。飛沫塩分の害を受けない内陸でも、氷河近くの険しくて寒風の強い場所には植生がなく、事実上、剝き出しの岩が広がっていて、それよりやや好条件の内陸では、矮性《わいせい》の低木から成るヒースという植生が大半を占める。内陸で最も条件のいい場所、つまり、海抜が低く、土壌が豊かで、風が当たらず、水分も足りていて、じゅうぶんな陽光が当たる南向きの場所は、矮性のカバとヤナギに加え、ビャクシン、ハンノキが生える広々とした森林地帯になっているが、大半の樹木は五メートル未満で、特別に条件のいい場所になると、最大で十メートル近いカバが見られる。

現在ヒツジとウマが放牧されている区域の植生は、以上に挙げた植生とは異なる様相を呈していて、これはおそらく、ノルウェー領時代も同様だったと考えられる（517頁写真17）。ガルザルとブラッタフリーズの周辺のように、緩やかな斜面に水けのある草原が広がり、最大三十センチの青々とした草が生え、多数の花が咲き乱れている。矮性のヤナギとカバの生えた狭い区画では、ヒツジの放牧が原因で、植生の丈が五十センチ弱しかない。もっと乾燥して傾斜がきつく、剝き出しの地表が多い土地には、最大でも十センチぐらいにしかならない草やヤナギが生えている。わたしが見たところ、矮性のヤナギとカバのうち、最大で二メートルに達するものは、ナルサルスアーク空港を取り巻くフェンスの内側など、ヒツジとウマを閉め出している場所にしかなかった。それらの樹木は、近くにある氷河から吹きつける寒風によって生長を妨げられている。

グリーンランドの野生動物のうち、ノルウェー人とイヌイットにとって潜在的に最も重要だったのは、陸生及び海生の哺乳動物、鳥類、魚類、海生の無脊椎動物だろう。グリーンランドのノルウェー領地域には、在来で陸生の大型草食動物といえば、シンリントナカイ（カリブー）しか棲息していなかった。ユーラシア大陸では、ラップ人をはじめとする先住民たちが、この動物をトナカイとして家畜化したが、ノルウェー人とイヌイットは一度も家畜化を行なわなかった。グリーンランドのホッキョクグマとオオカミの棲息地は、ノルウェー人入植地以北に限られていた。もっと小型の獲物としては、ノウサギ、キツネ、陸鳥（最大のものはライチョウ）、水鳥（最大のものはハクチョウとガチョウ）、海鳥（特にケワタガモ、ウミスズメ）などが挙げられる。海洋哺乳動物のうち最も重要なのは、六種の異なる鰭脚類で、後述するように、ノルウェー人とイヌイットにとって重要となる種は、それぞれの種の棲息地と行動によって異なっていた。この六種の中ではセイウチが最大の種となる。沿岸には多様な種のクジラが棲んでいて、イヌイットたちはその捕獲に長けていたが、ノルウェー人たちにはうまく捕獲できなかった。河川、湖沼、海には魚類が豊富に棲み、また、食用になる小エビとイガイは、最も貴重な海洋無脊椎動物だった。

ノルウェー人入植地

サーガ及び中世の歴史学によれば、九八〇年ごろ、赤毛のエイリークという気性の激しいノルウェー人が、殺人罪に問われてやむなくアイスランドに逃亡したが、そこでもすぐに数人の人間を手にかけ、アイスランドの別の場所へ追いやられた。そこでもまた争いを起こし、さらに人を殺してしまったので、今度は九八二年ごろから九三年間、アイスランド国外へ追放されることになった。

エイリークはあることを思い出した。何十年か前に、ウールヴスソン（ウールヴの息子）・グンビョルンがアイスランドに向かう航海中、風のせいで航路を大きく西に外れたときに、不毛の小島をいくつか見つけたという話だ――今では、それらがグリーンランド南東岸の沖合にある島々だとわかっている。エイリークの遠戚に当たるスナイビョルン・ガルティも、九七八年ごろにそれらの島々に到達していた。ガルティもやはりそこで乗組員同士の諍《いさか》いを起こし、その身にふさわしい最期を迎えた。エイリークは、話に聞いたその島々で運試しをするべく航海に出て、それから三年のあいだ、グリーンランドの海岸の大半を探索して過ごし、深いフィヨルドの内側に見事な牧草地を見つける。その後、アイスランドに戻ってから、また別の闘いに敗れ、やむなく二十五隻の船団を率いて、探索したばかりの土地へ入植することにした。エイリークは、その新たな土地を計算ずくで緑の地《グリーンランド》と名づけた。グリーンランドでは立派な家屋敷が無償で手に入るといううわさがアイスランドに流れると、それに誘われて、以来十年のうちに、入植希望者を乗せた船団がさらに三回出航することになる。その結果、一〇〇〇年ごろまでには、東西二カ所の入植地内にある農場向きの土地はほぼすべて領有され、約千人が西入植地に、約四千人が東入植地に、総計およそ五千人が入植した。

ノルウェー人たちは、入植地から西岸沿いに北方向へ探索を進め、年に一度は狩猟の旅にも出ていて、その範囲は遠く北極圏内の北部にまで及んだ。北緯七十九度、つまり北極までわずか千キロの地点に到達していた可能性もある。というのも、その地点にあるイヌイットの遺跡から、鎖帷子《くさりかたびら》の部品、大工用の鉋《かんな》、船用の鋲《びょう》など、ノルウェー人ゆかりの人工物が数多く見つかっているからだ。北方への探索が行なわれていたことを示すもっと確実な証拠は、北緯七十三度に築かれたケルン（石塚）で、古代ノルウェー系のルーン文字が刻まれた石が使われ、エルリング・シグヴァットソン、ビャルニ・トールダルソン、エインドリディ・オッドソンの三人が、（おそらく一三〇〇年ごろ）小祈願節（四月二十五日）前の土曜日にその石塚を建てたことが記されている。

牧畜を糧とする農場運営

グリーンランドのノルウェー人たちが生活手段の基盤としたのは、牧畜（家畜の飼育）と、食肉を得るための狩猟だった。赤毛のエイリークがアイスランドから家畜を持ち込んだあとも、グリーンランドのノルウェー人たちは、ノルウェーやアイスランドに比べ、はるかに高い度合で野生の食物に依存するようになっていく。ノルウェーやアイスランドの住民が、牧畜と（ノルウェーでは）畑作だけで食糧需要をほぼ満たすことができたのは、グリーンランドより気候が温暖だったからだ。

グリーンランドの入植者たちは、牧畜を始めるに当たって、ノルウェーの裕福な首長と似たような家畜の構成を目標にした。すなわち、ウシとブタの頭数を多く、ヒツジはそれより少なく、ヤギはさらに少なく、そこに適宜ウマ、アヒル、ガチョウを加えるというやりかただ。ノルウェー領の各時代のごみ捨て場から出土した動物の骨を放射性炭素法で測定した結果によれば、理想とされた家畜の混合比が、ノルウェー本土より寒冷なグリーンランドの気候にうまく適合しないことがすぐに判明した。放し飼い用のアヒルとガチョウは即座に脱落した。グリーンランドにはそれらの家禽が飼育されていた考古学的証拠がひとつもないので、グリーンランドに向かう船上ですでに全滅していたとも考えられる。ノルウェー本国の森にはブタの餌になる木の実が豊富で、また、ヴァイキングたちはブタの肉をどの肉より珍重したが、樹木がまばらなグリーンランドでは、脆弱な植生と土壌を掘り返すブタは有害無益の家畜となることがわかり、短期間のうちに減少したか、ほぼ全滅状態になったと考えられる。荷鞍《にぐら》と橇《そり》が出土していることから、使役動物としてウマが飼育されたことは間違いないが、キリスト教では馬肉の食用が禁じられていたので、その骨がごみ捨て場から出ることはめったにない。グリーンランドの気候下でウシを飼育するのは、ヒツジやヤギを飼育するよりはるかに手間がかかる。ウシは雪のない夏の三カ月間しか牧草にありつくことができないからだ。残りの九カ月間は牛舎に入れ、飼い葉などの飼料を与えなければならず、グリーンランドの農夫にとっては、その調達が夏のおもな日課となった。多大な労働力を要するウシの飼育を断念すれば、グリーンランド人たちの暮らし向きはもっとよくなっていたかもしれない。ウシは数世紀を通じて減少していったが、ステータスシンボルとして非常に珍重されたので、完全に淘汰されてしまうことはなかった。

　そのかわりに主要な食糧供給源となったのが、ウシより寒冷な気候にうまく順応できるヒツジとヤギの丈夫な種だった。ヒツジとヤギには、耐寒能力のほかにも強みがあった。ウシとは違って、冬のあいだ、雪に埋もれた牧草をみずから掘り当てることができたのだ。現在のグリーンランドでは、ヒツジを一年のうち九カ月（ウシの三倍）のあいだ戸外で飼育することができ、畜舎に入れて飼料を与える必要があるのは、最も積雪の多い三カ月間だけだ。グリーンランド入植初期の遺跡では、ヒツジとヤギを合わせた頭数がどうにかウシの頭数に追いつく程度だが、時を経るにつれ、ウシ一頭に対してヒツジもしくはヤギが八頭というところまで増えている。ヒツジとヤギの比率についていうと、アイスランド人はヤギ一頭に対して六頭以上のヒツジを飼育しており、初期のグリーンランド入植地でも、最も優良な農場では同じ比率を保持していたが、その相対数は時代とともに移り変わって、両者の比率がほぼ同じになった。これは、ヤギはヒツジと違って、グリーンランドの痩せた牧草地で大量に手に入る小枝、低木、矮性《わいせい》の樹木など、硬いものも消化できたからだ。したがって、ノルウェー人たちは、ヒツジとヤギよりウシを優位に置くつもりでグリーンランドにやってきたが、各動物の数は、実際の環境条件に適応するうちに、その思惑と逆の推移をたどったことになる。ほとんどの農場では（特に、北寄りで限界に近い西入植地では）、格の低いヤギを増やし、格の高いウシを減らすという現実的な策に甘んじるしかなかった。思惑どおりにウシを尊重してヤギを軽視することができたのは、東入植地で最も生産性の高い農場だけだ。

年に九カ月間ウシが収容された納屋の跡は、今も往年の名残をとどめている。細長い建物の壁は石と芝土で造ってあり、その厚みは、冬のあいだ内部を暖かく保つため、数メートルに及ぶ。ウシにはグリーンランド種のヒツジとヤギほどの耐寒性がないからだ。ウシは一頭ずつ矩形《くけい》の牛房に収容された。隣り合う牛房の間仕切りとなる石板が、今も多くの納屋跡の内部に立っている。牛房の大きさ、ウシの出入口となる納屋の扉の高さ、そしてもちろん、発掘されたウシの骨から判断すると、グリーンランドのウシは、肩の高さが一メートル強しかなく、現在わかっているものの中で最小のウシとされる。ウシは冬のあいだずっと牛房に入れられたままだったので、糞がしだいに周囲に積み重なっていき、その山は春が来てからようやく掻き出された。冬のあいだの飼料は飼い葉だが、量が不足した場合は、内陸部に持ち込んだ海草で補う必要があった。海草がウシの好みに合わないのは明らかで、農場の人夫は、ウシと、冬に堆積したウシの糞の山とともに納屋に住み込み、おそらくは、徐々に痩せ衰えていくウシにむりやり海草を食べさせなければならなかっただろう。五月ごろになって雪が解け始め、草が新たに芽を出すと、ウシもようやく戸外に連れ出され、みずから草を食み始めるが、そのころまでにはすっかり体力が衰えて歩くこともできず、人の手で運び出す必要があった。きびしい冬のあとは、新たな夏草が生える前に飼い葉と海草の備蓄が切れてしまうので、農民たちは、春に出たばかりのヤナギとカバの小枝を集め、〝飢餓食〟として動物に食べさせた。

グリーンランドのウシ、ヒツジ、ヤギは、食肉としてよりも、おもに搾乳のために利用された。動物たちは、五月か六月に子を産んだあと、夏の数カ月間だけ乳を分泌する。ノルウェー人たちは、その乳からチーズ、バター、ヨーグルトに似たスキアなどの乳製品を作って巨大な樽に入れ、山地の小川の中や芝土で造った建物に貯蔵して冷温を保ち、その年の冬を通じて食用にした。ヤギとヒツジを飼うことには、体毛を利用するという目的もあった。寒冷な気候下で育ったヒツジの毛には脂が多く、天然の防水性があるので、ことに高級な物資とされた。家畜が食肉として利用されたのは間引きのときだけで、農夫たちは、秋になると、収穫した飼い葉の量を見て、冬に何頭の家畜を養うことができるかを計算し、じゅうぶんな飼料を与えられないと判断した頭数だけ、動物を処理していた。そのことからもわかるように、家畜の肉は不足状態にあったので、グリーンランドで処理された動物の骨は、骨髄の最後の一滴まで取り出すために、ことごとく折られ、砕かれていて、その徹底ぶりはほかのヴァイキングの国々とは比べものにならない。狩猟に長けたイヌイットたちは、ノルウェー人たちより野生の肉を多く手に入れていたので、イヌイットゆかりの遺跡には、腐敗した骨髄と脂肪を餌にするハエの幼虫の化石が大量に残っている。ハエたちも、ノルウェー人の住まいではたいした収穫が得られないことを知っていたのだ。

一頭のウシがグリーンランドの冬を越すには数トンの飼い葉が、一頭のヒツジならそれよりずっと少ないがそれなりの量が必要だった。したがって、グリーンランドのノルウェー人の大半は、晩夏になると、もっぱら牧草を刈り、干し、収容することに時間を割いた。そうして蓄えた飼い葉の量が、来るべき冬に養えるウシの頭数を決定する重大な要素となるが、それは冬の長さしだいでもあり、こちらのほうは前もって予測できるものではなかった。したがって、ノルウェー人たちは、毎年九月が来るたびに、入手可能な飼料の量と当て推量の冬の長さをもとに、貴重な家畜のうち何頭を間引きするか、苦渋の決断を迫られたことだろう。九月に家畜を間引きしすぎると、翌年の五月には余った飼い葉と少ない頭数の家畜が残ることになるし、もっと多数の家畜を残すという賭けに出なかったことで、自責の念に駆られるかもしれない。逆に、九月に間引く家畜の数が少なすぎれば、五月前に飼い葉を使い尽くし、全部の家畜を餓死させてしまう危険がある。

飼い葉を生産する畑には三つの型があった。最も生産性が高いのは、農場の母屋周辺に造るいわば〝内畑〟で、家畜が入らないよう塀が設置され、牧草の生長率を上げるために堆肥が施されて、飼い葉の生産だけに利用された。司教座の置かれたガルザル農場と、そのほか二、三の農場の遺跡には、ダムと用水路を備えた灌漑施設が残されていて、山中の小川から用水路で畑に水を引き、生産性を上げていたことがわかる。二番目の型は〝外畑〟で、こちらは農場の母屋からやや離れた場所、塀で囲まれた区域の外側に造られた。三番目は、シーリングあるいはセターと呼ばれる夏期牧場を設置する方法で、すなわち、ノルウェーやアイスランドから受け継がれたものだ。農場の母屋からさらに離れた場所、夏の飼い葉の生産と放牧に適した高台に、数棟の建造物から成る牧場を設置する方法だが、冬は気温が低すぎて家畜の飼育はできない。最も手の込んだシーリングは、農場の縮小版ともいえるもので、夏のあいだ人夫が動物の番をしながら飼い葉を作れるよう、住宅まで完備されていたが、冬になると人夫は母屋のある農場に戻って暮らした。雪解けと牧草の生長は、毎年まず海抜の低い場所から始まって、徐々に高海抜の場所へ移動していくが、出始めの牧草は特に栄養価が高く、繊維質が少なくて消化にいい。一時的とはいえ山地の有用な小区域を使い、さらに、夏の経過とともに高海抜のほうへ移動していく出始めの牧草を利用するため、家畜を徐々に高地へ向かわせたことによって、このシーリングという高度な技術が、グリーンランドの資源問題――地域ごとにばらつきがあり、量も限られていること――を解決する一助となった。

本章の初めで述べたように、わたしは、クリスチャン・ケラーとともにグリーンランドを訪れる前、クリスチャンから「グリーンランドでの居住生活は、有益な資源のある好適な一区画の土地を見つけるという、ただその一点にかかっている」と聞かされていた。要するに、グリーンランドにおける牧草地の有力候補は、前述した二カ所のフィヨルド系内に限られているのに、そのフィヨルド沿いでも最適といえる場所はごくわずかで、しかも散在しているという意味だ。グリーンランドのフィヨルド沿いを船や徒歩で移動するうちに、わたしのように知識のない都市生活者にも、ノルウェー人たちが農場に適した小区域を見分ける際、どんな判断基準に従っていたのか、少しずつわかり始めた。アイスランドとノルウェーからやってきた入植者たちは熟練の農夫であって、わたしなど及びもつかない強みを持っていたわけだが、わたしにはあと知恵という強みがあった。つまり、ノルウェー領の農場のうち、どの農場が実際に試されたり、失敗したり、遺棄されたりしたのか、わたしは知っているが、ノルウェー人入植者たちは知らなかったという点だ。入植者たちが見かけ倒しの小区域をみずからの判断で候補から外すまでには、数年か、へたをすると数世代もの時間がかかっただろう。都市生活者ジャレド・ダイアモンドが、中世ノルウェー領の農場の良し悪しを決めるとすれば、次のような判断基準に従うことになる。

1　生産性の高い内畑として開発するなら、平坦な低地か勾配の緩やかな低地（海抜二百メートル以下）の広い区域が望ましい。低地は最も気候が温暖で、降雪のない生長期が最も長いからであり、また、勾配のきつい場所では牧草の生長率が低くなるからだ。

グリーンランドにあるノルウェー領の農場のうち、平坦な広い低地にある点からして、司教座の置かれたガルザル農場が群を抜いて優良な場所であり、それに次いで、ヴァトナヴェルフィにあるいくつかの農場が挙げられる。

2　低地の広い内畑で必要な全量が生産できない場合は、それを補うために、中程度の海抜（最大で四百メートル）の土地に広い区域の外畑を造って、不足ぶんの飼い葉を生産する。牛房の数や残された畜舎の面積をもとに計算してみると、ノルウェー領の大半の農場の低地では、自分のところの家畜を養えるだけの飼い葉を生産できなかったという結果が出る。ブラッタフリーズにあった赤毛のエイリークの農場は、有用な広い高台を使っていたという点で、群を抜いて優良だったといえる。

3　北半球では、南向きの斜面に最もよく陽光が当たる。春の早いうちに雪が融けること、飼い葉生産のための生長期が延びること、日照時間が長くなることを考えれば、南向きという条件は外せないだろう。ノルウェー領グリーンランドの農場のうち、優良な農場、すなわち、ガルザル、ブラッタフリーズ、フヴァルセー、サンネスなどは、すべて南向きで陽当たりがよかった。

4　牧草地に給水するのにじゅうぶんな水路が整っていなければならない。具体的には、天然の小川、あるいは灌漑施設を利用して、飼い葉の生産性を上げる。

5　氷河作用でできた渓谷の内部や近辺、もしくはその渓谷に面した場所に農場を造ると、生産性の低下を招くことになる。渓谷からの強い寒風が、牧草の生長を妨げ、さらに、放牧によって牧草が激減していた場合、牧草地の土壌浸食も引き起こすからだ。実際に、氷河から吹きつける風が災いして、ナルサークの農場とセルミリク・フィヨルド内の農場の生産性が悪化し、コロク谷の谷頭《こくとう》と、高海抜のヴァトナヴェルフィ地区にある農場がやむなく遺棄されることになった。

6　可能であれば、好条件のフィヨルド、つまり、必需品を船で搬入、搬出できる港のあるフィヨルドに直接農場を造ることが望ましい。

魚を食べなかった狩猟民

グリーンランドの定住者五千人の腹を満たすには、乳製品だけでは足りなかった。畑作も、寒冷な気候と短い生長期のせいで、栽培条件ぎりぎりという土地柄だから、ほとんど当てにできない。当時のノルウェーの文書によれば、グリーンランドに住むノルウェー人の大半が、生涯にわたってコムギもパンも、（オオムギから醸造する）ビールも目にしたことがなかったという。現在、グリーンランドの気候は、ノルウェー人が到達したころと似た状況にある。わたしは、かつてノルウェー領の農場としては最も条件のよかったガルザルで、現代のグリーンランド人が小さな二面の畑に耐寒性の作物を植えているのを見かけた。中世ノルウェーにも存在したキャベツ、ビート、ダイオウ（ルバーブ）、レタス、そして、ノルウェー領グリーンランドが終焉を迎えたあと、初めてヨーロッパに持ち込まれたジャガイモだ。たぶん、かつてはノルウェー人たちも、何面かの畑で（ジャガイモ以外の）同じ作物を栽培していたのだろう。特に温暖な時期には、そこに少量のオオムギが加えられることもあったかもしれない。東入植地を例に取ると、ガルザルと他の二カ所の農場に、ノルウェー人たちが利用したと思われる畑が何面か残っている。崖のふもとに造られているのは太陽熱を保つためで、壁があるのはヒツジの侵入と風を防ぐためだろう。しかし、グリーンランドのノルウェー人たちが畑作をしていたという直接的な証拠は、アマの花粉と種子だ。アマは中世ヨーロッパの作物であり、元来グリーンランドには存在しなかったので、ノルウェー人が持ち込んだと見て間違いない。グリーンランドでは織物と油を作るのに利用されていた。そのほかに作物が栽培されたとしても、入植者の食生活にはごくわずかしか貢献せず、おそらくは、たまに少数の首長か聖職者の口に入る程度の贅沢品だったと考えられる。

むしろ、それ以外に食生活を支える柱となったのは、おもに野生動物、特にシンリントナカイとアザラシの肉で、その消費量はノルウェーとアイスランドの消費量を大きく上回っていた。大群を成して暮らすシンリントナカイは、夏を山地で過ごし、冬のあいだは低海抜の場所に下りてくる。ノルウェー領のごみ捨て場から出土したシンリントナカイの歯を見ると、狩りが秋に行なわれていたことがわかる。おそらく、イヌを使って追い立て——ごみ捨て場からはエルクハウンドというイヌの骨も出土している——、弓矢で仕留めたのだろう。アザラシは、おもに三種が狩猟の対象となった。ゼニガタアザラシは年間を通じてグリーンランドに棲み、春になると内フィヨルドの浜辺に現われて出産するので、船からたやすく網で捕獲したり棍棒で叩き殺したりできた。移動性のタテゴトアザラシとズキンアザラシは、双方ともニューファンドランド島で出産するが、五月ごろになると、大半のノルウェー領の農場がある内フィヨルドではなく、海岸沿いに、大群でグリーンランドまで移動してくる。そこで、入植者たちは、移動性のアザラシを捕らえるため、どの農場からも数十キロ離れた外フィヨルドに、特定の季節だけ使用する基地を設けた。タテゴトアザラシとズキンアザラシが五月に姿を現わすのは、入植者の生存にとって欠かせない現象だった。というのも、五月は、前年の夏に貯蔵しておいた乳製品と、前年の秋に狩ったシンリントナカイの肉の備蓄ぶんを使い切るころなのに、まだ雪が農場に残っていて家畜を放牧に出せず、したがって家畜の出産も搾乳もできない時期に当たるからだ。後述するように、それゆえ、もしアザラシが移動してこなかったり、アザラシを捕獲する際に障害——フィヨルド内と沿岸部に入り込む氷、あるいはイヌイットとの敵対関係——があったりすると、ノルウェー人入植者たちは飢餓の危機にさらされた。特に、寒冷な気候に見舞われた年には、冷夏によって飼い葉の生産高が減少し、すでに危機が迫っているところへ、氷が追い討ちをかけることになる。

骨の成分を測定（炭素安定同位体比法による食性分析）することによって、その骨の主である人間あるいは動物が、生涯を通じて、陸産食物に対してどのくらい海産食物を摂取していたかを推定できる。グリーンランドの墓地から出土したノルウェー人の骨をこの方法で分析したところ、東入植地が築かれた当初、そこで消費された海産食物（おもにアザラシ）の比率はわずか二〇パーセントに過ぎなかったが、入植者たちがどうにか生存していた後期になると、八〇パーセントに上昇していることがわかった。これはおそらく、家畜の越冬用となる飼い葉の生産能力が低下したことと、家畜から得られる食糧が人口増加に追いつかなかったことが原因だろう。西入植地は東入植地より北寄りにあり、飼い葉の生産量が少なかったので、海産食物の消費量が常に東入植地を上回っていた。入植者の平均的なアザラシ消費量が、この推定消費量よりさらに多かったとしてもおかしくはない。考古学者たちが発掘を行なうときには、当然ながら、小さくて貧しい農場より大きくて豊かな農場を優先するからだ。とはいえ、現時点でも、骨に関する研究によって、ウシを一頭しか飼育していなかった小さくて貧しい農場では、豊かな農場より多量のアザラシの肉を摂取していたことがわかっている。西入植地のある貧しい農場では、ごみ捨て場から出土した動物の骨のうち、じつに七〇パーセントがアザラシのものだった。

以上のようなアザラシとシンリントナカイへの多大な依存とは別に、入植者たちは、小型の哺乳動物（特にノウサギ）、海鳥、ライチョウ、ハクチョウ、ケワタガモ、イガイ、クジラなどから少量の野生の肉を手に入れていた。クジラについては、グリーンランドのノルウェー人たちの遺跡から銛《もり》などの捕鯨用の道具が見つかっていないことを考えると、おそらく、ときおり浜に打ち上げられたものだけを食用にしていたのだろう。家畜の肉であれ野生動物の肉であれ、すべての肉は、すぐに消費されたわけではなく、スケマーと呼ばれる貯蔵庫の中で乾燥させたと考えられる。この貯蔵庫は、風が吹き抜けて肉がよく乾くように、接合材を使わずに石で造られ、尾根の頂上など風通しのいい場所に建てられた。

漁労に多くの時間を割き、魚を好んで食べたノルウェー人とアイスランド人の末裔でありながら、グリーンランドのノルウェー人たちの遺跡には、魚類がほとんど出土しないという特徴がある。回収された動物の骨のうち、魚類の骨が占める割合は、〇・一パーセントを大幅に下回る。同時代のアイスランド、北ノルウェー、シェトランド島の遺跡では、五〇パーセントないし九五パーセントに達しているのだ。例えば、考古学者のトマス・マクガヴァンが、魚類の豊富な湖のそばにあるヴァトナヴェルフィ農場のごみ捨て場から見つけた魚の骨は、総計で三点。また、ジョージ・ニュゴールスは、三万五千点の動物の骨が出たÖ34農場のごみ捨て場から、魚の骨をわずか二点しか見つけていない。魚の骨が最も多く出土したGUS（訳註・〝砂の下の庭園〟の意）遺跡でさえ、その数は百六十六点で、同遺跡から出た動物の骨の総数に占める割合は〇・七パーセントに過ぎない。うち二十六点は一匹のタラの尾が出所で、魚の骨をすべて合わせても、鳥一種（ライチョウ）の骨との比率は一対三、哺乳動物の骨とは一対百四十四となっている。

現在のグリーンランドがいかに魚類の豊富な場所かを考えると、また、現代グリーンランドの輸出品のうち、海水魚（特にモンツキダラとタラ）の占める割合がいかに突出しているかを考えると、出土する魚の骨のこの少なさは信じがたい。河川や湖沼には、マス、サケに似たイワナの数が非常に多く、わたしがブラッタフリーズのユースホステルに初めて泊まった晩も、共同キッチンを使っていたデンマーク人の女性が、重さ一キロ弱、長さ五十センチという大型のイワナを二匹料理していた。その女性の話では、小さな池に囚われたイワナを素手で捕まえたという。グリーンランドのノルウェー人たちが器用さでその女性に劣っていたとは思えないし、アザラシを捕獲する網を使ってフィヨルドで魚を捕ることもむずかしくはなかっただろう。そんなふうに楽に捕獲できる魚を、自分たちが食べなくとも、イヌの餌にするくらいはできたはずで、そうすれば、イヌに与えていたアザラシなどの食肉を、自分たちの食用に回すことは可能だっただろう。

グリーンランドでの発掘に携わる考古学者は、誰しも、グリーンランドのノルウェー人たちが魚を食用にしなかったという説を初めのうちは信じようとせず、行方不明になった大量の魚の骨の在りかについて想像を巡らせる。ノルウェー人たちには、海岸のごく近くでしか魚を食べないという決まりがあって、その場所が地盤沈下で海底に沈んだのではないか？　魚の骨を、肥料や燃料やウシの飼料として、捨てずに保管しておいたのではないか？　飼いイヌが魚の残骸を持ち出して、将来考古学者が掘り出しそうにもない場所を選んで骨だけ捨て、跡をたどれないよう、その残骸を住居やごみ捨て場に持ち帰るまいと意を決していたのではないか？　ノルウェー人たちは大量の肉を入手していて、魚を食べる必要がなかったのではないか？　しかし、だとしたら、なぜ骨を砕いて骨髄を最後の一滴まで取り出したのだろう？　小さな骨はすべて地中で腐敗してしまったのだろうか？　しかし、グリーンランドのごみ捨て場の保存状態は、ヒツジにたかるシラミとヒツジの糞粒が残されているほど良好なのだ。魚の骨の欠如に関するこれらの仮説の泣きどころは、グリーンランドのイヌイットの遺跡にも、アイスランドとノルウェー本土のノルウェー人たちの遺跡にも——つまり、魚の骨が大量に出土している遺跡にも——理屈から言って、同じ仮説が当てはまるということだろう。これらの仮説を持ち出しても、ほかのノルウェー人ゆかりの遺跡で一般的に見られる釣り針、釣り用の錘《おもり》、網用の錘などが、グリーンランドのノルウェー人の遺跡からはなぜ出てこないのか、その理由を説明できないのだ。

　わたしとしては、この事実を額面どおりに受け取る立場を採りたい。つまり、グリーンランドのノルウェー人たちは魚類を食用にする社会を出自としながら、魚を食べることを禁忌とする方向へ発展してきたのではないか。どんな社会にも、みずからの社会と他社会を差別化するさまざまな方法のひとつとして、食物に関する禁忌、それも、確とした根拠のない禁忌が存在する。〝高潔なわが民族は、無知な野蛮人が好むような忌まわしい食物は口にしない〟という理屈だ。そういう禁忌のなかでも格別に多いのが、肉と魚に関わるものだろう。フランス人はカタツムリとカエルとウマを食べ、ニューギニア人はネズミとクモ、それに甲虫類の幼虫を、メキシコ人はヤギを、ポリネシア人は海洋性の環形動物（訳註・ゴカイなど）を食用にする。これらはどれも栄養豊富で美味な食物だが（思いきって食べてみればわかる）、たいていのアメリカ人は、そういうものを食べることを想像しただけで尻ごみするだろう。

肉や魚の禁忌を持つ社会が、なぜそれほど多いのか。最大の理由は、食用にしたとき細菌や原虫に感染して、食中毒を起こしたり原虫に寄生されたりする率がほかの食物に比べてずっと高いからだ。特に、アイスランドとスカンディナヴィアには、魚を強烈な匂いにする（非スカンディナヴィア人なら〝腐っている〟と言いそうな）長期保存のための発酵方法が数多くあり、なかには致命的なボツリヌス中毒の原因となる細菌を利用する方法もあるので、事故の発生率は一段と高くなるだろう。わたしがこれまで患った病気のうち、マラリア以上に苦しい思いをさせられたのが、イギリスのケンブリッジの市場で買ったコエビを食べたときの食中毒だ。そのコエビが傷んでいたらしく、わたしはひどい吐き気と激しい筋肉痛、頭痛、下痢に襲われて、何日間も起き上がれなかった。その経験がきっかけとなって、ある筋書きが頭に浮かんだ。ひょっとすると、赤毛のエイリークも、グリーンランドに入植したころに魚を食べ、同じようにひどい食中毒にかかったのかもしれない、と。やがて回復したエイリークは、耳を傾ける者全員に、魚がいかに害悪を及ぼす食物か、グリーンランド人がいかに高潔な人種かを説き、はなはだしく穢《けが》れた魚食民であるアイスランド人や本国ノルウェー人の不健全な習慣に染まらぬよう呼びかけたのではないか。

複雑に統合された経済

グリーンランドでは牧畜で収益をあげることがきわめてむずかしいので、帳尻を合わせるために、ノルウェー人たちは複雑に統合された経済を発展させなければならなかった。ここでいう統合とは、時間的なものと空間的なものの双方、つまり、各季節にそれぞれ異なる作業予定を組むこと、各農場がそれぞれ異なる生産物を作り、他の農場と分け合うことを指す。

春から順に、季節ごとの作業予定をざっと見ていこう。五月後半から六月前半は、短いが重要なアザラシ猟の季節だ。この時期には、移動性のタテゴトアザラシとズキンアザラシが群れを成して外フィヨルド沿いを泳ぎ、定住性のゼニガタアザラシが出産のため浜辺に姿を現わすので、最も捕獲しやすくなる。六月から八月に至る夏の数カ月は、家畜を放牧し、搾乳を行ない、乳製品を製造し、ある船はラブラドル半島に木材を切りに、別の船は北にセイウチを狩りに行き、アイスランドやヨーロッパからは荷を積んだ交易船が到着して、特別忙しい時期になる。九月にはウシを牧草地から納屋へ連れ戻し、ヒツジとヤギを畜舎のそばへ連れてくることになるので、その作業の直前に当たる八月と九月前半は、飼い葉の刈り入れ、乾燥、収納に忙殺される。九月と十月はシンリントナカイを狩る時期、十一月から四月に至る冬の数カ月間は、納屋と畜舎に収容した家畜の世話をし、布を織り、木材を使って建造と修復を行ない、夏に仕留めたセイウチの牙を加工処理しながら、人間の食物となる乳製品と乾燥肉、動物の飼料となる飼い葉、暖房と調理に使う燃料が、次の春まで絶えないことを祈る時期となる。

以上のような時間的な統合のほかに、空間的な統合も必要だった。たとえグリーンランドで最も裕福な農場であっても、年間を通じて必要な物資をすべて自給できるわけではなかったからだ。空間的な統合とは、内フィヨルドと外フィヨルド、高地と低地、東西の入植地、裕福な農場と貧しい農場を結ぶ輸送網を指す。例えば、最も条件のよい牧草地は内フィヨルドの奥にある低地だったが、シンリントナカイ猟が行なわれていたのは、もっと寒冷で生長期が短い高地、つまり、最適の放牧地とは言えない場所であり、アザラシ猟が行なわれる場所は、海水の飛沫塩分、霧、寒冷な気候のせいで農耕には不向きな外フィヨルドに集中していた。フィヨルドが凍結したり氷山で満ちたりすると、内フィヨルドの農民は、外フィヨルドに出てアザラシ猟を行なうことができなくなった。ノルウェー人入植者たちは、そうした空間上の問題を解決するため、捕らえたアザラシと海鳥を外フィヨルドから内フィヨルドへ輸送し、シンリントナカイの骨付き肉を高地の農場から低地の農場へ運んでいた。最も海抜の高い内陸の農場のごみ捨て場からアザラシの骨が大量に出土していることを考えれば、処理されたアザラシがフィヨルドの湾口から数十キロの距離を運ばれたのは明らかだ。内陸の奥深い位置にあるヴァトナヴェルフィ農場のごみ捨て場でも、ヒツジとヤギの骨と同程度の割合でアザラシの骨が見つかっている。反対に、シンリントナカイの骨は、貧しい高台の農場――シンリントナカイが仕留められたはずの場所――で発見される数に比べ、裕福な低地の農場で見つかる数のほうがずっと多い。

西入植地は、東入植地の北方約五百キロにあったので、牧草地一エーカー（約四千平方メートル）当たりの飼い葉の生産量は、東植民地の三分の一をかろうじて上回る程度だった。しかし、ヨーロッパへの輸出品の要となる（後述）セイウチ、ホッキョクグマの猟場には、西入植地のほうが近かった。にもかかわらず、セイウチの牙の精製品が東入植地のほとんどの遺跡で発見されているところを見ると、おそらく、冬のあいだ東入植地で加工されて、（その精製品の輸出を含め）船によるヨーロッパとの交易も、おもにガルザルをはじめとする東入植地の大規模な農場で行なわれていたのだろう。いずれにしろ、西入植地は東入植地よりはるかに規模は小さいものの、グリーンランド経済に欠かせない存在だった。

貧しい農場と豊かな農場を統合する必要があったのは、飼い葉の生産性と牧草の生長率が、おもに気温と日照時間というふたつの要因の複合によって決まったからだ。気温が高く、夏の生長期の日照時間が長ければ、夏に家畜が食む牧草も、冬の飼い葉も生産量が増えるので、より多くの家畜を飼育できることになる。よって、好天に恵まれた年なら、内フィヨルド沿いの低地や南向きの低地にある好条件の農場では、生計維持に必要なぶんを優に上回る余剰の飼い葉と家畜を生産することができたが、外フィヨルド近くの高地や南を向いていない高地の小さくて貧しい農場では、余剰がもっと少なかった。悪天候の年（例年より寒冷か霧が多いか、もしくは寒冷で霧が多い）になると、どこでも飼い葉の生産量が落ちたが、それでも、条件のいい農場では、少量とはいえ余剰を保てただろう。しかし、貧しい農場では、すべての家畜にひと冬食べさせるだけの飼い葉すら生産できなかったかもしれない。そうなると、秋のうちに何頭かの家畜を間引きしなくてはならず、悪くすると、春に動物が一頭も残らないという可能性もある。事態がよいほうへ転んだとしても、家畜が生産する乳はすべて子ウシ、子ヒツジ、子ヤギに回す必要があり、その場合、農民は自分たちの食糧を、乳製品ではなくアザラシやシンリントナカイの肉に頼らざるを得なくなる。

農場の優劣の順位を知るには、納屋の遺構にウシのための空間がどれだけ割かれているかを見て、収容力を比べればいい。格別に優良なのは、最大の収容力を誇るガルザル農場で、ここには、無類の大きさの納屋が二棟あり、総計でおよそ百六十頭のウシを収容できる。ブラッタフリーズ、サンネスなど、ガルザルに次ぐいくつかの農場の納屋には、それぞれ三十頭ないし五十頭のウシが収容できたと考えられる。しかし、貧しい農場には、わずか数頭、場合によっては一頭のウシしか入る余地がなかった。その結果、悪天候に見舞われた年には、貧しい農場が家畜の頭数を揃え直すことができるように、春になると優良な農場から貧しい農場へ家畜が貸し出されることになった。

以上に述べたとおり、グリーンランド社会の特色は、少なからぬ相互依存と共有とにあった。アザラシと海鳥は内陸に送られ、シンリントナカイは低地に、セイウチの牙は南に、家畜は豊かな農場から貧しい農場に輸送された。しかし、古今東西の富者と貧者が相互依存する社会の例に漏れず、グリーンランドでも、必ずしも富者と貧者に富が一様に分配されたわけではなかった。高位の食物と低位の食物が、人によって異なる比率で分配された。その実情が、ごみ捨て場から出土した各動物の骨の数に表われている。低位のヒツジの骨に対するウシの骨の比率も、最下位のヤギの骨に対するヒツジの骨の比率も、貧しい農場より裕福な農場、西入植地より東入植地のほうが高い。シンリントナカイの骨は、東入植地より西入植地に数多く見られる。アザラシの骨の数の差は、もっと著しい。西入植地は、東入植地に比べると、家畜を飼育する土地としては北限に近く、それでいて、シンリントナカイの棲息地にも近かったからだ。この二種の野生動物のうち、優良な農場（特にガルザル）でよく見つかるのはシンリントナカイだが、貧しい農場では、その数を大幅に上回る量のアザラシを食用にしていた。わたしはグリーンランド滞在中、好奇心に駆られ、思いきってアザラシを食べてみたが、ひと口食べただけで、なぜヨーロッパの食生活を知る人々が、できることならアザラシよりトナカイの肉を食べたがったのか、納得できた。

以上に述べた傾向を実際の数字で表わしてみよう。西入植地にあるW48あるいはニアクーサトと呼ばれる貧しい農場のごみ捨て場を例に取ると、不運な住民たちの食肉消費量の内訳は、アザラシがなんと八五パーセント、ヤギが六パーセント、シンリントナカイはわずか五パーセント、ヒツジが三パーセント、ウシが一パーセント――まさに〝ありがたき〟幸せ――となっている。これに対して、西入植地で最も豊かなサンネスの中流の人々は、シンリントナカイが三二パーセント、ウシが一七パーセント、ヒツジが六パーセント、ヤギも六パーセント、残る三九パーセントだけをアザラシで補っていた。最も恵まれていたのは、ブラッタフリーズにあった赤毛のエイリークの農場に住む上層階級で、ウシの肉の消費量をシンリントナカイやヒツジより上位に持ってくること、ヤギの肉の消費量を微々たるものに抑えることに成功していた。

さらに、同じ農場に暮らしながら、下層階級にはとても手の届かなかった大切な食物を、上層階級の人間がどのくらい手に入れていたか、次のふたつの痛切な事例が物語っている。まず、ガルザルの聖ニコラス大聖堂の遺跡を発掘中、石の床の下から出土した人骨のことが挙げられる。この人骨は、司教の身分を示す杖と指輪を身につけていたので、一一八九年から一二〇九年にかけてグリーンランド司教の座にあったヨウン・アルナソン・スミリルのものと推定される。炭素安定同位体比法で分析したところ、この人骨の生前の食事は、陸産食物（おもに牛肉とチーズか）が七五パーセントを占め、海産食物の割合はわずか二五パーセント（おもにアザラシ）に過ぎないことがわかった。その人骨のすぐ下方に、やはり上層階級とおぼしき同時代の男女の人骨が各一体ずつ埋まっていて、こちらの生前の食事はやや海産物の割合が高かった（四五パーセント）が、東入植地から出土したほかの人骨では七八パーセント、西入植地のものでは八一パーセントという数値が出ている。次に、西入植地で最も豊かなサンネス農場の領主の邸宅の例がある。その外にあるごみ捨て場から出た動物の骨を見ると、邸宅の住人が大量のシンリントナカイと家畜を食用にし、アザラシをごく少量しか食べていなかったことがわかった。そこからわずか五十メートルほどの場所に納屋があり、これはおそらく、冬季に動物を収容し、また、農場の人夫が、動物とその糞とともに暮らした空間だと思われる。その納屋の外にあったごみの山を発掘してわかったのは、人夫たちがアザラシの肉の食事に甘んじ、シンリントナカイ、ウシ、ヒツジの肉を味わう機会をほとんど与えられなかったということだ。

複雑に統合されたグリーンランド経済の基盤は、家畜の飼育、陸上での狩猟、フィヨルドでの狩猟であり、この三要素のおかげで、グリーンランドのノルウェー人たちは生き延びることができた。いずれの要素も、単独で社会を支える力は持たなかった。しかし同時に、そういう経済のありかたは、ノルウェー人社会を消滅に至らしめる脆弱さをもはらんでいる。この三要素のうちどれがつまずいても、経済が破綻する恐れがあるからだ。飢餓を招きかねない気象条件も多かった。寒冷で霧の多い短い夏や、降雨量の多い八月は、飼い葉の生産量を減少させる。雪が多く長い冬には、家畜もシンリントナカイも越冬がむずかしく、また、飼い葉の必要量が増大する。フィヨルド内に氷が停滞すると、アザラシの猟期である五月から六月にかけて、外フィヨルドに出ることができなくなる。海の水温の変動は、魚類の個体数と、魚類を捕食するアザラシの個体数に影響を与える。あるいは、はるか遠方にあるニューファンドランド島の気候変動が、繁殖地にいるタテゴトアザラシとズキンアザラシの個体数に影響を及ぼす。こうした現象のうち、実際に現代のグリーンランドで記録されているものがいくつかある。例えば、一九六六年～六七年には、寒冷な冬と大雪が原因で二万二千頭のヒツジが死に、一九五九年

〜七四年の寒冷期には、移動性のタテゴトアザラシの個体数が元の値の二パーセントにまで落ち込んだ。好天に恵まれた年であっても、飼い葉の生産に関しては、東入植地より西入植地のほうが限界に近く、夏に気温がわずか一度下がっただけで、もう収穫ができなくなったものと思われる。

ひと夏かひと冬の悪天候に見舞われ、家畜に損失が出たとしても、そのあとに好天の年が続いて、家畜の頭数を揃え直すことができ、その間の食糧となるアザラシとシンリントナカイがじゅうぶん手に入れば、損失に対処することは可能だったろう。それより危険なのは、十年のあいだに悪い年が何度もやってくることだ。悪い年というのは、夏に飼い葉の生産量が減ったところへ、雪の多い長い冬が続いて、家畜の飼料の必要量が増え、さらに、アザラシの個体数が激減したり、なんらかの障害によって、春に外フィヨルドに出ることができなくなったりするような年だ。後述するとおり、西入植地では実際にそういう事態が発生している。

暴力的な階層社会

グリーンランドのノルウェー人社会の特色は、五つの言葉で表わすことができる。互いにやや矛盾し合うその言葉とは、〝共同型、暴力的、階層的、保守的、ヨーロッパ志向〟というものだ。これらの特徴は、グリーンランド社会の祖となるアイスランド社会、ノルウェー社会から引き継がれたが、グリーンランドにおいて最も顕著に表面化した。

まず、グリーンランドでは、約五千人のノルウェー人が二百五十の農場に住んで、一農場につき平均二十人、また、その二百五十の農場が主要な教会を中心とする十四の共同体に組み入れられて、一教会につき平均二十弱の農場があった。ノルウェー領グリーンランドは結びつきの強い共同社会であり、ひとりの人間がそこを離れることも、単独で生計を立てることも、それで生存できる見込みもなかった。春のアザラシ猟、夏の北の狩場《ノルズルセタ》（後述）での狩猟、晩夏の飼い葉の収穫、秋のシンリントナカイ猟と畜舎建造には、同一の農場や共同体に属する人間同士の協力が欠かせなかった。どの作業も、おおぜいの人間が力を合わせる必要があり、単独では効果が現われないか、もしくは不可能なものだ――ひとりだけで野生のシンリントナカイやアザラシの群れを追い込もうとしたり、四トンもの石を持ち上げて聖堂の所定の位置に収めたりすることを想像してみるといい。また、農場同士の、まして共同体同士の経済的な統合にも、協力体制は不可欠だった。グリーンランドでは、場所によって異なる物資が生産されていたので、各地区の住民たちは、みずからが生産していない物資に関して互いに依存し合っていたからだ。前述したとおり、外フィヨルドで仕留められたアザラシは内フィヨルドへ送られ、高地で仕留められたシンリントナカイの肉は低地へ、裕福な農場の家畜は、厳冬で家畜を失った貧しい農場に輸送された。ガルザル農場の納屋の牛房に収容できる百六十頭という数字は、どう計算しても、ガルザル農場そのものに必要な頭数をはるかに上回っている。後述するように、グリーンランドの最も貴重な輸出品だったセイウチの牙は、西入植地の数人の狩人によって〝北の狩場《ノルズルセタ》〟で入手されたが、そのあとで東西の入植地にある農場に広く分配され、手間をかけて加工されたあとに輸出された。

ひとつの農場に属することは、生存するうえでも、社会的な役割を担ううえでも、非常に重要なことだった。東西の入植地にある数少ない有益な小区域は、単一の農場によって所有されるか、さもなければ複数の農場によって共有されていた。所有者である農場は、その土地の牧草だけでなく、シンリントナカイ、芝土、ベリー類、流木に至るまで、すべての資源の所有権を握っていた。したがって、グリーンランド人が独力で生きていこうとしても、狩りに出ることも飼料を入手することもできなかった。アイスランドなら、農場を失ったり追放されたりしても、どこかほかの場所——島、遺棄された農場、内陸の高台など——で暮らすことができる。グリーンランドにはそういう選択肢は残されていなかった。めざすべき〝どこかほかの場所〟が存在しないからだ。

その結果成立したのが、きびしく統制された社会だった。裕福な農場を所有する少数の首長は、自分の利を脅かしそうな行為を、どんな相手にも禁ずることができた。禁止事項のなかには、首長に益する保証のない新機軸を試すことも含まれていた。西入植地では、最も裕福で、唯一外フィヨルドへの経路を持つサンネスが頂点に立ち、東入植地では、最も裕福で司教座を擁するガルザルが頂点に立ち、それぞれの共同体を統制していた。後述するように、そういう社会体制に関する考察が、グリーンランドのノルウェー人社会のたどった運命を理解するうえで助けになるだろう。

グリーンランド社会は、アイスランドとノルウェーから、以上に述べてきた共同体制とともに、ひどく暴力的な傾向も引き継いでいた。その証拠となる文献も残されている。一一二四年、ノルウェー王シグルド・ヨルサルファルが、アルナルドという司祭に、グリーンランド初の司教として現地に駐在するよう提案したところ、アルナルドは、グリーンランド人が好戦的だということを口実に辞退しようとした。王は如才なくこう応じる。「かの地の人々に苦しめられるという試練が大きければ大きいほど、そなたの得るところも大きくなるであろう」と。アルナルドは、グリーンランドに住む人望の厚い首長の息子エイーナル・ソッカソンの名を出して、この男が司教の身とグリーンランドの教会の財産を守り、司教に敵対する者を懲らしめると誓うなら、王の提案を受け入れると返答した。エイーナル・ソッカソンのサーガ（477〜479頁の要約を参照）に記されているとおり、グリーンランドに到着したアルナルドは、お定まりの暴力沙汰に巻き込まれるが、じつに手際よくその騒ぎに対処したので、（エイーナル・ソッカソンを含め）その争いに加わったおもなグリーンランド人が殺し合いまで始めたにもかかわらず、みずからの命と権威を守ることができた。

グリーンランドで暴力沙汰が起こったことについては、もっと具体的な証拠もある。ブラッタフリーズの教会の埋葬地には、全身の骨が整然と葬られた多数の個人墓地に加え、入植の初期段階に造られた集団墓地があり、そこから、氏族間の闘争に敗れた一族のものらしき人骨――男性の人骨十三体と九歳の子どもの人骨一体――が、分散した状態で発掘されている。うち五体の頭蓋骨には、おそらくは斧か刀剣など、鋭利な刃物による傷跡が残されている。それらの傷跡のうちふたつには、骨に治癒の跡があるので、犠牲者が致命傷を受けてからかなり長いあいだ生きていたことがうかがえ、ほかの三つの傷跡には、治癒の跡がほとんどないか、まったくないかで、犠牲者が即死したことがわかる。写真を見ると、ある頭蓋骨では、長さ八センチ、幅五センチほどの骨片が削り取られている。傷跡はすべて頭蓋骨に向かって右側、もしくは後頭部の右側に残されているので、攻撃が前からであれ後ろからであれ、加害者は右利きだったことがわかる――大半の人間が右利きなので、刀剣による闘いが残した傷跡は、ほとんどがこの型に当てはまる。

同じ教会の埋葬地から出た別の男性の人骨の場合は、肋骨のあいだに小刀の刃が残っていた。サンネスの墓地から出土した二体の女性の人骨にも、頭蓋骨に似たような傷跡があるので、女性も男性と同じく、争いによって命を落とすことがあったらしい。グリーンランドの入植地では、後期になると、鉄の欠乏によって斧と刀剣がほとんど姿を消している。この時期の女性の頭蓋骨四点、八歳の子どもの頭蓋骨一点には、それぞれ直径が一センチないし二・五センチの鋭い縁の穴がひとつかふたつあいていて、これは石弓の太い矢か通常の矢によるものと思われる。家庭内暴力の存在を示唆するのは、ガルザルの大聖堂で発掘された五十代の女性の人骨で、舌骨という咽頭部の骨が折れている。法医学者のあいだでは、舌骨の骨折は犠牲者が手で首を絞められた証拠だと解釈される。

こういう暴力的な傾向と地域社会の協力を重視する風潮が不安定な形で共存していることに加えて、グリーンランドのノルウェー人たちは、はっきりと階層化され縦割りで組織化された社会体制をアイスランドとノルウェーから受け継いだ。少数の首長が頂点に立って、小さな農場の所有者、自分の農場を持たない借地人、そして（初期には）奴隷を支配するような形だ。また、これもアイスランドと同じように、グリーンランドは国家として政治的に体系化されておらず、貨幣経済も市場経済も不在のまま、封建的な状況下で、首長を中心にした各集団が緩やかな連合体を形成していた。奴隷制は入植当初の一世紀か二世紀のうちに廃止され、奴隷は自由人となった。とはいえ、独立した農民は、首長支配下の借地人になることを余儀なくされ、おそらく時とともに減少していった。アイスランドの文書には、その推移が詳しく記されている。グリーンランドにはそれに類する記録が残されていないが、そういう現象を促進した力の痕跡はアイスランドよりはっきりと見られるので、同じような推移があったと考えていいだろう。その力とは、気候の絶え間ない変動だった。天候条件が悪くなると、貧しい農民たちは裕福な農民たちの恩義にすがって飼い葉と家畜を借り受けるしかなく、裕福な農民たちは、貧しい農民たちに対して最終的に担保権を行使することもできた。現在でも、グリーンランドの農場の遺跡に行くと、農場間に階層制が存在した証拠を目にすることができる。最良の場所にあった農場には、貧しい農場に比べ、広く良質な牧草地、ウシとヒツジ用の大きな納屋、それも動物が増えたときに使う予備の畜房を備えたものがあり、大きな干し草用の納屋、大きな家、大きな教会と鍛冶場があった。そのほかに、階層制の名残として現在も確認できるのは、貧しい農場に比べると、裕福な農場のごみ捨て場では、ヒツジとアザラシの骨に対するウシとシンリントナカイの骨の比率が高いことだ。

これもまたアイスランドと同じように、グリーンランドのヴァイキング社会は、ノルウェー本国のヴァイキング社会に比べると、変化に抗って旧来のやりかたに固執するという保守的な傾向が強かった。グリーンランドの道具と彫刻の様式は、数世紀のあいだほとんど変化していない。漁労は入植の初期段階で放棄され、社会が存続した四百五十年のあいだ、その決定が覆されることは一度もなかった。ワモンアザラシやクジラの猟については、たとえ地元で入手できる一般的な食物を食べずに飢えることになろうと、イヌイットの狩猟法を学ぼうとはしなかった。グリーンランド人たちがそういう保守的なものの見かたをするようになった最大の理由は、わたしの友人のアイスランド人が、みずからの社会の保守性の源とした理由と同じかもしれない。つまり、グリーンランド人たちは、アイスランド人たち以上に、自分たちが非常にきびしい環境下にあることを意識していたのだろう。経済をうまく発展させたおかげで数世紀のあいだ生き延びることはできたものの、その経済を多様化させると、利益より害悪が生じる可能性のほうがずっと高いと悟ったのだ。保守的になるのもうなずける。

グリーンランドで暮らす司教の典型的な一週間　エイーナル・ソッカソンのサーガから

十四人の友人と狩りに出かけたシグルド・ニャールソンは、浜辺に打ち上げられた船と、船に満載された貴重な積み荷を見つけた。近くにある小屋の中では、餓死した乗組員と船長アルンビョルンの遺体が腐臭を放っていた。シグルドは死者の霊を弔うため、遺体をガルザルの大聖堂に運んで埋葬し、船を司教アルナルドに寄贈した。船の積み荷については、自分が拾得者なので所有権があると言い、友人たちと山分けすることにした。

その経緯を聞きつけたアルンビョルンの甥オズールが、死んだ乗組員の身内とともにガルザルにやってきた。一団は、船の積み荷の相続権を主張するが、司教は、グリーンランドの法律では拾得者に所有権が認められていること、さらに、積み荷と船は死んだ乗組員たちのものだったのだから、鎮魂のミサを行なう教会に所有権があると答え、オズールたちが今になって所有権を主張するのは卑しいことだと諭す。そこでオズールは、グリーンランドの住民集会に提訴した。集会にはオズールとその仲間、アルナルド司教とその友人エイーナル・ソッカソン、そのふたりの仲間が大勢出席した。法廷ではオズールが敗れた。オズールは判決に納得せず、面目を失った腹いせに、(アルナルド司教の所有物となっていた)くだんの船の舷側の厚板を残らず叩き切り、壊してしまった。司教は激怒して、オズールには死がふさわしいと断じた。

司教が教会で休日のミサを執り行なっているとき、礼拝に出ていたオズールは、司教の仕打ちがいかに理不尽かを嘆いて、司教の使用人に愚痴をこぼした。そこでエイーナルが、ほかの参拝者の斧をひったくると、オズールを一撃で絶命させた。司教はエイーナルに「オズールの死の原因はおまえにあるのかね?」ときいた。エイーナルは「まさにそのとおり。わたしにあります」と答えた。司教は「殺人は正しい行ないではない。しかし、この件については、いわれなき殺人とは言いがたい」と述べた。司教はオズールを教会に埋葬したくなかったが、エイーナルは、それでは問題が大きくなりそうだと警告した。

事実、オズールの身内である屈強な大男シモンが、話し合いなどしている場合ではないと言いだして、友人のコルベイン・トーリヨットソン、ケイテル・クラフソンなど、西入植地出身の男を大勢集めた。そこへ、ソッキ・トーリソンという老人が、シモンとエイーナルの仲裁役を買って出た。エイーナルが、オズールを殺した償いとして、古代の甲冑《かっちゅう》一式を始めとする品物をいくつか差し出したところ、シモンはこれをがらくたとして一蹴する。コルベインがひそかにエイーナルの背後に回り込んで、その背中に斧を叩きつけると同時に、エイーナルがシモンの頭に斧を振り下ろした。シモンもエイーナルも絶命して倒れ、エイーナルは死の間際に、かかったが、コルベインは相手の喉に斧をふるって即死させた。

エイーナルの仲間とコルベインの仲間が闘い始めた。スティングリムという男が皆を制止したが、双方ともに怒り狂っていたので、何人かがスティングリムを刀剣で突き刺した。コルベインの側では、シモンと並び、クラルク、トーリル、ヴィガットが死んだ。エイーナルの側では、エイーナルを始め、ビョルン、トーラリン、トールド、トールフィン、止めに入ったスティングリムが死んだ。そして、大勢が重傷を負った。分別のあるホールという農夫によって和解の会合が開かれ、エイーナル側の死者が多かったことを理由に、コルベイン側が償いを命じられる。それでも、エイーナル側は判決に大いに不満を抱いていた。コルベインはノルウェーに向かう航海に出た。その船には、ノルウェー王ハーラル・イレに献上するためのホッキョクグマが一頭載せられていた。コルベインは、ノルウェーでもまだ身の不遇を嘆いていた。ノルウェー王ハーラルは、コルベインの話をでたらめだと考えて、ホッキョクグマに対する下賜金を払わなかった。そこでコルベインはノルウェー王に襲いかかって負傷させ、デンマークへ逃げたが、その途上で溺死した。これで、この物語は終わる。

ヨーロッパとの交易

グリーンランドのノルウェー人社会の特色を表わす言葉のうち、残るのは〝ヨーロッパ志向〟だ。グリーンランド人たちがヨーロッパから有形の交易品を受け取っていたのはもちろんだが、もっと重要なのが、無形の輸入品、すなわち、キリスト教徒としての、そしてヨーロッパ人としての自己認識だ。まずは、有形の交易について考えてみよう。グリーンランドにはどういう品物が輸入されたのか、また、グリーンランド人たちは、それらの輸入品への見返りにどういうものを輸出したのか?

中世の船舶を使った場合、ノルウェーからグリーンランドまでの航海は、一週間以上を要する危険なものだった。記録をひもとくと、難破した船や、航海中に消息不明となった船に関する記述が頻繁に登場する。それゆえ、ヨーロッパの船がグリーンランドを訪れる回数は、多くても一年に二隻ほどで、数年に一隻ということもあった。さらに、当時のヨーロッパの貨物船は積載能力が低かった。船が訪れた頻度、船の積載能力、グリーンランドの人口を推定して計算してみると、一年にグリーンランド人ひとりが受け取る輸入品の重量は平均約三キロほどになる。到着した荷物の大半は、教会用の物資と上層階級用の贅沢品だったので、大部分のグリーンランド人が受け取る荷物の量は、その平均値よりかなり少なかった。したがって、現実的には、ほとんど場所を取らない貴重品しか輸入されなかったということだ。つまり、グリーンランドでは、穀物などの主食を大量に輸入できる当てがなく、食糧を自給せざるを得なかった。

グリーンランドの輸入品について、現在入手できる情報はふたつある。ノルウェーの記録に残されている輸出品の明細と、グリーンランドの遺跡から発見されたヨーロッパ原産の品だ。ヨーロッパ原産のものとしては、特に三つの必需品が挙げられる。まず、グリーンランドでは生産できなかった鉄。次に、鉄と同じく不足していた良質な木材で、これは建材や家具材として利用された。そして、潤滑剤及び木の防腐剤として使われたタール。経済に直接関わりのない輸入品には、教会用のものが多く、鐘、窓に用いるステンドグラス、青銅の燭台、聖体拝領用の葡萄酒、布類、絹、銀器、聖職者用の職服と装身具などがあった。農場主の家屋の遺跡からは、錫製品、陶器、ガラス製のビーズとボタンなど、非宗教的な贅沢品も発見されている。少量だけ輸入された贅沢な食料品としては、蜂蜜酒を造るための蜂蜜、防腐剤としての塩などがあったと思われる。

以上のような輸入品に対する輸出品についても、船の積載能力は同じように限られていたはずなので、当時のグリーンランドでは、中世のアイスランドや現代のグリーンランドとは違って、たとえ漁労を行なう意思があったとしても、大量の魚を輸出することはできなかっただろう。輸出品のほうも、少量で価値の高いものにならざるを得なかった。具体的にいうと、輸出されたのはヤギ、ウシ、アザラシの皮で、ヨーロッパ人は他国からもそういう原皮を輸入していたが、中世ヨーロッパでは、衣服、靴、ベルトの素材として、原皮の需要が非常に高かった。また、アイスランドにならって、防水性ゆえに価値がある毛織物も輸出していた。しかし、ノルウェーに残されている記録によると、グリーンランドからの輸出品で最も珍重されたのは、北極圏産の動物――ヨーロッパの大半の地域では希少であるか、もしくは棲息していない動物――に由来する五つの品目だった。すなわち、セイウチの牙の精製品、セイウチの皮（船で使う最強の縄の材料として貴重）、人目を引くステータスシンボルとしての生きたホッキョクグマもしくはその毛皮、当時ヨーロッパで一角獣《ユニコーン》の角《つの》と信じられていたイッカク（小型のハクジラ）の牙、生きたシロハヤブサ（世界最大のハヤブサ）だ。中世ヨーロッパでは、イスラム教徒が地中海を支配して以来、象牙の供給が断たれており、その代替品として入手できるのはセイウチの牙の精製品だけだったので、キリスト教圏のヨーロッパに工芸品の材料として普及することになった。グリーンランドのシロハヤブサにどれだけの価値が置かれていたかを示す実例として、サラセン人に誘拐されたブルゴーニュ公の息子の身代金が、十二羽のシロハヤブサで支払われたことを挙げておく。

　セイウチとホッキョクグマの棲息地は、二カ所のノルウェー人入植地のはるか北、北の狩場《ノルズルセタ》と呼ばれる区域に限られていた。その範囲は、西入植地の北方数百キロの場所から、グリーンランドの西岸沿いに遠く北へと続く。グリーンランド人たちは、毎年夏になると、帆と六本の櫂が付いた無甲板の小型の船で狩猟隊を送り出した。この船の一日当たりの航行距離は約三十キロで、一・五トンの荷を積むことができた。狩人たちは、タテゴトアザラシ猟の最盛期が終わる六月に出発して、西入植地からは二週間、東入植地からは四週間かけて北の狩場《ノルズルセタ》に到着し、八月末に戻ってきた。そんな小型の船では、セイウチとホッキョクグマ、つまり、それぞれ一トン、〇・五トンの重量を持つ動物を何百頭も運べなかったことは明らかだ。グリーンランド人たちは、それらの獲物を現地で解体し、牙の付いたセイウチの顎《あご》と、四肢のあるホッキョクグマの皮（たまには生け捕りにされることもあった）だけを持ち帰り、長い冬のあいだに暇を見つけて、セイウチの牙を引き抜き、ホッキョクグマの皮を洗浄した。そのほかに持ち帰ったのは、雄のセイウチの陰茎骨、つまり、セイウチの陰茎の芯となる約三十センチの棒状の骨で、これは斧の柄や鉤を作るのに格好の寸法と形をしていた――話の種として価値があったという説もある。

北の狩場《ノルズルセタ》での狩猟は、さまざまな意味で、危険かつ不経済なものだった。まず第一に、銃もなしにセイウチとホッキョクグマを狩るという行為自体が、非常に危険だったはずだ。あなた自身が槍、銛《もり》、弓矢、棍棒のうち、どれかひとつを武器に選び、猛り狂った巨大なセイウチやホッキョクグマを仕留めようとしている場面を想像してみるといい。また、狭い手漕ぎの船の中で、生け捕りにされて縛り上げられたホッキョクグマや子グマとともに数週間過ごす場面を想像してみるといい。生きたクマとの相乗りを免れたとしても、冷たい暴風雨が吹きつけるグリーンランドの西岸沿いを船で移動するだけで、難破して、あるいは寒冷な天候に数週間さらされて、命を落とす恐れがある。さらに、そういう危険を別にしても、北の狩場《ノルズルセタ》への旅は、そもそも不足がちな船と人手と夏の労働時間を全部そこへ振り向けるという不経済な方法の上に成り立っていた。グリーンランドでは木材が欠乏していたので、船を所有する者はごく稀で、その貴重な船をセイウチ猟に使ってしまうと、ほかの用途が犠牲にされ、例えば、木材の補充にラブラドル半島へ行くこともできなくなる。狩猟隊が出発する夏は、家畜の越冬用の飼い葉を収穫しなければならない時期だ。セイウチの牙やクマの皮をヨーロッパに輸出しても、それと引き換えに入手できるのは、ほとんどが教会と首長のための贅沢品でしかない。現在のわたしたちの目から見ると、船も労働時間ももっと有意義な使い道があったのではないかと思えてしまうが、当時のグリーンランド人にしてみれば、その狩猟の旅は、個々の狩人に多大な名声をもたらすものであり、また、社会全体に不可欠なヨーロッパとの精神的な絆を保つためのものでもあった。

グリーンランドとヨーロッパの交易は、おもにノルウェーの港ベルゲンとトロンへイム経由で行なわれていた。初めのうちは、アイスランド及びグリーンランド所有の外洋船で運ばれた荷物もあったが、この二島には木材が足りず、老朽化した船の修復ができなかったので、結局はノルウェーの船が頼りにされた。十三世紀半ばまでには、数年のあいだ船がまったくグリーンランドを訪れなかった時期が何度もある。一二五七年、ノルウェー王ホーコン・ホーコンソンは、北大西洋にあるノルウェー領の島々の社会が、すべて自分の支配下にあることを表明する活動を始め、その一環として三人の監督官をグリーンランドに派遣し、それまで独立していたグリーンランド人たちに、ノルウェー王の統治権を認めて貢ぎ物を納めるよう促した。最終的な合意の詳細は記録に残されていないが、いくつかの文書を見ると、グリーンランドが一二六一年にノルウェーの統治権を認め、その見返りに、ノルウェーから年間二隻の船をグリーンランドに送り出させる約束を取りつけている。ノルウェー王は、同時期にアイスランドとも類似の契約を結んで、年間六隻の船を送り出すことを了承していた。こうして、グリーンランドとの交易は、ノルウェー王室が独占することになった。しかし、グリーンランドとノルウェーの結びつきは依然として緩やかであり、また、グリーンランドが遠方にあったせいで、ノルウェーが支配権を徹底するのもむずかしかった。現在確実にわかっているのは、十四世紀中、ノルウェー王室の使者が何回かにわたってグリーンランドに駐在したということだけだ。

ヨーロッパ人としての自己認識

ヨーロッパからグリーンランドに輸出されたもののうち、少なくとも有形物と同じ程度に重要なのが、キリスト教徒としての、そしてヨーロッパ人としての自己認識という精神的な〝輸出品〟だった。このふたつの自己認識を考えに入れれば、グリーンランド人の行動にも説明がつくかもしれない。今わたしたちがあと知恵で判断すると、グリーンランド人の行動は順応性に欠け、結局は命を犠牲にするようなやりかたということになるが、グリーンランド人たちは、そのやりかたによって、中世ヨーロッパ人が直面した最も困難な状況のもと、何世紀にもわたって機能的な社会を維持したのだ。

グリーンランドの人々がキリスト教に改宗したのは一〇〇〇年ごろのことで、アイスランドをはじめとする北大西洋の各ヴァイキング社会も、ノルウェー本国も、同時期に改宗している。グリーンランドでは、最大級の農場を中心に、芝土を使って小さな教会を建てるという方法が一世紀以上続いた。アイスランドの教会と同じく、ほとんどの教会がいわば私設教会で、敷地の地主である農夫は、教会を建設、所有し、地元の信者が納める十分の一税の一部を受け取っていた。

ところが、当時のグリーンランドにはまだ常駐の司教がいなかった。堅信礼（訳註・洗礼後の信仰告白の儀式）を行なうためにも、教会が神聖なものとして尊重されるためにも、司教は欠かせない。そこで、エイーナル・ソッカソン――背後から斧の一撃で殺された、前述のサーガの主人公――が、一一一八年にノルウェーを訪れ、グリーンランドに司教を派遣するようノルウェー王に嘆願することになる。ソッカソンは、王への付け届けとして、セイウチの牙の精製品とセイウチの毛皮を大量に持ち込み、さらに、それを上回る贈り物として、生きたホッキョクグマを一頭用意した。これが功を奏し、今度はノルウェー王が、やはり前述の〝エイーナル・ソッカソンのサーガ〟に登場したアルナルドを説得した。こうしてグリーンランド初の常駐司教が生まれ、それから数世紀のあいだに、約九人の司教があとに続いた。その全員が、ヨーロッパで生まれ、ヨーロッパで教育を受け、司教の任に就いて初めてグリーンランドを訪れた人々だった。当然ながら、この司教たちはヨーロッパを範と仰ぎ、アザラシの肉より牛肉を好み、グリーンランド社会の資源を北の狩場《ノルズルセタ》に投じて、自分たちの葡萄酒と衣服、教会のステンドグラスをまかなえるようにした。

　アルナルドの就任を受けて、ヨーロッパの教会を模した教会を建設するという大がかりな計画が立てられ、各教会の建設が一三〇〇年ごろまで続けられる。その最終期に建設された教会のひとつが、フヴァルセーの美しい教会だ。グリーンランドの教会の権力機構は、大聖堂を中心に、およそ十三の教区教会、もっと小さな多数の教会、さらに男子修道院と女子修道院で構成された。ほとんどの教会は、低い壁が石、高い壁が芝土で造られていたが、フヴァルセーの教会と、少なくともあと三つの教会は、壁の全面が石で造られていた。そういう大型の教会は、それを建造し維持していた小社会の規模からすると、すべて不釣り合いな大きさだった。

　例えば、ガルザルの聖ニコラス大聖堂は、奥行が三十二メートル、間口が十六メートルある。これは、グリーンランドの十倍の人口を擁するアイスランドのふたつの大聖堂と同程度の規模だ。その低い壁に使われた最大の石は、一・五キロ以上離れた砂岩の石切り場から運ばれたもので、互いに隙間なく合うよう念入りに削ってあり、わたしの見たところ、およそ三トンの重量がある。それよりさらに大きいのが、司教の住居前にあるおよそ十トンの敷石だ。隣接する建造物としては、高さ二十五メートルの鐘楼、床面積約百三十平方メートルに及ぶグリーンランド最大の式場がある。この面積は、ノルウエーのトロンヘイムにある大司教の式場の約四分の三に当たる。同じく贅沢に空間を使っているのが、大聖堂に属する二棟の牛舎で、うち一棟（グリーンランド最大の牛舎）は長さが六十三メートルあり、開口部の上部には約四トンのまぐさ石（訳註・出入り口や窓の上部に架け渡すように置く石）が据えてある。この大聖堂を訪ねた人間がまず目を奪われるのは庭園で、そこにはセイウチの頭蓋骨が約二十五点、イッカクの頭蓋骨が五点飾り付けてある。これらの動物の頭部が保存されているのは、グリーンランドのノルウェー人ゆかりの遺跡でもたぶんここだけで、ほかの場所では、セイウチの牙を精製したものの破片しか見つかっていない。牙の精製品は非常に価値が高く、ほぼ全部がヨーロッパに輸出されてしまっていた。

ガルザルの聖堂をはじめ、グリーンランドの教会では、壁や屋根を支える建材として、希少な木材が恐ろしいほど大量に消費されたはずだ。青銅製の鐘や、聖体拝領用の葡萄酒など、輸入された教会の備品にしても、つまるところ、北の狩場《ノルズルセタ》に向かう狩人たちの血と汗によってまかなわれ、積載能力の限られた船上では貴重な鉄の輸入量を減らす元凶にもなったわけだから、グリーンランド人にとっては高い買い物だった。教会がグリーンランド人たちに課した周期的な経費としては、年に一度ローマに支払う十分の一税に加え、全キリスト教徒から徴収する十字軍のための十分の一税があった。これらの税はグリーンランドの輸出品によって支払われ、それがベルゲンで銀に交換されるという形を取っていた。そういう船荷の受領書のうち、現存しているものを見てみると、一二七四年〜一二八〇年の六年にわたる十字軍のための十分の一税は、百九十一頭のセイウチから採った約六百七十キロの牙の精製品で支払われ、それをノルウェーの大司教が約十二キロの純銀と交換したことがわかる。それだけの税を回収でき、それだけの教会建設計画を完遂できたという事実は、ローマ・カトリック教会の放つ威光がグリーンランドに届いていた証しと言えるだろう。

グリーンランドの優良な土地のかなりの部分が、教会関連の敷地として利用されるようになった。東入植地の土地も、約三分の一が教会のために使われた。グリーンランドの教会の十分の一税と、おそらくその他の輸出品も、ガルザル農場経由でヨーロッパに届けられたのだろう。ガルザルには、大聖堂の南西角に隣接した大きな保管庫が今も残されている。グリーンランド最大の収納力を誇るこの保管庫はもちろん、ウシの頭数と土地の豊かさでも随一であったことを考えれば、ガルザルを制する者がグリーンランドを制したと言っていい。ガルザルをはじめとするグリーンランドの教会の所有権が、ローマ・カトリック教会にあったのか、教会の敷地の所有者である農場主にあったのかは、いまだにはっきりしていない。しかし、いずれにせよ、主たる結論、つまり、ノルウェー領グリーンランドが階層社会であり、そこにローマ・カトリック教会によって正当化された著しい富の格差と、教会への過剰な投資があったという事実に変わりはない。ここでまた、わたしたち現代人は疑問を抱いてしまう。輸入品のうち、青銅の鐘を減らして、道具の材料となる鉄を増やし、さらにイヌイットから身を守るための武器、あるいは緊急時にイヌイットから肉を入手するための交換品を増やせば、グリーンランド人の暮らし向きはもっとよくなっていたのではないか、と。しかし、そういう疑問が湧いてくるのは、わたしたちが〝あと知恵〟を授かっているからであり、また、グリーンランド人の判断基準であった文化的な伝統に目を向けていないからだ。

キリスト教徒としてのそういう明確な自己認識に加えて、グリーンランド人は、さまざまな面でヨーロッパ人としての自己認識を保持していた。例えば、ヨーロッパの青銅製の燭台、ガラスのボタン、金の指輪を輸入していたこともそのひとつだ。グリーンランド人は、数世紀に及ぶ植民地の存続中、ヨーロッパの習慣の移り変わりを細部に至るまで手本とし、採り入れていた。確実な記録が残っている例としては、埋葬の習慣が挙げられる。これは、スカンディナヴィアとグリーンランドの教会墓地から出土した人骨によって明らかになった。中世のノルウェーでは、幼児と胎児の遺体は教会の切り妻壁周辺に埋葬され、グリーンランドでも同様のことが行なわれていた。また、中世初期のノルウェーでは、遺体を棺に納めたのち、女性の遺体を墓地の南側、男性を北側に埋葬し、後期になると、棺を使わずに遺体を布か屍衣で包むだけで、性別によって埋葬場所を分けることもなくなったが、グリーンランドでも、時期を合わせて同じ変更が加えられている。さらに、中世を通じて、ヨーロッパ大陸の共同墓地では、遺体は仰向けに、頭部を西、足を東に向けて（死体が東を〝向く〟ように）横たえられたが、腕の位置は時代とともに変わって、一二五〇年までは両腕が体側と平行に伸びるように整えられ、一二五〇年ごろには腕を曲げてやや腰にかけ、その後はもっと曲げて胃にかける形になり、中世の終わりごろになると、腕をしっかり曲げて胸にかけることになった。グリーンランドの共同墓地でも、それに合致する腕の位置の移り変わりが確認されている。

同じく、グリーンランドの教会の建築様式も、ノルウェーのヨーロッパ様式とその移り変わりを手本にしている。ヨーロッパの大聖堂の長い身廊《しんろう》、西向きの正面入口、内陣、身廊と南北に交差する袖廊《そでろう》などを見慣れた人間なら、誰であれ、現在のガルザルの大聖堂の遺跡にも同じ特色を見て取るはずだ。フヴァルセー教会がノルウェーのアイドフィヨルド教会に酷似していることから判断して、グリーンランド人がその設計者を招いたか、さもなければ設計図の写しを手に入れたか、どちらかであることに間違いない。一二〇〇年から一二二五年のあいだに、ノルウェーの建設者たちがそれまでの長さの単位（いわゆる国際ローマフィート）を排し、もっと短いギリシャフィートを採用するようになると、グリーンランドの建設者たちもそれにならった。

ヨーロッパを手本にした模倣は、櫛や服などの日常的な細かいものにまで及ぶ。ノルウェーの櫛は、一二〇〇年ごろまでは柄の片側だけに歯が付いたものだったが、一二〇〇年ごろからその形が流行遅れとなり、両側にそれぞれ歯が突き出たものに取って代わられた。グリーンランド人たちは、そういう櫛の型の変化まで模倣していた——このことは、ヘンリー・ソローの著書『森の生活／ウォールデン』の一節を思い出させる。アメリカ人が遠国のファッション・デザイナーによる最新流行に盲従することを記したものだ。「パリのボスザルがある旅行用の帽子をかぶると、アメリカのサルがこぞって同じ帽子をかぶる」——。ヘルヨルフスネス教会墓地に広がる永久凍土から、グリーンランド植民地最後の数十年間に葬られた遺体が、非常に良好な保存状態の衣服とともに発見された。その衣服を見ると、グリーンランドの人々が、ヨーロッパの優雅なファッションを採り入れていたことがわかる。寒冷な気候には、ぴったりした袖とフードの付いたイヌイットの一体型の上着のほうが適しているはずなのに、それとはかけ離れた衣服を身に着けていたのだ。グリーンランド最後のノルウェー人たちの衣服には、丈が長くて襟ぐりが深く、ウェストを絞った女性用の上衣があり、男性用ではフープランドと呼ばれる華やかな上着があった。これは丈の長いゆったりとした外衣をウェストの位置でベルト留めするもので、袖は風通しのよいゆったりした形をしている。ほかにも、前をボタンで留める上着、丈の高い円筒形の帽子などがあった。

そこまでヨーロッパ様式を採り入れているのだから、グリーンランド人がヨーロッパの慣習に格別の注意を払い、細部に至るまでそのやりかたに従ったことは明らかだ。そこには、〝われわれはヨーロッパ人で、キリスト教徒だ。けっしてわれわれとイヌイットとを混同してはならない〟という無意識の訴えが込められている。ちょうど、一九六〇年代、わたしがオーストラリアを訪れ始めたころのオーストラリア人が、イギリス本国の人々よりもイギリス人らしかったのと同じように、ヨーロッパから最も離れた辺境の植民地グリーンランドの人々は、心の中でヨーロッパとの絆を保ち続けていた。その絆が、両面の櫛や遺体の腕の曲げかただけに表われていたなら、なんの害もなかっただろう。しかし、〝われわれはヨーロッパ人だ〟という意識に固執することが、事態の深刻化を招く場合もあった。例えば、グリーンランドの気候下で頑強にウシを飼い続けたこと。夏の飼い葉の収穫に当てるべき人手を、北の狩場《ノルズルセタ》の狩猟に振り向けたこと。イヌイットの技術の中から役立つ機能を採り入れようとせず、その結果、死に至る飢餓に見舞われたこと。異変の少ない現代社会に住むわたしたちにとって、グリーンランド人たちが陥った苦境のほどを推し量るのはむずかしい。とはいえ、生物学的な生存と同じくらい社会的な生存にも関心を払っていたグリーンランド人たちにとっては、単に現世のひと冬を乗り切るためだけに、教会への投資を減じ、イヌイットのまねをしたりイヌイットと婚姻関係を結んだりしたあげく、永遠に地獄の業火を浴びることなど、論外だったのだ。ヨーロッパのキリスト教徒の理想像に執着したことが、前述したグリーンランド人の保守性を形作る一因となったと言ってもいいだろう。つまり、本物のヨーロッパ人よりヨーロッパ人らしくあろうとしたことが、文化上の足枷となって、その生活様式に抜本的な変更——生存に役立ちうる変更——を加えられなかったわけだ。

第8章

ノルウェー領グリーンランドの終焉

終焉への序章

前章では、ノルウェー人たちがグリーンランドにやってきた当初、運よく良好な環境条件がそろっていたおかげで、うまく暮らしていけた経緯を述べた。ノルウェー人たちは、手つかずの大地を発見するという幸運に恵まれた。かつて一度も伐採や放牧にさらされたことがなく、牧草栽培にも適した土地だ。しかも、ノルウェー人が到達した当時は気候も比較的穏やかで、たいていの年には飼い葉が不足なく収穫でき、ヨーロッパに至る水路には氷がなかった。さらに、ヨーロッパではセイウチの牙の需要が高く、グリーンランドのノルウェー人入植地や狩場の付近にアメリカ先住民がいない時期でもあった。

やがて、そういう当初の強みが、どれも少しずつ不利な方向へ動き始める。その動向を決めたのは入植者たち自身だった。もちろん、気候が変動したこと、ヨーロッパでセイウチの牙の需要が変動したこと、イヌイットがグリーンランドに到達したことは、入植者たちにどうにかできる問題ではなかったが、それらの問題にどう対処するかは、入植者たちが決めることだった。環境に対する侵害は、全面的に入植者たちみずからが作り出した要因だ。本章では、当初の強みがどう変化していったのか、その変化に入植者たちがどう対応したかを取り上げ、そのふたつが相まってノルウェー領グリーンランドに終焉をもたらした経緯を見ていこうと思う。

鉄不足が招いた森林破壊

グリーンランドのノルウェー人たちは少なくとも三つの面から、環境を損なってきた。すなわち、自然植生を破壊し、土壌浸食をもたらし、芝土を刈り取った。入植者たちは、グリーンランドに到着してすぐに、放牧地を造るべく森林を燃やして開墾し、残った樹木の一部を木材や薪にするため切り倒した。その跡地で家畜が草を食み、土を踏み固めて、樹木の再生を阻んだ。特に冬季は、植物が生長を止めて最も衰弱する時期なので、その被害は大きかった。

自然植生を侵害することが環境にどの程度の影響を及ぼしたのかを判定するため、わが花粉学者たちは、湖沼の底から回収した堆積物を放射性炭素法によって年代ごとに分類し、調査を進めてきた。それらの堆積物の中には、環境に関わる指標が少なくとも五つあった。葉などの植物の器官が完全な形で残っているもの、そして花粉は、当時湖沼のそばに生えていた植物の種《しゅ》を同定するのに役立つ。木炭の粒子は、近場で樹木が燃えたことの証拠になる。グリーンランドでは、磁化率を計測することにより、おもに堆積物中の磁鉄鉱の量がわかる。磁鉄鉱は、水や風に運ばれた表土が湖盆に堆積することから生じたもので、同じく水や風によって堆積した砂も、指標のひとつに数えられる。

以上のような湖沼の堆積物に関する研究に基づいて、ノルウェー領の農場を取り巻く植生の歴史を描けば、次のようになる。グリーンランドでは、最後の氷河時代が終わった時点で気温が上昇し始めた。花粉の数から判断すると、気温が上がるにつれ、草とスゲが樹木に取って代わられるようになった。以後八千年間、ヴァイキングたちがやってくるまでは、それ以上植生が変動することはなく、森林破壊と浸食の痕跡もほとんど、あるいはまったく残っていない。ヴァイキング到達の証しとなるのは地中の木炭層で、これはヴァイキングたちが放牧地を造るのに森林を焼き払ったことから生じたものだ。ヤナギとカバの花粉が減少する一方で、牧草、スゲ、雑草、ノルウェー人が持ち込んだ飼い葉用の植物の花粉が増加している。磁化率の上昇からは、表土が湖に運ばれたことがわかる。それまで表土を保護していた植生が、風食と水食によって湖に運び込まれたということだ。そして、表土の下層にあった砂も、谷全体の植生と土壌が剝ぎ取られたあと、湖に運び込まれた。以上に挙げた変動が、十五世紀にヴァイキングが死絶したあと、すべて逆方向に転じた。つまり、環境が回復への道をたどったわけだ。そして最終的には、一九二四年以降、すなわち、ヴァイキングとともに死絶したヒツジがデンマーク政府によって五世紀ぶりに持ち込まれた年以降、ノルウェー人到達とともに訪れた各種の変動が、一から再現されることになった。

環境問題を懐疑的に見る向きからは、〝それがどうした？〟と問われるかもしれない。ヤナギの木には気の毒な話だが、人間に何か関係があるのか、と。森林破壊、土壌浸食、芝土の刈り取り、これらすべてが入植者たちに深刻な悪影響を及ぼしたことは明らかだ。森林破壊が及ぼした悪影響のうち、最もわかりやすいのは、アイスランドやマンガレヴァ島の人々と同様、ノルウェー人入植者たちがたちまち木材不足に陥ったことだろう。残存したヤナギ、カバ、ビャクシンの細くて短い幹では、家庭用の小さな木製品しか作ることができず、入植者たちは、家屋の梁、船、橇《そり》、樽、壁板、床の材料に適した大きな木材を、ほかの三つの供給源に頼るようになっていく。すなわち、浜辺に打ち上げられたシベリアからの流木、ノルウェーからの輸入木材、そして、ヴィンランド探索の途上で発見されたラブラドル半島の海岸（〝マルクランド〟）から、グリーンランド人自身が切り出してきた樹木だ。それでも深刻な木材不足は解消されなかったらしく、木製品は廃棄されずに再利用されている。西入植地のノルウェー人が死を迎えた最後の家屋群を別にして、ほとんどのノルウェー人ゆかりの遺跡では、大型の木材で作った板と家具が見つかっていないことからも、木材不足の事実が推測できる。〝砂の下の農場〟として有名な西入植地の遺跡──凍った川砂の下にほぼ完璧な形で保存されていた遺跡──では、出土した木材のほとんどが、下方の地層ではなく上方の地層から発見された。この事実からも、古い部屋と建物に使われた木材が非常に貴重なので廃棄できず、部屋の改築や増築に再利用されたことがうかがえる。木材欠乏の対策として、建物の壁材には芝土が使われたが、後述するように、この解決法そのものが、さまざまな問題をもたらすことになった。

森林破壊と聞いて、〝それがどうした？〟と問う人々に対する返答として、もうひとつ、薪の欠乏を挙げておこう。住居の暖房と照明に動物の脂肪を利用したイヌイットとは違って、ノルウェー人たちの住居の炉床には、ヤナギとハンノキを燃やし続けた痕跡がある。わたしたち現代の都市生活者の大半には考えもつかないが、薪の需要が増えたおもな原因は乳製品にあった。動物の乳汁は日持ちが悪く、危険性を秘めた食物といえる。わたしたち人間だけでなく、細菌にとっても非常に栄養価が高いので、低温殺菌と冷却を行なわないとたちまち腐ってしまう。わたしたちにしてみればあたりまえのことでも、グリーンランドのノルウェー人たちは、現代以前のどの人々とも同じように、低温殺菌と冷却を行なわなかった。そのかわり、入植者たちは、搾乳、乳汁の貯蔵、チーズの製造に利用する容器を、熱湯で頻繁に洗わなければならず、乳汁用の手桶であれば一日に二回は洗っていた。また、セター（前述。丘陵地に造られた夏期牧場）の家畜の搾乳が、海抜四百メートル以下の場所でしか行なえなくなった。というのも、家畜の餌に適した牧草は最高で七百五十メートルというもっと海抜の高い場所に生育しているというのに、四百メートルを超えた場所では薪が手に入らなくなったからだ。アイスランドでもノルウェー本国でも、地元の薪が使い尽くされた時点でセターを閉鎖せざるを得なかったので、おそらく、グリーンランドでも同じことがあったと考えられる。入植者たちは、木材不足の場合と同様、薪不足についても、動物の骨と糞、芝土などの代替物を使って埋め合わせをしたが、その解決法には欠点もあった。動物の骨と糞を、燃料ではなく肥料に回せば、飼い葉の生産高を上げることができたはずだし、芝を燃やすことは牧草地を破壊することにほかならなかった。

森林破壊の深刻な悪影響としては、木材と薪の不足のほかに、鉄の不足が挙げられる。スカンディナヴィア人たちは、おもに沼鉄鉱、つまり、鉄の含有率の低い鉄鉱を湖沼から集めて鉄を抽出していた。沼鉄鉱は、アイスランドとスカンディナヴィアはもちろん、グリーンランドでも入手できる。クリスチャン・ケラーとわたしは、東入植地のガルザルで鉄色の沼を見ているし、トマス・マクガヴァンも、西入植地で似たような沼をいくつか目にしている。問題は、グリーンランドで沼鉄鉱を見つけ出すことではなく、そこから鉄を抽出する過程にある。鉄の抽出作業には、木炭から生じるきわめて高い温度の炎が欠かせず、その木炭を作るために莫大な量の樹木が必要とされるのだ。グリーンランド人がノルウェーから鉄の鋳塊を輸入し、抽出作業を省いていたときでさえ、鉄器の製造、研ぎ、修理、作り直しを頻繁に行なう必要があったので、やはり木炭は欠かせなかった。

グリーンランド人が鉄器を所有し、鉄器を使って作業を行なっていたことは間違いない。ノルウェー領グリーンランドの比較的大きな農場の多くには、鍛冶場の遺構があり、鉄の鉱滓《こうさい》も残されている。ただし、この鍛冶場が、単に輸入した鉄で鉄器を作る場所だったのか、沼鉄鉱の抽出作業を行なう場所だったのかはわかっていない。グリーンランドのヴァイキングの遺跡からは、斧の頭部、大鎌、小刀、羊毛を刈り取る大鋏《おおばさみ》、船の鋲《びょう》、木工用の鉋《かんな》、突き錐《きり》、ねじ錐など、中世のスカンディナヴィア社会にふさわしい日常的な鉄器が発見されている。

ところが、鉄が豊富にはなかった中世スカンディナヴィアの水準に照らしても、グリーンランドの鉄不足はひどく深刻だった。そのことが同じヴァイキングの遺跡からはっきりと読み取れる。例えば、釘などの鉄製品は、グリーンランドの遺跡に比べ、イギリスとシェトランド、さらにアイスランド、ランス・オ・メドウズ（〝ヴィンランド〟）にあるヴァイキングゆかりの遺跡から出る数のほうがはるかに多い。廃棄された鉄釘はランス・オ・メドウズでは最も一般的な鉄製品で、樹木と鉄が不足していたアイスランドの遺跡からも、多数の釘が見つかっている。しかし、グリーンランドにおける鉄の欠乏状態は尋常ではなかった。遺跡の地層の最下層からは少数の釘が見つかっているものの、その後の地層からはほとんど出土していない。これは、釘が非常に貴重になったため、廃棄できなくなったせいだ。グリーンランドでは刀剣も兜《かぶと》も、その一部さえまったく見つかっておらず、鎖帷子《くさりかたびら》の部品、それもおそらくは全点が一着に由来するものしか見つかっていない。鉄器は磨耗して小さくなるまで研ぎ直され、再利用された。例えば、わたしは、コルロルトク谷の発掘作業中、刃がほとんどなくなるまで使い込まれた哀れな小刀を掘り出した。そこまで磨耗していながら、まだ不釣合いに長い柄が付いていて、何度も研ぎ直すだけの価値があったことをうかがわせるものだった。

グリーンランドで鉄が欠乏状態にあった事実は、遺跡から回収された数多くの品物にも色濃く表われている。ヨーロッパではごく普通に鉄で作られているものが、グリーンランドでは、ほかの材料、それも意外な材料で作られることが多い。例えば、木で作った釘、シンリントナカイの角で作った矢尻などだ。アイスランドの一一八九年の年代記には、航路を外れてアイスランドに流れ着いたグリーンランドの船のようすが、驚きとともに記されている。鉄釘ではなく木釘で留めた板を、クジラの髭で結び合わせてある、と。それにしても、堂々たる戦斧を振り回して敵を恐れおののかせる姿をみずからの理想像としていたヴァイキングたちにとって、その武器をクジラの骨で作るほど落ちぶれたことは、耐えがたい屈辱だったに違いない。

　鉄が欠乏した結果、グリーンランド経済における重要な生産過程の効率が低下することになった。鉄製の大鎌、大包丁、大鋏がほとんど手に入らず、やむなくそれらの道具を骨や石で作ったとすれば、それぞれ、飼い葉の収穫、家畜の解体処理、羊毛の刈り取りに要する時間が増えただろう。しかし、もっと直接的で致命的な影響は、鉄を失ったことにより、イヌイットとの戦闘で優勢を保てなくなったことだ。ヨーロッパ系の入植者たちと、その入植先にいた先住民たちが、世界各地で無数の戦闘を繰り広げてきたなかで、ヨーロッパ人が圧倒的な優勢を保てたのは、鋼の刀剣と甲冑《かっちゅう》のおかげだった。例えば、一五三二～三三年にかけてスペイン軍がペルーのインカ帝国を征服したときには、五度にわたる戦闘で、それぞれ百六十九人、八十人、三十人、百十人、四十人から成るスペイン軍が、千人ないし一万人に及ぶインカ兵を壊滅させている。スペイン軍はひとりも死者を出さず、わずか数人が負傷した程度だった。スペイン人の鋼の刀剣がインディオ（南米先住民）の木綿製の甲冑を貫いたのに対し、石や木で作ったインディオの武器では、スペイン人の鋼の甲冑に歯が立たなかったからだ。しかし、グリーンランドでは、初の入植から数世代後になると、ノルウェー人たちが鋼の武器や甲冑を所有していた証拠がまったく見つかっていない。例外として、前述した鎖帷子の部品が発見されているが、これはグリーンランド住民のものではなく、ヨーロッパから船で来訪したヨーロッパ人のものと考えていいだろう。むしろ、グリーンランド人たちは、イヌイットと同じく弓矢と槍を武器に戦っていた。また、グリーンランドのノルウェー人が戦闘に際してウマを乗用に使った証拠もまったく見つかっていない。ウマもまた、スペインの征服者《コンキスタドール》たちがインカ及びアステカとの戦いを有利に運ぶうえで決定的な役割を果たしたが、アイスランドのノルウェー人たちはその恩恵にあずかっていない。また、グリーンランドのノルウェー人たちは、本格的な軍事訓練も行なっていなかった。以上のことが原因となって、グリーンランドのノルウェー人たちはイヌイットをしのぐ軍事上の利点を結局何ひとつ持てず、それが、後述するように彼らの命運を決したのだろう。

土壌と芝生へのダメージ

このように、入植者たちがグリーンランドの自然植生を侵害した結果、木材、燃料、鉄が不足し、あとの二種の侵害、すなわち、土壌と芝土への侵害によって、有益な土地が不足することになった。第6章では、火山灰から生じるアイスランドの軽い土壌の脆弱性が、いかに土壌浸食という大きな問題を招きやすいかについて述べた。グリーンランドの土壌は、アイスランドの土壌ほど極端に脆《もろ》いわけではないが、それでも、世界的な水準からいえば脆弱な部類に入る。生長期が短く寒冷なグリーンランドでは、植物の生長が遅く、土壌が形成される速度も遅く、表土の層が薄くなる。植物の生長が遅いのは、土壌に含まれる有機性の腐植土と粘土の割合が小さいからだ。有機性の腐植土と粘土は、土壌と水分の結合度を高めるのに役立ち、土壌の湿度を保つ。したがって、水分との結合が弱いグリーンランドの土壌は、頻繁に吹きつける強風によってすぐに乾燥し切ってしまう。

グリーンランドの土壌浸食は、まず、土壌を保護している樹木や低木が切り出されたり燃やされたりすることから始まる。樹木と低木は、草よりも土壌に固着する力が強い。その樹木と低木が失われたところで、家畜、特にヒツジとヤギが草を食べ尽くす。グリーンランドの気候下では、草地の再生に時間がかかる。ひとたび草による保護が失われると土壌が剝き出しになるので、特に強風、そしてときおり降る激しい雨が土壌を運び去って、表土が谷全体から数キロ離れた場所にまで移動することもある。砂が剝き出しになった区域、例えば谷川の流域では、風によってすくい上げられた砂が、風下に投げ出される。

湖から得た柱状試料と土壌の断面図から立証されるのは、ノルウェー人到達後にグリーンランドで深刻な土壌浸食が進行したこと、風と流水が、まず表土を、次に砂を湖に運び込んだことだ。例えば、コロク・フィヨルドの湾口にある遺棄された農場の遺跡では、氷河から吹き降ろす高速の風が大量の砂を吹き飛ばしてしまったせいで、あとには石しか残されていない。ノルウェー領の農場では、砂が風に運ばれる現象はごく一般的で、ヴァトナヴェルフィ一帯にあるいくつかの農場は、三メートルの厚みを持つ砂の層に覆われている。

ノルウェー人たちがうかつにも有益な土地を失った経緯としては、土壌浸食のほかに、木材と薪の不足分を補うため、建材と燃料用に芝土を刈り取ったことが挙げられる。グリーンランドの建築物のほぼすべてが、おもに芝土を使って建てられていて、せいぜいのところ、そこに石造りの基礎部分と、屋根を支える木製の梁が加わるだけだ。ガルザルの聖ニコラス大聖堂の壁でさえ、石造りの部分はわずか一・八メートルという非常に低い位置までしかなく、そこから上の部分は芝土で造られていて、あとは屋根を木の梁で支え、建物の正面に板が貼ってある程度だった。フヴァルセーの教会は壁全面が石造りなので例外といえるが、それでも屋根は芝土で葺いてあった。グリーンランドの芝土の壁は、防寒を目的とした断熱効果を持たせるため、分厚いものが多い（最も厚いものは二メートル近い）。

グリーンランドの住居は規模が大きく、一軒につき約十エーカー（約四ヘクタール）の芝土が消費されたものと推測される。しかも、それだけの量が一度ならず必要とされた。芝土は徐々に崩れていくので、数十年ごとに〝芝の張り替え〟をしなければならなかったからだ。入植者たちは、建材用の芝土を刈り取る作業のことを、〝外庭を剝ぎ取る〟と呼んでいた。刈り取りがなければ牧草地になっていたはずの場所がどれほどの損傷を被ったか、この言葉によく表われている。グリーンランドでは芝土の再生する速度が遅く、その損傷は長期にわたって回復しなかった。

以上、土壌浸食と芝土の刈り取りの話を終えたところで、ふたたび懐疑派から〝それがどうした？〟と問われるかもしれないが、返答は簡単だ。北大西洋に浮かぶノルウェー領の島々のなかでも、グリーンランドは、人間に侵害される以前から、最も寒冷な気候下にあったせいで、飼い葉の生産も牧草の生長も最も限界に近く、過剰な放牧、家畜に踏みつけられること、土壌浸食、芝土の刈り取りによって植生の保護が失われる危険が最も高い島だった。そのことを思い返してもらいたい。農場としては、長く寒冷な冬を越したあと、次の冬がやってくる前に、家畜の原状回復に必要な最低限の頭数を維持できるよう、それに見合う牧草地を所有する必要があった。推定によると、東入植地や西入植地の牧草地では、全区域のわずか四分の一が失われただけで、家畜の頭数が最低限必要な数値を下回ることになる。それがまさに西入植地を襲った出来事であり、おそらくは東入植地でも同じことが起こったと考えられる。

アイスランドの例とまったく同じように、中世のノルウェー人を苦しめた環境問題は、現代のグリーンランドでも依然として懸案事項となっている。グリーンランドは、ノルウェー人入植者たちが死に絶えたあと、まずイヌイットに占有され、次にデンマークの植民地となって、その間、五世紀にわたって家畜が存在しなかった。中世の環境侵害に関する最新の研究が開始される以前、一九一五年に、ようやく統治国デンマークが試験的にアイスランド産のヒツジを持ち込み、一九二四年にはブラッタフリーズの農場で本格的にヒツジの飼育が再開される。ウシの飼育も試されたが、手がかかりすぎるという理由で断念されることになった。

現在、グリーンランドでは、およそ六十五世帯がヒツジの飼育を専業にしており、その結果、過剰放牧と土壌浸食がふたたび発生している。湖から得た柱状試料からは、九八四年以降と同じ変動が一九二四年以降にも起こっていることが確認された。すなわち、樹木の花粉が減り、牧草と雑草の花粉が増え、湖に運び込まれる表土が増えているということだ。一九二四年に飼育を再開した当初、ヒツジは、冬であっても気温が穏やかなときは戸外に出されたままで、みずから餌を探していた。そのやりかたが原因で、再生能力が最も低いときに植生が損なわれることになった。ウマもヒツジも、冬のあいだほかに食べるものがないとビャクシンを探し回るので、とりわけビャクシンの損傷ははなはだしい。クリスチャン・ケラーが一九七六年にブラッタフリーズを訪れたときは、まだビャクシンが生えていたが、二〇〇二年にわたしが滞在したときには、生きたビャクシンは見当たらなかった。

グリーンランド政府は、一九六六〜六七年の寒冷な冬に過半数のヒツジが餓死したことを受け、グリーンランド試験所を設立。牧草地を放牧の程度の軽重によって分類し、ヒツジを塀で閉め出した場所も加えて、それぞれの植生と土壌を比較することにより、ヒツジが環境に及ぼす影響について研究を開始した。その調査の一環として考古学者の協力を仰いだのが、ヴァイキング時代の牧草地の変動に関する研究だった。その研究結果によって、グリーンランド各地の脆弱性が判定されると、最も脆弱な牧草地は塀で囲われ、また、ヒツジはひと冬を通じて納屋に収容されて、飼料を与えられることになった。また、冬の飼い葉の供給量を増やすための策として、天然の牧草地への施肥と、オートムギ、ライムギ、オオアワガエリなど、外来種の牧草の栽培が進行中だ。

そういう策が講じられているにもかかわらず、現在、グリーンランドでは土壌浸食が大きな問題になっている。わたしも、東入植地のフィヨルド沿いで、近年のヒツジの放牧によって植生が大幅に欠け、石と砂礫が剝き出しになった区域をいくつも目にした。コルロルトク谷の谷口では、古代ノルウェーの農場跡にできた現代の農場が、この二十五年のうちに高速の風によって浸食されてきた。それを参考に、七百年前にその農場で何が起こったかを推測できる。グリーンランド政府も牧羊業者も、ヒツジが長期的な損害を及ぼすことを認識すると同時に、失業率の高い職を提供していることで、社会的な圧力を感じてもいる。皮肉なことに、グリーンランドでヒツジを飼育することは、短期間でも割に合わない事業で、グリーンランド政府は、その損失ぶんを補塡して、牧羊業者に収入をもたらし、牧羊を続けさせるために、業者一世帯につき、毎年約一万四千ドルを支払わねばならない。

イヌイットの先人「ドーセット」

イヌイットはヴァイキング領グリーンランドの消滅をめぐる物語に大きく関与している。その存在は、グリーンランドのノルウェー人の歴史とアイスランドのノルウェー人の歴史とのあいだに最大の差をもたらした。アイスランドはグリーンランドに比べ、さほど気候が過酷ではなく、ノルウェー行きの航路が短いという利点に恵まれていたが、最も明白な利点は、イヌイットの存在に脅かされずにすんだことだ。その影響力を最小に見積もるなら、イヌイットは失われた好機の象徴と言える。つまり、グリーンランドのヴァイキングたちが、イヌイットの技術を学んだりイヌイットを相手に交易を行なったりしていれば、生き延びる確率も高まったと考えられるが、現実にはそのような行動に出なかったということだ。最大に見積もれば、イヌイットによる攻撃や脅威がヴァイキングを絶滅させた直接の原因だったと断定してもおかしくはない。また、イヌイットの存在は、中世グリーンランドにおいて人間社会が存続可能だったことの証しでもある。イヌイットが最終的に成功を収めたのに、なぜヴァイキングたちは失敗したのだろうか？

現在わたしたちは、イヌイットのことを、グリーンランドとカナダ北極圏の先住民だと思っている。考古学上の認識では、ノルウェー人到達以前のほぼ四千年にわたり、少なくとも四つの民族がカナダを東に横断して北西グリーンランドに入り込んでいて、イヌイットは、そのうち最後に東へ向かった一民族に過ぎない。次々と押し寄せては居住域を広げ、数世紀にわたってグリーンランドにとどまったあと、姿を消した先住集団の波は、われわれがノルウェー人、アナサジ族、イースター島民に関して考察しているのと同じ、社会の崩壊にまつわる疑問を喚起する。しかし、そういう古い時代の消滅についてはあまりに情報が少なすぎて、本書では、ヴァイキングがたどった運命の背景として触れるのが精いっぱいのところだ。それら初期の文化には、それぞれの人工遺物が出土した場所に基づいて、インデペンデンスⅠ、インデペンデンスⅡ、サーカックなどの名が付けられているが、その担い手が使用していた言語、みずからに対して用いていた呼称については、もはや永遠にわからないだろう。

イヌイットのすぐ前の先人は、考古学者がドーセットと呼ぶ文化の担い手たちだ。ドーセットという名は、カナダのバフィン島のドーセット岬でその住居が確認されたことから付けられた。ドーセット人は、カナダ北極圏の大部分を占有したのち、紀元前八〇〇年ごろグリーンランドに上陸し、およそ一千年のあいだ、のちにヴァイキングの植民地となる南西部を含め、グリーンランドの多くの地方に住み着いた。そして三〇〇年ごろになると、理由は定かではないが、グリーンランド全体とカナダ北極圏の大部分を遺棄し、活動範囲をせばめて、カナダの中核となるいくつかの区域に戻る。しかし、七〇〇年ごろになるとまた進出を始め、ラブラドル半島と北西グリーンランドをふたたび占有するが、この移住に際しては、のちにヴァイキングの居住地となる南部までは進出しなかった。初期のヴァイキング入植者たちの記述によれば、西入植地と東入植地には、人の住んでいない住居跡、革製の舟の破片、石器しか見当たらず、ヴァイキングたちは、それらの遺留品を残して消えた先住民を、かつてヴィンランド探索中に北米で出会った人間たちの仲間だと推測したという。

ドーセットの各遺跡から回収された骨を見ると、セイウチ、アザラシ、シンリントナカイ、ホッキョクグマ、キツネ、カモ、ガン、海鳥など、それぞれの時代と場所で広汎にわたる種の動物が獲物にされていたことがわかる。また、カナダ北極圏とラブラドル半島とグリーンランドに住むドーセット人のあいだでは、長距離に及ぶ交易が行なわれていた。その証拠に、特定の場所に産出する石で作られた石器が、千キロ離れたほかの場所から出土している。次世代のイヌイットや、北極圏に住んでいた先人たちとは違って、ドーセット人はイヌを飼わず――当然、イヌ橇《ぞり》も使わず――、弓矢を使わなかった。そして、イヌイットとは違い、骨組みに革を張った舟もなかったので、海に出てクジラを捕ることもできなかった。イヌ橇がないためその活動範囲は狭く、クジラ漁も不可能となると、おおぜいの人間を養うことはできず、ドーセット人たちは、一軒か二軒の家から成る小さな集落で暮らしていた。少数の成人男子と十人以下の人々が生活するにはじゅうぶんな規模だ。そんなわけで、ノルウェー人が出会ったアメリカ先住民の三つの集団、ドーセット人、イヌイット、カナダ・インディアンのうち、ドーセット人は最も与しやすい相手だった。だからこそ、グリーンランドのノルウェー人たちは、かつて敵対的なアメリカ先住民がおおぜい住んでいた南の〝ヴィンランド〟を訪れることを断念したのち、長い時を経てから、ラブラドル半島のドーセット人が占有する海岸を三世紀以上にわたって訪れ、大手を振って木材を調達し続けたのだ。

ヴァイキングとドーセット人は、北西グリーンランドで顔を合わせていたのだろうか？　確たる証拠がないとはいえ、ドーセット人は、ノルウェー人が南西部に定住してから約三百年のあいだグリーンランドに住んでいたし、ノルウェー人は、ドーセット人占有地からわずか数百キロ南にある北の狩場《ノルズルセタ》に毎年出かけ、さらに北へも探索の旅に出ていたのだから、この集団同士が出会っていた可能性は高いと見ていいだろう。後述するように、ノルウェー人の手になる記録の中に、ドーセット人とおぼしき先住民と出会ったくだりがある。そのほかの証拠としては、明らかにヴァイキング社会に由来する品々、なかでも、道具の材料として珍重されたはずの精錬金属の破片が、北西グリーンランド及びカナダ北極圏に散在するドーセットの遺跡から発見されている。もちろん、ドーセット人が、友好的にせよ敵対的にせよ、じかにヴァイキングたちと接触して入手したものなのか、あるいは、単にノルウェー人によって遺棄された土地で拾得したものなのかはわからない。いずれにせよ、ノルウェー人とドーセット人が割合と無難な関係を築いていたのに比べ、ノルウェー人とイヌイットとの関係がはるかに危険度の高いものだったことは間違いないだろう。

極北を生き抜いたイヌイット

外海でクジラを捕るための知識を含め、イヌイットの文化と技術は、一〇〇〇年になる少し前に、ベーリング海峡周辺の地域で生まれた。イヌイットは、陸ではイヌ橇《ぞり》を、海では大きめの舟を使うことによって、移動についても物資の輸送についても、ドーセット人よりすばやく行なうことができた。中世になって北極圏が暖かくなり始め、カナダ北極圏の島々を隔てていた氷が解けると、イヌイットは獲物のホッキョククジラを追ってその水路をたどり、カナダを越えて東へ向かった。一二〇〇年までには北西グリーンランドに足を踏み入れ、次いでグリーンランド西岸沿いに南下して北の狩場《ノルズルセタ》に至り、一三〇〇年ごろには西入植地の付近に、一四〇〇年ごろには東入植地の付近に到達した。

イヌイットたちも、ドーセット人が獲物にしたのとまったく同じ種の動物を獲物にし、(先人であるドーセット人と違って)弓矢を使っていたので、おそらくドーセット人より効率のよい狩りを行なっていたと思われる。さらに、ドーセット人にもノルウェー人にも入手できなかったクジラをうまく捕らえたので、主要な食糧の供給量をさらに増やすことができた。それゆえ、イヌイットの狩人たちはおおぜいの家族を養うことができ、一般に十人ないし二十人の成人の狩人と戦士を含む何十人という人々が広い集落に住んでいた。重要な猟場である北の狩場内《ノルズルセタ》のセルメルミウトという場所に広大な集落が築かれ、そこに徐々に増えていく住居の数は、やがて数百にも達した。そのことが、北の狩場《ノルズルセタ》におけるノルウェー人の猟の成否に影響を及ぼしたのは間違いないだろう。かろうじて数十人を数えるノルウェー人の狩人たちが、それほどおおぜいのイヌイットに見つかり、そこで良好な関係が築けなかったとしたら何が起こるか、想像してみてもらいたい。

イヌイットは、ノルウェー人たちと違い、北極の状況を知り尽くした北極の民が数千年かけて発達させた文化の頂点にいた。グリーンランドでは、建材と燃料に利用する樹木が手に入らず、北極が冬の闇に閉ざされる季節に、家の照明用の樹木もほとんど入手できなかったが、イヌイットにとって、それは問題ではなかった。雪を建材にしてイグルーを建てれば冬の住居は確保でき、クジラとアザラシの脂肪を燃やせば、燃料にも照明にもなったからだ。舟を造るための樹木がほとんどなくても、問題ではなかった。骨組みにアザラシの革を張る工法によって、カヤック（517頁写真18参照）はもちろん、外海でクジラ漁ができる規模のウミアク（訳註・木組みに海獣の革を張った小舟）という舟も造り上げた。

わたしは、カヤックが水上の乗り物としていかに優れているかを資料で読んで知っていたし、現代の先進国で手に入るプラスチック製の娯楽用カヤックに乗ったこともあるが、それでも、グリーンランドで初めてイヌイットのカヤックを見たときは驚きを覚えた。アイオワ級戦艦の縮小版と見紛うほどだ。アイオワとは、第二次世界大戦中、アメリカ海軍によって造られた細く長く速い戦艦で、甲板上の利用できる場所は、すべて衝撃砲、高射砲など各種の兵器で埋め尽くされている。イヌイットのカヤックは船首から船尾までが約五・八メートルで、戦艦に比べれば非常に短いが、それでも、わたしが想像した以上の長さだった。その細いカヤックの甲板に、独自の兵器が満載されている。銛《もり》は柄の握りの端に投げ器が付いていて、銛頭《もりがしら》（銛の先端）は約十五センチの長さがあり、留め具で柄に取り付けてある。また、鳥を捕るのに使う投げ矢は、先端に矢尻が付いているだけでなく、柄の部分にも鋭い三本の棘が前向きに取り付けてあり、先端の矢尻が狙いを外しても、その棘《とげ》が獲物に当たる仕組みだ。アザラシの革製の浮き袋は、銛を打ち込んだクジラやアザラシに負荷を与えて疲労させる。さらに、銛を打ち込んだ獲物にとどめの一撃を加えるための槍もあった。イヌイットのカヤックは、わたしが知る戦艦やその他の船舶とは違って、漕ぎ手の身長、体重、腕力に合わせて個別に仕立ててあり、持ち主はまさにカヤックを〝着る〟感覚で使う。座席は漕ぎ手の上着に留め付けた衣服も同然で、漕ぎ手が甲板にはねかかる冷たい海水に濡れないよう防水が施してあ

写真 17　グリーンランドのエイリークスフィヨルド。のこぎり状の氷山が漂うフィヨルドから陸に上がると、東入植地のうちもっとも栄えたブラッタフリーズの農場地がある

写真 18　イヌイットの漁師がカヤックを操り、銛を投げる姿。イヌイットならではの精巧で強力な道具の数々を、グリーンランドのノルウェー人が生活に取り入れることはついになかった

る。クリスチャン・ケラーは、グリーンランド人の友人用に仕立てた現代のカヤックを〝着て〟みようと試みたがうまくいかず、結局は、甲板の下部に足が合わないこと、大腿が太すぎて昇降口に入らないことを発見しただけだった。

狩猟の方策に限って言えば、イヌイットは、北極史上最も柔軟性に富んだ優秀な狩人だった。ノルウェー人たちとは異なる方法でシンリントナカイ、セイウチ、陸鳥を仕留めるだけでなく、迅速に移動できるカヤックを利用してアザラシを銛で突き、海上の海鳥を追い、また、ウミアクと銛を利用して外海のクジラを捕らえるという点でも、異彩を放っていた。さしものイヌイットも、単独で頑健なクジラをひと突きで仕留められるわけではないので、銛の使い手は、初めからほかの人間にウミアクの操縦を任せておいてクジラを狙う。それは容易な仕事ではない。ここで、シャーロック・ホームズのファンなら、誰でも『ブラック・ピーター』を思い出すだろう。この物語は、引退したある船長が自宅で銛に刺されて死んでいるのを発見されたことに始まる。船長の部屋の壁に飾ってあった銛が、船長の体をひと突きで貫いていたのだ。ある朝、シャーロック・ホームズは、実際に肉屋でブタの体に銛を突き刺してみて、それがたやすいことではないのを知り、殺人犯が本職の銛の使い手に違いないと推定する。どんなに力が強くても、素人が銛を深々と突き刺すのは不可能なのだ。それがイヌイットにできた理由はふたつある。ひとつは、銛の握りに取り付けた投げ器のおかげで投擲の半径が伸び、投げる力と衝撃力が強くなること。もうひとつは、ピーター船長殺人事件の犯人と同じく、長期にわたる鍛錬だ。ただし、イヌイットの場合、その鍛錬が小さな子どもの時期に始まるので、成人するころには利き腕が過伸展と呼ばれる症状を示す。事実上、腕が投げ器の延長になっている状態だ。

銛頭がいったんクジラの体に食い込むと、留め具がうまく外れる仕組みになっているので、銛頭を残して柄が回収される。もし狩人が銛頭につながった縄と柄を持ち続けていれば、怒り狂ったクジラが、乗組員ごとウミアクを海中に引きずり込むだろう。銛頭にそのまま結びつけておくのは、アザラシの革で作った浮き袋に空気を注入したものだ。その浮力のせいで、クジラは浮き袋の抵抗に強く逆らうことになり、潜るにつれて疲労を増していく。クジラが息継ぎのために海面まで上がってくると、狩人は新たな浮き袋を付けた銛を打ち込んで、さらにクジラの疲労を誘う。クジラが疲れ切ったところで初めてウミアクを獲物に横付けし、槍を使ってとどめを刺す。

イヌイットは、ワモンアザラシ猟についても特殊な技術を考案した。ワモンアザラシはグリーンランドの水域では最も数の多い種だが、その習性のせいで捕らえにくい獲物とされていた。グリーンランドに棲むほかのアザラシの種とは違い、このアザラシは、グリーンランドの沖合の氷の下方で越冬する。その際、呼吸をするために、氷に自分の頭が通る（体は通らない）くらいの穴をあける。呼吸穴から離れるときには、穴を覆う傘型の雪を残していくので、視認するのはむずかしい。キツネが地中に代替の入口としていくつかの穴を持っているのと同じく、ワモンアザラシも、一頭でいくつかの穴を持っている。狩人は呼吸穴から傘型の雪を払いのけるわけにはいかない。アザラシが待ち伏せに気づくからだ。そこで狩人は、北極の冬の冷たい闇のなか、傘型の雪のそばに立って、数時間のあいだじっと辛抱強く待ち続ける。アザラシが戻ってきてすばやく息継ぎをする音が聞こえたところで、狩人は獲物を見ることなく、傘型の雪もろとも貫くことを試みる。刺された獲物が逃げ出すと、銛頭が柄から外れるが、縄には結びついたままなので、狩人はその縄を繰り出し、手繰り寄せ、アザラシが疲れ切ったところで、一気に引き寄せて槍で突く。この過程をすべて覚えて首尾よくやり遂げることはむずかしく、ノルウェー人はこの方法を試そうとはしなかった。その結果、ほかの種のアザラシが減少した時期に、イヌイットが猟の対象をワモンアザラシに切り替えたときも、ノルウェー人はその策を採ることができず、飢餓の危機に見舞われた。

以上の例をはじめ、イヌイットには、ノルウェー人とドーセット人をしのぐさまざまな強みがあった。イヌイットがカナダを越えて北西グリーンランドに進出していった数世紀のあいだに、かつてその両区域を占有していたドーセット文化は姿を消している。したがって、イヌイットにまつわる謎は、ひとつではなくふたつある。つまり、初めにドーセット人がいなくなったこと、次にノルウェー人たちが姿を消したことだ。両方とも、イヌイットが彼らの縄張りに到達してまもなくの出来事だった。北西グリーンランドには、イヌイットが登場したあとも一世紀か二世紀にわたって存続したドーセットの居住地が何カ所かあるし、また、イヌイットとドーセット人が互いの存在に気づかないことなどありえないように思えるが、この二集団が出会ったという直接的な考古学上の証拠はない。イヌイットゆかりの品が同時代のドーセットの遺跡から出土することも、その逆の例も、いまだ確認されていないのだ。しかし、間接的な証拠ならある。グリーンランドのイヌイットの文化が、最終的にドーセット文化の特色を備えるようになったことだ。グリーンランド到達以前のイヌイット社会には見られなかったもの、例えば、雪の塊を切り出すための骨製の小刀、ドーム型の雪の家、石鹼石に関する技術、いわゆるチューレ型の銛頭などがある。イヌイットが、ドーセット人から文化を学び取る機会を得ただけでなく、二千年にわたり北極に住み続けたドーセット人の消滅になんらかの関わりを持っていることは間違いない。ドーセット文化の終焉については、われわれ各人が、それぞれの筋書きを思い描くことができる。わたしの頭に浮かんだ場面をひとつ挙げておく。きびしい冬を迎えて飢餓に見舞われたドーセットの集団から、男性を見限った女性たちが飛び出して、イヌイットの住処《すみか》に――ホッキョククジラとワモンアザラシという豪華な食事がそろった場所に――歩いていった、というものだ。

イヌイットに対する〝悪しき態度〟

イヌイットとノルウェー人の関係はどうだったのだろうか？　信じがたいことだが、数世紀のあいだ同じグリーンランドに住みながら、ノルウェー人の書いた記録は、ほんの二度、最多でも三度、簡単にイヌイットに触れているだけだ。

その三件の記述の一番目は、十一世紀もしくは十二世紀の出来事について書かれたものなので、それがイヌイットのことなのか、ドーセット人のことなのか判然としない。ドーセット人がまだ北西グリーンランドで生き延びていて、一方でイヌイットが住み着き始めた時期だからだ。ある十五世紀の文献に残る『ノルウェー史』には、ノルウェー人が初めてグリーンランド先住民と遭遇したときのことがこう説明されている。「ノルウェー人入植地から北へ進んだ狩人たちは、小さな者たちに会い、その者たちを〝スクレーリング〟と呼んだ。スクレーリングに致命的でない刺し傷を負わせると、傷口は白くなるだけで出血しないが、致命傷を負わせるとおびただしい出血が見られる。スクレーリングは鉄を持たず、セイウチの牙を矢に使い、尖らせた石を道具に使う」

この短くそっけない記述は、これからグリーンランドを共有しようとする相手に対し、ノルウェー人が〝悪しき態度〟で接して、おぞましいスタートを切ったことを示している。〝スクレーリング〟というのは、ノルウェー人がヴィンランドやグリーンランドで遭遇した新世界の先住民である三つの種族（イヌイット、ドーセット人、アメリカ先住民）すべてに対して用いた言葉で、〝愚劣な民〟というような意味の古代ノルウェー語だ。最初に出会ったイヌイットもしくはドーセット人を、出血量を確かめるために刺してみるというのだから、友好関係を築くすべとしてはお粗末きわまりない。第６章で書いたように、ノルウェー人は、ヴィンランドでアメリカ先住民の集団に出くわしたときも、九人中八人を殺害するという形で初対面のあいさつを交わしている。これらの出会いの流儀は、ノルウェー人がイヌイットとのあいだに良好な交易関係を確立できなかったことのじゅうぶんな理由になるだろう。

三件の記述の二番目は、同じくらい短いもので、一三六〇年前後と見られる西入植地の壊滅の一因をスクレーリングに担わせようとする内容だ。その内容については、あとで検討しよう。この時期にはもうドーセット人はグリーンランドから姿を消していたので、問題のスクレーリングはイヌイットとしか考えられない。三番目の言及は、アイスランドの一三七九年の年譜に書かれた一文だ。「グリーンランド人を襲ったスクレーリングが十八名を殺害し、少年二名と女婢一名を捕らえて奴隷とした」。この年譜が、同じ時期に起こったサーミ族によるノルウェー襲撃を誤ってグリーンランドの事件と伝えたのでなければ、事が起こったのはおそらく東入植地の近くだろう。西入植地は一三七九年にはもう存在していないし、北の狩場《ノルズルセタ》へ出かける狩猟隊に女性は含まれないはずだからだ。この無骨《ぶこつ》な記事から、何を読み取るべきだろう？　今日のわれわれにとって、ノルウェー人の死者十八名という数字は、たいしたものに見えないかもしれない。世界大戦のあった世紀には、何億もの人が殺されているのだ。しかし、東入植地の人口がおそらく四千人に満たなかったことを考えると、十八名は成人男子の約二パーセントにあたる。もし二億八千万の人口を擁する現代のアメリカに敵が攻めてきて、同じ割合の成人男子を殺したとしたら、百二十六万人の死者が出ることになる。これが、記録に残った一三七九年の一回の攻撃で東入植地が受けた被害の規模であり、一三八〇年、一三八一年、そしてそれ以降にも、多くのノルウェー人が殺されたものと思われる。

以上の三件の記述が、ノルウェー人とイヌイットの関係について文書に残された情報源のすべてだ。考古学的な情報源は、イヌイットの遺跡から出土したノルウェー由来の人工遺物もしくはその模造品、そしてその逆（ノルウェー人の遺跡から出土したイヌイット由来の人工遺物）から成る。イヌイットの遺跡で発見されたノルウェー由来の遺物は全部で百七十点にのぼり、そのなかには完全な形の道具類（ナイフ、鋏、火熾《ひおこ》しなど）もあるが、ほとんどはイヌイットが自分たちの道具を作るのに使った貴重な金属（鉄、銅、青銅、スズなど）の破片だ。そういう遺物が、かつてノルウェー人が住んでいた地域（東西の入植地）やよく訪れた地域（北の狩場《ノルズルセタ》）にあるイヌイットの遺跡だけでなく、東グリーンランドやエルズミア島など、ノルウェー人が足を踏み入れたことのない地域でも見つかっている。それはつまり、ノルウェーの物資がイヌイットの興味を引くものだったので、何百キロも離れたイヌイットの集団のあいだでも取引されていたということだろう。遺物の大半については、それが交易によって直接ノルウェー人からもたらされたものか、殺害もしくは強奪によって得られたものか、入植地が遺棄されたあとに略奪されたものか、判別は不可能だ。ただし、金属片のうち十点は、東入植地の教会の鐘から来ている。教会の鐘をノルウェー人が交易の対象にするはずがないから、これらはノルウェー人社会の崩壊後にイヌイットの手に落ちたものと思われる。

ふたつの民族の接触のもっと堅実な証拠は、ノルウェー人の姿を模したイヌイットの彫像九点だ。いかにもヴァイキングらしい髪型、服装、十字架の形の装飾品などから、それがノルウェー人であることは間違いない。イヌイットはまた、ノルウェー人からいくつかの有益な技術を学んでもいる。ヨーロッパ式のナイフや鋸の形をしたイヌイットの道具は、友好的な接触を経ることなく、単に略奪したノルウェーの物資をまねただけかもしれないが、イヌイットの作った樽の側板やねじ山付きの矢尻などは、実際にノルウェー人が樽やねじを作ったり使ったりしているのを見たとしか考えられない。

その一方で、ノルウェー人の遺跡から出土したイヌイットの遺物は、ほとんどないに等しい。シカの角で作った櫛一本、投げ矢二本、牙製の引き網の把手《とって》一個、隕鉄一片、この五点が、数世紀に及ぶイヌイットとの共存期間を持つノルウェー領グリーンランドがわれわれに残してくれたイヌイットの痕跡のすべてだ。この五点ですら、価値のある交易品というより、何人かのノルウェー人が個人的な好奇心で拾ってきただけのように思える。驚かされるのは、明らかに益をもたらしそうなイヌイットの技術を、ノルウェー人が採り入れた跡がまったくないことだ。例えば、銛、投槍器、カヤック、ウミアクなどが、ノルウェー人の遺跡からはただの一点も発見されていない。

イヌイットとノルウェー人のあいだで交易が行なわれていたとすると、品目の中にはセイウチの牙が含まれただろう。イヌイットにはセイウチを狩る技術があるし、ノルウェー人にとっては、ヨーロッパへの輸出品のうちで最も価値のあるものだからだ。残念ながら、多くのノルウェー人の農場で発見された牙が、ノルウェー人の仕留めたセイウチのものなのか、イヌイットから入手したものなのか、確かめるすべはない。しかし、イヌイットが交易品として差し出せる最も貴重なワモンアザラシの骨が、ノルウェー人の遺跡から見つかっていないことは確かだ。ワモンアザラシは冬季のグリーンランドで最も豊富な種のアザラシで、イヌイットはじょうずに狩るのにノルウェー人にはその技術がなく、しかも、ノルウェー人が備蓄食料を食べ尽くして一年のうちで最も食糧不足に苦しむ時期に捕獲される。これは、ふたつの民族のあいだにまったく、あるいはほとんど交易がなかったことの証しではないだろうか。考古学的な接触の証拠から見るかぎり、イヌイットとノルウェー人は、ひとつの島といくつかの猟場を共有していたというより、別々の惑星に住んでいたように映る。それに、骨格的にも遺伝子的にも、イヌイットとノルウェー人のあいだで通婚が行なわれた形跡はない。ノルウェー領グリーンランドの教会墓地に埋葬された人骨を丹念に調べた結果でも、頭蓋はすべてスカンディナヴィア人の骨格であり、イヌイットとノルウェー人の混血は見られなかった。

　イヌイットと交易関係を結ばず、有益な知識を得ようともしなかったのは、われわれの観点から見ると莫大な損失だが、ノルウェー人自身は明らかにそう考えなかった。機会がなかったから交わらなかったわけではない。ノルウェー人の狩人たちは北の狩場《ノルズルセタ》でイヌイットの狩人を見かけたはずだし、西入植地の外フィヨルドにイヌイットがアザラシを獲りに来るのも見ているはずだ。重い木の舟に乗って自分たちなりの方法でセイウチやアザラシを狩っていたノルウェー人には、イヌイットの革の舟や狩猟法の優位性ははっきりとわかったことだろう。イヌイットはノルウェー人たちが望むまさにそのとおりの効率で獲物を仕留めていたのだ。十六世紀後半になって、次々とグリーンランドを訪れた探検家たちは、すぐにカヤックのスピードと操作性に目をみはり、ヨーロッパの舟よりはるかに速く、自在に波をかき分けるその姿を見て、イヌイットは半分魚のようだと評した。さらに、ウミアク、狙撃の腕、革で作った衣類や舟や手袋、銛、浮き袋、イヌ橇、アザラシの狩猟法なども、同じように賛嘆された。一七二一年に入植を始めたデンマーク人たちも、即座にイヌイットの技術を採り入れ、海岸沿いの移動にはウミアクを使ったし、イヌイットとの交易も始めた。数年のうちに、デンマーク人は銛やワモンアザラシについて、ノルウェー人が数世紀かけて得た以上の知識を得た。それでも、デンマーク人入植者のなかには、中世のノルウェー人と同様、異教徒のイヌイットを蔑む差別主義者のキリスト教徒もいた。

ノルウェー人とイヌイットの関係がどういう形を採りえたかを、先入観なしに想定してみると、多くの可能性が浮かび上がるが、その潜在的な可能性のすべてが、その後数百年のあいだに、世界のあちこちで先住民と遭遇したスペイン人、ポルトガル人、フランス人、イギリス人、ロシア人、ベルギー人、オランダ人、ドイツ人、イタリア人、それにデンマーク人やスウェーデン人たちによって現実化する。ヨーロッパからの入植者の多くが中間商人となって、統合的な貿易経済を発展させた。ヨーロッパの商人が先住民のいる地域に住み着き、あるいは足繁く通って、先住民の欲しがるヨーロッパの物資と引き換えに、ヨーロッパ人の欲しがる現地の商品を手に入れた。例えばイヌイットは、鉄の道具を作るのに、北グリーンランドに落下したケープヨーク隕石から取り出した鉄を冷間鍛造までするほど、金属を渇望していた。だから、ノルウェー人がイヌイットからセイウチやイッカクの牙、アザラシの皮、ホッキョクグマなどを仕入れてヨーロッパに送り、引き換えにイヌイットの喜ぶ鉄を手に入れるような交易の経路を築くことは、可能だったはずなのだ。それに、ノルウェー人は服や乳製品をイヌイットに供給することもできた。たとえイヌイットが乳糖不耐症で生乳を飲めなかったとしても、チーズやバターなど乳糖を含まない製品を摂取することはできるし、現に、今日ではデンマークがそういう製品をグリーンランドに輸出している。グリーンランドでたびたび餓死の危険に見舞われたのは、ノルウェー人だけではなく、イヌイットも同様で、もし交易によって乳製品が手に入れば、その危険を減じると同時に、食生活を多様化させることもできただろう。グリーンランドにおけるスカンディナヴィア人とイヌイットのそういう交易関係は、一七二一年のデンマーク人入植のあと、間を置かずに確立された。なぜ、中世にはそれができなかったのか？

ひとつの答えは、ノルウェー人とイヌイットとのあいだの通婚を、そして、相互理解をも阻む文化的な障壁だ。ノルウェー人の男にとってイヌイットの妻は、有用性の点でノルウェー人の妻に大きく劣る。ノルウェー人の男が妻に求めるのは、羊毛を紡いで織る能力、ウシやヒツジの世話をし、乳を搾る能力、スキア（訳註・アイスランドのヨーグルトに似たデザート）やバターやチーズを作る能力で、ノルウェー女性は子どものころにそれを身につけるが、イヌイット女性はそうではない。また、ノルウェー人の狩人がイヌイットの狩人と仲よくなったとしても、その友だちのカヤックを借りて動かしかたを覚えるというわけにはいかない。カヤックは舟というより、きわめて複雑な、個々の狩人に合わせて仕立てられた服のようなもので、それを仕立てるのは、子どものころに革を縫う技術を身につけたイヌイットの妻なのだ。だから、自分のカヤックが欲しいと思ったノルウェー人の狩人が、家に帰って、妻に「おれにもああいうやつを作ってくれ」と言っても、それは無理な相談だろう。

あなたがもし、イヌイットの女性に自分の体形に合わせたカヤックを作ってもらいたかったら、あるいはその女性の娘と結婚したかったら、その前にまず友好的な関係を築かなくてはならない。ところが、ここまで見てきたように、ノルウェー人たちは最初から〝悪しき態度〟を取り、ヴィンランドのアメリカ先住民とグリーンランドのイヌイットを〝愚劣な民〟などと呼んで、その両方の場所で最初に会った先住民を殺害した。教会を信奉する彼らは、中世ヨーロッパに広く浸透した異教徒への侮蔑意識を胸に抱いていた。

悪しき態度の裏にあるもうひとつの要素は、ノルウェー人が自分たちこそ北の狩場《ノルズルセタ》の先住民であり、イヌイットを〝もぐり〟だと考えていたことだ。ノルウェー人はイヌイットより何世紀も前にそこを見つけ、狩りをしていた。北グリーンランドのイヌイットが狩場に現われたとき、セイウチを自分たちの獲物だと思っていたノルウェー人が、イヌイットの捕獲したセイウチの牙に代価を支払う気になれなかったのも無理はない。それに、そのころには、イヌイットの喜ぶ交易品である鉄が、ノルウェー人たちにとっても希少な必需物資になっていたのだ。

わたしたち現代人は、アマゾンやニューギニアの奥地に住むいくつかの種族を除けば、すべての〝先住民〟がすでにヨーロッパ人と接触している世界に住んでいるので、初めて接触することのむずかしさになかなか思いが至らない。実際問題として、北の狩場《ノルズルセタ》で初めてイヌイットの集団を目にしたときのノルウェー人たちに、どういう行動が期待できるだろう？　「はじめまして！」と叫んで、笑顔で歩み寄っていき、身ぶり手ぶりで意思の疎通を図りながら、セイウチの牙を指差し、鉄の塊を差し出してみせる？　わたし自身、生物学の現地調査でたびたびニューギニアを訪れ、そういう〝異民族間の初対面〟に何度も立ち会って、それが危険で、心底恐ろしいものであることを思い知らされてきた。そういう状況下では、〝先住民〟はまずヨーロッパ人を侵入者と見なし、自分たちの健康や生活や土地の所有権を脅かしかねない存在として、正当に認識する。どちらの側も、相手の出かたを予測できず、緊張と不安にとらわれ、逃げ出すべきか攻撃すべきか決めかねて、相手が恐慌をきたしたり先に攻めてきたりしないかと神経を尖らせる。この状況を無事に切り抜けることはもちろんとして、友好的な関係に転じるためには、極度の細心さと忍耐力が必要だ。後年のヨーロッパ人入植者たちは、経験を重ねて対処のしかたを学んでいくが、グリーンランドのノルウェー人は先に攻撃をしかける道を選んでしまったらしい。

要するに、十八世紀のグリーンランドのデンマーク人たちも、ほかの土地で先住民と遭遇したほかのヨーロッパ人たちも、このノルウェー人たちと同じ領域の問題にぶつかった。〝原始的な異教徒〟に対する自分たちの偏見、殺すべきか、奪うべきか、交易すべきか、姻戚になるべきか、土地を取り上げるべきかという迷い、相手に遁走も攻撃も思いとどまらせる説得術……。後年のヨーロッパ人たちは、あらゆる選択肢を吟味し、特定の状況に最もふさわしい選択肢を採用することで問題に対処した。特定の状況とは、ヨーロッパ人のほうが数で優勢か否か、じゅうぶんな数のヨーロッパ人が妻を同伴してきたかどうか、ヨーロッパで好まれる製品を先住民が作っているかどうか、ヨーロッパ人が定住したくなるような土地かどうかなどの条件の組み合わせだ。しかし、中世のノルウェー人は選択肢の幅を持たなかった。イヌイットから学ぶことができず、あるいはそれを拒み、優位となる軍事力も持たなかったノルウェー人は、イヌイットを駆逐するどころか、自分たちがグリーンランド史の舞台から消えてしまった。

終焉——入植地の消滅

ノルウェー領グリーンランドの終焉は、しばしば〝謎〟と評される。しかし、それはあくまで部分的なもので、われわれはまず、究極の理由——ノルウェー人社会のゆるやかな衰退の根底にある長期的な要因——と直近の理由——弱体化した社会に最後に残った住民を皆殺しにした、あるいはこぞって居住地を遺棄させた、とどめの一撃——を区別しなくてはならない。直近の理由の一部が謎めいているだけで、究極の理由は明らかなのだ。その理由は、すでに詳しく論じてきた五つの要素から成る。ノルウェー人たちによる環境侵害、気候変動、ノルウェー本国との友好的な接触の減少、イヌイットとの敵対的な接触の増大、ノルウェー人自身の保守的な世界観。

要するに、ノルウェー人たちは、木を切ったり、表土を剝がしたり、牧草の量が追いつかないほどの家畜を飼ったり、土壌浸食を引き起こしたりすることで、自分たちの依存する環境資源を意図せずして損なってきた。入植が始まった時点ですでに、グリーンランドの天然資源は、しかるべき規模のヨーロッパ型牧畜社会をぎりぎり支えられる力しか持たなかったが、飼い葉の生産量は年によって著しく変動した。したがって、不調な年には、環境資源の枯渇が社会の存続を脅かしたことだろう。第二に、グリーンランドの氷床コアから計算した気候変動の概要によると、ノルウェー人の入植が始まったころの気候は比較的穏やか（今日と同程度）で、十四世紀に何度か、数年単位の寒冷な時期を経て、十五世紀初頭から小氷河時代と呼ばれる寒期に突入し、それが十九世紀まで続く。この気候のせいで飼い葉の生産量はさらに落ち込み、グリーンランドとノルウェーを結ぶ海路も氷でふさがれた。第三に、鉄、木材、文化的価値観などの貴重な供給源だったノルウェー本国との交易が間遠になり、やがてとだえた原因は、海面の氷結以外にもいくつかある。一三四九年から五〇年にかけての黒死病の流行で、ノルウェーの人口の約半分が死亡した。一三九七年、ノルウェー、スウェーデン、デンマークの三国がひとりの王のもとに統合され、王は三地域のうち最も貧しいノルウェーを軽んじた。また、グリーンランドの主要な輸出品であるセイウチの牙の需要が、十字軍の遠征をきっかけにアジアや東アフリカの象牙がヨーロッパにふたたび入ってくるようになって落ち込んだ。地中海岸がアラブに制圧されているあいだ、象牙の交易は途絶えていたのだ。十五世紀に入ると、ヨーロッパでは、工芸品の材料としての牙の使用そのものが時代遅れになった。これらの変化によって、ノルウェー本国の資源が損なわれるとともに、グリーンランドへ船を出す動機も薄れた。このように、おもな交易相手が問題をかかえてしまったせいで自国の経済が危機にさらされるという経験をしたのは、ノルウェー領グリーンランドばかりではない。一九七三年に湾岸諸国が石油の禁輸措置をとったときの輸入国であるアメリカ、マンガレヴァ島の森林破壊の影響を受けたピトケアン島とヘンダーソン島など、類例は多い。最後に、イヌイットの定住、そして劇的な変化に対応できず、対応する気もないノルウェー人の気質を加えれば、グリーンランド入植地の消滅の裏にある究極の要因五点セットの完成だ。

この五つの要因はすべて、徐々に進展してきたか、もしくは長期にわたって働いていた。だから、最終的な破局の前に、さまざまなノルウェー人の農場が時期を違えて遺棄されたとしても驚くには当たらない。東入植地のヴァトナヴェルフィ地区最大の農場の大きな母屋の床で、放射性炭素年代測定法によると一二七五年前後のものと思われる推定二十五歳の男性の頭蓋骨が発見された。これはつまり、ヴァトナヴェルフィ地区全体がその時期に遺棄され、頭蓋骨は最後の住人のひとりのものであることを示している。もしそのあとも生き延びた人間がいたとしたら、遺体を床に放置したりせず、埋葬しただろうからだ。東入植地のコロク谷にある複数の農場の遺物を放射性炭素年代測定法で測ると、最後の年代が一三〇〇年前後に集中する。西入植地の〝砂の下の農場〟は、遺棄されたあと、一三五〇年ごろに氷河堆積砂に埋もれたものと思われる。

ふたつのノルウェー人入植地のうち、先に完全に消滅したのは規模の小さい西入植地のほうだった。北に位置し、植物の生長期が短いので、家畜を育てるのに東入植地よりもっと条件がきびしかった。天候に恵まれた年でさえ、飼い葉の生産量は東入植地に大きく劣り、寒くて湿った夏ともなると、ひと冬ぶんの飼料を確保できない公算も大きい。さらにもうひとつ、西入植地の弱みとなるのは、海へ出る経路が一本のフィヨルドだけなので、敵対的なイヌイットの集団にそのフィヨルドの入口をふさがれてしまうと、晩春の貴重な食糧源であるアザラシに近づけないことだ。

西入植地の終焉については、文書と考古学的証拠、ふたつの情報源がある。文書のほうは、ベルゲンの司教の命でノルウェーからグリーンランドに派遣されたイヴァール・バルダルソンという司祭の手になるものだ。この司祭は、行政監察官及び収税吏を兼ね、グリーンランドの教会の現状を報告する任務を帯びていた。その任務を終えてノルウェーに帰り、しばらく経った一三六二年ごろ、バルダルソンは〝グリーンランド探訪〟と題した報告文を書き、その原本は消失したが、後年の写本が残っている。報告の大部分は、グリーンランドの教会とその資産の羅列から成っているが、なかに一カ所、西入植地の最期についていらだたしいほど簡潔に書かれた箇所がある。「西入植地に、ステンスネス（サンネスの誤記か）という大きい教会がある。一時期、この教会に大聖堂と司教座が置かれていた。今や、スクレーリング（〝愚劣な民〟――ここではイヌイット）が入植地全体を支配し……。以上はすべて、グリーンランド担当司祭イヴァール・バルダルソンが語ったもので、同司祭は多年にわたってグリーンランドのガルザル農場で教区の監督を務め、みずからの目ですべてを見てきた。同司祭はまた、教区委員の任命した遠征団に加わり、西入植地からスクレーリングを掃討すべく現地へ赴いたが、到着してみると、キリスト教徒の姿も邪教の民の姿もなく……」

イヴァール・バルダルソンの亡骸を揺り起こして、いまだ答えのない疑問をひとつひとつぶつけたい気持ちにさせられる。西入植地へ行ったのは、何年何月のことなのか？ そのとき、飼い葉やチーズの備蓄は残っていたのか？ どうやって、千人の住民が最後のひとりに至るまで消えてしまったのか？ 争った形跡や、焼け落ちた建物や、死体はなかったのか？ しかし、バルダルソンはこれ以上何も答えてくれない。

考古学者たちの発見のほうに目を向けてみよう。西入植地のいくつかの農場跡から出土した遺物のうち、最上層にあったものが、最後のノルウェー人たちが居住していた末期に相当する。これらの農場の廃墟には、扉、支柱、屋根の木材、家具、食器、十字架、その他大きな木製物が残っている。これは異例なことだ。北スカンディナヴィアで農場の建物が故意に遺棄される場合、木は貴重品なので、たいていはかき集められ、農場主の移転先で再使用される。ニューファンドランド島のランス・オ・メドウズにあったノルウェー人集落も、周到な撤退計画の末に遺棄されたので、跡地には、折れた釘九十九本、完全な釘一本、編み針一本以外、価値のあるものはほとんど残っていなかった。西入植地は明らかに、あわただしく遺棄されたか、もしくは、最後の住人が全員そこで死んだために何も持ち出せなかったか、どちらかだろう。

それらの遺跡の最上層から出土した動物の骨からは、陰惨な物語が浮かび上がってくる。小さな野鳥やウサギの脚の骨。小鳥やウサギは、小さすぎて通常は狩りの対象にならないので、住民たちが飢えて切羽詰まっていたことがうかがえる。生後まもないウシやヒツジの骨。これは、晩春に生まれたばかりの家畜のものだろう。納屋の牛房の数にほぼ等しい頭数のウシの爪先の骨。飼育していたすべてのウシが屠《ほふ》られ、蹄《ひづめ》まで食べ尽くされたということだろう。ナイフの切り傷のついた大型狩猟犬の骨格。ノルウェー人は現代のわれわれと同様、イヌを食用にする習慣がなかったので、遺跡からイヌの骨が発見されることはほとんどない。秋のシンリントナカイ狩りに必要なイヌを殺し、育てるべき家畜の新生児を殺すことで、最後の住民たちは、先のことなど気にする余裕もないほど空腹だと訴えているようなものだ。遺跡のもっと下の層では、人間の排泄物にたかるハエの中に温暖さを好む種が多く含まれるが、最上層では寒さに耐性のある種だけに限られており、この事実は、住民たちが食糧だけではなく燃料も使い果たしてしまっていたことを示している。

以上の考古学的な証拠から、西入植地の最後の住民たちが、飢えて凍えた状態で春に死んでいったことがわかる。気候の寒冷な年で、アザラシが南から移動してこなかったのか、フィヨルドが氷に閉ざされていたのか、あるいは、遠い昔にノルウェー人が出血量の実験のため〝愚劣な民〟を刺したことに恨みを持つイヌイットが海への道をふさいだのか……。前年の冷夏のせいで、おそらく家畜をひと冬養うだけの飼い葉もなかったのだろう。農民たちは、最後のウシを殺して、蹄まで食べ、猟犬も殺し、小鳥やウサギを狩るところまで追い詰められた。だとしたら、なぜ、考古学者たちは、それらの打ち捨てられた農家に最後のノルウェー人たちの遺骨を見出せなかったのか？　わたしは、イヴァール・バルダルソンら東入植地からの遠征隊が西入植地の清掃作業を執り行ない、同胞の亡骸《なきがら》をキリスト教式に埋葬して、そのことを報告文に書き忘れたのではないかと推測している。あるいは、写本の筆耕者が原本のその部分の記述を削ってしまったか。

東入植地の終焉に関しては、ノルウェー王勅許の最後のグリーンランド交易船の出帆が、一三六八年に約束されている。その船は、翌年沈没した。それ以後、記録に残っているグリーンランドへの航海は四件（一三八一年、一三八二年、一三八五年、一四〇六年）だけで、いずれも民間の船であり、いずれの船長も、本来の目的地はアイスランドだったが、気象条件のせいでグリーンランドに接岸せざるを得なかったと申し立てている。ノルウェー王がグリーンランドとの交易を王室の独占事業とし、民間の船によるグリーンランド訪問を禁じていたことを考えると、四件もの〝意図せざる〟寄港は、偶然にしては驚くべき頻度の高さだ。濃い霧の中で誤ってグリーンランドに着いてしまったという船長たちの申し立ては、真の意図を隠すアリバイに過ぎなかった可能性がはるかに大きい。訪れる船はきわめて少なかったから、グリーンランド住民は海外の物資に飢えていて、ノルウェー本国からの輸入品は多大な利益をあげたことだろう。とりわけ、一四〇六年の船の船長トルステン・オラフソンは、誤った航海にさほどの落胆を覚えなかったらしく、四年近くもグリーンランドに滞在して、ノルウェーに帰り着いたのは一四一〇年だった。

オラフソン船長はグリーンランドから、近年のニュース三件を持ち帰った。一件は、一四〇七年にコルグリムという男が、教区委員ラヴンの娘で、トルグリム・ソルヴァソンの妻であるステナンという女を妖術を使って誘惑したかどで火あぶりの刑に処されたというもの。二件めは、哀れなステナンがその後、精神を病んで、死んだというもの。最後のニュースは、オラフソン本人が一四〇八年九月十四日、地元のシーグリズ・ビョルンスドッターという娘と結婚したというものだ。式が行なわれたのはフヴァルセー教会で、立会人はブランド・ハルドルソン、トールド・ヨルンダルソン、トルビョルン・バルダルソン、ヨン・ヨンソンの四人。挙式前三週にわたって、日曜日に婚姻の公示が行なわれ、異を唱える者がいないことが確認された末のことだった。この火あぶり、精神疾患、結婚の光景は、中世ヨーロッパのキリスト教社会ならどこでも見られたもので、不穏な兆しはまったく感じられない。これが、ノルウェー領グリーンランドに関する明確な文書記録の最後だ。

東入植地がいつ消滅したのか、正確なことはわからない。一四〇〇年から一四二〇年のあいだ、北大西洋が寒く、また風も強くなって、グリーンランドへの航海の記録は途絶える。放射性炭素年代測定法で一四三五年のものと特定された婦人用の衣類が、ヘルヨルフスネス教会墓地から発掘されたので、一四一〇年にオラフソンの船がノルウェーに帰ったあとも、ノルウェー人社会が数十年存続していた可能性はあるが、放射性炭素年代測定法には十年単位の誤差があるといわれているから、一四三五年という数字にあまり重きを置くことはできない。ヨーロッパからの次の来訪者がはっきりと記録に登場するのは、一五七六年ないし一五八七年になってからで、探検家マーティン・フロビッシャーとジョン・デイヴィスがグリーンランドに上陸し、イヌイットと出会って、その能力と技術に大きな感銘を受け、交易を試みたばかりか、イギリスで見せ物にするために何人かを強引に連れ帰った。一六〇七年に、デンマークとノルウェーの合同遠征隊が、東入植地を訪ねるという特命を帯びて出航したが、〝東〟という名前に惑わされ、グリーンランドの東海岸ばかりを探し回ったので、ノルウェー人社会の痕跡を見つけることはできなかった。以来、十七世紀を通して、さらなるデンマークとノルウェーの合同遠征隊や、オランダやイギリスの捕鯨船団が、グリーンランドに立ち寄り、イヌイットを誘拐した。このイヌイットたちは、骨格も言語もまったく異なるのに、なぜか（今日のわたしたちには理解不能な理由で）青い目で金髪のヴァイキングの末裔だと思われていた。

一七二一年、ノルウェーのルーテル派宣教師ハンス・エーゲデは、誘拐されてきたイヌイットの正体が、宗教改革以前のヨーロッパに見捨てられて邪教に改宗したノルウェー人カトリック教徒だと信じ込み、今こそルーテル派に改宗させるための布教活動の潮時だという決意のもと、グリーンランドへ赴いた。最初に上陸したのが、たまたま西入植地のフィヨルドで、そこにノルウェー人の姿はなく、明らかに異人種であるイヌイットがノルウェー人の農場の廃墟を見せてくれた。エーゲデもやはり、東入植地は東海岸にあると思っていて、その一帯を探したが、そこにもノルウェー人はいなかった。一七二三年、イヌイットが南西海岸にあるもっと大きな廃墟に案内してくれて、フヴァルセー教会の跡もそこにあった。わたしたちが今、東入植地と呼んでいる場所だ。ここに至って、エーゲデもノルウェー人入植地がほんとうに消滅したことを認めざるを得ず、今度はその謎を解き明かすための探索が始まった。エーゲデはイヌイットから、ノルウェー人とのあいだに争いと友好の歴史が繰り返されてきたという口承の記憶を集め、ノルウェー人社会がイヌイットに滅ぼされたのではないかと疑うようになった。それ以来、何世代もの来訪者や考古学者たちが、謎の答えを突き止めようとしてきた。

ここで、謎の中身を具体的にはっきりさせてみよう。ノルウェー人社会の衰退の究極の原因は疑いの余地なく明白だし、西入植地跡の表層の考古学調査によって、当地の崩壊の直近の原因にもある程度の光が当たった。しかし、東入植地の最後の年に何が起こったかについて、相応の情報はない。表層の調査がなされなかったからだ。ここまで物語を紡いできたわたしとしては、その終焉に推測で肉付けをしたいという誘惑に抵抗できない。

東入植地の崩壊は、ソ連や西入植地の崩壊と同様、ゆるやかというより突発的だったのではないかと、わたしには思える。グリーンランドのノルウェー人社会は微妙なバランスの上に成り立っていて、その存続の基盤は、つまるところ、教会と首長の権威にあった。ノルウェー本国から約束された船が来なくなり、気候が寒くなってきたとき、それらの権威に対する敬意が揺らぎ始めた。グリーンランド最後の司教が一三七八年前後に死に、後継の新しい司教が派遣されることはなかった。しかし、ノルウェー人社会の正統性は教会がしかるべく機能することによって保たれていた。司祭は司教によって叙階されなくてはならないし、叙階された司祭がいなければ、洗礼も結婚もキリスト教式の埋葬もできない。最後の司教によって叙階された最後の司祭がいずれ死んだら、そういう社会はどうやって機能し続けていくのか？　同様に、首長の権威も、困難な時期に臣下に再配分する資源を持つことで成り立っていた。貧しい農場の民が飢えて死につつあるとき、隣の豊かな農場で首長がのうのうと暮らしていたら、貧しい農民たちは息を引き取る瞬間まで首長に忠誠を尽くせるだろうか？

西入植地と比べると、東入植地はずっと南に位置して、飼い葉の生産にもまだ余裕があったから、人口も多く（西の千人に対して四千人）、崩壊の危険性は小さかった。もちろん気候の寒冷化は、長期的に見ると、西入植地と同様、東にも悪影響を及ぼした。単に、飼育する家畜の数を減らすようになるまでに、そして住民が飢えで苦しむようになるまでに、東のほうが長い年月を要したというだけの話だ。東入植地の中でも、規模の小さい農場や地勢的に不利な農場が先に食糧不足に陥ったことは、容易に想像がつくだろう。しかし、百六十頭のウシを収容する二棟の納屋を持ち、数え切れないほどのヒツジを飼育していたガルザル農場では、どういうことが起こっていたのか？

末期のガルザルは、超満員の救命ボートのような状態だったのではないかと、わたしは想像する。東入植地の貧しい農場で、飼い葉の生産が落ち込み、すべての家畜が死んだり食べられたりしてしまったとき、そこの農民たちは、まだ牧畜を維持している優良な農場に殺到したことだろう。ブラッタフリーズ、フヴァルセー、ヘルヨルフスネス、そして最後の最後はガルザル……。ガルザル大聖堂の教区幹部たち、あるいはその土地を所有する首長の権威は、その権威者が、そして神の力が、教区民や臣下を目に見える形で守っているかぎりにおいて重んじられる。しかし、飢餓とそれに伴う疾病は、権威に対する恭順の念を土台から突き崩す。ギリシアの歴史家トゥキュディデスが二千年前のアテネの疫病について綴っているとおりだ。飢えた住民がガルザルに押し寄せ、ウシやヒツジを最後の一頭まで競い合うように屠るのを、数で劣る首長や教区幹部たちがもはや阻止できるはずはない。最後の冬、身内だけならなんとか養えたかもしれないガルザルの物資も、おおぜいの隣人たちが奪い合ってたちまち底を突いた。西入植地の最期と同じように、超満員の救命ボートの中で、猟犬や生まれたばかりの家畜やウシの蹄までが貪り尽くされたのだろう。

ガルザル農場のその最期の光景は、わたしの地元ロサンゼルスで一九九二年に起こったいわゆるロドニー・キング暴動と重なり合う。スピード違反を犯した黒人男性を逮捕する際に暴行を加えた警察官四人に、裁判で無罪の評決が下ったとき、貧しい地区に住む数千人の怒れる市民が、企業や裕福な地区に対し三日間にわたって略奪を働いた騒ぎだ。数で大きく劣る警察官たちは、裕福な地区に入る道路に黄色いビニールテープを張り、略奪者たちを締め出そうとするむなしい意図を示すのがやっとだった。全地球的な規模で、そういう現象を目にする機会が増えてきている。貧しい国からの不法移民が、裕福な国という名の超満員の救命ボートに押し寄せ、裕福な国の国境線はガルザルの首長たちやロサンゼルスの黄色いビニールテープと同様、その流入を食い止める力を持たない。こういう類似性があるから、ノルウェー領グリーンランドの運命を、単に脆弱な環境をかかえた辺境の小社会の問題で、われわれの住む大きな社会とは無縁のものだとかたづけるわけにはいかないのだ。東入植地も、西入植地に比べると大きな社会だったが、末路は同じで、ただそこに行き着くまでの時間が長かっただけだ。

終焉を招いた真の理由

ノルウェー領グリーンランドは最初から、うまくいく見込みのない生活様式を実践しようとしていて、いずれ住民が飢えて死ぬのは時間の問題でしかなかったのだろうか？ノルウェー人が入植する前の何千年ものあいだに、グリーンランドに住み着いたいくつかのアメリカ先住狩猟採集民の集団と比べて、彼らは克服しがたい不利を負っていたのだろうか？

わたしはそうは思わない。イヌイットの前に、少なくとも四回、アメリカ先住狩猟採集民がカナダ北極圏地方からグリーンランドに集団で渡ってきて、いずれも死に絶えた。北極圏の不安定な気候のせいで、狩猟生活を維持するのに欠かせない大きな獲物の種――シンリントナカイ、アザラシ、クジラ――がよそへ移動したり、大幅に数が減ったり、定期的に棲息域を替えたりしたからだ。イヌイットは、定住を始めて以来八世紀間にわたってグリーンランドに住み続けてきたが、やはり獲物の数の変動には悩まされた。考古学者たちは、タイムカプセルのように密閉された多くのイヌイット住居跡で、きびしい冬に餓死したイヌイットの家族の遺体を発見してきた。デンマーク植民地時代にもたびたび、ひとりのイヌイットが頼りない足取りでデンマーク人居住地に入ってきて、自分は集落の最後の生き残りで、仲間はみんな飢え死にしてしまったと訴えることがあった。

そのイヌイットや、それ以前の狩猟採集民の集団と比較すると、ノルウェー人には、家畜という付加的な食糧源を持つ強みがあった。実質的に、アメリカ先住民たちにとって、グリーンランドの陸生植物の生物学的生産性の使い道は、ただその植物を餌にするシンリントナカイ（と、副次的な食糧としてのウサギ）を狩ることだけだった。ノルウェー人もシンリントナカイやウサギを食べたが、それ以外に、ウシやヒツジやヤギを飼うことによって、植物をミルクや食肉に転化させた。その点では、ノルウェー人は過去のグリーンランド定住者たちより、潜在的にずっと幅広い食糧基盤を持ち、生き延びられる見込みも大きかった。グリーンランドのアメリカ先住民が食用にしていた天然食糧のうち、ノルウェー人はシンリントナカイ、移動性のアザラシ、ゴマフアザラシなどを食べたが、もしそれに加えて、魚やワモンアザラシ、浜に打ち上げられたクジラ以外のクジラなどを食べていたら、餓死を免れたかもしれない。イヌイットがワモンアザラシや魚やクジラを捕獲するところは見ていたはずだから、ノルウェー人がそういう獲物を狩猟の対象にしなかったのは、自発的な決断によるものだ。結果として、ノルウェー人は、手つかずの潤沢な食糧資源に囲まれて餓死した。後年のわれわれの観点からは自滅的とも見えるこの決断は、どこから生まれたのか？

実際のところ、彼ら自身の知識、価値観、経験などを踏まえると、ノルウェー人の意思決定は今日のわたしたちと比べて特に自滅的とは言えない。四つの条件が、彼らの考えかたを方向づけている。第一に、グリーンランドの不安定な環境の中で生計を立てていくのは、現代の生態学者や農学者にとってさえむずかしい。ノルウェー人たちが気候の比較的穏やかな時期にグリーンランドに入植したのは、幸運であり、不運でもあった。その前の千年間をそこで過ごしていないのだから、寒暖の周期を経験したことがなく、寒冷期に入ると家畜の数を維持するのがむずかしくなることなど予測しようがなかった。二十世紀に入ってから、デンマーク人がヒツジとウシをグリーンランドに再導入したが、やはり失敗を免れず、ヒツジの頭数が多すぎて土壌浸食を引き起こし、ウシについては早々に飼育をあきらめた。現代グリーンランドは経済的に自足しておらず、デンマークからの対外援助と欧州連合からの漁業権料に大きく依存している。このように、今日の基準に照らしても、複雑な経済活動を展開して、四百五十年間も自足した生活を維持してきた中世ノルウェー人の営みは敬服すべきものであり、自滅志向とはほど遠い。

第二に、ノルウェー人は頭を白紙の状態にして、つまり、グリーンランドの問題に虚心坦懐に取り組むつもりで新天地へ乗り込んだわけではない。歴史上のすべての入植者と同じく、ノルウェー本国やアイスランドで数世代にわたって培われた自分たちの知識、文化的価値観、生活様式の嗜好を胸に深く抱いてきたのだ。彼らは自分たちを、牧人であり、キリスト教徒であり、ヨーロッパ人であり、何よりノルウェー人であると考えていた。自分たちの祖先は三千年にわたって、豊かに牧畜を営んできた。言語と宗教と文化を本国と共有することで、彼らはノルウェーと結びついていた。アメリカ人やオーストラリア人が、何世紀にもわたってイギリスと結びついていたように……。グリーンランドの歴代司教は全員、本国から派遣されたノルウェー人で、グリーンランドで育ったノルウェー人ではなかった。その共有されたノルウェー人意識がなかったら、彼らはグリーンランドで力を合わせて生き延びることはできなかっただろう。そうやって考えてみると、純然たる経済的見地からはけっして最善のエネルギー利用とは言えないウシや北の狩場《ノルズルセタ》や教会に、彼らが資金と労力を投入したのもうなずける。グリーンランドでの難題を克服する力となった社会的結束が、一方では彼らの足を引っ張ったわけだ。これは、歴史の中で幾たびも繰り返されてきた普遍的なテーマで、現代においても、すでに論じてきたモンタナの例（第1章）などに表われている。不適切な条件のもとで人々が最も頑迷にこだわる価値観というのは、過去に、逆境に対する最も偉大な勝利をもたらしたものでもあるのだ。このジレンマについては、第14章と第16章（下巻）で、寄りかかるべき核となる価値観を見出すことに成功した社会を語る際に、もう一度考えてみよう。

第三に、ノルウェー人たちは、ほかの中世ヨーロッパのキリスト教徒たちと同様、非ヨーロッパ人の異教徒を軽蔑し、そういう相手とうまく付き合うだけの経験を持たなかった。ヨーロッパ人がそういう差別意識を持ち続けながらも、自分たちの利益のために先住民を利用するすべを身につけたのは、一四九二年のコロンブスの航海に始まる探検の時代を経たあとのことだった。だから、この時代のノルウェー人はイヌイットから学ぶことを拒み、おそらく相手の憎悪をかき立てるような態度をとっていたのだろう。その後、北極圏において、多くのヨーロッパ人集団が、イヌイットを無視したり反感を買ったりして、同じように危険な目にあった。なかでも有名なのがイギリスのフランクリン探検隊で、一八四五年、イヌイットの住むカナダ北極圏地方を突っ切ろうとして、乗組員百三十八人全員が死亡した。ヨーロッパの探検家や入植者の中で、北極圏で最もめざましい成功を収めたのは、ロバート・ピアリーやロアル・アムンゼンのように、最も積極的にイヌイットのやりかたを採り入れた者たちだった。

最後に、ノルウェー領グリーンランドでは、権力が最上層に、つまり首長や聖職者の手に集中していた。彼らが大半の土地（すべての優良な農場を含む）を所有し、舟を所有し、ヨーロッパとの交易を取り仕切った。彼らの指示で、その交易のかなりの部分が、彼らの威光を増す物品の輸入にあてられた。最も裕福な所帯のための贅沢品、聖職者のための祭服や貴金属、教会のための鐘やステンドグラスなどだ。数少ない舟は、輸入品を購《あがな》うための高価な輸出品（牙やホッキョクグマの皮）の捕獲のため、北の狩場《ノルズルセタ》へ差し向けられた。首長たちはふたつの動機で、土地に害を及ぼすほどのヒツジの大群を飼育した。ひとつは、羊毛がグリーンランドの貴重な輸出物で、それによって輸入品が購われたこと。もうひとつは、ヒツジを飼うことで土地を損なわれた自営農民が、小作農に転じることを強いられ、それで首長の臣下が増えて、ほかの首長との競合に有利になることだ。ノルウェー人社会の物質的な状況を改善する策はいくらでもあった。例えば、鉄の輸入量を増やして、贅沢品を減らす。舟をマルクランドにも回して、鉄や木材を運んでくる。カヤックをまねたり、新しい形の舟を発明したりして、狩猟法に改良を加える、など……。しかし、それらの改善策は、首長の権力、特典、限られた利益を脅かしかねねなかった。きびしく統制され、相互に依存し合うノルウェー領グリーンランドという社会では、首長たちは他の構成員がそういう改善を試みるのを妨げる立場にあった。

このように、ノルウェー人社会の構造が、権力者の短期的な利益と社会全体の長期的な利益の相克を生み出した。首長と聖職者が重きを置いたものの多くが、やがて社会にとって有害であることがわかった。とはいえ、社会の価値観はその弱みの土台であると同時に、強みの土台でもある。ノルウェー領グリーンランドはヨーロッパ社会の特異な型を生み出すことに成功し、四百五十年ものあいだ、ヨーロッパの最も遠い前哨地として存続した。その年数は、北米大陸でアメリカという英語圏の社会が存続している年数より長いのだから、わたしたち現代のアメリカ人に、ノルウェー領グリーンランドの歴史を破綻の実例と決めつける資格はない。それでも、首長たちは結局、臣下を失うはめになった。彼らが自分たちのために確保した最後の権利は、最後に飢え死にする人間になるという特権だったのだ。

（下巻　第2部第9章へつづく）

【地図索引】

世界地図——有史以前〜歴史上〜現代の社会…上巻 26-27 ページ

現在のモンタナ……………………………上巻 65 ページ

太平洋・ピトケアン諸島・イースター島……上巻 170-171 ページ

ピトケアン諸島……………………………上巻 247 ページ

アナサジ遺跡………………………………上巻 277 ページ

マヤ遺跡……………………………………上巻 323 ページ

ヴァイキングの進出………………………上巻 364-365 ページ

現在のイスパニョーラ島…………………下巻 119 ページ

現在の中国…………………………………下巻 167 ページ

現在のオーストラリア……………………下巻 205 ページ

地図作製：Jeffrey L. Ward

【図版出典】

写真 1, 2, 3：© Michael Kareck
写真 4：Courtesy of Earthworks/Lighthawk
写真 5：Courtesy of Chris Donnan, © Easter Island Statue Project, Cotsen Institute of Archaeology, UCLA
写真 6, 7：Photographs by David C. Ochsner, © Easter Island Statue Project
写真 8：Photograph by Jo Anne Van Tilburg, © Easter Island Statue Project
写真 9：Jim Wark/Air Photo North America
写真 10：Nancy Carter/North Wind Picture Archives
写真 11：Courtesy of the National Park Service, photograph by Dave Six
写真 12, 13：© Steve MacAulay
写真 14：© 2000 Bonampak Documentation Project, courtesy of Mary Miller, painting by Heather Hunt with Leonard Ashby
写真 15：© Jon Vider Sigurdsson/Nordic Photos
写真 16：© Bill Bachmann/Danita Delimont.com
写真 17：© Irene Owsley
写真 18：© Staffan Widstrand

＊本書は、二〇〇五年に当社より刊行した著作を文庫化したものです。

草思社文庫

文明崩壊　上巻

2012年12月14日　第1刷発行

著　者　ジャレド・ダイアモンド
訳　者　楡井浩一
発行者　藤田　博
発行所　株式会社 草思社
〒160-0022　東京都新宿区新宿5-3-15
電話　03(4580)7680(編集)
　　　03(4580)7676(営業)
　　　http://www.soshisha.com/

本文印刷　株式会社 三陽社
付物印刷　日経印刷 株式会社
製本所　加藤製本 株式会社
装幀者　間村俊一（本体表紙）

ISBN978-4-7942-1939-8　Printed in Japan

草思社文庫既刊

ピュリッツァー賞・コスモス国際賞受賞
朝日新聞「ゼロ年代の50冊」第一位！
ゼロ年代（2000〜2009年）に発行された本の中から、識者151人が「もっとも優れた本ベスト50」のトップに選んだ傑作。待望の文庫化！

銃・病原菌・鉄（上巻）

ジャレド・ダイアモンド　倉骨彰＝訳

なぜ、アメリカ先住民は旧大陸を征服できなかったのか。世界中に広がる〝格差〟を生み出したのは何だったのか。人類の歴史に隠された壮大な謎を、最新の研究成果をもとに解き明かす。

銃・病原菌・鉄（下巻）

ジャレド・ダイアモンド　倉骨彰＝訳

世界の民族地図は侵略と淘汰を繰り返し、幾度となく塗り替えられてきた。勝敗を決めた要因とは？　それは武力に限らず社会基盤、情報伝達手段、さらに病原菌がその民族の行く末を決定づけていた。

草思社文庫既刊

ヘルマン・ヘッセ　岡田朝雄＝訳
人は成熟するにつれて若くなる

年をとっていることは、若いことと同じように美しく神聖な使命である（本文より）。老境に達した文豪ヘッセがたどりついた「老いる」ことの秘かな悦びと発見を綴る詩文集。

ポール・ホフマン　平石律子＝訳
放浪の天才数学者エルデシュ

鞄一つで世界中を放浪しながら、一日十九時間、数学の問題に没頭した数学者、ポール・エルデシュ。子供とコーヒーと数学を愛し、やさしさと機知に富んだ天才のたぐいまれな生涯をたどる。

エリザベス・マーシャル・トーマス　深町眞理子＝訳
犬たちの隠された生活

人間の最良のパートナーである犬は、何を考え、行動しているのか。社会規律、派閥争い、恋愛沙汰など、人類学者が三十年にわたる観察によって解き明かした、犬たちの知られざる世界。

草思社文庫既刊

平気でうそをつく人たち
虚偽と邪悪の心理学
M・スコット・ペック　森　英明＝訳

自分の非を絶対に認めず、自己正当化のためにうそをついて周囲を傷つける「邪悪な人」の心理とは？　個人から集団まで、人間の「悪」を科学的に究明したベストセラー作品。

良心をもたない人たち
マーサ・スタウト　木村博江＝訳

25人に1人いる〝良心をもたない人たち〟。彼らは一見魅力的で感じがいいが、平然と嘘をつき、同情を誘い、追いつめられると逆ギレする。身近にいるサイコパスをどう見抜き、対処するかを説く。

他人をほめる人、けなす人
フランチェスコ・アルベローニ　大久保昭男＝訳

あなたの身近にもいる「他人を認めない人」「陰口をたたく人」「果てしなく話す人」などの深層心理を、鋭い観察と深い洞察で解き明かす。一二五万部のミリオンセラーとなった現代人のバイブル。

草思社文庫既刊

佐瀬 稔

女子高生コンクリート詰め殺人事件

「史上まれにみる凶悪な少年犯罪」と言われた綾瀬事件。犯人とその親たちの証言から、彼らの生い立ちを克明に跡付け、戦慄すべき犯行を生み出す背景に迫った渾身のノンフィクション作品。

横田早紀江

めぐみ、お母さんがきっと助けてあげる

北朝鮮に拉致された横田めぐみさんの母が、事件から二十年以上にも及ぶ辛苦の日々とその心中を綴った手記。「拉致事件」というものの、あまりに理不尽で悲痛な現実が切々と伝わってくる。

齋藤 孝

声に出して読みたい日本語①②

黙読するのではなく覚えて声に出す心地よさ。日本語のもつ豊かさ美しさを身体をもって知ることのできる名文の暗誦テキスト。日本語ブームを起こし、国語教育の現場を変えたミリオンセラー。